C·H·Beck
PAPERBACK

Harald Haarmann legt mit diesem Buch erstmals in deutscher Sprache eine moderne Universalgeschichte der Sprachen vor. Er beschreibt, was wir über die Sprachfähigkeit der frühesten Menschen wissen, in welchen Stufen sich die komplexe Sprache des Homo sapiens entwickelte und wie die vergleichende Sprachforschung das Nostratische als älteste bekannte Sprachfamilie rekonstruiert hat. Haarmann versteht es meisterhaft, seinen Lesern die oft verschlungenen Wege der Herausbildung von Sprachfamilien, der Transformation und Ausgliederung alter und der Entstehung neuer Sprachen zu vermitteln. Dabei greift er auf neueste Erkenntnisse der Humangenetik, Archäologie und Migrationsforschung zurück, die die historisch vergleichende Sprachwissenschaft in letzter Zeit in erstaunlichem Maße bereichert haben. Ein Ausblick auf gegenwärtige Entwicklungen rundet den Band ab. Während zahlreiche kleine Sprachen sterben, steht das Englische am Beginn einer Ausgliederung, wie sie das Lateinische hinter sich hat. Nur wer die Geschichte der Sprachen kennt, kann solche Prozesse verstehen und bewerten.

*Harald Haarmann,* geb. 1946, gehört zu den weltweit bekanntesten Sprachwissenschaftlern. Er wurde u. a. mit dem «Prix Logos» der Association européenne des linguistes, Paris, sowie dem «Premio Jean Monnet» ausgezeichnet. Seine Bücher wurden in viele Sprachen übersetzt. Bei C. H. Beck erschienen u. a. «Auf den Spuren der Indoeuropäer» (2016), «Das Rätsel der Donauzivilisation» (2. Aufl. 2012) sowie «Geschichte der Schrift» (4. Aufl. 2011).

Harald Haarmann

# Weltgeschichte der Sprachen

Von der Frühzeit des Menschen
bis zur Gegenwart

Verlag C. H. Beck

Mit 34 Abbildungen und Karten

1. Auflage in der beck'schen Reihe 2006
2., durchgesehene Auflage. 2010
3., aktualisierte Auflage in C.H.Beck Paperback 2016

Originalausgabe
4. Auflage. 2022

www.chbeck.de
Umschlagentwurf: malsyteufel, Willich
Umschlagabbildung: Theben, Tal der Königinnen,
Malerei im Grab des Prinzen Amunherchepeschef,
20. Dynastie: Der König wird von Isis begrüßt
Lektorat: Petra Rehder
Satz: Fotosatz Amann, Memmingen
Druck u. Bindung: Druckerei C.H.Beck, Nördlingen
Printed in Germany
ISBN 978 3 406 79453 7

myclimate
klimaneutral produziert
www.chbeck.de/nachhaltig

# Inhalt

# Abkürzungen und Zeichen

[ ] Eckige Klammern kennzeichnen Sprachlaute, z. B. [i].

/ / Schrägstriche kennzeichnen Phoneme, d. h. Sprachlaute mit bedeutungsunterscheidender Funktion, z. B. /l/ wie in dt. Leim im Kontrast zu /h/ wie in dt. Heim.

‹…› Deutsche Entsprechungen fremdsprachiger Wörter stehen in einfachen Anführungszeichen.

* Ein Stern kennzeichnet eine rekonstruierte Form, die schriftlich nicht dokumentiert ist; dies gilt für sämtliche Formen der indoeuropäischen, uralischen und anderer Grundsprachen; die rekonstruierten Formen werden in diesem Buch in vereinfachter Schreibung wiedergegeben (Beispiel: proto-indoeuropäisch *hekuos ‹Pferd›).

> Ein Pfeil steht für ‹entwickelt sich, wird zu›, also X > Y heißt: X entwickelt sich zu Y, d. h. Y ist entstanden aus X.

*«Est etiam sermo societatis humanae instrumentum.»*
*Juan Luis Vives (1492-1540)*

# Einleitung

Die Frage, wie die menschliche Sprache entstanden und wie es zu der kaum überschaubaren Sprachenvielfalt gekommen ist, hat seit frühesten Zeiten die Menschen beschäftigt. Welche Laute, Wörter, Äußerungen standen am Anfang? Wie ist es zu komplexen Sprachen mit einem vielfältigen Wortschatz und komplizierten grammatischen Strukturen gekommen? Nach welchen Bauplänen sind die Sprachen der Welt konstruiert? Was läßt sich über die Sprachen in Zeiten und in Regionen sagen, aus denen wir keine schriftlichen Hinterlassenschaften haben? Läßt sich eine Ursprache rekonstruieren für so große Sprachfamilien wie die indoeuropäische, zu der zwischen Westeuropa und Indien Hunderte von Sprachen gehören? Wie ist es zu dieser extremen Ausgliederung gekommen? Und was wird die Zukunft unserer Sprachenwelt sein? Werden die großen Sprachen immer weiter in Einzelsprachen zersplittern? Oder wird das Englische zur alles dominierenden globalen Supersprache?

Die vorliegende Weltgeschichte der Sprachen will Antworten auf solche Fragen geben. Aussagen über die Zukunft können freilich nur vorsichtige Prognosen sein, aber diese werden um so realistischer ausfallen, je besser man die lange Geschichte der Sprachen kennt. Diese Darstellung hat ihren Schwerpunkt auf dem Zeitraum von etwa 10 000 Jahren, in dem sich die großen Sprachfamilien und die derzeitige globale Sprachenvielfalt entwickelt haben; sie greift aber auch in die Frühzeit des Menschen zurück. Ein so weiter Überblick birgt Risiken. Zu vielen Entwicklungen, insbesondere sehr frühen, empirisch kaum faßbaren, gibt es unterschiedliche Theorien und Hypothesen; die wichtigsten werden in diesem Buch genannt, vor allem dann, wenn sich noch keine weitgehend einheitliche Meinung zu einer Frage herausgebildet hat. Der weite Überblick bietet aber auch Chancen, denn nur wenn man in evolutionsgeschichtlicher Perspektive die Bedingungen für die Entstehung und Entwicklung von verbaler Kommunikation begreift, kann man – so jedenfalls die Überzeugung, die diesem Buch zugrundeliegt – auch die Weltgeschichte der Sprachen nachvollziehen.

Die vorliegende Darstellung folgt chronologischen wie geographischen Entwicklungslinien: von den Anfängen der Sprachfähigkeit der Hominiden über die Ausbreitung menschlicher Populationen und ihrer Sprachen in die Alte und Neue Welt – aus Afrika in den Nahen Osten, von dort nach Europa und Südasien, sodann nach Australien und Neuguinea, in das östliche Sibirien und auf den amerikanischen Doppelkontinent, schließlich, erst im 10. Jahrhundert, nach Neuseeland –, über die Ausbildung der ältesten, rekonstruierbaren Zentren der heute bekannten Sprachfamilien – angefangen mit der nostratischen und eurasiatischen Superfamilie – bis zur Ausgliederung in regionale Zweige und Einzelsprachen, die unsere heutige Sprachenwelt ausmachen.

Es ist aber nicht möglich, die Entwicklung der rund 6400 Einzelsprachen der Welt flächendeckend in einem Band darzustellen. Allgemeine Trends werden zwar für alle Regionen erläutert; spezielle regionale Entwicklungen werden dagegen exemplarisch in verschiedenen Exkursen «unter die Lupe genommen», so die Verbreitung des Gotischen, die Ausgliederung des Lateinischen in die romanischen Sprachen, die Entstehung des Deutschen, die baltisch-ostseefinnischen Sprachkontakte, die Verbreitung der Turksprachen und der Bantusprachen, Sprachkontakte in Südostasien oder die Verbreitung der Sprachen in Ozeanien.

## Was ist eine Sprache?

Über die Gesamtzahl aller Sprachen der Welt ist viel spekuliert worden. Schätzungen bewegen sich zwischen rund 2500 und 10000 Sprachen. Beide Extremwerte sind unrealistisch. Nach neueren Erkenntnissen liegt die Zahl zwischen 6000 und 6500. Die Zahl der Sprachen zu bestimmen, ist jedoch mit vielen Unwägbarkeiten verbunden. Es besteht immer noch die Möglichkeit, daß bisher unbekannte Sprachen für die westliche Welt «entdeckt» werden. Zwar ist die große Zeit der Neuentdeckungen und Klassifizierungen längst vorbei – das war die Periode zwischen ca. 1750 und ca. 1950 –, aber in den unzugänglichen Bergtälern Papua-Neuguineas, in der Regenwaldzone des Amazonas-Gebiets oder im tropischen Westafrika dürfte auch heute noch die eine oder andere Sprache zu entdecken sein. Immerhin sind Neuentdeckungen bis in die jüngste Zeit gemacht worden. Manda, eine dravidische Sprache im indischen Bundestaat Orissa, wurde erst 1964 von westlichen Forschern entdeckt. Zu den Neuentdeckungen gehört auch das Suruí im brasilianischen Amazonasgebiet. Mit den damals rund 300 Sprechern dieser Indianersprache haben Weiße erst 1969 Kontakt aufgenommen (Derbyshire/Pullum 1986a: 14). Und erst Anfang der 1980er Jahre wurde das von rund 9000 Menschen gesprochene Jowulu im Süden Malis von europäischen Anthropologen «entdeckt».

Vor allem hängt die Zahl der Sprachen aber davon ab, was man unter einer Sprache versteht. Über das Verhältnis von Sprache und Dialekt sind bereits ganze Bibliotheken geschrieben worden, aber bis heute gibt es keine allgemein anerkannte Definition (siehe Auburger 1993 zur Geschichte der Definitionen von «Sprache»). In der älteren Sprachwissenschaft wurden beispielsweise das Chinesische, das Saamische (Lappische), das Eskimo und das moderne Quechua als jeweils eine Sprache gezählt. Seit einigen Jahren geht der Trend der Sprachklassifizierung jedoch dahin, der gegenseitigen Verständlichkeit von regionalen Sprachvarianten und regionalen Sonderentwicklungen mehr Bedeutung beizumessen. Dadurch erhöht sich die Zahl der eigenständigen Sprachformen deutlich. Allein das Saamische wird heute als Gruppe von zehn Einzelsprachen klassifiziert (Sammallahti 1998: 6 ff.).

Will man Sprachen voneinander abgrenzen, denkt man meist an ihre unterschiedlichen lexikalischen und grammatischen Strukturen. Sprachtheoretiker gelangen auf diese Weise zu einer Definition von Sprache als Regelapparat, den wir Grammatik nennen. Dieser Regelapparat repräsentiert die Sprache, der wiederum Dialekte als Subsysteme untergeordnet sind. Solche rein formalen Kriterien lassen jedoch die kommunikative Funktion von Sprachen außer acht. Daher wird oft die Frage, ob sich Sprecher unterschiedlicher Dialekte bzw. Sprachen gegenseitig verstehen, zum weiteren Kriterium für die Abgrenzung von Sprachen gemacht.

Aber auch Verständnisbarrieren sind kein ausreichendes Kriterium, um von einer anderen Sprache und nicht nur von einem Dialekt zu sprechen, wenn es eine gemeinsame schriftsprachliche Variante gibt. Für das Bairische und das Sächsische etwa existiert eine gemeinsame Standardsprache. Obwohl viele Sachsen Schwierigkeiten haben, Bairisch zu verstehen, handelt es sich nicht um unterschiedliche Sprachen. Aus dem gleichen Grund werden Schwyzertütsch oder das österreichische Deutsch nicht als unabhängige Sprachen vom Deutschen getrennt. Dahinter steht ein – in diesem Falle staatlich übergreifender – sprachpolitischer Konsens. Wenn der wegfiele, würde das gemeinsame Dach der Schriftsprache kaum ausreichen und wir hätten es mit mehreren Sprachen zu tun. In Lappland dagegen führt das Fehlen einer gemeinsamen Standardsprache verbunden mit Kommunikationsbarrieren zwischen den regionalen Schriftsprachen trotz ähnlicher struktureller Differenzen wie zwischen deutschen Dialekten dazu, daß mehrere regionale Sprachen des Saamischen unterschieden werden.

Angesichts solcher Stolpersteine lassen sich Sprachen nicht allgemeingültig definieren. Pragmatisch könnte man von einer eigenen Sprache sprechen, wenn folgende Voraussetzungen erfüllt sind: (1) Es muß sich um ein System von Lauten, grammatischen Formen und Wörtern handeln, das sich strukturell von anderen Systemen unterscheidet; (2) dieses System muß als multifunktionales Kommunikationsmittel sowie als kulturelles Identitätssymbol verwendet werden; (3) und es muß sich von anderen Sprachen durch Verständlichkeitsbarrieren ihrer Sprecher absetzen. (4) Schließlich darf es keine abweichende Schriftform einer Standardsprache geben. Die Ausprägung einer eigenen Schriftform ist zwar keine Voraussetzung für die Bezeichnung als Sprache, denn es gibt viele schriftlose Sprachen, wohl aber eine markante Eigenschaft von Sprachen.

Dieser pragmatischen Definition zufolge ist das Deutsche eine eigene Sprache, da es sich strukturell beispielsweise vom Französischen unterscheidet, und für die Sprecher von Nachbarsprachen nicht verständlich ist, sofern diese nicht Deutsch als Fremd- oder Zweitsprache erlernen. Das Deutsche ist zudem der Motor für die Ausgestaltung einer deutschen Kultur, die entscheidend durch die deutsche Schriftsprache geprägt ist. Die Sprecher des Deutschen identifizieren sich als Mitglieder der deutschen Sprachgemeinschaft, die ihnen einen sprachspezifischen Freiraum für die Kommunikation bietet. Was hier über das Deutsche gesagt worden ist, gilt ähnlich für die Identifizierung aller anderen Sprachen dieser Welt, unabhängig davon, ob sie viele oder wenige Sprecher haben, ob sie schriftlos sind oder geschrieben werden, oder in wie vielen Ländern sie verwendet werden.

Bei sehr weit verbreiteten Sprachen stellt sich die Frage der Abgrenzung auch im Hinblick auf ihre verschiedenen Varianten. Vom Englischen im Singular zu sprechen, übergeht beispielsweise die Tatsache, daß es außer dem britischen und amerikanischen Englisch eine ganze Reihe weiterer Varianten wie Canadian English, Caribbean (insbesondere Jamaican) English, Antipodean English (in Australien und Neuseeland), South African English, Black English (Ebonics), African varieties of English (Krio), Asian English (u. a. in Indien, Singapur, Malaysia) sowie zahlreiche pidginisierte Formen des Englischen gibt, in denen sich Einflüsse von Nationalsprachen in verschiedenen Regionen der Welt spiegeln (Todd 2001; siehe Kapitel 9). Die Unterschiede zwischen regionalen und sozialen Varianten des Englischen sind erheblich, und es gibt inzwischen eine «International Association for World Englishes». Das Englische steht heute – wie das Lateinische im Frühmittelalter (siehe Kapitel 6) – an der Schwelle zur Entstehung von Tochtersprachen.

Schließlich erschweren voneinander abweichende Selbst- und Fremdbenennungen die Identifizierung einzelner Sprachen. Für die rund 6400 Sprachen der Welt sind fast 40000 unterschiedliche Namen in Gebrauch. Indien ist ein Paradebeispiel für die Schwierigkeiten, verläßliche Sprachenstatistiken zu erstellen. Die Zahl der Sprachen ist erheblich reduziert, wenn man ältere mit neueren Zählungen vergleicht (Moseley/Asher 1994: 206 f.). Nach dem Zensus des Jahres 1971 wurden in Indien 1652 Sprachen gezählt. Läßt man eine Reihe unsicherer Zuordnungen beiseite, wurden in der Zählung von 1981 insgesamt 1302 Sprachen aufgeführt. Und nach dem Zensus von 1991 waren es nur noch 418. Für diese Diskrepanz gibt es verschiedene Gründe: Sprachen, die früher separat gezählt wurden, werden in modernen Übersichten als regionale Varianten bestimmten Einzelsprachen zugeordnet. Beispielsweise wurden 1971 das Bihari, Bhojpuri, Maithili, Rajasthani, Harauti, Malvi, Marwari, Mewari, Kumauni, Garhwali und Hindustani als eigene Sprachen gezählt, zwanzig Jahre später aber mit einer Fremdbezeichnung als «Hindi» zusammengefaßt. Zudem sind Sprachen häufig unter verschiedenen Namen bekannt, so daß es zu Mehrfachzählungen oder fehlerhaften Zuordnungen gekommen ist.

Unterschiedliche Namen sind aber nicht nur für exotische Sprachen außerhalb Europas in Gebrauch. Auch die Benennungen der Sprachen unseres Kontinents sind Wandlungen unterworfen. Vor hundert Jahren sprach man vom Provenzalischen und meinte damit die lokale romanische Sprache Südfrankreichs. Heute ist vom Occitanischen (bzw. Okzitanischen) die Rede. Dies ist eine überregionale Bezeichnung, die verschiedene Dialekte einschließt, darunter auch das Provenzalische. Früher wurden die saamischen Sprachen Lappisch genannt. Dies ist eine Fremdbenennung, die von den Saamen als abwertend empfunden wird. Überhaupt geht der Trend dahin, Eigenbenennungen zu bevorzugen. Daher heißt das Tscheremissische heute meist Mari, das Wotjakische Udmurtisch oder das Jurakische Nenzisch.

Für die Abgrenzung einer eigenen Sprache ist heute nicht zuletzt auch das Selbstverständnis ihrer Sprecher von Bedeutung. Auf der Pyrenäenhalbinsel gab es für die traditionelle Romanistik vier romanische Sprachen, nämlich Spanisch, Katalanisch, Portugiesisch und Galicisch, sowie das Baskische. Heute dagegen gelten in Spanien aufgrund des Selbstverständnisses der Sprecher auch das Aragonesische, Leonesische, Aranesische, Estremeño und das Mirandesische als eigene Sprachen (Ammon/Haarmann 2006).

Alle Schwierigkeiten, Sprachen voneinander abzugrenzen, sind letztlich Symptome ihres ständigen Wandels. Sprachen können miteinander verschmelzen, sie können regional oder sozial eigenständige Varianten ausbilden, die irgendwann als eigene Sprachen wahrgenommen werden, aber sie können auch untergehen. Sprachen sind auch bei schriftlicher Fixierung immer im Fluß und daher oft so schwer als klar abgegrenzte Einheit zu greifen. Aufgabe der historischen Sprachforschung ist es, Sprachen zu identifizieren und ihre Herkunft und Entwicklung nachzuzeichnen.

## Historische Sprachforschung

Eine der prominentesten Erklärungen für die Vielfalt der Sprachen ist der Mythos vom Turmbau zu Babel in der Hebräischen Bibel: Als Strafe für ihre Hybris läßt Gott die Menschen in verschiedenen Sprachen sprechen. Dagegen wurde immer wieder die Utopie eines Zustandes gesetzt, in dem alle Menschen in der gleichen Sprache sprechen. Durch das Pfingstwunder, von dem das Neue Testament berichtet, wird die babylonische Sprachverwirrung aufgehoben. Vor allem in Renaissance und Barock haben viele Gelehrte versucht, eine rationale Universalsprache zu konstruieren. Mit solchen Entwürfen verband sich meist die utopische Hoffnung auf eine vernünftige und friedliche Weltgesellschaft. Seit der Renaissance haben Gelehrte auch die Sprachen der Welt in Sammelwerken dokumentiert (siehe Kapitel 5). Die Zahl solcher Unternehmungen ist groß, denn der ständige Zuwachs an Wissen über bis dahin unbekannte Sprachen forderte zu immer neuen Kompilationen heraus. Aber es dauerte noch bis zum 18. Jahrhundert und zur Aufklärung, bis Gelehrte die Sprachenvielfalt nicht mehr auf den Turmbau zu Babel zurückführten. Bezeichnenderweise war es ein Jesuit, Lorenzo Hervás y Panduro (1735–1809), der im 17. Band seiner 21bändigen Enzyklopädie «Idea dell'Universo ...» (1778–87) als erster die Vermutung äußerte, es müsse mehrere Grundsprachen als Quellen der modernen Sprachen gegeben haben.

Im 19. Jahrhundert haben Wissenschaftler versucht, die Sprachenvielfalt systematisch darzustellen, um von hier aus ihren Ursprung zu erkunden. Sprache galt als wichtiges Merkmal nationaler Identität. Die «Reinheit» der Nation sollte sich auch in der Reinheit, Unvermischtheit und altehrwürdigen Tradition der Sprache erweisen. Die Rekonstruktion einer Protosprache der Indoeuropäer oder Uralier war solchen Idealen verpflichtet. Damit hing die Vorstellung zusammen, man könne Sprachverwandtschaften in der Form von Stammbäumen veranschaulichen. Das klassische Bildmodell eines Baums, aus dessen ursprachlichen Wurzeln Einzelsprachen erwachsen und sich ausgliedern, hat August Schleicher (1821–1868) 1861 in seinem zweibändigen Werk «Compendium der vergleichenden Grammatik der indogermanischen Sprachen» (1861–62) für die indoeuropäischen Sprachen vorgelegt.

Erst in der zweiten Hälfte des 20. Jahrhunderts wurde der Vergleich mit Stammbäumen zunehmend in Frage gestellt. Die Idee lokal isolierter «Ursprachen» ohne Außenbeziehungen ihrer Sprecher zu Nachbarkulturen wurde aufgegeben, ebenso die Vorstellung von einheitlichen Proto-Sprachen ohne interne soziale oder dialektale Variation. Heutzutage wird die Bedeutung von Sprachkontakten betont, und für das Stadium des Proto-Indoeuropäischen beispielsweise hat man inzwischen die Differenzierung einer Normalsprache

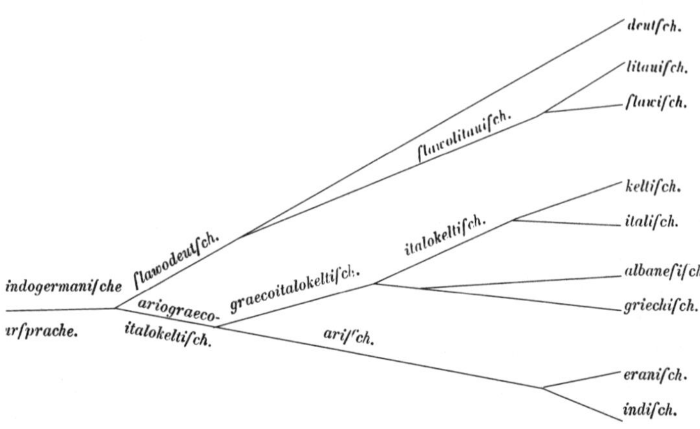


*«Die ältesten teilungen des indogermanischen bis zum entstehen der grundsprachen der den sprachstamm bildenden sprachfamilien laßen sich durch folgendes schema anschaulich machen. Die länge der linien deutet die Zeitdauer an, die entfernung derselben von einander den verwandtschaftsgrad.» So erläuterte August Schleicher in seinem «Compendium der vergleichenden Grammatik der indogermanischen Sprachen» (Band 1, Seite 7) von 1861/62 seinen Sprachenstammbaum.*

und eines mythopoetischen Sprachstils erkannt (Beekes 1995: 41 ff.). Neue Sprachen haben meist verschiedene Wurzeln. Die Geschichte der Sprachen gleicht eher einem komplizierten Geflecht als einem sich immer weiter verästelnden Baum. Trotzdem lebt die Stammbaum-Metaphorik bis heute weiter; häufig ist von «Verästelungen», «Zweigen» und «toten Ästen» der Sprachentwicklung die Rede. Denn alternative Visualisierungen haben bei weitem nicht die gleiche Suggestivkraft wie der Sprachstammbaum, etwa Wellendiagramme wie die von Bloomfield (1933) und Anttila (1989) oder eine geometrische Netzstruktur (Forster et al. 1998)

Zur Veranschaulichung der Verwandtschaftsbeziehungen zwischen Sprachen werden auch graphische Modelle verwendet, mit denen Anthropologen die Familienverhältnisse in Gesellschaften mit unterschiedlichen Sozialstrukturen darstellen (siehe Kapitel 2, 6 und 7). Hier dominiert die Idee der Verwandtschaftsbeziehungen in der Deszendenzlinie von einer Generation zur nächsten, wobei die Erweiterung des Familienverbandes in den jüngeren Generationen jeweils auf separaten Ebenen veranschaulicht wird.

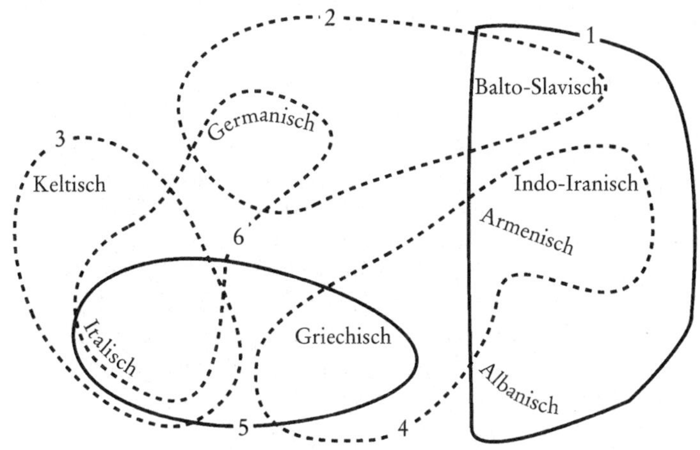


*Wellenmodell für die indoeuropäische Makrogruppierung; die Ziffern bezeichnen die verwandtschaftlichen Beziehungen zwischen Sprachzweigen. Aus: L. Bloomfield (1933)*

Sprachhistoriker und Sprachursprungsforscher (Paläolinguisten bzw. Glottogonen) haben seit dem 19. Jahrhundert bis in die jüngste Zeit hauptsächlich aus lexikalischen Vergleichen Rückschlüsse auf Verwandtschaften zwischen Sprachen gezogen. Dabei wurde die Wandelbarkeit eines Wortschatzes meist unterschätzt. Nur wenige Wörter halten sich über Jahrtausende, die meisten über Jahrhunderte, einige nur über Jahrzehnte, bis sie durch neue Ausdrücke ersetzt werden. Das geschieht meist durch den Kontakt mit anderen Kulturen und Sprachen. Seit einiger Zeit erleben wir beispielsweise eine Zunahme englischer Wörter im Deutschen. Die Sprachkontaktforschung hat deutlich gemacht, wie instabil lexikalische Strukturen sind. Lexikalische Vergleiche können daher nur für einen relativ überschaubaren Zeitraum und nur auf der Grundlage mündlicher oder schriftlicher Zeugnisse Auskunft über Verwandtschaften zwischen Sprachen und über Sprachentwicklungen geben.

Mit der Humangenetik wurde in den letzten zwanzig Jahren eine neue Möglichkeit erschlossen, Verwandtschaftsverhältnisse zwischen Sprachen zu untersuchen. Die Verbreitung der Sprachen hängt in ihrer Frühzeit, das heißt vor allem in der Zeit, für die wir noch keine schriftlichen Hinterlassenschaften haben, direkt mit der

Ausbreitung menschlicher Populationen in alle Teile der Welt zusammen. Prähistorische Migrationen können häufig lediglich anhand der genetischen Veränderungen rekonstruiert werden, die sie in der Bevölkerungszusammensetzung bestimmter Regionen bewirkt haben. In letzter Zeit ist der humangenetischen Forschung mit der Kartierung einzelner Gene und ihres Vorkommens ein entscheidender Durchbruch gelungen. Anhand des männlichen Y-Chromosoms können beispielsweise das Ursprungsgebiet und mögliche Wanderbewegungen lokaler Bevölkerungsgruppen erschlossen werden (Jobling/Tyler-Smith 2003). Im Unterschied zu anderen Chromosomen (d. h. Kettenmolekülen) sind rund 90 Prozent der genetischen Informationen des Y-Chromosoms stabil, und sein über das männliche Erbgut tradierter «Fingerabdruck» kann über lange Zeiträume und über weite Verbreitungszonen identifiziert werden. Mit Hilfe der Humangenetik lassen sich Migrationen über mehrere zehntausend Jahre zurückverfolgen. Humangenetiker blicken damit in eine zeitliche Tiefe, die historisch-vergleichenden Sprachforschern verschlossen bleibt. Sie können nur ca. sechs, nach Ansicht einiger Forscher maximal zehn Jahrtausende (Atkinson/Gray 2006) erkunden.

Die historische Sprachforschung hat sich insbesondere für die Verbreitung des Ackerbaus in der Folge von Migrationen interessiert. Die Verbreitung der indoeuropäischen Sprachen mit der Verbreitung des Ackerbaus von Kleinasien aus in Beziehung zu setzen, hat viele Anhänger gefunden; dies hat andere Theorien zur Urheimat der Indoeuropäer, die es seit dem 19. Jahrhundert gibt, in den Hintergrund gedrängt. Auch über die Frage nach den Indoeuropäern hinaus wurde die Verbreitung des Ackerbaus für die Ausgliederung der großen Sprachfamilien verantwortlich gemacht und war der Schlüssel zu groß angelegten Versuchen, die Entstehung der weltweiten Sprachenvielfalt zu erklären. Allerdings ist die Reichweite dieses Ansatzes begrenzt, denn oft wird übersehen, daß die Ackerbau betreibende Bevölkerung in vielen Regionen keinen Anteil an der Verbreitung bestimmter Sprachen hatte, weil sich diese Wirtschaftsform nicht überall mit migrierenden Populationen verbreitete, sondern als Folge der Akkulturation lokaler Bevölkerungsgruppen durchsetzte. Trotzdem hat der Vergleich von Kulturtransfers wie des Ackerbaus mit der Wanderung von Sprachen viel zu unserem Wissen um die Geschichte der Sprachen beigetragen.

Die moderne historische Sprachforschung ist auf eine Zusammenschau verschiedener Ansätze angewiesen: Der Vergleich von Wortschätzen muß um Erkenntnisse der historischen Migrationsforschung ergänzt werden, die sich ihrerseits vor allem auf die Humangenetik und die Archäologie stützt. Eine Zusammenschau dieser Ansätze führt, wie in diesem Buch gezeigt werden soll, in vielen Fällen zu erstaunlichen Übereinstimmungen zwischen den Ergebnissen der Sprachforscher und der Humangenetiker – aber oft auch zu signifikanten Abweichungen, die für die Sprachforschung neue Fragen aufwerfen.

## Vom Zufall der Sprachentwicklung

Seit den 1990er Jahren wird intensiv erforscht, nach welchen Mustern die Evolution von Sprache erfolgt (s. Haarmann 2004b). Auftrieb erhielt dieses Forschungsfeld durch die Untersuchung der Kreolsprachen. Die Simplifizierung sprachlicher Strukturen, die bei der Entstehung von Pidgins und Kreolsprachen zu beobachten ist, wurde zum Schlüssel, um die Entstehung menschlicher Sprache überhaupt zu erklären: Demnach ist die menschliche Sprache ursprünglich den umgekehrten Weg von simplen zu immer komplexeren Strukturen gegangen. Dieser Erklärungsansatz wird inzwischen jedoch zunehmend skeptisch betrachtet (Mufwene 2001: 126 ff.). Es gibt keine allgemeine Tendenz zu komplexeren Strukturen. Je nach kommunikativen Bedürfnissen werden sprachliche Strukturen komplexer oder einfacher. Der Fokus der Forschung richtet sich daher inzwischen weniger auf die Gesamtentwicklung als auf bestimmte Stadien der Sprachentwicklung. Diese folgen keinem bestimmten Prinzip, sondern jeweils eigenen Mustern und Geschwindigkeiten, die mal sehr langsam, dann wieder beinahe sprunghaft sein können.

Die Sprachentwicklung ist geeignet, die Chaostheorie zu bestätigen, denn es hängt mehr oder weniger vom Zufall ab, ob einmal eingeführte Techniken eine dominante oder eine marginale Rolle im Sprachsystem übernehmen. Es gibt keine Regel, nach der ein bestimmter *Strukturtyp* in einer Sprache den Vorrang hat, etwa isolierend als Hauptkomponente des Chinesischen, flektierend als Hauptkomponente des Lateinischen, agglutinierend als Hauptkomponente des Türkischen oder polysynthetisch als Hauptkomponente des Navaho (zur Erklärung dieser Typologie siehe Kapitel 1).

Die Strukturtypen können sich vielmehr innerhalb einer Sprache verändern. Aus dem stark flektierenden Altenglischen hat sich zum Beispiel eine isolierende Sprache (Neuenglisch) entwickelt. Eine solche Entwicklung ist auch charakteristisch für den Wandel vom Altpersischen zum modernen Farsi (s. S. 177). Die uralischen Sprachen haben von einem isolierenden Frühstadium aus agglutinierende und später auch flektierende Techniken entwickelt.

Durch *Sprachkontakte* wird die Vielfalt sprachlicher Ausdrucksformen weiter erhöht, indem sich lautliche und grammatische Strukturen zweier Sprachen durchdringen und sich dadurch teilweise wandeln. Die Kreolsprachen illustrieren solche Prozesse eindrucksvoll. Benachbarte Sprachen entwickeln sich häufig strukturell in eine ähnliche Richtung, und Sprachen formieren sich aufgrund ähnlicher Techniken zu sogenannten arealen Gruppierungen oder Sprachbünden (Masica 1992a). Solche Gruppierungen sind in verschiedenen Regionen der Welt entdeckt worden, beispielsweise in Südosteuropa (Balkansprachbund), im Baltikum, in Äthiopien, in Südostasien und in Zentralamerika.

*Neue Sprachen* können aus Fusionen von Sprachen oder aus Abspaltungen entstehen. Fusionsprozesse sind typisch für die Entstehung des Deutschen, Englischen, Jiddischen, Afrikaans, Albanischen und Rumänischen sowie von Kreolsprachen. Aus Abspaltungen entstanden sind Sprachen wie das Ukrainische und Weißrussische, die sich aus einer bis ins Mittelalter einheitlichen ostslavisch-altrussischen Basis ausgliederten, das Spanische und Portugiesische (aus einer ibero-romanischen Ausgangsbasis) oder das Hindi und Urdu (ausgehend von einer neuindischen Basis). Bis heute entstehen neue Sprachen, wie die Ausbildung neuer Pidgins auf der Basis des Französischen in den Immigrantenvierteln am Rande von Paris beweist. Auch das Letzeburgische, ursprünglich ein deutscher Dialekt, ist eine relativ neue Sprache, die seit dem 19. Jahrhundert als Schriftsprache verwendet wird und 1984 in der Verfassung als Nationalsprache Luxemburgs anerkannt wurde (Kollwelter 1993).

Neue Sprachen können auch durch politische Umbrüche entstehen. Bis zur Auflösung des alten jugoslawischen Staatsgebildes war das Serbokroatische als gemeinsames Kommunikationsmedium der Serben, Kroaten und Bosnier in Gebrauch. Die gemeinsame Schriftsprache, die um 1850 in bewußter sprachpolitischer Gestaltung entstanden war, wurde in Serbien und Bosnien in kyrillischer und lateinischer, in Kroatien in lateinischer Schrift geschrieben und überdachte als Standardsprache alle regionalen Dialekte. Im Zuge des Bürgerkriegs in den Jahren 1991–1995 wurde sie schließlich aufgegeben, seitdem manifestieren sich – gleichsam als sprachlich-kulturelle Grenzziehung – lexikalische, lautliche und grammatische Regionalismen in immer größerer Zahl. Die kulturellen Unterschiede mit der katholischen Tradition in Kroatien, der orthodoxen in Serbien und der muslimischen in Bosnien spiegeln sich auch sprachlich: Inzwischen treten das Kroatische, Serbische und Bosnische als drei getrennte Sprachen auf.

Es gibt keine Sprache auf der Welt, die sich nicht irgendwann aufspalten, in einer anderen Sprache aufgehen oder sogar ganz untergehen würde. Tausende von Sprachen sind im Verlauf der Menschheitsgeschichte ausgestorben. In vielen Fällen sterben irgendwann die letzten Sprecher (z. B. des Manx-Gälischen oder Wotischen); oft haben sich immer mehr Sprecher an eine dominante Sprache assimiliert (z. B. Sprecher kleiner Sprachgemeinschaften in Sibirien an das Russische); es können sich aber auch die grammatischen und lexikalischen Strukturen so grundlegend ändern, daß die frühere Sprache irgendwann als untergegangen gilt. Von einem Massensterben von Sprachen kann heute dennoch keine Rede sein. Trotz der Gefährdung vieler Zwergsprachen ist die Entwicklung weniger katastrophal, als häufig angenommen (siehe Kapitel 10).

Es gibt keine Gesetze, nach denen Sprachen entstehen, sich weiterentwickeln und untergehen. Sprachen mutieren eher zufällig in die eine oder andere Richtung. Es setzen sich die Sprachen durch, die ihrer Umwelt, das heißt den Bedürfnissen der meisten Sprecher, am besten angepaßt sind. Kleine Sprachen können in Nischen für ganz bestimmte Zwecke überleben. Große Sprachen können andere dominieren und schließlich verdrängen. Sprachen ähneln damit Lebensformen in der Flora und Fauna. Seit den 1960er Jahren wird daher Sprachenschutz auch als «Artenschutz» verstanden (Kloss 1969: 287 ff.). Viele Sprachforscher haben den Vergleich mit biologischen Existenzformen aufgegriffen (Mufwene 2001: 13 ff.). Er ermöglicht eine ökologische Betrachtungsweise der Prozesse, in denen die Sprachen sich über die Alte und Neue Welt ausgebreitet, den «natürlichen Biotopen» angepaßt haben und ihr strukturelles Instrumentarium entsprechend den Erfordernissen einer immer komplexer werdenden Kulturentwicklung verfeinert haben, sowie der Gefährdungen, denen sie etwa durch den Assimilationsdruck einer dominanten Sprache ausgesetzt sind.

Mein besonderer Dank gilt dem Lektorat des Verlags C. H. Beck. Petra Rehder hat mir mit freundlicher Hartnäckigkeit immer wieder anschauliche Beispiele abverlangt, genauere Erklärungen eingefordert und für eine übersichtliche Gliederung gesorgt. Ulrich Nolte hat das Buch von der ersten Idee bis zur Fertigstellung mit Umsicht begleitet.

# 1.

# Die Anfänge der Sprachevolution

In der Geschichte der Sprachen gibt es keinen Urknall. Die Entstehung von Sprache und Kultur ist nicht abrupt, sondern in evolutiven Schüben erfolgt, und die Entwicklungsdynamik war auch zu verschiedenen Zeiten unterschiedlich intensiv. Die längste Spanne in der Geschichte der Sprachen liegt im Dunkel der Vorgeschichte, also in einer Zeit, als es noch keine schriftliche Überlieferung gab. Das älteste Experiment mit der Schrifttechnologie fand um die Mitte des 6. Jahrtausends v. Chr. in der Donauzivilisation statt, deutlich vor der Zivilisation der Sumerer. Die Anfänge des Schriftgebrauchs in Mesopotamien werden um 3200 v. Chr. datiert. Die mehr als 7000 Jahre Schriftgeschichte mögen vom Standpunkt des modernen Betrachters aus lang anmuten. Aus der Perspektive der Sprachgeschichte, die irgendwann in grauer Vorzeit einsetzt, ist dies aber nur ein kurzer Abschnitt.

Genau genommen ist die Vorzeit gar nicht so grau, denn aus der Frühzeit gibt es allerlei visuelle Manifestationen des menschlichen Geistes, und indirekt kann aus den Bildern und Symbolen, die die Menschen auf Felswände gemalt oder in diese gehauen haben, auf den Entwicklungsstand des abstrakten Denkens ihrer Schöpfer geschlossen werden. Sprache ist ein Produkt des abstrakten Denkens, denn die Verwendung von Sprache setzt die Fähigkeit voraus, lautlichen Ausdrucksformen eine symbolische Bedeutung beizumessen. Aber bevor sich dieser Symbolgebrauch als effektives Kommunikationssystem voll entfaltet hatte, mußte erst eine Reihe von Entwicklungsstadien durchlaufen werden.

Die Geschichte von Sprache beginnt nicht erst mit dem modernen Menschen (Homo sapiens sapiens), obwohl dies von manchen Archäologen behauptet wird (Mithen 1996). Diese Hominiden-Spezies tauchte nach humangenetischen Rekonstruktionen vor rund 150 000 Jahren auf (Marean/Assefa 2005: 98 ff.). Die Fähigkeit, Sprache zu verwenden, ist allerdings wesentlich älter. Und die evolutiven Anfänge sprachlicher Kommunikation waren eingebunden in ältere, nonverbale Interaktionsstrategien (Gesten, Posen, Mimik, also Körper«sprache»), aus deren Vielfalt sich sprachliche Mittel als selbständiges System spezialisierten.

Die Entwicklung der Hominiden hat sich vor rund 7 Mio. Jahren von den Primaten abgekoppelt. Verschiedene Menschenarten bevölkerten gleichzeitig die Erde, die meisten entstanden und blieben in Afrika und starben auch dort aus. Allein in dem Zeitraum zwischen 5 und 1 Mio. Jahren vor heute lebten nicht weniger als zwei Dutzend Hominiden-Spezies in der Alten Welt (Lewin/Foley 2004: 296 ff.). Bis vor etwa 2 Mio. Jahren waren die meisten von diesen Menschenarten allerdings schon ausgestorben. Wesentlich flexibler in der Anpassung an ihre natürliche Umgebung blieben der Homo habilis, der Homo erectus, der archaische und der moderne Mensch übrig. Schließlich war aber der moderne Mensch die einzige Hominiden-Spezies, die alle anderen Arten, auch den zur gleichen Zeit existierenden archaischen Menschen überlebte.

## Symbolische und verbale Kommunikation früher Menschen

Der archaische Mensch (Homo neanderthalensis) lebte vor ca. 400 000 bis 30 000 Jahren. Die Fähigkeit, Sprache zu verwenden, hat er mit Sicherheit besessen. Dies kann man allein aus der Existenz des sogenannten Sprachknochens schließen, ein Charakteristikum des Skelettbaus sowohl des modernen als auch des archaischen Menschen. Er wurde im Jahre 1989 in Kebara (Israel) entdeckt: «Dieser kleine Knochen in U-Form liegt zwischen der Zungenwurzel und dem Kehlkopf (Larynx) und ist verbunden mit den Muskeln des Kiefers, der Larynx und der Zunge. Nach Größe und Form ist der Sprachknochen von Kebara praktisch identisch mit dem des modernen Menschen» (Lewin/Foley 2004: 467). Auch das Gehirnvolumen des Neandertalers, das sich nicht wesentlich von der Gehirnmasse des modernen Menschen unterscheidet, deutet auf eine für die Sprachverwendung ausreichende Kapazität. Ihm fehlte allerdings eine entscheidende physiologische Komponente, der Vorderlappen im Gehirn. Gerade diese Gehirnregion ist verantwortlich für spezialisierte organisatorische und planerische Aktivitäten. Der Neandertaler mag sich auf seine Jagdzüge eingestellt haben, ein vorausschauendes strategisches Denken blieb ihm allerdings versagt.

Zweifellos war also die Sprache, die der Neandertaler verwendete, weniger komplex als die des modernen Menschen, und schon die Artikulationsbasis für die Produktion von Sprachlauten war beschränkter. Dies bedeutet, daß das Lautsystem der Neandertalersprache weniger differenziert war als selbst die einfachsten Lautsysteme moderner Sprachen (s. u.). Was die sprachlichen Welten des archaischen und modernen Menschen voneinander trennt, ist die organisatorische Infrastruktur ihrer Kommunikationsmedien. Der moderne Mensch hat von Anbeginn komplexe Sprache verwendet, der Neandertaler dagegen eine rudimentäre Protosprache, deren Bau wesentlich simpler und deren Wortschatz weniger differenziert waren als die Strukturen komplexer Sprachen.

Die Anfänge der Sprachtätigkeit liegen aber noch weiter zurück. Es gibt keinen Grund, dem Homo erectus, der vor ca. 1,9 Mio. bis 0,4 Mio. Jahren Afrika, Asien und Europa besiedelte, die Fähigkeit abzusprechen, Sprachlaute zu artikulieren. Dazu war er anatomisch in der Lage (s. u.). Was diese Hominiden zum Zweck ihrer kommunikativen Interaktion produzierten, war aber vermutlich bestenfalls ein rudimentäres, an menschlichen Stimmtönen orientiertes Signalsystem, wenn auch komplexer als die wenigen Lautzeichen, die Affen als Warn- und Fürsorgesignale verwenden. Vom Standpunkt der Fähigkeit, eine Skala differenzierter Laute mit symbolischer Bedeutung zu produzieren, erfüllt die Kommunikation des Homo erectus wohl die Minimalanforderungen für Sprache.

Die Sprachfähigkeit des modernen Menschen ist also keine kommunikationstechnologische Revolution dieser Spezies. Sie blickt auf eine Geschichte von über 1 Mio. Jahren zurück. Wollen wir aber noch frühere Evolutionsphasen in Betracht ziehen, verlieren wir uns ganz im Spekulativen. Auf die Frage, ob der Homo habilis (ca. 5–1,6 Mio. Jahre vor heute) Sprachlaute produzieren konnte, wird man auf absehbare Zeit keine schlüssige Antwort finden. Bisher geht man davon aus, daß dies anatomisch problematisch war, und außerdem fehlen Hinweise auf eine symbolische Aktivität dieser Spezies.

Diese Hominiden-Spezies hat ihren Namen nach der in der Evolution neuen Fähigkeit und Bereitschaft (latein. *habilis* ‹fähig›), Werkzeuge zu benutzen und auch selbst grob zu bearbeiten (Conroy 1990: 352 f.). Dies waren in der Anfangszeit lediglich natürliche Objekte wie Steine, Äste oder Knochen, die der Homo habilis so, wie er sie vorfand, zum Schlagen, Stochern und Hebeln verwendete. Erst viel später bearbeitete er auch Steinwerkzeuge selbst, indem er sie nutzgerecht abschlug. Die ältesten Werkzeuge mit Bearbeitungsspuren haben ein Alter von rund 2,6 Mio. Jahren (Lewin/Foley 2004: 311 ff.).

Wenn Hinweise auf Sprachgebrauch im Fall des Homo habilis fehlen, wie begründet sich dann der Rückschluß, daß der Homo erectus fähig war, Sprache zu verwenden? Es gibt keine physische Dokumentation für dessen Sprachgebrauch und auch keine anthropologischen Merkmale wie etwa den Sprachknochen beim Neandertaler. Immerhin hat der Homo erectus aber seine Fähigkeit zu symbolischer Tätigkeit unter Beweis gestellt, und dies ist eine elementare Vorbedingung für den Gebrauch von Sprache. Wenig bekannt selbst in Expertenkreisen, für die Beurteilung mentaler Kapazitäten früher Hominiden-Spezies aber von enormer Bedeutung, ist die Entdeckung abstrakter Zeichenverwendung durch den Homo erectus.

In einer Höhle (Azych-Höhle) in der Region Berg-Karabach im westlichen Teil Aserbaidschans wurden in den 1980er Jahren Siedlungsspuren des Homo erectus gefunden. Auffallend an dem Fund war die Anordnung der Artefakte um eine Feuerstelle, auf deren einer Seite ein Bärenschädel plaziert war, bei dem der Unterkiefer fehlte. An anderer Stelle lagen zwei Unterkieferknochen in Kreuzform übereinander. Der Bärenschädel verdient besondere Aufmerksamkeit, denn in dessen Oberfläche sind abstrakte Zeichen eingekerbt. Der sowjetische Archäologe, der die Höhle untersucht hat, sagt zur Enstehung der eingekerbten Zeichen auf dem Schädel: «Sämtliche Kerben sind mit einem spitzen Werkzeug mit beidseitigen Kanten gemacht worden. Die Kerben scheinen im Zusammenhang mit bestimmten religiösen Ideen der Azych-Leute zu stehen» (Gusejnov 1985: 68).

Diese Fundanalyse wird zur Sensation, wenn man das Alter der Höhlensiedlung dazu in Beziehung setzt: Die Datierung liegt bei ca. 430000 Jahren. Dieser visuelle Beweis für intentionale symbolische Tätigkeit stammt demnach aus der Spätphase der Existenz des Homo erectus. Gleichzeitig ist dieser Fund geeignet, das hohe Alter des Bärenkults zu demonstrieren. Auffassungen vom Höhlenbären als verehrungswürdigem Wesen haben offensichtlich eine lange Tradition, die in der kulturellen Evolution weit über die ältesten mythischen Vorstellungen des modernen Menschen zurückreicht.

Die Fundlage in der Azych-Höhle mochte selbst von Kulturforschern jahrelang für eine Ausnahmeerscheinung gehalten werden. Kürzlich sind weitere Objekte mit Ritzungen als Beweis für die Fähigkeit des Homo erectus zu symbolischer Tätigkeit gefunden worden, und zwar an dem ältesten bisher bekannten Wohnplatz des Homo erectus in Europa (in der Höhle von Kozarnika in Nordwestbulgarien). Die Ritzungen sind in Gruppen von zwei und drei Einzelzeichen auf dem Schienbeinknochen einer altsteinzeitlichen Bovina-Spezies (Auerochse?) plaziert. Das Alter der Kulturschicht mit dem Knochenfund wird mit ca. einer Mio. Jahren angegeben (Guadelli 2004).

Die Ritzungen des Homo erectus lassen keinen Zweifel an dessen Fähigkeiten zu symbolischen Ausdrucksformen. Damit ist auch klar, daß diese Hominiden-Spezies die Voraussetzung dafür hatte, abstrakte lautliche Symbole (d. h. Sprache) zu verwenden. Diese Fähigkeit, sich von den Gegebenheiten der realen Umwelt zu lösen, symbolische Vorstellungen zu entwickeln und diese an akustische und/oder visuelle Bedeutungsträger zu binden, hat sich in der Evolution vom Homo erectus zu anderen Hominiden-Spezies (zum archaischen und modernen Menschen) immer weiter verfeinert. Im Vergleich am stärksten ausgeprägt ist die symbolische Aktivität bei unserer Spezies (Lewis-Williams 2002).

## Identitätsfindung und Sprachfähigkeit als kultureller Motor

Die stufenweise Entfaltung der Sprachfähigkeit während der Evolution vom Homo erectus bis zum modernen Menschen mutet in sich schlüssig und konsequent an. Aber was veranlaßte den Menschen, den Übergang von der Verständigung mit Gesten zur Kommunikation mittels Sprache zu vollziehen? Was motivierte den Menschen, seine sprachliche Kommunikation zu verfeinern und komplex auszubauen? Warum hat die Evolution nicht nur einen einzigen Bauplan für Sprache produziert, sondern eine Vielzahl von Konstruktionsmustern? Antworten auf diese Fragen findet man, wenn man in eine Richtung schaut, die erst in der modernen Evolutionsdebatte erschlossen worden ist: die Erkenntnisse der Identitätsforschung.

Die Fähigkeit des Menschen zu vorausschauendem Denken, zu zeitungebundener Planung, zur Kontrolle über die Natur ist nicht das Ergebnis passiver Anpassung an die Gegebenheiten der natürlichen Umwelt. Vielmehr gibt es eine mentale Kraftquelle, die gleichsam wie ein Motor für das gesamte Handeln des Menschen in seinem kulturellen Umfeld fungiert, und das ist die Identität. Identität ist nicht statisch. Der Mensch steht zeit seines Lebens im dynamischen Prozeß seiner Identitätsfindung, die ihn zum Handeln in sozialen Verbänden, zum Aufbau von Kultur und zur Vorausschau in die Zukunft motiviert.

Identität ist keine vorgegebene Matrix. Sie ist in einem ständigen Wandel begriffen, denn die Gruppenbeziehungen eines Individuums verändern sich mit fortschreitendem Alter: in der Kleinkindzeit, in der Schul- und Berufsausbildung, in Partnerschaftsbeziehungen, im Familienverband, im sozialen Netz der Gesellschaft usw. Das angestammte kulturelle und soziale Milieu wird – ebenfalls identitätsgesteuert – aufrechterhalten, verändert oder auch zugunsten eines anderen aufgegeben.

In der individuellen Entwicklung wie in der Evolutionsgeschichte motiviert die Dynamik der Identitätsfindung menschliches Handeln über die elementaren Bedürfnisse der Anpassung an die Umwelt zum Zweck des physischen Überlebens hinaus. Identität macht den Menschen neugierig, seine Umwelt auszukundschaften und seine Kräfte mit der Natur zu messen. Identität zwingt den Menschen gleichsam zum Lernen aus Erfahrung, um seine Überlebenstechniken zu verbessern. Identität fordert den Menschen zur Sinngebung für all das heraus, was er selbst schafft und worin er eingebunden ist. Die somit aktivierte Kapazität des Menschen zur Steuerung, seine Intentionalität, ist die Ausgangsbasis für alles kultur- und sprachorientierte Handeln. Sprache hat sich in der Evolutionsgeschichte als optimales Medium zur Identitätsbildung, zur Konstruktion von Kultur und zum Aufbau komplexer sozialer Gemeinschaften bewährt.

Es kann nicht verwundern, daß das Aktionsfeld der Identitätsfindung als Schlüsselkomponente menschlichen Kulturschaffens erkannt worden ist, und so hat im Licht solcher Ausdeutungen

«... auch die Identitätstheorie als die Basistheorie aller Humanwissenschaften zu gelten, von der aus die spezielleren ethnologischen und sonstigen anthropologischen Fachdisziplinen (Ethnosoziologie, Ethnoökonomie, Religionsethnologie, Medizin, Psychologie, Geschichte usw.) konsequenterweise erst zu begründen und aufzubauen wären» (Müller 1987: 391).

Je umfänglicher und spezialisierter die kulturellen Leistungen des Menschen sind, desto mehr Anforderungen werden an die Mittel gestellt, mit denen Menschen untereinander kommunizieren. Das Verstehen und Erklären wirtschaftlicher, kultureller und sozialer Existenzbedingungen macht ein spezialisiertes Instrument für die Interaktion erforderlich Die Leistungsfähigkeit von Sprache reicht über das elementare Maß an Evolution im Sinn einer biologischen Anpassung an humanökologische Umweltbedingungen hinaus. Das sprachgelenkte Bewußtsein des modernen Menschen greift weit in den Bereich symbolischer Aktivitäten hinein, die die Alltagsrealität transzendieren. Die Steigerung der Leistungsfähigkeit des menschlichen Steuerorgans, des Gehirns, und die Transformation von der Protosprache zur komplexen Sprache sind demnach Prozesse, die synchron abgelaufen sind. Komplexe Sprache, die so aussieht wie ein «Sprung» in der Evolutionsgeschichte, ist aus der schubhaften Spezialisierung der symbolischen Aktivitäten erwachsen, die uns das Gehirn mit seinen vielfältigen Einzelleistungen ermöglicht (Deacon 1997).

Diese Erkenntnis ist durchaus neu, bedenkt man ältere Erklärungsversuche. Vor hundert Jahren glaubte man, daß die Fähigkeiten des modernen Menschen darauf zurückzuführen seien, daß sein Gehirnvolumen größer als das früherer Hominiden sei. Die Gehirnmasse war aber sicher nicht entscheidend bei der Ausweitung kognitiver Fähigkeiten von der Entwicklungsstufe des Neandertalers zu der des modernen Menschen, denn heute weiß man, daß sich die Gehirnvolumina dieser beiden Hominiden-Spezies nicht wesentlich voneinander unterscheiden. Viel wichtiger ist dagegen die Intensität der synaptischen Aktivität, die mobilisiert wird. Und diesbezüglich kann der moderne Mensch viel flexibler auf Herausforderungen reagieren als der archaische Mensch (Lieberman 2006: 130 ff.).

In der Entwicklung vom Homo erectus zum modernen Menschen erweiterte sich die Skala der verwendeten Steinwerkzeuge. Gleichzeitig stellten sich für denjenigen, der das Know-how bei der

Herstellung von Werkzeugen an die Folgegeneration weitergeben wollte, immer größere Anforderungen, das benötigte handwerkliche Wissen sprachlich zu vermitteln. Allein dieser lebenswichtige Bereich der Werkzeugherstellung und -entwicklung hatte wahrscheinlich einen entscheidenden Anteil an der Ausbildung einer größeren Komplexität sprachlicher Strukturen.

Außerdem verlangte die Identitätsbildung auch nach einer spirituellen Einbettung menschlichen Kulturschaffens. Dies bedeutet das Fragen nach dem Wie und Warum der eigenen Existenz, nach Existenzformen jenseits der wahrnehmbaren Realität sowie magisch-religiöse Vorstellungen vom Wirken übersinnlicher Kräfte. Der Aufbau dieser imaginären inneren Vorstellungswelt stellt erhebliche Anforderungen an das abstrakte Denken und entsprechend an das Medium Sprache, mit dem die abstrakte Begrifflichkeit dieser inneren Welt erfaßt werden kann.

Der kollektive Prozeß, in dem sich die menschliche Intelligenz über Hunderte und Tausende von Generationen entwickelt hat, spiegelt sich in der Lebensspanne eines Individuums, seiner Identitätsfindung und seinen Intelligenzleistungen und wird in jeder Generation reproduziert. Der Prozeß des Spracherwerbs vom Lallen des Säuglings bis zur vollständigen Sprachbeherrschung des Erwachsenen illustriert quasi im Zeitraffer diesen evolutiven Ablauf (Bloom 1993). Man weiß heute, daß die Position des Kehlkopfes und der Stimmritze beim Säugling der beim Neandertaler ähnelt, so daß die Produktion von Sprachlauten zunächst eingeschränkt bleibt. Die volle Entfaltung der motorischen Fertigkeiten hin zum Kleinkindstadium entspricht bis ins Detail einer Reproduktion des Evolutionsprozesses.

## Von der Protosprache des Neandertalers zur komplexen Sprache des Homo sapiens

Die Sprachevolution nahm ihren Ausgang vom Stadium elementarer Kommunikation. Ausgehend vom Postulat einer nur rudimentär organisierten Protosprache sind die verschiedensten Entwicklungsstadien bis hin zum Typ der komplexen Sprache des modernen Menschen vorgeschlagen worden. Viele solcher nach wie vor populären Konstrukte (z. B. Jackendoff 2002: 424) gehen jedoch von einer separaten Entfaltung der sprachlichen Konstituenten aus, so als ob sich Lautung, grammatische Strukturen, Satzbau und Wortschatz auf getrennten Wegen entwickelt hätten. Es fehlt ihnen eine ganzheitliche Entwicklungsperspektive.

Sinnvoller ist die Annahme, daß sich die verschiedenen Sprachstadien als integrierte Systeme entfaltet haben. Ziel der hier angestrebten Rekonstruktion ist es, die Evolution sprachlicher Strukturen mit Blick auf zwei elementare Parameter aufzuzeigen: die Verwobenheit phonetischer, morphologischer, syntaktischer und lexikalischer Eigenschaften einerseits, projiziert auf die kommunikativen Bedürfnisse verschiedener kultureller Stadien der Hominiden andererseits.

Für die sprachliche Evolution von der Kommunikation des Homo erectus durch nonverbale Strategien (Mimik, Gestik und Posen) sowie eine elementare Signalgebung mittels der Stimme bis hin zu modernen Kultursprachen (mit komplexen Satzgefügen und spezialisierter Terminologie) lassen sich vier Hauptstadien ansetzen, die über einen Vergleich der Strukturen moderner und historischer Sprachen hypothetisch erschließbar sind. Im folgenden soll dargestellt werden, wie sich diese vier Hauptstadien mit verschiedenen Hominiden-Spezies verbinden (s.a. Haarmann 2004b: 89 ff.).

### *Stadium 1: Kommunikation mit Signalen und Interjektionen*

Am Anfang der Sprachverwendung stehen wahrscheinlich elementare Benennungsmechanismen. Dazu gehören onomatopoetische Ausdrucksformen wie *bums!* als Lautnachahmung für ein Fallgeräusch oder *plitsch*, *patsch* und ähnliches für Wasserbewegung und den Kontakt mit Wasser, dazu elementare Zählweisen (bis 2 oder 3 wie noch in einigen Aborigine-Gemeinschaften Nordaustraliens; Hurford 1987), Interjektionen zum Ausdruck von Erstaunen, Freude, Schrecken usw., und alles vermutlich in Form von Ein-Wort-Sätzen. Dieser Typ verbaler Kommunikation war der einzige, über den der Homo erectus verfügte. Er war die Ausgangsbasis für die Sprachentwicklung beim archaischen Menschen (archaischer Homo sapiens bzw. Homo neanderthalensis). Auch in der Frühphase des Neandertalers war wohl dieser Kommunikationstyp dominant.

In der Spätphase allerdings ist mit einer Entwicklung sprachlicher Fähigkeiten in Richtung auf das Stadium 2 zu rechnen.

Wenn der Homo erectus nachweislich die Fähigkeit zu symbolischer Tätigkeit und daher wohl auch Sprachvermögen besaß, welche Bedeutung kann dann die Revolutionierung der Werkzeugherstellung gehabt haben, die vor 1,4 Mio. Jahren einsetzte? Lange Zeit waren nur einfache Steinwerkzeuge in Gebrauch, bevor ein neuer Typ von Werkzeug auftrat: der beidseitig behauene Faustkeil (Lewin/Foley 2004: 346 f.). Mit diesem Werkzeug, das wie eine Axt verwendet wurde, konnte man auch solche Objekte bearbeiten, die sich bis dahin der Verwendung durch den Menschen entzogen, einfach deshalb, weil Objekte bestimmter Härte oder Größe mit kleineren Werkzeugen nicht zu bearbeiten sind.

Das beidseitige Abschlagen der Kanten eines Faustkeils läßt eine weitere Fähigkeit des Homo erectus erkennen, den Sinn für Symmetrie. Vielleicht war diese Fähigkeit schon aktiviert zur Zeit des ersten Auftretens von Faustkeilen. Sind die Anfänge der Verwendung einer rudimentären Protosprache vom Typ 1 in jener Periode zu suchen? Hat die Revolution der lithischen Industrie auch einen Innovationsschub in der Kommunikationstechnologie des Homo erectus, also in seiner Sprachfähigkeit ausgelöst?

### *Stadium 2: Wortung der natürlichen und kulturellen Umgebung (ab ca. 150 000 vor heute)*

Im Zuge einer Erweiterung der Kapazität, Dinge des kulturellen Umfelds zu «worten», vergrößert sich das Repertoire sprachlicher Ausdrücke, die in der Interaktion eingesetzt werden können. Bereits in diesem Entwicklungsstadium muß sich der Vorteil der Sprachfähigkeit des Menschen gezeigt haben, denn Sprache ist im Vergleich zu den Mitteln der nonverbalen Kommunikation ein insgesamt leistungsfähigeres Instrument.

In diesem Stadium erweitert sich zwar der Bestand an Lauten (Korhonen 1993: 257 ff.), dennoch bleibt das Lautsystem der Sprache des Neandertalers wenig differenziert. Folgt man der Rekonstruktion der für die Produktion und Artikulation von Sprachlauten verantwortlichen Bereiche von Mundraum und Kehle beim Neandertaler (Lieberman 2006: 297 ff.), so war die Mundhöhle größer als beim modernen Menschen, die Zungenposition tiefer und die Stimmritze länger; der Kehlverschluß lag flacher. Durch die Verkleinerung der Mundhöhle hat sich beim modernen Menschen eine Wölbung der Zunge als Normallage eingestellt, was – zusammen mit einer intensiveren Steuerungskapazität des Gehirns – eine verfeinerte Motorik und damit eine variantenreichere Artikulation von Sprachlauten bedingt hat.

Aufgrund dieser anatomischen Gegebenheiten kann für die Sprache des Neandertalers die Variation zweier Vokalqualitäten rekonstruiert werden; dies ist die Opposition von [a] und einer [e]-Qualität. Dazu wird die Differenzierung von insgesamt acht Konsonanten angesetzt: die stimmlos-stimmhaften Lautpaare [p] und [b] sowie [t] und [d], der Zischlaut [s], der Reibelaut [h], der Dental [n] und der Labial [m]. Anatomisch war der Neandertaler außerdem in der Lage, einen Stimmritzenverschlußlaut bzw. Knacklaut (engl. *glottal stop*) zu produzieren. Dieser Laut findet sich in zahlreichen modernen Sprachen, etwa im Deutschen, Dänischen und Finnischen.

Es gibt eine moderne Sprache, deren Vokalopposition sich ebenfalls auf [a] : [e] beschränkt, und zwar das Ubychische, eine nordwestkaukasische Sprache. Die geringe Variationsbreite im Vokalismus findet aber im Fall des Ubychischen ihr Gegengewicht in einer Vielzahl von Konsonanten – insgesamt 82 –, so daß mit deren Hilfe die Bildung einer Vielzahl verschiedener Silbenstrukturen möglich ist. Das Ubychische ist mit seinem Kontrast von extrem geringer Vokalzahl und extrem differenziertem Konsonantismus eine Ausnahmeerscheinung in der modernen Sprachenwelt (Vogt 1963).

Der Konsonantismus des Hawaiianischen, einer polynesischen Sprache, ist mit acht Lauten ähnlich begrenzt wie der der Protosprache des Neandertalers. Dies sind [p], [k], [h], [l], [m], [n], [w] sowie der Knacklaut. Diese relative Begrenztheit des Konsonantismus wird aber ausgeglichen durch einen voll entwickelten Vokalismus mit den Einheiten [a], [e], [i], [o] und [u], die zusätzlich noch lang oder kurz sein können (Elbert/Pukui 1979: 10 ff.). Diese Unterschiede sind phonematisch, d. h. sie bewirken Bedeutungsunterschiede; z. B. hawaiian. *kanaka* ‹Mann (Sg.)› : *kānaka* ‹Männer (Pl.)›, *hio* ‹blasen› : *hiō* ‹lehnen›.

Zu Morphologie, Lexik und Syntax der Protosprache des Stadiums 2 sind folgende Merkmale anzunehmen: Die Wörter sind einsilbig. In Abhängigkeit vom Kontext können einzelne Wörter die Funktion von Ein-Wort-Sätzen haben. Auf dieser Ebene entfalten sich die elementaren Interrelationen zwischen Lautsequenzen, Wortbedeutungen und lexikalischen Strukturen. Der Bestand an Signalen und Interjektionen wird durch onomatopoetische Ausdrücke erweitert. Grammatische Beziehungen werden noch nicht bezeichnet, Wortarten noch nicht unterschieden. Dieses Stadium ist «asyntaktisch» (Carstairs-McCarthy 1999: 15 f.), d. h. es gibt noch keine Satzbaupläne. Das Stadium 2 der Sprachentwicklung findet sich als Kommunikationstyp nur beim Neandertaler.

### *Stadium 3: Elementares Sprechen über Dinge und Ereignisse (älter als 70000 vor heute)*

Als Zeitrahmen für die Existenz des Stadiums 3 ist die Frühphase der Evolution und Verbreitung der jüngsten hominiden Spezies, des modernen Homo sapiens, anzusetzen. Diese Periode begann vor etwa 100000 Jahren oder früher und dauerte etwa 30000 Jahre (bis ca. 70000 vor heute) an. Parallel zur Entwicklung kognitiver Fähigkeiten verfeinert sich in dieser Phase auch das sprachliche Instrument und damit die Kapazität des modernen Menschen, seine Ideenwelt aufzubauen, über Beziehungen zwischen den Mitgliedern in der Familie, im Clan und in der Jagdgemeinschaft zu reden und Handlungsstrategien sprachlich zu artikulieren.

Die sprachlichen Merkmale, die für das Stadium 3 postuliert wurden, sind das Ergebnis interner Rekonstruktion. Keine der rezenten Sprachen der Welt und auch keine der historisch dokumentierten Sprachen repräsentiert dieses Stadium. Dennoch spricht der Rhythmus der Kulturevolution dafür, daß ein solches frühes Entwicklungsstadium komplexer Sprachen existiert hat. Hinweise darauf findet man u. a. in archaischen Satzbauplänen (siehe Kapitel 4).

Die Rekonstruktion erschließt folgende Merkmale: Es kommt zur vollständigen Ausbildung binärer Oppositionen im Lautsystem (z. B. stimmlose versus stimmhafte Laute). Wörter sind ein- oder mehrsilbig. Die elementaren Wortarten (Nomen versus Verb, Pronomen) werden formal unterschieden. Die Verwendung pronominaler Systeme (Personal-, Possessivpronomen usw.), also von deiktischen (hinweisenden) Elementen als Ersatz für Personen (*sie* für ‹Mädchen›, ‹Frau›, ‹Großmutter› u. a.) oder Dinge (*jene* für ‹Feuerstelle›, ‹Flußbiegung›, ‹Gruppe von Jägern›), setzt abstraktes Denken voraus.

Die formale Differenzierung von Wortarten erleichtert die funktionale Unterscheidung sprachlicher Ausdrücke im Satz. Es sind Sätze mit mehreren Gliedern in Gebrauch. Im syntaktischen Bereich bildet sich die Dualität von Agens, dem handelnden Subjekt, und seiner Tätigkeit, der verbalen Handlung, aus. Dieses Sprachstadium markiert den Entwicklungssprung hin zu den Sprachfähigkeiten des modernen Menschen.

### *Stadium 4: Entwicklung komplexer Sprachstrukturen (ab ca. 70 000 vor heute)*

Dieses Stadium kennzeichnet den Entwicklungsstand komplexer Sprachen, es ist in allen historischen Sprachen und modernen Sprachen vertreten. Für dieses Entwicklungsstadium gilt die Ausbildung komplexer phonetischer, grammatischer und syntaktischer Systeme. Der Wortschatz komplexer Sprachen ist weit verzweigt, und das Repertoire lexikalischer Elemente ist praktisch unbegrenzt. So verzeichnet das «Oxford English Dictionary» mehr als eine Million Wörter.

Das evolutive Stadium 4 hat unsere heutige sprachliche Komplexität und Differenziertheit ermöglicht. Komplexe Sprache ist eines von vielen kulturspezifischen Zeichensystemen, die wir verwenden, neben Symbolsystemen wie Zählen, Rechnen oder Messen, religiöser Ikonographie, heraldischer Bildersprache, Verkehrszeichen usw. Nach seiner Gesamtleistung aber ist es sicherlich das leistungsstärkste, das differenzierteste und variantenreichste Informationsverarbeitungssystem. Dessen Kapazitäten haben sich im Prozeß der Evolution sukzessive entwickelt und sind vom modernen Menschen für die verschiedensten kommunikativen Zwecke eingesetzt worden.

Dieses Stadium wurde in jedem Fall früher als vor 60 000 Jahren erreicht, denn in den Sprachen Australiens und Neuguineas, wohin Menschen vor etwa 60 000 Jahren gelangten, lassen sich zwar einzelne archaische Eigenschaften identifizieren, die auf das Sprachstadium 3 hindeuten, der generelle Ausbildungsgrad der Sprachstrukturen bei den Aborigines Australiens und den Altamerikanern weist aber das Stadium 4 aus.

Selbst wenn die hier rekonstruierten älteren Stadien 1 bis 3 nicht erhalten sind, so existieren doch bis heute weiterhin archaische Strukturfragmente in allen Sprachen der Welt. Beispielsweise gibt es lautnachahmende Ausdrücke in jeder Sprache, in einigen sogar auffällig viele (z. B. im Finnischen oder Japanischen; Marttila 2010). Ebenso haben sich Ein-Wort-Sätze bis heute erhalten (z. B. *Halt!* oder *Feuer!*).

*Sprachökonomie* Wenn man die Vielfalt an lautlichen, grammatischen, syntaktischen und lexikalischen Strukturen vergleichend betrachtet, die sich in den historischen sowie rezenten Sprachen ausgebildet haben, so kann man sich noch mehr Komplexität kaum vorstellen. Die theoretischen Möglichkeiten struktureller Varianz in den natürlichen Sprachen sind allerdings bei weitem nicht ausgeschöpft. Die Variationen, die tatsächlich realisiert sind, stellen lediglich einen Ausschnitt potentieller Konstruktionspläne dar (Haarmann 1991: 244 ff.), und dies betrifft das Lautsystem ebenso wie die Elemente des grammatischen Baus. Hier liegt das universell wirksame Prinzip der Sprachökonomie zugrunde. Die menschliche Kapazität, systemgebundene Zeichen zu verwenden, ist begrenzt, und die Sprachen haben sich im Laufe der Evolutionsgeschichte diesen Begrenzungen angepaßt.

Die Zahl der akustisch differenzierbaren Sprachlaute, die Menschen aufgrund ihrer artikulatorischen Kapazitäten produzieren können, geht in die Tausende (Ladefoged/Maddieson 1996). Und jede Sprache enthält eine Vielzahl an individuellen Sprachlauten und Qualitäten von Einzellauten (phonetischen Einheiten). Trotzdem kommen die allermeisten Sprachen der Welt mit einem relativ beschränkten Inventar von Phonemen, also bedeutungsunterscheidenden Lauten, aus. Wegen ihrer bedeutungsdifferenzierenden Funktion sind z. B. im Deutschen /b/, /l/, /h/ und /r/ Phoneme. Wenn man sie in einer Lautsequenz gegeneinander austauscht, haben die betreffenden Wörter unterschiedliche Bedeutung, z. B. *Band: Land : Hand : Rand.* Natürliche Sprachen besitzen mindestens 13 Phoneme (etwa Hawaiianisch) und maximal 116 Phoneme. Die Sprache mit den meisten phonologischen Einheiten ist das auf der Kola-Halbinsel im Norden Rußlands gesprochene Kildin-Saamische.

Durchschnittlich kommen Sprachen mit 25 bis 40 Phonemen aus. Eine höhere Differenziertheit geht zu Lasten der Funktionsfähigkeit des Kommunikationsmediums, von den Schwierigkeiten seiner Erlernbarkeit ganz zu schweigen.

*Wortfolgemuster* Syntaktische Strukturen, die über das Niveau von Ein-Wort-Sätzen hinausgehen, entwickeln sich erst im Stadium 3. In diesem Stadium ist aber noch nicht mit der vollständigen Ausbildung distinktiver Wortfolgemuster zu rechnen. Die funktionalen Differenzierungen zwischen Subjekt (S), Verb (V) und Objekt (O) im Satz bilden sich im Stadium 4 aus. In den Sprachen der Welt sind sechs Grundmuster von Wortfolgen vertreten, von denen drei deutlich häufiger als die anderen auftreten (Haarmann 2004a: 4). Auf der Basis einer vergleichenden Analyse von 1420 Sprachen ergeben sich folgende Proportionen für die Verteilung von Wortfolgemustern: SOV – 42,5 %; SVO – 33,4 %; VSO – 12,4 %; VOS – 2,1 %; OVS – 1,2 %; OSV – 1,2 %.

Die Varianten von Wortfolge mit dem Objekt in Anfangsposition (vertreten durch OSV- und OVS-Sprachen) zeigen in ihrer geographischen Verbreitung klare Konzentrationen, zum einen in einer Region, die Südostasien, Neuguinea und Australien umfaßt, zum anderen im nördlichen Teil Südamerikas, insbesondere in Brasilien. Diese periphere Verteilung vermittelt den Eindruck von Rückzugsgebieten. In Verbindung mit dem Umstand, daß diese Sprachen von Kleinvölkern mit vorwiegend nicht-agrarischer Lebensweise gesprochen werden, liegt die Annahme nahe, daß es sich bei der Objekt-initialen Wortfolge um eine archaische Konfiguration des Stadiums 4 handelt, die heutzutage wie das Relikt einer ehemals viel ausgedehnteren Zone anmutet (siehe Kapitel 4, S. 122-126).

Vielleicht waren auch die Verb-initialen Sprachen (VSO- und VOS-Sprachen) früher weiter verbreitet. Heutzutage treten die meisten in zwei geographischen Hauptzonen auf, und zwar in Südostasien und in Mittelamerika. Es gibt Sprachen mit Verb-initialer Wortfolge auch in anderen Regionen der Welt (z. B. die berberischen Sprachen in Nordafrika, die keltischen Sprachen in Westeuropa, die polynesischen Sprachen im Pazifik). Deutet dies auf eine ehemals weitere Verbreitung dieses Typs von Wortordnung, der später von den häufigeren Typen verdrängt oder überlagert worden ist?

Es gibt historische Einzelsprachen, für deren Syntax eine Entwicklung von einer älteren VSO-Folge in Richtung auf eine jüngere SVO-Folge angenommen wird. Dies gilt für das Ugaritische, eine nordwestsemitische Sprache, die in Schriftdokumenten aus der Zeit des 14. und 13. Jahrhunderts v. Chr. überliefert ist. In dieser Sprache treten die Folgen VSO und SVO am häufigsten auf. «Die Tatsache, daß in der Poesie im allgemeinen die VSO-Folge, in der Prosa aber die SVO-Folge überwiegt, ist möglicherweise so zu interpretieren, daß das Ug. [Ugaritische] ursprünglich eine VSO-Sprache war, die sich im Laufe der Sprachgeschichte tendenziell in Richtung einer SVO-Sprache veränderte» (Tropper 2000: 881).

Die beiden Haupttypen der Wortfolge mit dem Verb in Schluß- oder Mittelposition können ebenso alt sein wie die anderen Wortfolgen, der Evolutionsschub hat aber die SOV- und SVO-Sprachen ganz offensichtlich begünstigt, so daß sich diese Wortfolgen auf Kosten der anderen erfolgreich durchgesetzt haben. Die Begünstigung dieser beiden Wortfolgetypen mit der Subjektkomponente in Anfangsposition mag mit dem Sachverhalt zusammenhängen, daß sich in der kognitiven Evolution des Menschen die Kategorie des Subjekts als handelnde Person zum Schlüsselbegriff seines Kulturschaffens entwickelt hat.

Im Licht der Sprachevolution ist denkbar, daß der Typ einer freien Wortfolge als Manifestation einer archaischen Ordnung aufgefaßt werden kann, die sich nurmehr in einigen historischen und wenigen peripheren Sprachen der Neuzeit erhalten hat. Der Kreis der Sprachen, für die eine freie, nur durch wenige Regeln eingeschränkte Wortfolge gilt, ist in der Tat klein, es sind dies: Altkirchenslavisch, Aramäisch, Dyirbal, Inuit (ostkanadisches Inuktitut), Lakisch, Polabisch, Poturu, Sundanesisch.

## Konstruktionspläne und Baumaterialien von Sprachen

Die Infrastruktur der Sprachen des Stadiums 4 ist entsprechend ihren Kapazitäten als Hochleistungssystem vielschichtig ausdifferenziert (Haarmann 1997a). Nicht nur der Wortschatz ist nach bestimmten Prinzipien organisiert, sondern auch in der Grammatik und im Lautsystem kommt die Wirkung komplexer Organisationsstrukturen zum Tragen. Auch die Entstehung von Sprachtypen mit jeweils spezifischen Bauplänen ist mit dem Stadium 4 verknüpft. Diese Organisationsstrukturen aufzudecken und Sprachen im Hinblick auf Gemeinsamkeiten (Universalien) und Unterschiede zu kategorisieren, ist Aufgabe der Sprachtypologie.

Die Anfänge typologischer Forschung gehen auf das 18. Jahrhundert zurück. Nicht nur das historisch-vergleichende Studium der Sprachen ist ein Produkt der europäischen Aufklärung jener Epoche, auch das Studium des Sprachbaus, die Sprachtypologie, entstammt jener Ideenwelt. Die Vorreiter sprachtypologischer Analysen waren französische Grammatiker wie G. Girard (1747), N. Beauzée (1767) und R.A. Sicard (1790). Unabhängig von diesen entwickelte der Schotte A. Smith (1761) seine Sprachklassifikation. Später waren deutsche Gelehrte wie A.W. Schlegel (1818), W. v. Humboldt (1822, 1827-29), H. Steinthal (1850) u. a. führend (s. Haarmann 1976a: 9 ff. zur Geschichte).

### *Typologische Gliederung der Sprachen*

*Kritik der traditionellen Sprachtypologie* Von Anbeginn der sprachtypologischen Forschung waren die Europäer davon fasziniert, die Sprachen der ganzen Welt zu klassifizieren. Besonderes Interesse zeigte man für exotische Sprachen, sofern deren Bau von dem europäischer Sprachen deutlich abwich. Die Schwäche der traditionellen Sprachtypologie liegt darin, daß man annahm, der Bauplan einer jeden Sprache sei nach den Prinzipien eines einzigen, unverwechselbaren Sprachtyps konstruiert. Aus dieser Perspektive betrachtet wurden Sprachen nach einem Hauptmerkmal ihrer Grammatik klassifiziert als

- flektierende (d. h. den Wortstamm «beugende», verändernde) Sprachen wie das Lateinische, Deutsche oder Hebräische; z. B. latein. *lex* ‹Gesetz (Nominativ)› mit kurzem *e* im Wortstamm : *legis* ‹des Gesetzes (Genitiv)› mit langem *e*; dt. *Haus : Häuser* mit lautlicher Veränderung des Stamms;

- agglutinierende (d. h. an den Wortstamm «anheftende», diesen unverändernd erweiternde) Sprachen wie das Ungarische, Türkische oder Japanische; z. B. ungar. *ház* ‹Haus› : *házak* ‹Häuser› : *házakban* ‹in Häusern›; türk. *ev* ‹Haus› : *evler* ‹Häuser› : *evlerimizde* ‹in unseren Häusern› (jeweils ohne Stammveränderung);

- isolierende (d. h. lediglich mit Wortstämmen ohne Flektion operierende) Sprachen wie das Chinesische, Thai oder Vietnamesische; z. B. vietnames. *máy* ‹Maschine›, *anh* ‹Bild› > *máy anh* ‹Kamera› (wörtl. ‹Maschine des Bildes›), *máy*, *bay* ‹Flug, Fliegen› > *máy bay* ‹Flugzeug› (wörtl. ‹Maschine zum Fliegen›);

- inkorporierende (d. h. Subjekt- und Objektbeziehungen in den zentralen Verbkomplex einbeziehende) Sprachen wie das Navaho, Lakota oder Grönländische; z. B. grönländ. *aawlisa-ut-isshaR-siwu-nga* ‹ich verschaffe mir etwas, das zu einer Fischschnur geeignet ist› (wörtl. ‹Fischwerkzeug-Geeignetes-Erlangung-meine›), mit der Grundkomponente *aawlisa-ut* ‹Fischwerkzeug› (Pinnow 1964: 87).

Erhebliche Schwierigkeiten bereitete jedoch die Klassifizierung ganz bekannter Sprachen wie etwa des Englischen. Da die indoeuropäischen Sprachen als typische Vertreter des flektierenden Typs klassifiziert wurden, konnte man das Neuenglische, das nur noch wenige flexivische Elemente besitzt, kaum sinnvoll einordnen. Das Finnische entzog sich einer Zuordnung zu den klassischen Sprachtypen ebenfalls, weil es nicht nur ähnliche Züge mit agglutinierenden Sprachen wie Türkisch, Koreanisch oder Zulu teilt, sondern in seinen Strukturen auch Flexion vorkommt wie im Deutschen oder Russischen.

Bei der begrifflichen Differenzierung der Sprachtypen handelt es sich um Konstrukte. Eine natürliche Sprache wird einem bestimmten Sprachtyp aufgrund der Dominanz typischer Eigenschaften zugeordnet. Wenn das Altenglische und Gotische dem flektierenden Sprachtyp, das Tatarische und Türkische dem agglutinierenden Sprachtyp zugeordnet werden, so deswegen, weil die Merkmale der betreffenden Typen in diesen Sprachen optimal vorhanden sind. Bereits Wilhelm von Humboldt hat aber klar erkannt, daß die von Sprachforschern postulierten Sprachtypen nicht in reiner Form auftreten. Mit Bezug auf die Unterscheidung zwischen und agglutinierendem und flektierendem Sprachtyp sagt er: «In der ganzen Eintheilung der Sprachen in anfügende und beugende liegt aber etwas Willkührliches, das nicht davon getrennt werden kann. In keiner Sprache ist Alles Beugung, in keiner Alles Anfügung» (Humboldt 1827-29: 334 f.).

Die moderne Forschung hat bestätigt, daß sich die Eigenschaften der einzelnen Sprachtypen nicht prinzipiell wechselseitig ausschließen, sondern in ein und demselben Sprachsystem miteinander verflochten sein können. Der typologische Fusionscharakter einer jeden natürlichen Einzelsprache kann sichtbar gemacht werden, indem einzelne Sprachtechniken den Typenkonstrukten zugeordnet werden (Song 2001: 41 ff.). Die Eigenschaften eines theoretisch angenommenen Typs müssen nicht unbedingt ausnahmslos vertreten sein, aber der Typ ist dennoch in seinen Hauptstrukturen erkennbar. Trotz solcher methodischer Vorteile der modernen sprachtypologischen Forschung gibt es bisher kein allgemein verbindliches Repertoire von Sprachtypen (Croft 1990).

Zwar sind immer wieder neue Nomenklaturen für individuelle Sprachtypen vorgeschlagen worden, die elementaren Unterschiede im Bau natürlicher Sprachen reduzieren sich aber im wesentlichen auf die erwähnte Grundskala von Typen. Manche Forscher vertreten die Ansicht, die Eigenschaften des hier vorgestellten inkorporierenden Typs träten als zwei verschiedene Typen auf: inkorporierend und polysynthetisch (stark inkorporierend). Der flektierende Sprachtyp wird von manchen feingliedriger getrennt in einen flexiven und in einen introflexiven Typ. Der introflexive Typ wäre in den semitischen Sprachen vertreten, die Eigenschaften wie den «gebrochenen» Plural kennen, mit Lautwechsel in den Stammsilben (z. B. arab. *kitab* ‹Buch/Sg.› : *kutub* ‹Bücher/Pl.›). Die Skala der Sprachtypen kann auch durch die Aufnahme spezieller Typen mit bestimmten Merkmalkombinationen erweitert werden.

*Der «aktive» Sprachtyp* In neuerer Zeit sind Sprachtypen postuliert worden, die mehr als die traditionellen die wechselseitigen Abhängigkeiten der Sprachtechniken in verschiedenen Teilsystemen (Lautsystem, Grammatik, Syntax, Lexikon) erkennen lassen. Dies trifft auf den Bauplan des «aktiven» Sprachtyps zu, dessen Konstituenten erstmals von Klimov (1977) untersucht worden sind. In modernen Studien wird dieser Typ auch als «stativ-aktiv» bezeichnet (Nichols 1992). Die Merkmale des aktiven Sprachtyps zeigen sich auf drei Ebenen:

- Grammatischer Bau: Das Paradigma der Verbalflexion ist differenzierter als das der Nominalflexion. Personalendungen des Verbs sind in zwei Serien ausdifferenziert, eine bei Verben zum Ausdruck einer Handlung (aktiv), eine andere bei Zustandsverben (inaktiv). Bei der Wiedergabe eines verbalen Geschehens dominiert der Ausdruck aspektueller Beziehungen gegenüber temporalen Bestimmungen. Die grammatische Kategorie der Zahl (Singular vs. Plural) fehlt oder ist schwach entwickelt. Beim Personalpronomen der 1. Person Plural wird zwischen Inklusiv (‹wir› = einschließlich der angeredeten Person/en) und Exklusiv (‹wir› = unter Ausschluß der angeredeten Person/en) unterschieden. Postpositionen sind selten oder fehlen gänzlich.
- Syntaktische Beziehungen: Das Verb hat eine dominante Position im Satz. Die bevorzugte Wortordnung ist SOV. Das direkte pronominale Objekt wird zumeist in den Verbkomplex eingegliedert.
- Lexikalische Strukturen: Die Substantive werden in zwei Serien eingeteilt, in belebte (aktive) Objekte und in unbelebte (inaktive) Objekte. Die belebten Substantive werden nach Tieren und Menschen untergliedert. Die Differenzierung nach Wortklassen im Hinblick auf Form und Beschaffenheit von Objekten ist charakteristisch für die unbelebten Substantive. In vielen Sprachen des aktiven Typs gilt eine lexikalische Kongruenz von Ausdrücken für Pflanzenteile und Körperteile (z. B. ‹Blatt› = ‹Ohr›; ‹Saft› = ‹Blut›).

Die älteste Dokumentation von Eigenschaften des aktiven Typs findet man im Elamischen, das zwischen dem ausgehenden 4. Jahrtausend und dem 4. Jahrhundert v. Chr. als Schriftsprache verwendet wurde. Unter den rezenten Sprachen treten die Eigenschaften des aktiven Sprachtyps am deutlichsten in bestimmten Idiomen Nord- und Südamerikas in Erscheinung. Dazu gehört die Gruppe der Na Dene-Sprachen, die sich ausgliedert in die athabaskischen Sprachen (Navaho, Apache, Chippewa u. a.) und Haida, Tlingit sowie Eyak einschließt (siehe Kapitel 3). Weitere Sprachen Nordamerikas mit aktiver Strukturtypik sind Sioux, Muskogee, das isolierte Yuchi und – weniger ausgeprägt – Irokesisch-Caddo (s. Mithun 1999: 70 ff.). In Südamerika heben sich die Sprachen der Tupi-Guaraní-Familie durch aktive Züge ihres Baus von den übrigen ab (Derbyshire/Pullum 1986b). Eine schwächere Ausprägung der aktiven

Strukturtypik findet man außerhalb Amerikas auch in einigen austronesischen Sprachen (südliche Philippinen), vereinzelt in Sprachen Australiens.

*Typologische Varianz* Mit einer flexiblen Betrachtungsweise als Ausgangspunkt stellen sich die Strukturen natürlicher Sprachen in einem anderen Licht dar als nach den Prinzipien einer rigiden Typentrennung. Früheren Annahmen zufolge suchte man bestimmte Eigenschaften nur im Bau außereuropäischer Sprachen (z. B. solche des inkorporierenden Typs). Inzwischen ist anerkannt, daß sich solche Strukturmerkmale auch in verschiedenen Sprachen Europas finden, beispielsweise im Baskischen. Insgesamt stellt sich heraus, daß Europas Sprachen weit weniger von den anderen Sprachen der Welt abweichen, als man sich dies noch vor einigen Jahrzehnten vorstellte. Es gibt in Europa nicht das, was man eine typologisch einheitliche Struktur der Sprachen nennen könnte. Hier sind zwar nicht alle in den Sprachen der Welt erkannten Strukturen vertreten, aber doch eine große Anzahl von deren charakteristischen Eigenschaften.

In ein und derselben Sprache können tiefgreifende Wandlungen eintreten, so daß sich im Lauf ihrer Entwicklung die Merkmale des Sprachtyps verändern. Das Englische beispielsweise repräsentierte noch in seinem mittelalterlichen Entwicklungsstadium (Altenglisch) den für viele indoeuropäischen Sprachen charakteristischen flektierenden Sprachtyp. Die Grundbedeutung von Wörtern wurde durch grammatische Endungen und Ableitungselemente (Suffixe, Präfixe) variiert, mit deren Hilfe syntaktische Beziehungen hergestellt wurden.

Das Neuenglische hat nur noch wenige morphologische Flexionselemente bewahrt wie das -*s* der 3. Pers. Sing. in der Verbalflexion (z. B. *she comes* vs. *I come*) oder das -*s* als Pluralkennzeichen (z. B. *houses* vs. *house*). Die Ableitung mittels Suffixen und Präfixen ist auch im Neuenglischen erhalten (z. B. *light* ‹Licht, Feuerschein›– *lighter* ‹Feuerzeug›). Ansonsten funktioniert das Englische nach dem Prinzip des isolierenden Sprachtyps. Das heißt, die Beziehungen zwischen den lexikalischen Elementen im Satz werden im wesentlichen mittels Wortstellungsregeln konstruiert. Nach diesem Prinzip funktioniert auch das klassische Chinesisch (d. h. die Variante der klassischen chinesischen Schriftsprache). Englisch und Chinesisch, zwei genetisch nicht verwandte Sprachen, haben also unabhängig voneinander ähnliche Strukturen entwickelt.

Flektierende Sprachtechniken sind charakteristisch für die grammatischen Baupläne indoeuropäischer und semitischer Sprachen. Flexionsbedingte Stammveränderung ist typisch für Sprachen wie das Deutsche (z. B. Stammveränderung durch Umlaut in *Huhn*: *Hühner*, *Raum*: *räumen*, *werfen*: *er wirft*) oder das Russische (z. B. Veränderung des Konsonanten im Stammauslaut in *strach* ‹Angst, Schrecken›: *strašnyj* ‹schrecklich›, *drug* ‹Freund›: *družba* ‹Freundschaft›).

Eigenschaften des flektierenden Sprachtyps findet man aber auch in Sprachen, die traditionellerweise als agglutinierend (also ohne Stammveränderung) bezeichnet werden. Das Finnische beispielsweise setzt sowohl agglutinierende als auch flektierende Techniken ein. Das letztere Prinzip wird in der Stammveränderung von Wörtern wirksam, und zwar in solchen Fällen, wo die grammatische Endung eine Silbe bildet, die durch einen Konsonanten geschlossen wird. Diese Erscheinung nennt man Stufenwechsel (z. B. finn. *joki* ‹Fluß (Nominativ)›: *joen* ‹des Flusses (Genitiv)›; *tavata* ‹treffen›: *tapaan* ‹ich treffe›); (s. S. 246 f.).

In der sprachtypologischen Forschung operiert man vorzugsweise mit Kollektivbegriffen. Man spricht von der Sprache X und meint dabei die Gesamtheit aller ihrer (regionalen, funktionalen, sozialen) Varianten (s. S. 15 zu den Variationen des Englischen). Aussagen über Sprachstrukturen beziehen sich mit Vorliebe auf die standardsprachliche Variante – falls es eine solche gibt –, da diese schriftlich fixiert und für eine typologische Analyse leicht zugänglich ist. Es ist legitim, Kollektivaussagen über das Wotische, Ischorische oder Liwische zu machen, denn diese ostseefinnischen Sprachen existieren lediglich in Form lokaler Varianten ohne Schriftform. Dies gilt ebenfalls für Sprachen wie Karelisch, Wepsisch oder Kildin-Saamisch, da sich deren schriftsprachliche Ausdrucksformen derzeit in einem experimentellen Stadium befinden und noch nicht endgültig kodifiziert sind. Funktionale Variationen sind aber in jedem Fall bei Sprachen zu beachten, die standardsprachliche Normen entwickelt haben, und insbesondere dann, wenn sich die Schriftsprache strukturell merklich von der gesprochenen Variante unterscheidet wie beim Deutschen, Französischen oder Finnischen (Roelcke 2003).

Aussagen über die Strukturen von Schriftsprachen beziehen sich nicht selten auf Zustände, die keine Parallele in der natürlichen Sprachentwicklung haben. Dies hängt ursächlich damit zusammen, daß die Schriftsprache als intentionale Variante in besonderem Maß Eingriffe von Sprachpflegern und -planern herausfordert. In manchen kulturellen Kontexten ist die Wirkung der Sprachpflege über längere Zeiträume derart erheblich, daß der Schriftstandard zu einem Kunstprodukt wird. Dies gilt etwa für das Hocharabische als Sprache des Koran im Verhältnis zu den Varianten des Umgangsarabischen in den modernen Gesellschaften oder für das Schriftlateinische in seinem Verhältnis zum Sprechlateinischen (siehe Kapitel 6). Das klassische Schriftlatein ist eine rein intentionale (= nicht natürliche) Variante, die in Anbetracht der sprachökologischen Bedingungen der römischen Gesellschaft elitären Charakter hatte. Als sich der klassische Schriftstandard im frühen 2. Jahrhundert v. Chr. konsolidierte, waren in dessen Strukturen bereits Techniken fossiliert, die das Sprechlateinische nicht mehr kannte. Die strukturellen Unterschiede zwischen dem geschriebenen und gesprochenen Latein sind so erheblich, daß es berechtigt ist, von zwei verschiedenen Grammatiken zu sprechen.

### *Grundorientierungen im Sprachbau – Trends der Sprachentwicklung*

Unabhängig davon, durch welche typischen Merkmale Sprachen charakterisiert sein mögen, zeigen alle Sprachen in ihrem Bau bestimmte Grundorientierungen. Bereits die Sprachtypologen des 18. Jahrhunderts erkannten, daß die Strukturen aller natürlichen Sprachen zwischen zwei extremen Organisationsprinzipien angesiedelt werden können: zwischen einer hochgradig synthetischen und einer hochgradig analytischen Typik. Als synthetisch gelten hierbei solche Techniken, bei denen grammatische Beziehungen durch spezifische, an den Wortstamm gebundene Formelemente ausgedrückt werden, als analytisch dagegen solche, die mit einer lockeren Konstruktion solcher Beziehungen durch separate Worteinheiten operieren (so erscheinen die Merkmale ‹ich›, ‹singen› und ‹Futur› synthetisch italienisch als *canterò*, aber analytisch deutsch als *ich werde singen*).

Das Finnische, Ungarische und Baskische sowie viele nordamerikanische Indianersprachen sind Beispiele für Sprachen mit einer hochgradig synthetischen Typik; das Neupersische (Farsi), Lugbara (Sudan-Sprache) oder Vietnamesische illustrieren exemplarisch, wie Sprachen mit einer hochgradig analytischen Typik operieren. Sämtliche Sprachen der Welt lassen sich im Hinblick auf diese Dualität von synthetischer und analytischer Ausdrucksweise kategorisieren. Es gibt bestimmte Regionen, wo die eine oder andere Typik jeweils häufiger auftritt. Sprachen mit synthetischer Typik konzentrieren sich im nördlichen Eurasien, im östlichen Afrika, im südlichen Indien, im nördlichen Australien, im Südwesten der USA und im Nordwesten Südamerikas. Sprachen mit analytischer Typik (außer dem Englischen) sind vorwiegend in Westeuropa, in Westafrika, in Südostasien und im westlichen Ozeanien sowie in Mittelamerika und im östlichen Südamerika verbreitet (Iggesen 2005: 204 f.).

Synthetisch orientierte Sprachen operieren mit einem differenzierten Kasussystem der Substantive. Im Finnischen werden grammatische Beziehungen der Substantive zu anderen Satzkomponenten mit Hilfe von 15 Kasus konstruiert, im Baskischen mit zwölf Kasus. Im Ungarischen finden wir mit einem Maximalinventar von 27 Kasus (Tompa 1972: 123 f.) einen europäischen Rekord. Das Finnische bildet zu *talo* ‹Haus› die Phrase *taloomme* ‹in unser Haus hinein›, während das Englische oder Deutsche für solche Konstruktionen zahlreiche Präpositionen, Adverbien und Pronomina einsetzt. Vergleicht man einen beliebigen Text in Finnisch mit den entsprechenden Übersetzungsäquivalenten, so ist der finnische Text mit Abstand der kürzeste. Die Beziehungen der Wörter im Satz sind hier in einer hochgradig synthetischen Weise in den grammatischen Endungen komprimiert.

In ein und derselben Sprache wirken – mit unterschiedlicher Dominanz – beide Tendenzen. So ist die Deklination im Französischen oder Spanischen weitgehend analytisch (mit Ausnahme der Pluralbildung), die Konjugation dagegen hat ihren sprachhistorisch vom Lateinischen ererbten synthetischen Charakter bewahrt (mit Ausnahme der analytischen Ausdrucksweise der nahen Zukunft; z. B. franz. *je vais partir* ‹ich werde gleich abreisen›, span. *voy a pagar* ‹ich werde gleich zahlen›). Ähnlich gelagert ist die Strukturtypik im Bulgarischen und Makedonischen. Die Deklination ist analytisch, während die grammatischen Beziehungen im

Verbsystem überwiegend synthetisch (mittels Flexionsendungen) organisiert sind.

In der allgemeinen Diskussion über das Verhältnis von Synthetismus und Analytismus in sprachlichen Strukturen wird mit Vorliebe auf «Modellsprachen» verwiesen, deren strukturelle Wandlungsprozesse exemplarisch bestimmte Entwicklungsrichtungen erkennen lassen. Hierzu gehören das Englische mit seinem Wandel vom synthetischen altenglischen Sprachstadium hin zum analytischen Stadium des Neuenglischen und die romanischen Sprachen, die ebenfalls traditionellerweise als Beispiele für den Strukturwandel dienen, den das sprachliche Kontinuum vom klassischen Stadium des Schriftlateinischen über das Sprechlateinische zum Romanischen durchgemacht hat.

Viele Sprachtypologen betrachten die beiden Grundorientierungen im Sprachbau, Synthetismus und Analytismus, als dominante Eigenschaften bestimmter Sprachtypen. Ein «synthetischer Sprachtyp» wird einem «analytischen Sprachtyp» gegenübergestellt. Diese Zuweisung bringt allerdings erhebliche Probleme mit sich, vor allem wenn es um das Verhältnis der solchermaßen definierten Sprachtypen zu den traditionell in der Sprachtypologie postulierten Kategorien (flektierend, agglutinierend u. a.) geht.

Der Sachverhalt, daß eine analytische Orientierung für die verschiedensten Sprachtypen gilt (s. u.), macht deutlich, daß Synthetismus und Analytismus auf einer Ebene anzusiedeln sind, die der Ebene der Typik übergeordnet ist, und zwar auf der Ebene der Organisationsprinzipien von Sprache. Es läßt sich eine Hierarchie von drei Ebenen unterscheiden, und zwar von der höchsten zur niedrigsten:

*Ebene 1:*
Sprachprinzipien
(z. B. Analytismus als Organisationsprinzip)

*Ebene 2:*
Sprachtypen
(z. B. Analytismus als Dominante im isolierenden Typ,
als Indominante im agglutinierenden oder flektierenden Typ)

*Ebene 3:*
Sprachtechniken
(z. B. periphrastische Perfektkonstruktion
mit dem Hilfsverb ‹haben› und dem Partizip Passiv wie in zahlreichen
westeuropäischen Sprachen)

Synthetismus und Analytismus sind komplementäre Sprachprinzipien, die konkret in den Typenmerkmalen natürlicher Sprachen in Erscheinung treten. Die Typik ihrerseits drückt sich in einer Vielzahl von individuellen (d.h. einzelsprachlichen) Sprachtechniken aus. Beispielsweise vertreten die Sprachtechniken der Nominalflexion im Russischen den flektierenden Sprachtyp, und dieser seinerseits ist die Manifestation des synthetischen Sprachprinzips. Auch der agglutinierende, inkorporierende und polysynthetische Sprachtyp sind Manifestationen des Synthetismus als Sprachprinzip. Andererseits ist Analytismus als Dominante nur im isolierenden Sprachtyp vertreten. Im Englischen und Finnischen dominieren die Prinzipien «Synthetismus» versus «Analytismus» in einem umgekehrt proportionalen Verhältnis. Der Analytismus dominiert im Neuenglischen, während ein hochgradiger Synthetismus (mit Sprachtechniken des agglutinierenden und flektierenden Typs) für das Finnische charakteristisch ist. Auch im Finnischen wirkt das analytische Prinzip, es ist hier allerdings marginal.

Aufgrund der Manifestation des analytischen Sprachprinzips mit isolierenden Typenmerkmalen und Sprachtechniken kann das Neuenglische typologisch mit dem Chinesischen verglichen werden. Merkmale des isolierenden Typs finden sich in reiner Form nur im Altchinesischen, während das Neuchinesische auch eine agglutinierende Zusatzkomponente kennt. Aufgrund der Konstellation von dominantem Analytismus und synthetischer Zusatzkomponente (flektierend im Englischen, agglutinierend im Chinesischen) ähneln sich das Neuenglische und das Neuchinesische in ihrem Bau. Dies ist bemerkenswert, wenn man bedenkt, daß diese Ähnlichkeit das Ergebnis eines durchgreifenden Wandels ganz verschiedener Ausgangsstadien ist (Flexion im Altenglischen, Isolation im Altchinesischen).

Greenberg (1960) und Krupa (1965) haben die Grundlagen erarbeitet, um das Verhältnis von Synthetismus zu Analytismus formal zu beschreiben. Der Synthetismusindex M/W resultiert aus dem

Verhältnis der Anzahl der Morpheme (= bedeutungstragende Einheiten wie Wortstamm oder grammatische Endungen) pro Wort. Das oben angeführte italienische *canterò* enthält z. B. 3 Morpheme: Wortstamm *cant-*, Futursuffix *-er-*, Endung 1. Pers. Sg. *-o*. Nach Greenberg sind Sprachen mit einem Durchschnittswert M/W von über 2,0 synthetisch und solche unter 2,0 analytisch. Vergleicht man den Formenschatz einer synthetischen Sprache mit den Übersetzungsäquivalenten in einer analytischen Sprache, wird deutlich, wie kompakt Sprachen mit synthetischen Strukturen Informationen in einem einzigen Wort bündeln; vgl. ung. *házaimban* ‹in meinen Häusern› versus engl. *in my houses*.

**Analytismus und Synthetismus in natürlichen Sprachen (nach Haarmann 2003e: 875)**

| *Sprachprinzip* | *Sprache* | *Synthetismusindex M/W* |
|---|---|---|
| Analytismus | Vietnamesisch | 1,06 |
| | Neupersisch | 1,52 |
| | Neuenglisch | 1,68 |
| | Neugriechisch | 1,82 |
| | Ungarisch | 1,91 |
| Synthetismus | Mari bzw. Tscheremissisch | 2,05 |
| | Altgriechisch | 2,07 |
| | südliches Saamisch | 2,09 |
| | Altenglisch | 2,12 |
| | Jakutisch | 2,17 |
| | Finnisch | 2,22 |
| | Altpersisch | 2,41 |
| | Swahili | 2,55 |
| | Sanskrit | 2,59 |
| | Eskimo | 3,72 |

Im Rahmen einer formalen Beschreibung der Sprachen der Welt nach ihrem Synthetismusindex fällt das Sprachenspektrum Europas durch Besonderheiten auf, die alle einen allgemeinen Trend erkennen lassen: Europas Sprachen zeichnen sich durch vergleichsweise moderate Mittelwerte bzw. Kontraste aus; radikale Divergenzen im Spannungsverhältnis von Synthetismus und Analytismus, wie sie in anderen Regionen der Welt auftreten, sind unbekannt.

- In Europa rangieren die Werte von maximal 2,31 (Gotisch) bis minimal 1,68 (Neuenglisch). Distanzen wie solche im Weltmaßstab zwischen beispielsweise 3,72 (kanadisches Eskimo) und 1,06 (Vietnamesisch) gibt es in den Sprachen Europas nicht. Dies begründet sich damit, daß es Sprachen mit hochgradig isolierenden und solche mit polysynthetischen Sprachtechniken in Europa nicht gibt.
- Auch die Schwelle zwischen Synthetismus und Analytismus liegt in der Sprachenwelt Europas mit teilweise minimalen Distanzen vom Grenzwert 2,0 sehr niedrig. In Sprachen mit schwach synthetischer Charakteristik wie beispielsweise Mari/Tscheremissisch (2,05) und einer Sprache mit schwachem Analytismus wie Inari-Saamisch (1,96) nähern sich die Werte auf beiden Seiten der theoretischen Grenze an.
- In den Sprachwandelprozessen Europas sind keine so radikalen Umstrukturierungen in Richtung Analytismus wie in anderen Kontinenten festzustellen. Der Wandel etwa von Altenglisch (2,12) versus Neuenglisch (1,68) oder Altgriechisch (2,07) versus Neugriechisch (1,82) weist deutlich weniger Dynamik auf als der enorme Entwicklungssprung vom hochsynthetischen Altpersischen (2,41) zum hochanalytischen Neupersischen (1,52).
- Umgekehrt treten auch so radikale Steigerungen des Synthetismus, wie sie aus dem indischen Sprachzweig der indoeuropäischen Sprachfamilie bekannt sind – z. B. vom Sanskrit (2,59) zum jüngeren Pali (2,74) – nicht auf.

Die hier thematisierten Sprachprinzipien, Synthetismus und Analytismus, treten beide deutlich in den Techniken der modernen Sprachen Europas zutage. Synthetische Strukturen dominieren in Sprachen wie Ungarisch, Russisch oder Baskisch, der Analytismus ist besonders ausgeprägt im Neuenglischen, Französischen oder Schwedischen. Die Erkenntnisse, die die Geschichte der Sprachen in Westeuropa vermittelt – insbesondere die des Englischen seit dem Frühmittelalter und der romanischen Sprachen in ihrem Verhältnis zum Lateinischen, aber auch Entwicklungen im modernen Deutschen wie der Rückgang des synthetischen Genitivs (z. B. umgangssprachliches *das Bild von meiner Schwester* für hochsprachliches *das Bild meiner Schwester*) deuten darauf hin, daß hier der Analytismus der dominante Trend ist, der die Entwicklung in der Moderne bestimmt und auch über unsere Zeit hinaus dominieren wird. Falls dies zutrifft, wäre der Synthetismus im Rückgang begriffen und dort, wo er dominiert, Ausdruck eines konservativen Sprachstadiums. Im Hinblick auf eine solche Dominanz des Analytismus wäre davon auszugehen, daß zukünftig mit einer Schwächung des Synthetismus auch in den Sprachen zu rechnen ist, wo dieses Strukturprinzip heutzutage vorherrscht. In einem solchen Prozeß lassen sich Wandlungen der typologischen Architektur erkennen – die Transformationen eines Sprachtyps in einen anderen.

Daß sich Sprachtypen im Hinblick auf ihre Techniken wandeln können, ist eine Erkenntnis, die schon Linguisten des 19. Jahrhunderts gewonnen haben, etwa von der Gabelentz (1891: 251 ff.). Es wurde auch darüber diskutiert, ob typologische Transformationen in einen linearen oder einen zyklischen Prozeß eingebunden sind (s. Korhonen 1980: 91 ff. zu den elementaren Standorten und Argumentationen). Im Sinn der linearen Drift wäre eine Sequenz von isolierend > agglutinierend > flektierend >? anzusetzen. Nach der zyklischen Theorie mündet die Transformation des flektierenden Sprachtyps wieder in den isolierenden ein. Es ist aber keine Sprache bekannt, in deren Entwicklung sich ein «vollständiger» Zyklus mit allen potentiellen Wandlungsstadien nachweisen ließe.

Wie immer auch die Standortbestimmungen der sprachtypologischen Forschung ausfallen mögen, sie relativieren sich alle im Licht der neueren Erkenntnisse zur Chaos-Theorie. Danach können unvorhersehbare Faktoren jedweden Entwicklungstrend potentiell verändern. Hierzu bieten Peitgen, Jürgens und Saupe (1994: 211 ff.) Einsichten in die mathematischen Grundlagen, van Eenwyk (1997) hat eine Anwendung der Chaos-Theorie auf die Kulturwissenschaft ausgearbeitet, und bei Nettle (1999: 132) finden sich Ausführungen zum Phänomen der «zufälligen Fluktuationen in der Frequenz von Varianten».

Aus dieser Sicht ist insbesondere die Wirkung einer Sprache im Kontakt mit einer anderen nicht vorhersagbar. In der Chaos-Theorie spricht man von fremdartigen Attraktoren. Folglich ist rein theoretisch mit der Möglichkeit zu rechnen, daß unvorhersehbare «Störfaktoren» den Transformationsprozeß typologischen Wandels alternativ in die eine (lineare) oder in die andere (zyklische) Richtung lenken können. Beide Trends können im Lauf der Zeit – dies kann unter Umständen Jahrhunderte dauern – ihren Niederschlag in der strukturellen Architektur einzelner Sprachen finden. Es gibt

Areale, wo ein hochgradiger Synthetismus in den Strukturen der im Kontakt stehenden Sprachen wirkt. In anderen Kontexten tritt auch der Analytismus-Trend als hervorstechendes Organisationsprinzip in Erscheinung.

Ein hochgradiger Synthetismus in der Nominalflexion ist beispielsweise charakteristisch für die Sprachen des baltischen Sprachbundes (Arealtyp), wozu indoeuropäische und uralische (finnisch-ugrische) Sprachen gehören (Haarmann 1976b: 111 f.). Im Licht der typologischen Drift stellt sich die Bewahrung des synthetischen Kasusparadigmas im indoeuropäischen Lettisch als eine konservative Sprachtechnik dar, während der hochgradige Synthetismus in den ostseefinnischen Sprachen Ausdruck eines progressiven Entwicklungsstadiums im Prozeß einer sich verstärkenden Agglutination ist. Das Estnische unterscheidet insgesamt 15 synthetische Kasus, das Wotische 14, das Liwische 12.

Im Gegensatz dazu dominiert Analytismus verschieden starker Ausprägungen in der Nominalflexion der Sprachen des Balkansprachbundes (Schaller 1975: 134 f., Hinrichs 1999: 90 ff.). Diese sind das Rumänische, Bulgarische, Makedonische, Albanische und Griechische. Im Fall des Bulgarischen und Makedonischen bedeutet dies den Abbau ursprünglich synthetischer Kasusbeziehungen, wie sie ansonsten charakteristisch für die slavischen Sprachen sind. Die Ausbildung analytischer Techniken im Rumänischen folgt dem allgemeinen Entwicklungstrend der romanischen Sprachen, allerdings mit der Abweichung, daß im Paradigma der rumänischen Nominalflexion eine Zweikasusflexion erhalten geblieben ist, und zwar mit der Opposition von Nominativ/Akkusativ versus Genitiv/Dativ.

Der Trend zum Analytismus im Neugriechischen ähnelt der Transformation der synthetischen Nominalflexion im Schriftlateinischen zum System analytischer Kasusbeziehungen im Sprechlateinischen. Die Ausbildung analytischer Techniken in der Nominalflexion bedeutet für alle indoeuropäischen Sprachen des balkanischen Arealtyps eine Entwicklung, die im Einklang mit der elementaren zyklischen Drift vom flektierenden Sprachtyp in Richtung auf den isolierenden Sprachtyp steht.

Auch in europäischen Sprachen, die zu anderen Sprachfamilien als den erwähnten gehören, sind kontaktlinguistische Faktoren verantwortlich für eine Zunahme des Analytismus. In der sprachhistorischen Retrospektive stellt sich die Typik der Turksprachen als eindeutig agglutinierend dar. In den modernen Turksprachen hat sich der Synthetismus am klarsten im System der Nominalflexion erhalten (Ščerbak 1977), während sich im Verbalsystem zusätzlich zu den synthetischen auch analytische Sprachtechniken entwickelt haben. Der Analytismus manifestiert sich in etlichen periphrastischen Verbalkonstruktionen (z. B. im Tatarischen mit Hilfe von Vergangenheitsformen des Hilfsverbs ‹sein›, *ide* und *bulgan*). Die Existenz solcher analytischer Konstruktionen wird als Einwirkung iranischer Sprachen erklärt, mit denen die Turksprachen seit dem Mittelalter in Kontakt standen (Blagova 1971).

## Ausdrucksvielfalt und Umwelt

Die Organisationsprinzipien von Sprachen sind zwar universell – jede Sprache hat ein Lautsystem, eine Grammatik, Satzbaupläne und einen Wortschatz –, die kognitiven Verankerungen sprachlicher Elemente zeigen aber eine enorme Variationsbreite. Der Sinn, den wir durch und über unsere Sprache allem geben, was für uns existentiell von Bedeutung ist, ist abhängig von unseren Wahrnehmungen und Wertungen unserer Umwelt, der natürlichen und derjenigen, die wir mit unserer Kultur schaffen. Unsere Wahrnehmungen sind relativ, und damit unterliegt die sprachliche Konstruktion unserer Welt dem sog. «linguistischen Relativitätsprinzip».

Die Sinngebung durch Sprache wird entscheidend bestimmt von kognitiven Modellen der Wirklichkeit, die Menschen zu allen Zeiten und in allen Teilen der Welt unter lokalen Lebensbedingungen entwickelt haben. Diese Modelle sind sehr unterschiedlich, und das Prinzip der Variabilität, das die biologische und kulturelle Evolution des Menschen moduliert, kommt auch in der Art und Weise zum Ausdruck, wie wir mit sprachlichen Mitteln unsere Wirklichkeit «begreifen».

Wenn man mit Mitteleuropäern über Rentiere spricht, dann ist das ein recht entlegenes Thema. Für saamische Rentierzüchter im Norden Norwegens und Finnlands ist dies Alltag. Entsprechend unterschiedlich ist der Wortschatz, der verwendet wird. Im Deutschen gibt es einen einzigen Ausdruck für diese Tierart: Ren(tier). Im Saamischen sind Hunderte von Spezialtermini zur Bezeichnung männlicher und weiblicher Rentiere verschiedenen Alters und mit verschiedenen Eigenschaften in Gebrauch. Andererseits bietet die deutsche Sprachkultur «Exotika», die man außerhalb Europas nicht kennt, wie beispielsweise die lexikalische Vielfalt für Brot- und Gebäcksorten, die zudem landschaftlich stark variiert. Für Japaner wiederum mutet die Brotkultur der Deutschen recht exotisch an, denn Brot ist im Reisland Japan bis heute ein Fremdelement auf der Liste der Nahrungsmittel geblieben und hat sich nicht eingebürgert. Die japanische Gesellschaft ihrerseits kann mit zahlreichen «Exotika» aufwarten, die Europäern teilweise schwer verständlich sind. So werden zum Beispiel im Bereich der japanischen Verwandtschaftsterminologie zwei Bezeichnungsinventare unterschieden, die soziale Nähe bzw. Distanz markieren. ‹Mutter› heißt auf Japanisch *haha*, wenn es die eigene Mutter ist, aber *okasan*, wenn von der Mutter anderer Personen die Rede ist. *Kanai* ist die eigene Frau, *okusan* die Ehefrau eines anderen, usw.

Wenn Sprache sich in ihrem «Biotop» den jeweiligen lokalen Gegebenheiten anpaßt, so ist sie folglich auch einem ständigen Wandel unterworfen. Ausdifferenzierte Begrifflichkeit geht auch wieder verloren bzw. wird «vergessen», wenn sie wegen veränderter Umweltbedingungen nicht mehr notwendig ist. Dies ist auch der Fall mit der im Folgenden angeführten differenzierten Schneeterminologie im Saamischen, die nur denjenigen Saamen vertraut ist, die sich etwa als Rentierzüchter viel im freien Gelände bewegen. Bei den Saamen allerdings, die in die Städte Südfinnlands oder Norwegens abgewandert sind, gerät diese Terminologie schnell in Vergessenheit.

### *Schnee ist nicht gleich Schnee*

Die Menschen, die in Regionen leben, wo Schnee, Eis und Frost zu den vertrauten Witterungsbedingungen gehören, müssen sich diesen Bedingungen anpassen. Das bedeutet, daß sie bei der Wahl ihrer Kleidung, bei den Planungen für ihre Vorratswirtschaft, bei der Konstruktion ihrer Häuser, bei der Wahl und Ausstattung ihrer Transportmittel daran denken müssen, welche Wirkung winterliche Konditionen auf ihr gesamtes Leben haben. So ist es nicht verwunderlich, daß in den Sprachen, die rings um den Polarkreis verbreitet sind, eine differenzierte Terminologie existiert, um winterliche Witterungsphänomene zum Ausdruck zu bringen – Ausdruck der Wechselbeziehung zwischen erlebter Wirklichkeit und sprachlicher Sinngebung.

Als sprachwissenschaftliche Stereotype wurde lange Zeit (Devitt/Sterelny 1999: 217 ff.) das Inuit (Eskimo) mit seiner Schneeterminologie bemüht. Neuerlich ist die lexikalische Differenziertheit dieser Sprache in Frage gestellt worden; es wurde nachgewiesen, daß viele der Spezialausdrücke für Schneephänomene lediglich Ableitungen von bestimmten Grundwörtern sind (Pullum 1991). Deshalb sei hier die Schneeterminologie des Inari-Saamischen dargestellt. Die Inari-Saamen haben ihren Namen vom Inari-See im Osten der finnischen Provinz Lappi (Lappland). Ihr Siedlungsgebiet liegt nördlich des Polarkreises, in einer Region also, wo im Winter monatelang sonnenlose Dunkelheit herrscht. Bei den einzelnen Ausdrükken handelt es sich sämtlich um Basiswörter, d. h. um nicht abgeleitete lexikalische Elemente, deren Wortstämme jeweils verschiedene Grundformen repräsentieren. Diese 21 Ausdrücke für die verschiedensten Schneeformen grenzen sich bedeutungsmäßig klar gegeneinander ab, sind also keine Synonyme zur Bezeichnung ein und desselben Begriffs.

**Ausdrücke für ‹Schnee› im Inari-Saamischen (nach Itkonen 1986–89)**

| *Saamischer Ausdruck* | *Bedeutungsnuancen (Eigenheiten, Beschaffenheit)* |
|---|---|
| ääinig | ‹auf kahlen Boden gefallener Neuschnee, der das Verfolgen von Fährten ermöglicht› |
| ceeyvi | ‹bei starkem Wind entstandener Schnee, vom Wind hartgepeitschter Schnee; dieser ist so hart, daß das Ren keine Nahrung darunter suchen kann› |
| cuanguj | ‹Harsch, Schneekruste› |
| čaerga | ‹dünner, harter Schnee (der Wind weht den lockeren Schnee von oben weg und härtet den darunter befindlichen)› |
| čyehi | ‹harte Eisschicht gleich über dem Erdboden (im Herbst gefallener Schneeregen ist hart gefroren)› |
| kamadoh | ‹harter Harsch im Frühjahr, daß es geradezu kracht, wenn man darauf fährt› |
| kerni | ‹dünne Eisschicht auf dem Schnee› |
| kolšša | ‹harte, glatte Schneefläche› |

| *Saamischer Ausdruck* | *Bedeutungsnuancen (Eigenheiten, Beschaffenheit)* |
|---|---|
| lavkke | ‹auf Glatteis gefallener Schnee, wobei es so glatt ist, daß die Hufe des Rens keinen Halt finden› |
| muovla | ‹Schnee in einem so weichen Zustand, daß der Ski bis auf den Boden einsinkt› |
| purga | ‹wirbelnder Schnee (im Schneegestöber)› |
| rine | ‹dicker Schnee auf dem Baum; Schnee, der sich auf den Ästen gesammelt hat› |
| seeli | ‹Schnee, der von der Oberfläche bis auf den Grund weich ist› |
| senjes | ‹alter, spröder, grobkörnig gewordener reiner Schnee unter dem neuen, harten Schnee› |
| skälvi | ‹hohe, harte und abschüssige Schneewehe, die wie ein Erker oder eine Traufe z. B. am Flußufer oder um einen großen Stein herum steht› |
| syeyngis | ‹weicher Schnee, in den das weidende Ren eine Grube gräbt› |
| šleätta | ‹Schlackerschnee› |
| šohma | ‹Schneebrei auf dem Eis› |
| šolkka | ‹hartgetretener Schnee› |
| vasme | ‹dünner Neuschnee› |
| vocca | ‹frischgefallener Schnee, der so lose ist, daß der Wind ihn weiterbläst› |

Wie sinnvoll, ja notwendig dieses nuancenreiche Inventar von Spezialtermini ist, wird besonders durch die Hinweise auf die konkreten Alltagszusammenhänge klar, in denen sie gebraucht werden, etwa die Rentierhaltung (z. B. *ceeyvi, lavkke, syeyngis*).

Die Rentierzucht ist ihrerseits eine Domäne in der Wirtschafts- und Kulturgeschichte, die einen breiten Raum in der sprachlichen Sinngebung der Welt der Saamen einnimmt. Das erwähnte Wörterbuch von Itkonen enthält Tausende von Wörtern, die von den saamischen Rentierzüchtern verwendet werden. Bis heute ist die Rentierzucht die wirtschaftliche Basis vieler Saamenfamilien. Sie ist allein Menschen saamischer Abstammung vorbehalten, und diese Regelung ist gesetzmäßig festgeschrieben. Auf diese Weise wird die Kontinuität dieses Wirtschaftszweiges in den Händen derjenigen Menschen garantiert, deren kulturelles Gedächtnis seit vielen Generationen durch den Umgang damit geprägt ist.

Die Rolle, die das Rentier und die Rentierzucht für die Saamen (und für zahlreiche Kleinvölker im Norden Eurasiens) haben, übernimmt bei den Somali in Ostafrika das Kamel. In deren Sprache existiert eine weit verzweigte Terminologie der Kamelzucht mit zahlreichen Spezialbegriffen. Im Wörterbuch des Somali von Zorc/Osman 2002 sind mehr als 230 Ausdrücke für diesen Bereich ausgewiesen. Viele dieser Spezialtermini können in andere Sprachen nur sehr umständlich mit Hilfe längerer Paraphrasen übersetzt werden (z. B. Somali *aaran* ‹junge Kamele, die nicht mehr gesäugt werden›, *gool* ‹fettes weibliches Kamel›, *guubis* ‹erstgeborenes männliches Kamel›, *hal* ‹weibliches Kamel›, *nirig* ‹Kamelfohlen›, *qaalin* ‹männliches Kamelfohlen›, *rati* ‹männliches Kamel›, *tulud* ‹einziges Kamel, als Nutztier für den Kamelhalter›).

Eine solche Ausdrucksvielfalt wie die hier dargestellte des Saamischen bzw. des Somali ist für Menschen anderer Kulturkreise weder notwendig noch genau nachvollziehbar und entsprechend begrifflich schwer faßbar.

### *Räumliche Orientierung*

Diejenigen, für die die sprachliche Differenzierung der Rentier- oder Kamelzucht wichtig ist, sind Menschen, die eine intime Vertrautheit mit der natürlichen Umwelt haben, in der sich die von ihnen betreuten Tiere bewegen. Diese Menschen kategorisieren ihre Umwelt sehr differenziert, ähnlich wie Jäger, die sich im Wildrevier bewegen. Aufgrund seiner Detailkenntnisse «sieht» ein erfahrener Jäger vieles, was einem Städter, der nur mal am Wochenende im Wald spazierengeht, gar nicht auffällt. Ein Jäger kann an Spuren im Schnee im wahrsten Sinn des Wortes «ablesen», welches Tier sich dort bewegt hat, ob es langsam oder schnell gelaufen ist, und je nachdem, wie tief die Spuren in den Schnee gedrückt wurden, kann der Jäger abschätzen, wie schwer das Tier war.

Menschen, zu deren professionellen Aufgaben es gehört, sich im freien Gelände zu orientieren, entwickeln notwendigerweise ein detailliertes System von Ortungskategorien, die entsprechend sprachlich ausdifferenziert werden. Im militärischen Fachjargon bedient man sich zur Ortsbeschreibung nicht der Ausdrücke der Normalsprache, sondern es wird das visuelle Raster der Stundenanzeige der

| | | Sichtbares Denotat | | | Nicht sichtbares Denotat |
|---|---|---|---|---|---|
| | | Denotat in Sprechernähe | Mittlerer Abstand | Großer Abstand | Weite Distanz |
| Statik | Entfernung (horizontal) | *una* | *igna* | *ikna* | Ø |
| Statik | Entfernung (vertikal) | *mana* | *unygna* | *pikna* | Ø |
| Dynamik | Bewegung zum Sprecher hin | ← *ukna* —— | | Ø | Ø |
| Dynamik | Bewegung vom Sprecher weg | —— *agna* ——→ | | | Ø |
| Bestimmtheit | Bestimmtes Denotat | *ugna* | *k'amna* | Ø | *amna* |
| Bestimmtheit | Unbestimmtes Denotat | *k'a-kymna* | *k'agna* | Ø | *akymna* |
| | | Grenze des Erlebnisbereichs | | | |
| Zeitbezug | Denotat in der Vergangenheit | Ø | Ø | Ø | *imna* |

Grenze des Sichtfeldes

*Das System der Demonstrativpronomen im sibirischen Eskimo (nach Haarmann 1977: 67)*

Uhrzeit verwendet; z.B. «bewegliches Zielobjekt – 10 Uhr», was soviel bedeutet, als daß sich das Objekt schräg links vorne in Blickrichtung befindet.

In Jägerkulturen, wo die Orientierung im Jagdgelände zum professionellen Alltag gehört, können sich spezialisierte sprachliche Bezeichnungssysteme etablieren, die zum allgemeinen Bezeichnungsschatz der Sprachgemeinschaft gehören. Dies ist beispielsweise der Fall mit dem System der Demonstrativpronomen im sibirischen Eskimo. «Im Unterschied zum überwiegend zweigliedrigen

System der Demonstrativpronomen in indogermanischen Sprachen (*dieser, jener*) haben wir ein vielgliedriges System dieser Wortgruppe, das sich in den Eskimosprachen differenziert entsprechend der Kennzeichnung verschiedener Stufen der Entfernung eines Objekts vom Sprecher im Rahmen von Sichtbarkeit und Nichtsichtbarkeit, Bekanntheit und Nichtbekanntheit, im Rahmen der zielgerichteten Bewegung vom Objekt zum Sprecher sowie des Hinweises auf das Objekt in seiner Bewegung weg vom Sprecher oder zu ihm hin» (Menovščikov 1962: 258).

Anhand der obigen Beispiele für ausdifferenzierte Terminologien könnte man den Eindruck gewinnen, daß solche exotisch anmutenden Strukturen sprachlicher Relativität lediglich außerhalb unserer modernen Welt zu finden wären. Doch auch in Sprachen, die am Aufbau der Wissensgesellschaft beteiligt sind, treten ohne weiteres begrifflich-terminologische Kontraste in Erscheinung. Ein Beispiel aus dem Orientierungsbereich mag verdeutlichen, daß die Markierung der Himmelsrichtungen durchaus nicht auf die vier Grundkategorien festgelegt ist. Im Finnischen und in anderen ostseefinnischen Sprachen wird sprachlich eine achtgliedrige Differenzierung vorgenommen, wobei jeder einzelne Ausdruck eine Originalbezeichnung mit unterschiedlicher Herkunft ist:

<table>
<tr><td></td><td></td><td>N: pohjoinen</td><td></td><td></td></tr>
<tr><td></td><td>NW: luode</td><td></td><td>NO: koillinen</td><td></td></tr>
<tr><td>W: länsi</td><td></td><td></td><td></td><td>O: itä</td></tr>
<tr><td></td><td>SW: lounas</td><td></td><td>SO: kaakko</td><td></td></tr>
<tr><td></td><td></td><td>S: etelä</td><td></td><td></td></tr>
</table>

Das Thailändische gehört zu den Sprachen im südlichen Asien, für die ebenfalls eine achtgliedrige Differenzierung der Himmelsrichtungen gilt (N: *u doon*; NO: *i sáan*; O: *buu ra paa*; SO: *aa kha nee*; S: *thak sin*; SW: *hóo ra dii*; W: *pra dsim*; NW: *paa jap*). Die traditionelle Achtgliederung ist jedoch nur schriftsprachlich erhalten, während die Begriffsbildung in der gesprochenen Sprache auf eine Viergliederung reduziert ist. In der Umgangssprache werden vier Basisausdrücke für die Hauptrichtungen unterschieden, von denen sich die Bezeichnungen für die «Nebenrichtungen» ableiten, wie im Deutschen, Englischen usw.

Der Bereich der Farbausdrücke veranschaulicht exemplarisch, daß Sprache und Denken in einer engen Wechselbeziehung zur Verarbeitung und Umsetzung visueller Erfahrungen stehen. Ja, er ist sogar geeignet, die These zu erhärten, daß menschliches Denken von optischen Eindrücken abhängig ist (Arnheim 1969). In der Sprachwissenschaft hat man sich seit Jahrzehnten darüber gestritten, ob die Farbterminologie geeignet ist, die Existenz eines linguistischen Relativitätsprinzips zu bekräftigen oder nicht. Die Theorie, wonach die Sprache unser Denken determiniere, wurde von B.L. Whorf und E. Sapir in den 1940er Jahren aufgestellt. Es hat nicht an Versuchen gefehlt, die Gültigkeit der Sapir-Whorf-Hypothese von der linguistischen Relativität in den Strukturen der Farbterminologie aufzuspüren oder eine solche zu negieren (s. Zollinger 2005: 129 ff. zu Standorten der Forschung).

Die Radikalität der Standortbestimmungen in dieser Kontroverse verliert allerdings ihre Brisanz, wenn man sich bemüht, den Begriff der linguistischen Relativität selbst zu differenzieren. Die Relativität sprachlicher Strukturen an sich kann nicht negiert werden, da historische Einzelsprachen beliebige Bezeichnungsbereiche – ob nun die Farbterminologie, die Bezeichnungen der Körperteile, Zeitbestimmungen oder die Terminologie sozialer Beziehungen – einzelsprachlich spezifisch strukturieren. Unterschiede treten bereits bei einem Vergleich verschiedener Varianten derselben Sprache in Erscheinung, z. B. Schriftsprache versus lokaler Dialekt versus Fachsprache/Technolekt (Lehmann 1998: 132 f.). Beispielsweise werden in der Fachsprache der Modebranche Farbabtönungen bezeichnet, die in der Alltagskommunikation gar keine Rolle spielen, und zwar deshalb nicht, weil entsprechende Nuancierungen nicht von Bedeutung sind. Diese Feststellung gilt für alle Sprachen, in denen sich ein Technolekt der Modewelt entwickelt hat (Klaus 1989).

Schwieriger ist die Beurteilung der linguistischen Relativität, wenn es um den Aspekt der Beziehung von Sprache und Denken geht. Prägen die Strukturen unserer Sprache unsere Denkweisen oder verhält es sich gerade umgekehrt? Es kommt eine dritte Komponente ins Spiel, und dies ist die Perzeption, im Fall der Farben die Umsetzung optischer Impulse in Farbbegriffe. Neuerlich haben sich Erkenntnisse durchgesetzt, wonach nicht das sprachliche Instrumentarium, sondern der Mechanismus der Perzeption von Farbimpulsen unser Denken entscheidend beeinflußt. Dies schließt die Annahme linguistischer Relativität nicht aus, plaziert die Problematik allerdings auf eine neue Ebene.

Es lohnt sich zu fragen, ob unser Umgang mit Farben nicht Ausdruck einer komplexen Relativität ist, wonach nicht nur die Mechanismen, wie Menschen unter unterschiedlichen Umweltbedingungen Farben perzipieren, nicht nur die Parameter, nach denen sie ihre bunte und unbunte Umgebung sprachlich aufbauen, sondern auch die Präferenzen, denen sie Farbbegriffe in ihrem Denken unterwerfen, dafür verantwortlich sind, wie unterschiedlich die bunte und unbunte Welt in Lokalkulturen konstruiert wird.

Über die kulturelle Wertung dessen, was in der sozialen Umwelt für relevant gehalten wird, wird die Aufmerksamkeit auf spezifische Sachverhalte gelenkt, die Wahrnehmung entsprechend manipuliert und auf diese Weise das Profil der lexikalischen Strukturen geprägt. Ist erst einmal die Farbterminologie ausgebildet, wird diese von einer Generation zur nächsten tradiert und dominiert ihrerseits das Denken und Sozialverhalten der Sprecher. Im Zusammenhang mit der Tradierung eines bestimmten Kulturmusters wirkt dann die Sprache als Motor kulturellen Handelns determinierend.

Alle Sprachen der Welt kennen einen Ausdruck für ‹schwarz›, ebenso für ‹weiß›. Diese Feststellung entspringt der Logik, daß der Hell-Dunkel-Kontrast überall den Hintergrund für die bunte Welt darstellt. Eine solche Übereinstimmung gilt aber nicht für alle bunten Farben.

Je mehr Sprachen man vergleicht, desto mehr Divergenzen stellt man in den Terminologien fest. Die meisten europäischen Sprachen unterscheiden die Grundfarbtöne auch durch jeweils eigene Ausdrücke. Die Situation ist aber vielfach ganz anders in solchen Sprachen, die weitab von unserem Kulturkreis gesprochen werden. Als Beispiele für starke Divergenzen in der Palette der Farbausdrücke sei hier auf einige Indianersprachen Mexikos hingewiesen, die keine strikte Trennung zwischen Grundfarben kennen. In der folgenden Tabelle wird die Wortung der Farbskalen in Bezug zur Farbterminologie des Spanischen gestellt (Castañeda 1988: 96 f.):

## Strukturelle Relativität von Farbterminologien

| *Einheimische Terminologie* | *Deutsche Äquivalente (Farbschattierungen)* |
|---|---|
| Spanisch, sechsgliedrig: | |
| *rojo* | Hell- bis Mittelrot |
| *morado* | Dunkelrot; Braun; Grau-Braun |
| *azul* | Tiefblau bis Mittelgrün |
| *verde* | Hellgrün bis Gelb-Grün |
| *amarillo* | Zartgelb bis Mittelorange |
| *anaranjado* | Orange bis Orangerot |
| Tarahumara (eine uto-aztekische Sprache), viergliedrig: | |
| *sitana* | Mittelorange bis Mittelbraun |
| *siyomerinara* | Braun bis Dunkelblau |
| *siyoname* | Mittelblau bis Gelb-Grün |
| *behuari* | Zartgelb bis Orange |
| Totonaco von Papantla (totonakische Sprachfamilie), viergliedrig: | |
| *tz'utz'oco* | Mittelorange; Rot bis Hellbraun |
| *sp'up'oko* | Braun; Blau bis Mittelgrün |
| *xtacni* | Grün bis Gelb-Grün |
| *smucucu* | Gelb bis Orange |
| Popoluca von Oluta (eine Mixe-Zoque-Sprache), dreigliedrig: | |
| *zábatz* | Mittelorange; Rot bis Dunkelblau |
| *xuxuc* | Mittelblau bis Zartgrün |
| *pútzputz* | Gelb-Grün bis Orange |

Die hier gegenübergestellten Farbterminologien legen die Vermutung nahe, daß die sprachwissenschaftlich übliche Differenzierung zwischen sogenannten Grundfarbwörtern (*basic color terms;* Berlin/Kay 1969) und solchen, die nicht zu dieser Gruppe gehören, als kulturelle Kategorisierung offensichtlich geringen Wert besitzt und sich kaum sinnvoll für einen Reihenvergleich von Einzelsprachen eignet. Als besondere Einschränkung fällt auf, daß die Gravitationen der Abtönungen angeblicher Grundfarben in den verglichenen Sprachen variieren können (z. B. ein Oszillieren zwischen Hellgrün und Türkis, zwischen Hellrot und Hellbraun).

Dieses Oszillieren wird verständlich, wenn man sich klar macht, daß gerade in vielen außereuropäischen Sprachen die sprachliche Farbkategorisierung an den Objekten der natürlichen Umwelt orientiert ist (z. B. Vegetation, Fauna und Flora, Naturerscheinungen wie Sand, Felsen, Gewässer). In der natürlichen Umgebung treten die sogenannten Grundfarben selten oder gar nicht in reiner Form auf. Es ist daher nicht verwunderlich, wenn die Befragung von Sprechern exotischer Sprachen – unter Zugrundelegung einer solchen abstrakten Farbskala – nach der Terminologie der Grundfarbwörter keine schlüssigen Antworten erbringt. Es wäre daher ein Fehlschluß anzunehmen, bestimmte Sprachen besäßen entweder kein oder nur ein lückenhaftes Vokabular für Grundfarbwörter.

Diejenigen Farben, die für ein lokales kulturelles Milieu relevant sind, werden jeweils von der einzelsprachlichen Terminologie herausgestellt und gegenüber den weniger wichtigen Ausdrücken abgesetzt. Daher ist die Transposition des Systems von Farbbegriffen, die für Europäer relevant sind, auf afrikanische oder australische Sprachen äußerst bedenklich, denn die Menschen dort blicken auf ganz andere, naturverbundene Erfahrungen mit Farben zurück als wir.

Eine besondere Geschichte hat auch die Farbbezeichnung «Purpur». Bereits seit der Antike ist bekannt, daß es keine einheitliche derartige Farbe «Purpur» gibt, sondern daß man im terminologischen Wortschatz der Färber jeweils Spezialtermini für einzelne Farbnuancen findet (Sandberg 1997: 37). Es gab drei Schneckenarten (Murex brandaris, Phyllonotus trunculus und Stramonita haemastoma) an der Ostküste des Mittelmeeres, mit deren Farbstoffen unterschiedliche Rottöne produziert werden konnten. Im Alten Testament findet sich die sprachliche Differenzierung zwischen hebräisch *tekhelet* (‹purpur-blau›) versus *argaman* (‹purpur-rot›). Der römische Schriftsteller Marcus Vitruvius (1. Jahrhundert v. Chr.) unterscheidet zwischen rotem Purpur aus Tyros und blauem Hyazinthen-Purpur. Solche Unterschiede treten auch im Vergleich moderner Sprachen in Erscheinung. Engl. *purple* bedeutet nicht dasselbe wie dt. *purpur(rot)*, sondern bezeichnet die violette Farbnuance.

Der in der hellenistischen und byzantinischen Kunst vorherrschende Farbton für Purpur war das imperiale Violett, wie man dies an der Kleidung der Figuren von Kaiserin Theodora und Kaiser Justinian I. (6. Jahrhundert n. Chr.) in den Mosaiken der Chiesa di San Vitale von Ravenna erkennt. Nach dem Untergang des Byzantinischen Reichs (1453) hatten die Europäer keinen Zugang mehr zu den natürlichen Ressourcen (Purpurschnecken) und den traditionsreichen Färbestätten im Nahen Osten. Die Talare der Kardinäle im Vatikan erhielten einen weniger violetten Farbton. Seit dem 16. Jahrhundert sind diese Talare purpurrot (Zollinger 2005: 161 f.).

Es gibt Sprachen, in denen es keine oder nur wenige abstrakte Allgemeinbegriffe für «Farbe» gibt, und in denen Farbtöne vielmehr mit bestimmten Objekten assoziiert werden. In den keltischen Sprachen etwa wird nicht zwischen Grün, Blau und Grau unterschieden (z. B. irisch *gorm* ‹blau›; ‹grün›; ‹grau›, kymrisch/walisisch *glas* ‹dass.›). Die keltischen Farbausdrücke waren ursprünglich weitgehend an konkrete Elemente der Umwelt gebunden. Der kymrische Ausdruck *glas*, für den es so viele Übersetzungen gibt, bedeutete ursprünglich ‹naturfarben›, was je nach der Assoziation mit einem bestimmten Naturphänomen als ‹blau› (wie in *mor glas* ‹blaues Meer›), ‹grün› (wie in *pren glas* ‹grüner Baum›) oder ‹grau› (wie in *craig las* ‹grauer Felsblock›; hier mit phonosyntaktischer «Mutation» von *glas* zu *las*) zu übersetzen ist.

Objektgebundene Farbwörter (z. B. dt. *falb* für einen bestimmten Farbton des Fells von Pferden) gibt es in vielen Sprachen der Welt. Beispielsweise existiert im Mongolischen eine differenzierte Farbterminologie speziell bezogen auf Pferde. Manche sprachliche Farbpaletten beruhen vollständig auf assoziativen Vernetzungen mit Objektbereichen, die für eine gegebene Lokalkultur besonders relevant sind. Auf diese Weise ist die Welt der Farben im Luri konstruiert, einer Sprache, die in Luristan, im Südwesten Irans von iranischen Viehnomaden gesprochen wird. Nach Friedl (1979: 53) gibt es für die meisten Farbbegriffe gar keinen einheitlichen Ausdruck, da jede Farbe mit einer bestimmten Tierart assoziiert ist:

**Tierfarben im Luri**

| *Tierart* | *‹schwarz›* | *‹weiß›* | *‹braun›* | *‹grau›* |
|---|---|---|---|---|
| Pferd | se | sorkhan | kehar | ghazl |
| Esel | zarda | – | souz | gheza |
| Schaf | kal | sisar | bur | kou |
| Ziege | se / kou | alus | sor / seri | tal |
| Kuh | se | souz | mur / zard | kou |
| Huhn | se / ghaz | sefid | zard | kou |

Einzelsprachlich-relativ ist nicht nur die Ausdifferenzierung der Farbwortskala als solcher, sondern auch die Verflechtung dieser Skala mit anderen Bezeichnungsbereichen des Wortschatzes einer Sprache. In vielen Sprachen – so auch in den europäischen – ist jeweils eine eigene Sektion des Lexikons für Farbbenennungen reserviert. Es gibt andererseits Sprachen, wo die Farbwörter unmittelbar mit anderen lexikalischen Sektionen assoziiert sind. Beispielsweise kennt das Altägyptische keine «absoluten» (d. h. exklusiven) Farbwörter. Altägyptische Bezeichnungen für Farben kennzeichnen gleichzeitig Stimmungen oder Wertungen, d. h. dieselben Ausdrücke werden sowohl für Farben als auch für Attribute aus einem spezifischen Wahrnehmungshorizont mit kulturell vorgegebenen Assoziationen verwendet (Quirke 2001: 188 f.):

| *Altägyptischer Ausdruck* | *Übersetzungen* |
|---|---|
| km | schwarz; dunkel |
| hd | weiß; hell |
| dšr | rot, bräunlich; aus Jaspis gemacht |
| w3d | grün; frisch |
| hsbd | blau; Lapislazuli |

Eines der zählebigsten und scheinbar unausrottbaren Vorurteile über Sprache ist die Annahme, Begriffe, die durch Anschauung bekannt sind, würden nicht entlehnt. Danach gehören Begriffe aus dem Bereich der Verwandtschaftsbeziehungen wie ‹Mutter› oder ‹Onkel›, der Gliederung von Körperteilen wie ‹Schenkel› oder ‹Stirn›, der Strukturierung des Farbspektrums wie ‹weiß› oder ‹rot› zu einem imaginären präkulturellen «Basiswortschatz», der sich in jeder Sprache angeblich nur aus einheimischen Ausdrücken zusammensetzt.

Wenn hier hervorgehoben wird, daß Farbausdrücke zu den ältesten Bestandteilen des Wortschatzes gehören, so besagt dies nicht automatisch, daß sämtliche Farbwörter in allen Sprachen alt und einheimisch (d. h. nicht entlehnt) sind. Einzelne Farbausdrücke können sehr wohl im Lauf der Sprachgeschichte ausgetauscht werden. Immer aber gibt es in jeder Sprachfamilie und deren Einzelsprachen einige Farbbezeichnungen, die zum ganz alten lexikalischen Bestand gehören.

Die Zahl der Sprachen ist groß, deren angeblich «präkultureller» Wortschatz mehr oder weniger stark von Fremdeinflüssen überformt worden ist. Dazu gehören etwa Hethitisch und Khmer (Kambodschanisch), wo sich zahlreiche Entlehnungen für elementare Begriffe finden (Haarmann 1991: 232 f.). Im Hethitischen zählen dazu auch etliche Farbwörter sumerischen Ursprungs, und zwar für ‹rot› (< sumer. *sa*), ‹grün› (< *sig*), ‹weiß› (< *babbar*) und ‹schwarz› (< *gíg*). Beispiele von entlehnten Ausdrücken für einige der erwähnten, angeblich «präkulturellen» Begriffe finden sich auch in europäischen Sprachen: finnisch *äiti* ‹Mutter› (< germanisch), deutsch *Onkel* (< französisch), albanisch *kofshe* ‹Schenkel› (< lateinisch), baskisch *boronte* ‹Stirn› (< lateinisch), kymrisch *coch* ‹rot› (< lateinisch), spanisch *blanco* ‹weiß› (< germanisch). Das Spanische ist hier stellvertretend für die westromanischen Sprachen erwähnt worden, denn die Entlehnung des germanischen Farbausdrucks für Weiß und andere Farben gilt ebenfalls für das Französische, Italienische, Portugiesische u. a.

In einigen ostseefinnischen Sprachen ist der Ausdruck für ‹gelb› entlehnt, und zwar aus dem Baltischen, der Vorstufe der modernen Sprachen Litauisch und Lettisch: finn. *kelta* ‹gelber Farbton›, *keltainen* ‹gelb›, estn. *kold, koldne*, wot. *kelta, kelten* u. a. Die Lehnwörter für ‹gelb› stammen aus der Periode vorchristlicher Kontakte von finnischen (d. h. uralischen) und baltischen (d. h. indoeuropäischen) Bevölkerungsgruppen im Baltikum (s. u., S. 250 ff.). Entlehnte Farbwörter im Baskischen sind *gorri* ‹rot› (< keltisch) und *berde/perde* ‹grün› (< spanisch); (Trask 1997: 267). Bask. *gorri* ist ein sehr altes Lehnwort; es stammt aus der vorrömischen Epoche, als Festlandkelten im nördlichen Teil Spaniens und im Südwesten Frankreichs siedelten. Bask. *berde* dagegen ist frühestens im Mittelalter entlehnt worden.

Selbst der Farbbegriff ‹schwarz› ist nicht gegen Entlehnung immun, auch wenn jeder Sprecher irgendeiner Sprache der Welt die Schwärze der Nacht und damit den Farbton kennt. Außer den erwähnten sumerischen Lehnwörtern im Hethitischen gehört hierher auch das Sanskrit, eine der ältesten schriftlich überlieferten indoeuropäischen Sprachen, wo der Ausdruck für ‹schwarz›, *kala,* nichtindoeuropäischer (und zwar dravidischer) Herkunft ist. In der Sprache der Iban auf der Insel Kalimantan (Borneo) ist der Ausdruck für ‹schwarz› (*itam*) ebenfalls entlehnt, und zwar aus dem Festlandmalaiischen (Haarmann 1990a: 16, 1990b: 75 f.).

Im Tagalog, der Nationalsprache der Philippinen, sind verschiedene Synonyme zur Bezeichnung von ‹schwarz› in Gebrauch. Zwei Ausdrücke sind einheimisch (malaiisch), und zwar *itim* sowie *maitim*. Der dritte Ausdruck ist *negro*, also spanischer Herkunft (English 1991: 930). Länger als drei Jahrhunderte waren die Philippinen spanische Kolonie, bis zum amerikanisch-spanischen Krieg des Jahres 1898, als die USA die politische Kontrolle über das Land übernahmen. Noch heute sind im Tagalog Hunderte von spanischen Lehnwörtern erhalten, unter anderem auch die spanische Zahlenreihe, die synonym zu den einheimischen Zahlausdrücken verwendet wird.

Die Entlehnung von Farbwörtern ist geradezu typisch für bestimmte Branchen der industrialisierten Welt. Hier sei noch einmal die Fachsprache der Mode erwähnt, besonders die am Französischen orientierte: Neben der älteren Entlehnung *beige* finden wir in deutschen und anderen europäischen Modezeitschriften zahlreiche entlehnte Farbwörter, z. B. *taupe* (ein ins Bräunliche gehender Grauton), *grège* (Grauton mit leichter Rottönung), *bleu* (lichtblau) u. a.

Ein Beispiel für die Übernahme eines kompletten Satzes von Farbwörtern bietet der Umgang mit modischen Farbausdrücken englischer Herkunft in japanischen Massenmedien. Natürlich besitzt das Japanische seine eigene heimische Farbterminologie, darunter das oszillierende Farbwort *murasaki* (Farbskala von Purpurrot bis Dunkelviolett). Da das Englische in der modernen Sprachlandschaft Japans als Modernitätssymbol fungiert, werden heute die Farben in der Mode gern mit englischen Lehnwörtern bezeichnet: neben *burakku* ‹schwarz› (< *black*) und *howaito* ‹weiß› (< *white*) auch *gure* ‹grau› (< *grey*), dazu *buru* ‹blau› (< *blue*), *gurin* ‹grün› (< *green*), *reddo* ‹rot› (< *red*), *yero* ‹gelb› (< *yellow*), *pinku* ‹rosa› (< *pink*), *orenji* ‹orange› (< *orange*) (Haarmann 1989: 190 f.). In der kommerziellen Werbung werden englische Originalfarbwörter sogar in Lateinschrift auch in japanische Texte integriert.

## 2.

# Afrika und Eurasien

**(ab ca. 100 000 vor heute)**

Die ältesten Spuren des Menschseins – gemäß den Codes der Humangenetiker und den Rekonstruktionen früher Hominiden-Spezies durch die Paläontologen – weisen auf Afrika als Ursprungsgebiet. Das Mekka dieser Wissenschaftler ist die Olduvai-Schlucht, die zum Grabensystem des Rift Valley in Tansania gehört. Aus dem südlichen Afrika sind die Hominiden in verschiedenen Migrationen abgewandert und haben Eurasien bevölkert (Holenstein 2004: 42 ff.).

Diese Wanderbewegung ging über zwei Hauptrouten, zum einen über die Landbrücke des Sinai in den Nahen Osten – und von dort weiter bis nach Europa –, zum anderen vom Sinai oder über die Meerenge am Horn von Afrika auf die Arabische Halbinsel, an deren Küsten entlang, um den Persischen Golf herum und weiter zum Indischen Subkontinent und nach Südostasien. Die neueren Erkenntnisse der Humangenetik haben sich inzwischen dahingehend verdichtet, daß die Alte Welt von drei Hominiden-Spezies bevölkert wurde, die sämtlich ihren Ursprung in Afrika hatten. Dies sind der Homo erectus, der archaische und der moderne Homo sapiens.

Für die Verbreitung des modernen Menschen (Homo sapiens sapiens) in der Welt sind drei elementare Modelle diskutiert worden. Es stehen zwei Modelle, die eine Monogenese des modernen Menschen postulieren, einem dritten Modell gegenüber, das eine polygenetische Entstehung der Sapiens-Populationen vertritt (Marean/Assefa 2005: 96 ff.). Dieses Multiregional Continuity Model (MRC) geht davon aus, daß sich die Populationen des Homo sapiens aus den regionalen Genpools früherer Hominiden-Spezies in den verschiedenen Kulturzonen der Alten Welt entwickelt haben (Thorne/Wolpoff 1992). Die Annahme von der Polygenese zieht lange evolutive Zeitspannen in Betracht. Danach hätte auch der Homo erectus Anteil an der regionalen Ausgliederung von Sapiens-Populationen gehabt. Ein gewichtiges Kriterium der MRC-Hypothese sind Anzeichen dafür, daß die anthropologischen Merkmale der verschiedenen Menschenrassen (weiße, nigride, amerind u. a.) vermutlich älter sind als das Auftreten des modernen Menschen.

Die beiden monogenetischen Modelle betrachten allein Afrika als das Entstehungsgebiet des modernen Menschen (Harpending/Rogers 2000). Dies impliziert, daß der moderne Mensch aus Afrika in andere Weltteile migriert ist. Die Modelle unterscheiden sich allerdings im Hinblick auf ihre Annahmen zur Hybridisierung älterer Hominiden-Spezies mit dem modernen Menschen.

Das Hybridisierungsmodell (African Hybridization and Replacement Model; AHR) postuliert, daß der Homo sapiens aus Afrika nach Eurasien und in andere Teile der Welt migriert ist. In den verschiedenen Kontaktzonen ist es zur Mischung zwischen Vertretern früherer Hominiden-Spezies und dem modernen Menschen gekommen, obwohl der Anteil der älteren Hominiden am Genpool des modernen Menschen marginal blieb (Bräuer 1989).

Mit dem Ersetzungsmodell (African Replacement Model; AR) ist die Annahme verknüpft, daß der Homo sapiens sich in der Welt verbreitet hat, ohne daß es zu einer nennenswerten Mischung mit früheren Hominiden gekommen ist (Stringer 1990). Eine radikale Ablehnung der Hybridisierungsthese führte zur Entwicklung des sogenannten Eva-Modells bzw. des Modells vom «Garten Eden» (Harpending et al. 1993). Danach hätten die Sapiens-Populationen die früheren Menschenarten verdrängt und ihnen Überlebenschancen lediglich in Rückzugsgebieten gelassen. Vor etwa 30 000 Jahren wären dann aber die noch verbliebenen Populationen des archaischen Menschen ausgestorben. Damit hätte der moderne Mensch die früheren Hominiden ersetzt.

Das Potential des möglichen Genflusses zwischen dem archaischen und modernen Menschen (AHR versus AR) ist bis heute nicht abgeklärt. Die Annahme von der Monogenese hat sich aber inzwischen allgemein durchgesetzt. Vor allem zahnmedizinische Eigenheiten der Sinodonten (s. S. 103) werden als Argument zur Stützung dieses Modells angeführt. Zu den Sinodonten gehören auch die meisten Amerind-Populationen, d. h. die indianische Bevölkerung des amerikanischen Doppelkontinents. Lediglich chinesische Anthropologen und Genetiker befürworten bis heute das MRC-Modell.

## Afrika: Die alten Populationen, ihre Sprachen und ihre Nachkommen

Zwischen den frühen Populationen des modernen Menschen (des Homo sapiens sapiens) und der heutigen Bevölkerung in Afrika gibt es eine direkte Deszendenzlinie, und die führt zu den Khoisaniden, d. h. zu den Buschmann-Stämmen (bzw. San), den Khoikhoi (in der älteren Namengebung auch Hottentotten genannt) und verwandten Ethnien. In deren anthropologischen Eigenarten haben sich Basiskomponenten des frühen Menschseins erhalten. Das für die Buschmann- und Hottentotten-Frauen charakteristische hochgewölbte Hinterteil (Steatopygia genannt) ist einer der archaischen anthropologischen Marker. In dieser Körperregion bildet sich ein Fettpolster, das als Nahrungsreserve in karger, wüstenähnlicher Umwelt dient.

Khoisanide siedelten vor rund 10000 Jahren im größten Teil des südlichen und östlichen Afrika (Cavalli-Sforza 2000: 155 ff.). Die Präsenz von Buschmann-Gruppen läßt sich im 4. Jahrtausend v. Chr. sogar anhand von Skelettfunden im Niltal nachweisen. Wahrscheinlich reichte der Einfluß der Khoikhoi-Kulturen in prähistorischer Zeit sogar bis nach Nordafrika und auf die Iberische Halbinsel. Die Khoi, mit denen die weißen Siedler im 17. Jahrhundert in der Kapregion zusammentrafen, waren Viehzüchter. Diese Wirtschaftsform hatten die Khoi von ihren Nachbarn, den Ackerbau und Viehzucht betreibenden Bantu, übernommen. Dieser Transfer und die damit verbundene Akkulturation veranschaulichen, wie anpassungsfähig die Nachkommen der Ureinwohner Afrikas gewesen sind. Im Unterschied zu den eng verwandten Khoi sind die San lange Zeit im Stadium des Wildbeutertums verblieben. Heutzutage jedoch haben sich rund 90 Prozent aller San akkulturiert.

Vom Standpunkt der physischen Anthropologie gibt es zwei Großgruppen von Populationen in Afrika. Dies sind hellhäutige Afrikaner im Norden und Schwarzafrikaner im subsaharischen Teil des Kontinents. In Ostafrika, insbesondere in Äthiopien und Somalia, leben Menschen, deren Hautpigmentierung dunkler als die im Norden und heller im Vergleich zur Bevölkerung des Südens ist. Von den einen werden diese Menschen als hellhäutig, von den andern als zur schwarzafrikanischen Bevölkerung gehörend eingestuft. Diese ethnischen Gruppen sind Nachkommen von sogenannten «Rückwanderern», d. h. von frühen Migranten, die um 90 000 Afrika verließen und nach und nach die Arabische Halbinsel bevölkerten. Vor rund 40 000 Jahren sind Teile der dortigen Bevölkerung über die Meerenge des Horns von Afrika nach Ostafrika rückgewandert. Jahrzehntausende lang verlief die Entwicklung jener Bevölkerungsgruppen getrennt von den in Afrika verbliebenen Populationen. Dies mag die Unterschiede im äußeren Erscheinungsbild erklären.

In humangenetischer Hinsicht Außenlieger sind die Pygmäen, von denen die meisten in Zentralafrika leben, sowie die Khoisaniden. Die Kleinwüchsigkeit der Pygmäen ist sprichwörtlich und kann statistisch bestätigt werden. Die Ethnie mit den niedrigsten Maßen für die Körperlänge sind die Mbuti. Die kleine Statur bei den Pygmäen ist genetisch gesteuert und wird von Genetikern sowie Anthropologen als Anpassungsstrategie an das Leben im tropischen Regenwald gedeutet (Cavalli-Sforza et al. 1994: 177 ff.). Die Khoisaniden sind im Vergleich zu Schwarzafrikanern hellhäutig. Angehörige von Khoi- und San-Ethnien sind nach ihrem Selbstverständnis keine Schwarzafrikaner, und die nigride Bevölkerung kategorisiert die Khoisaniden als fremdartig.

Die ersten Gruppen des Homo erectus migrierten vor etwa zwei Mio. Jahren in Gebiete jenseits von Afrika. Diese Schätzung basiert auf der Altersbestimmung der ältesten, außerhalb Afrikas gefundenen Steinwerkzeuge, die in etwa aus jener Zeit stammen. Es gibt auch Hinweise auf spätere Migrationsbewegungen der Hominiden aus Afrika. Die charakteristische Innovation des Faustkeils, ein Werkzeugtyp, der zuerst in Afrika vor rund 1,4 Mio. Jahren auftritt, läßt sich im Nahen Osten frühestens vor einer Mio. Jahren nachweisen. In Europa stammen die ältesten Faustkeilfunde erst aus der Zeit vor ca. 800 000 Jahren, und zwar aus Spanien (Atapuerca) (Lewin/Foley 2004: 348 f.).

Die Verbreitung des Homo erectus in der Alten Welt kann anhand der Funde fossiler Skelettreste ungefähr eingegrenzt werden. Solche Funde stammen aus dem Nordwesten, Osten und aus dem Süden Afrikas, aus dem Kaukasus, aus Java, vom Festland Südostasiens und aus Ostchina. Knochenfunde, die auf die Präsenz des Neandertalers schließen lassen, stammen aus einem weiteren geographischen Umfeld. Danach erstreckte sich das von Neandertalern bevölkerte Gebiet über das südliche und östliche Afrika, bis Südengland, Südwest-Frankreich und Südspanien, auf der anderen Seite des Mittelmeers bis nach Südosteuropa, im Vorderen Orient, im nördlichen Indien, auf Java und bis nach Nordost-China.

Der moderne Mensch (Homo sapiens sapiens) ist in zwei Migrationsschüben (vor ca. 95 000 sowie vor ca. 70 000 Jahren) aus Afrika in die anderen Regionen der Welt gelangt. Seine Ankunft in Südostasien muß vor mindestens 65 000 Jahren erfolgt sein, denn die ältesten Funde menschlicher Präsenz im Süden Australiens (Cohuna und Kow Swamp) sind rund 62 000 Jahre alt (siehe Kapitel 3). Und die Ausbreitung von Gruppen des modernen Menschen vom südostasiatischen Festland (Sunda) bis in den Süden des Sahul-Kontinents hat sicherlich mehrere tausend Jahre in Anspruch genommen.

## Die Ursprünge kultureller und sprachlicher Vielfalt

Die Ausbreitung der sprachfähigen Hominiden-Spezies über den engeren geographischen Raum des afrikanischen Kontinents hinaus setzte einen bestimmten Mechanismus im Prozeß der anthropologischen und kulturellen Evolution in Gang, der weitgehend unabhängig von der genetisch-biologischen Ausdifferenzierung der Hominidenlinie in einzelne Spezies wirkte. Dies ist der Mechanismus der Variabilität. Alle menschliche Kulturen haben bestimmte Kernelemente gemeinsam. Andererseits sind sie jeweils durch eine ganze Reihe zusätzlicher Eigenschaften charakterisiert, durch lokale und regionale Sonderentwicklungen. Diese Variabilität macht das Kulturschaffen des Menschen aus.

Daher muten im geographischen Überblick die Kulturen des modernen Menschen wie ein variantenreicher Flickenteppich an, der – von den Eiswüsten der Polarzonen und den nicht minder unwirtlichen Sandwüsten abgesehen – fast die ganze Welt bedeckt. Der kulturelle Variantenreichtum findet in der Vielfalt der Sprachen mit ihren verschiedenartigen Bauplänen seine Parallele (siehe Kapitel 1). Das Bild, das wir uns über die Vielfalt an Sprachen und Regionalkulturen in der Welt machen können, illustriert den evolutiven Entwicklungsstand des modernen Menschen. Eine derart nuancenreiche Vielfalt war in der Welt des Neandertalers unbekannt, vom kulturellen Horizont des Homo erectus ganz zu schweigen.

Wir können keine sprachlichen Relikte des Homo erectus oder des Neandertalers studieren. Auch die Rekonstruktionsversuche historischer Einzelsprachen reichen nicht bis in die Anfänge des modernen Menschen zurück. Insofern kann über die geographisch bedingte Variabilität menschlicher Sprache vor 100000 oder mehr Jahren nur spekuliert werden. Allerdings gibt es ein Indiz dafür, daß wir mit Varianzen in jener Frühzeit zu rechnen haben. Die Hinweise auf die Existenz von «Kulturprovinzen» – also Arealen mit divergenten Kulturmustern – des Frühmenschen stützen sich auf die Verbreitung von Steinwerkzeugen und auf die Dauer ihrer Verwendung in einzelnen Regionen der Welt.

Die ältesten Technologien der Werkzeugherstellung sind in Afrika entwickelt worden. Als Folge der sukzessiven Migrationen der drei Hominiden-Spezies wurden sie in andere Teile der Welt transferiert. Interessanterweise stellt sich im Vergleich heraus, daß bestimmte Technologien in bestimmten Regionen länger, in anderen nur eine kürzere Zeit angewandt wurden, bevor neue Herstellungstechniken die alten ablösten. In Afrika war der älteste bekannte Werkzeugtyp, der aus der Olduvai-Schlucht bekannte Rundstein mit abgeschlagenem Oberteil (engl. *chopping tool*), länger als zwei Mio. Jahre in Gebrauch, beginnend vor etwa 2,6 Mio. Jahren bis in die historische Periode (1. Jahrtausend v. Chr.). Die Zeit der Verwendung desselben Werkzeugtyps war in Asien wesentlich kürzer, nur etwa eine Mio. Jahre (von ca. 2 Mio. bis ca. 1 Mio. Jahren vor heute).

Die Entwicklungsgeschichte der neueren Technologien der Werkzeugherstellung ist allerdings in Eurasien rasanter als in Afrika. Die für die spätpaläolithische Periode charakteristische Steinindustrie, Schaber und Klingen mit scharfen Rändern (engl. *blades*), tritt an den Fundstätten Eurasiens bereits vor ca. 40000 Jahren auf, in Afrika dagegen erst vor rund 30000 Jahren (Lewin/Foley 2004: 310f.). Auch in anderer Hinsicht zeigt die Kulturentwicklung eine regional verschiedene Dynamik. Beispielsweise ist die Verwendung des roten Ockers im Zusammenhang mit Begräbnisriten für den Neandertaler in Europa bezeugt (vor ca. 120000 Jahren), in anderen Teilen der Welt erst für die traditionalen Kulturen des modernen Menschen.

Geographische Variation innerhalb derselben Hominiden-Spezies tritt nachweislich beim archaischen Homo sapiens auf; sie setzte vor etwa 300000 Jahren in Europa ein. In humangenetischer Hinsicht unterscheidet sich der in Eurasien verbreitete Neandertaler seit etwa 200 000 Jahren vom archaischen Menschen in Afrika (Cavalli-Sforza 1995: 49 ff.). Europa war damals dichter bevölkert als Asien und Afrika. Die meisten Hinweise auf eine symbolische Tätigkeit des archaischen Menschen stammen aus Europa, wie beispielsweise die Ritzung eines Kreuzzeichens auf einem Nummulit-Fossil von Tata (Ungarn), das ca. 100 000 Jahre alt ist (Marshack 1990: 466).

Die Besiedlung der Gebiete in Westasien wird zum Prüfstein für die Dynamik der Migrationen des modernen Homo sapiens aus Afrika in andere Regionen der Welt. Die erste entscheidende Konfrontation des modernen mit dem archaischen Menschen fand vor rund 100 000 Jahren statt. Damals hatten sich Vertreter des genetisch modernen Menschen aus Nordafrika aufgemacht, waren über die Landenge des Sinai nach Palästina vorgedrungen und dort auf Populationen des archaischen Menschen gestoßen. Dies waren Neandertaler, die – aus Europa kommend – bis in den Nahen Osten gelangt waren und sich in ihren Jagdrevieren in der damals vegetations- und wildreichen Region eingerichtet hatten. Die ältesten Spuren für eine Präsenz des Neandertalers im Nahen Osten (in der Höhle von Tabun am Mount Carmel in Israel) gehen auf die Zeit vor 120 000 Jahren zurück.

Die ältesten Lagerplätze der Neuankömmlinge aus Afrika lagen nicht weit von denen der Neandertaler entfernt (Lewin/Foley 2004: 381 ff.). Skelettreste des Homo sapiens sapiens sind in der Höhle von Skhul auf dem Mount Carmel gefunden worden. Aus anderen Höhlen (und zwar Tabun und Kebara) am selben Berg stammen Knochenfunde des Neandertalers. Moderne Menschen haben in Qafzeh (nahe Nazareth) gelebt. Eine Neandertalersiedlung jener Region ist bei Amud nahe dem See Genezareth identifiziert worden.

Das erste Zusammentreffen der beiden Hominiden-Spezies war offensichtlich nicht friedlicher Natur. Rivalitäten in den Jagdrevieren des Neandertalers veranlaßten die Migranten, nach einiger Zeit abzuwandern. Der Durchbruch in die Gebiete jenseits des Siedlungsgebiets der Neandertaler gelang damals nicht. Danach hat der Homo neanderthalensis im Nahen Osten kontinuierlich Jahrtausende lang gelebt; die Kulturschichten der Lagerplätze bei Kebara und Amud sind mindestens 60 000 Jahre alt.

Der moderne Mensch unternahm allerdings weitere – und diesmal erfolgreiche – Versuche, in die von Neandertalern besiedelten

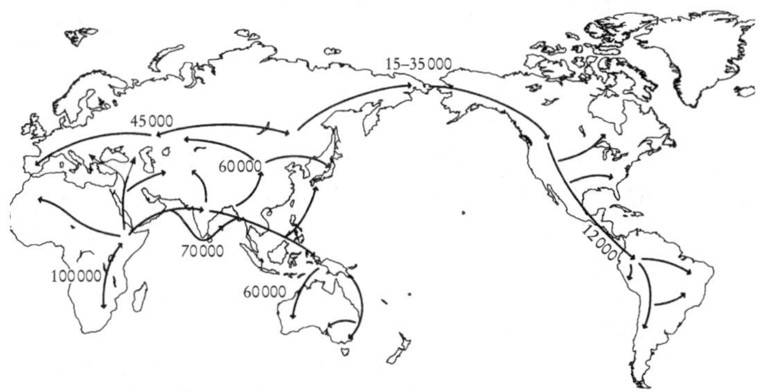


*Die Ausbreitung des modernen Menschen über die Alte und Neue Welt (nach Cavalli-Sforza 2000: 94, mit Ergänzungen)*

Gebiete des Nahen Ostens vorzudringen. Aufgrund der Spuren menschlicher Besiedlung in der Region läßt sich eine zweite Migration aus Nordafrika ausmachen, und zwar für eine Periode vor ca. 55 000 Jahren. Bei dieser zeitlichen Fixierung ist es ausgeschlossen, daß die über den Nahen Osten nach Asien migrierten Menschen diejenigen waren, die später Australien besiedelten. Der moderne Mensch trat in Australien vor mehr als 60 000 Jahren auf, denn so alt sind die ältesten Hinweise auf dessen dortige Präsenz.

Für eine Ausbreitung des modernen Menschen vom Nahen Osten bis nach Südostasien sind mehrere tausend Jahre anzusetzen. Dies legt die Schlußfolgerung nahe, daß es noch eine weitere Migration aus Afrika gegeben haben muß, und diese war über die Meerenge am Horn von Afrika nach Arabien hinein gerichtet. Diese Migration müßte vor ca. 70–75 000 Jahren erfolgt sein.

Das Gesamtbild der Migrationen ergibt demnach eine periodische Dreigliederung mit einer ersten Migration vor mehr als 100 000 Jahren nach Kleinasien, die erfolglos blieb, und zwei weiteren Migrationen (vor ca. 70–75 000 und vor ca. 55 000 Jahren) nach Ostasien und Eurasien (Cavalli-Sforza 2000: 58 ff.).

## Die Ausbreitung in Eurasien und frühe Kulturkontakte

Der Schub der jüngeren Wanderungen war nicht geplant oder gelenkt, er läßt sich aber als eine auf bestimmte geographische Räume gerichtete Bewegung identifizieren. Die eine, in den Nahen Osten gerichtete Migration setzte sich nach Mittelasien fort, die andere nach Arabien und dann um den Persischen Golf herum in die Küstenregionen des Indischen Ozeans.

Die Migration in Richtung Norden führte bis zum Kaukasus und um das Kaspische Meer herum. Das weitere Vordringen wurde vom Eisschild, der in Form riesiger Gletscherfelder die nördliche Zone Eurasiens bedeckte, verhindert. Dem ewigen Eis vorgelagert war ein viele Kilometer breiter Gürtel mit Tundravegetation, eine unwirtliche Kältesteppe. Bis dorthin gelangte der Homo sapiens vor rund 45 000 Jahren. Die breite Ebene, die sich von den Ausläufern des Uralgebirges bis zur Nordküste des Kaspischen Meeres erstreckt, wurde zum Kreuzweg für die frühen Populationen des Menschen. Von dort führte die weitere Wanderung am Eisschild entlang, nach Westen in Richtung Europa und nach Osten in Richtung Südsibirien. Die ältesten Hinweise auf die Präsenz des modernen Menschen in Nordostspanien (Romaní in Katalonien) gehen 43 000 Jahre zurück, die im östlichen Sibirien (Malta westlich des Baikalsees) ca. 34–35 000 Jahre.

Es gab noch eine andere Route, über die Vertreter des Homo sapiens nach Europa gelangten: von Kleinasien auf die Balkanhalbinsel. Die ältesten Daten für menschliche Präsenz im westlichen Küstengebiet des Schwarzen Meeres weisen auf einen Zeitraum zwischen 46 000 und 43 000 Jahren vor heute (Straus 1996: 205). Damals waren Europa und Asien noch über einen Landrücken miteinander verbunden. Den Durchfluß, der das Marmara-Meer mit dem Schwarzen Meer verbindet, gab es während der Eiszeit nicht. Über die Landenge am Bosporus bewegten sich Menschen und Tiere von Asien nach Europa.

Von allen Regionen der Welt, in die der moderne Mensch als Folge seiner Migrationen gelangte, gibt es nur eine, wo sich über einen Zeitraum von mehreren tausend Jahren Kontakte zwischen verschiedenen Menschenarten entwickelten. Dies war Westeuropa, insbesondere Südwestfrankreich und Nordspanien. Dort lebten Neandertaler und der Homo sapiens in Nachbarschaft und auch in Siedlungsgemeinschaft miteinander, worauf die materielle Hinterlassenschaft beider Arten an denselben Siedlungsplätzen schließen läßt. Die Frage, ob und wenn ja, wieviel sich vom genetischen Erbe des Neandertalers in den modernen Populationen Europas erhalten hat, ist bisher nicht geklärt. Vor 31 000 Jahren schließlich verlieren sich die letzten Spuren des Neandertalers in Andalusien.

Die Berührung der beiden Menschenarten hat möglicherweise stimulierend auf die Kulturentwicklung gewirkt. Es ist sicher kein Zufall, daß gerade in einer Region intensiver Kontakte zwischen Neandertalern und modernen Menschen das Kulturschaffen der eiszeitlichen Gesellschaften einen Schub erlebte, der als «die jungpaläolithische Revolution» (Carbonell/Vaquero 1996) bezeichnet worden ist. Die Höhlenmalereien in Südwestfrankreich und Nordostspanien legen ein beredtes Zeugnis von der Kunstfertigkeit ihrer Schöpfer ab (Clottes/Lewis-Williams 1996).

In jene Zeit fällt auch die Spezialisierung bestimmter kommunikativer Fähigkeiten, nämlich die des visuellen Symbolgebrauchs (Haarmann 2005c). Die ältesten Techniken, periodische oder saisonale Abläufe (z. B. Mondphasen) mittels abstrakter Zeichen zu notieren, sind auf Artefakten mit Kerbzeichen und Ritzungen erkennbar. Diese Kerbstöcke sind meist aus Knochen und werden von den Archäologen «Kommandostäbe» genannt, deren kalendarische Notationen sehr wahrscheinlich zum Geheimwissen der Spezialisten (Schamanen) des Kultlebens gehörten (Marshack 1972, 1990).

An der Herstellung der Steinwerkzeuge des Neandertalers an verschiedenen Orten in Nordspanien läßt sich feststellen, daß sich deren Bearbeitung vor rund 33 000 Jahren unter dem Einfluß des modernen Menschen verfeinert hatte (Straus 1996: 211 f.). Der Neandertaler verwendete in der Spätphase seiner Existenz Werkzeuge vom Aurignacien-Typ, der auch vom modernen Menschen benutzt wurde. Möglicherweise ist dieser Werkzeugtyp aus der Mobilität beider Hominiden-Spezies in deren intensivem Kulturaustausch entstanden. Für die längste Zeit seiner Kulturentwicklung verwendete der Neandertaler Werkzeuge vom Mousterien-Typ, der auch für die älteste Werkzeugproduktion des Homo sapiens (nachweislich für Skhul und Qafzeh im Nahen Osten) typisch ist.

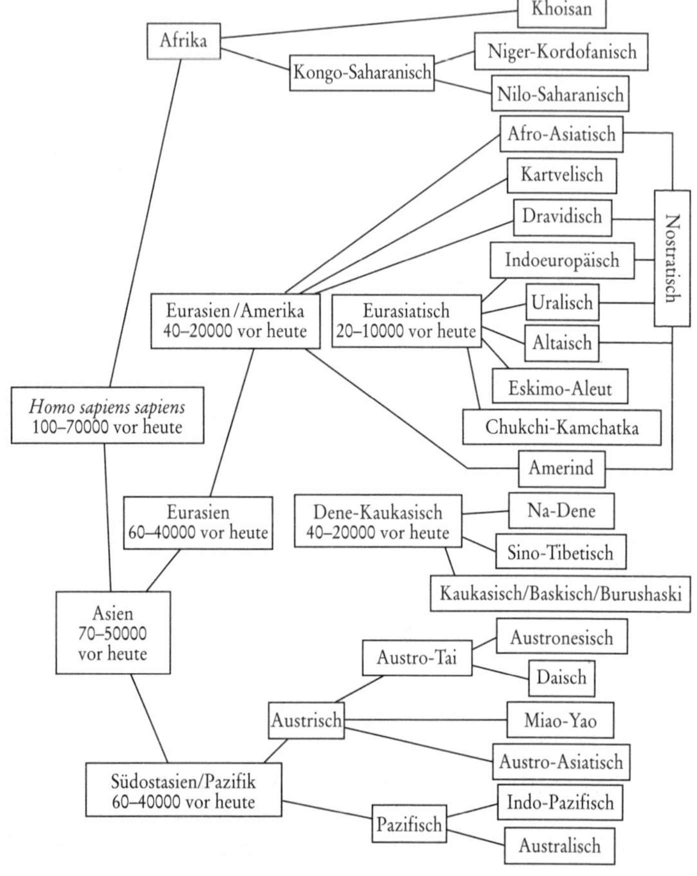


*Die Ausgliederung menschlicher Populationen und ihrer Sprachen im Altertum (nach Ruhlen und Cavalli-Sforza in: Cavalli-Sforza 2000: 169, mit Ergänzungen)*

Mit der Verbreitung von Populationen des frühen Menschen in Afrika und Eurasien wurden die Weichen für alle späteren Entwicklungen gestellt. Wie sich dann in den Gemeinschaften des Menschen der Altsteinzeit lokale Kultur- und Sprachkomplexe formiert haben, kann nur hypothetisch erschlossen werden. Ebenso hypothetisch sind die Rekonstruktionen der Entwicklungstrends, die zur Ausbildung der späteren Sprachfamilien geführt haben. Eine Feststellung gilt allerdings als gesichert: Keine der modernen Sprachfamilien ist älter als ca. 12 000 Jahre. Sämtliche Grundsprachen, aus denen sich später die Einzelsprachen entwickelt haben, entstanden erst nach der letzten Eiszeit (siehe Kapitel 5).

Die Ausbildung der verschiedenen Grundsprachen der Alten Welt aus frühesten Sprachstadien war nicht gradlinig, sondern erfolgte über verschiedene hypothetische Zwischenstufen. So wird angenommen, daß sich die Makrogruppierung der sinotibetischen Sprachen aus einem älteren Komplex «Dene-Kaukasisch» herausgebildet hat, der seinerseits im prähistorischen Mosaik der alten eurasischen Sprachen seine Ausgangsbasis fand. Die Annahme dieses Sprachkomplexes «Dene-Kaukasisch» bietet auch den Schlüssel zum Verständnis der uralten sprachlich-kulturellen Beziehungen zwischen Asien und Amerika, die bestanden haben müssen, weil die ersten Menschen, die nach Amerika gelangten, aus dem Nordosten Asiens kamen (siehe Kapitel 3).

# 3.

# Australien, Sibirien und die Neue Welt

**(ab ca. 65 000 vor heute)**

An den Peripherien der Alten Welt und in der Neuen Welt kann nur die Präsenz des modernen Homo sapiens nachgewiesen werden (Cavalli-Sforza et al. 1994: 349); weder der Homo erectus noch der Neandertaler sind nach Australien, Sibirien oder Amerika gelangt. Kulturentwicklung und Sprachenverbreitung in diesen Zonen waren direkt oder indirekt abhängig von den klimatischen Bedingungen der Eiszeit bzw. der Periode unmittelbar danach.

Lange hat man den Beginn der Migrationen nach Australien zeitlich zu spät angesetzt. Neuere archäologische Funde haben aber die überraschende Erkenntnis erbracht, daß der moderne Mensch diesen Kontinent viel früher als Europa bevölkert hat. In die Weiten Sibiriens konnte der Mensch erst vordringen, als sich die Zone der Polartundra als Folge der Erwärmung nach der letzten Eiszeit nach Norden verlagert hatte. In Nordamerika öffnete sich den Menschen, die nach Alaska migriert waren, erst nach dem Abschmelzen der Kontinentalgletscher im Westen Kanadas der Zugang nach Süden.

## Aborigine-Kulturen und Sprachenverbreitung in Australien und Neuguinea

Der älteste bekannte Knochenfund aus dem Cohuna and Kow Swamp in Südaustralien stammt von der Spezies des modernen Menschen und wird auf ca. 60 000 Jahre vor heute datiert. Der älteste Fund menschlicher Besiedlung auf Neuguinea, Reste einer Feuerstelle auf der Huon-Halbinsel, ist ca. 40 000 Jahre alt (Nile/Clerk 1996: 32 ff.).

Die Besiedlung Australiens und Neuguineas erfolgte in sukzessiven Migrationsschüben, die vom südostasiatischen Inselarchipel ihren Ausgang nahmen. Die beiden Regionen bildeten damals eine zusammenhängende Landmasse, die von den Geologen Sahul ge-

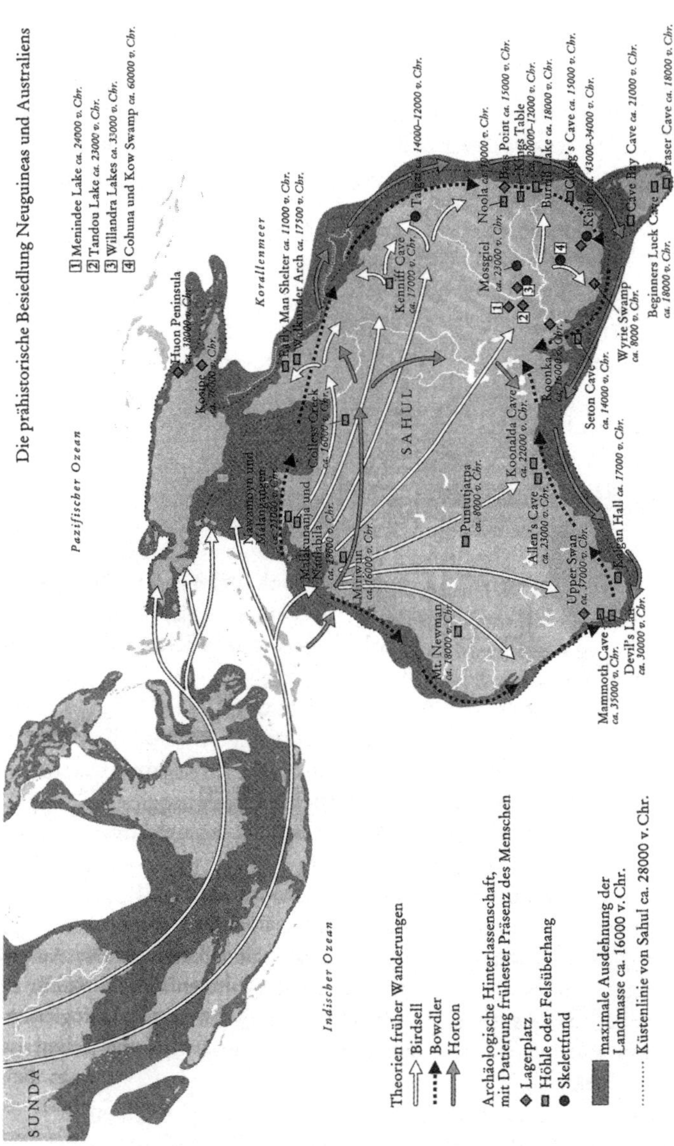


*Die prähistorische Besiedlung Neuguineas und Australiens (nach Haarmann 2002a: 335, Haarmann 2005a: 62-63)*

nannt wird. Während der letzten Eiszeit lag der Wasserspiegel der Weltmeere bedeutend niedriger als heute, so daß sich die Landmasse weiter ausdehnte, und auch die großen Inseln Indonesiens und Malaysias hingen mit dem Festland zusammen. Zwischen dem südöstlichen Küstensaum, der östlich der Insel Sulawesi (Celebes) verlief, und der Westküste Neuguineas gab es nur einen schmalen Sund.

Dieser Sund konnte auch mit einfachsten Booten überquert werden. Über Tausende von Jahren hielt so der Zustrom von Migranten nach Sahul an. Die Träger dieser Migrationen waren vermutlich Menschen mit unterschiedlicher ethnischer, sprachlicher und kultureller Zugehörigkeit; darauf deuten Unterschiede in der ethnischen Zusammensetzung der Aborigine-Bevölkerung hin.

Ungeklärt ist bis heute, auf welcher Route die frühen Einwanderer in den Süden Australiens gelangten, entweder von Norden her quer durch das Landesinnere (Theorie von Birdsell) oder um die Küstensäume im Westen und im Osten herum (Theorie von Bowdler) oder aber über die Zwischenstufe der Landnahme des östlichen Teils des Kontinents und von dort weiter bis nach Südwesten (Theorie von Horton). Die letztere Annahme wird unter anderem dadurch gestützt, daß die ältesten Wohnplätze und Artefakte im östlichen und südlichen Küstensaum gefunden wurden.

Bei den australischen Aborigines gibt es neben dem weit verbreiteten Genotyp zwei abweichende Gruppen. Dies sind die Nyungar in Südwestaustralien und die Tasmanier (Tas Aborigines) auf der im Südosten dem australischen Kontinent vorgelagerten Insel Tasmanien. Von beiden Gruppen nimmt man an, daß sie sich von den übrigen Australiern früh isoliert haben. Die Nyungar, die zu den frühen Bewohnern gehörten, sind von den nachfolgenden Migranten nach Südwesten abgedrängt worden, wo sie – getrennt von den übrigen Aborigines – lebten. Die Isolation der Tasmanier erklärt sich aus den geologischen Veränderungen der Region nach der Eiszeit: Die Landverbindung zwischen dem Inselmassiv und dem Kontinentalsockel wurde spätestens vor 8000 Jahren unterbrochen und vom Meer überspült.

Die Aborigines Australiens machen heute nur noch etwas mehr als 1 Prozent der Landesbevölkerung (2002: 19,6 Mio.) aus. Von den mehreren hundert Sprachen, die zur Zeit der Ankunft der Europäer im Jahre 1770 über den gesamten Kontinent verstreut waren, existieren nurmehr 254, die von rund 10 Prozent der Aborigines gesprochen werden (Haarmann 2001c: 29 ff.). Die große Mehrheit der Ureinwohner Australiens hat sich schon vor vielen Generationen ans Englische assimiliert.

Nach ihren grammatischen Bauplänen werden die Sprachen Australiens in zwei Gruppen eingeteilt, in die agglutinierenden Pama-Nyunga-Sprachen (wozu mehr als 90 Prozent aller Sprachen des Kontinents gehören) und die Nicht-Pama-Nyunga-Sprachen im Norden Australiens, die mit inkorporierenden (polysynthetischen) Techniken (überwiegend mit Präfixen und weniger mit Suffixen) operieren. Trotz vielfacher Versuche ist es bisher nicht überzeugend gelungen, für sämtliche Aborigine-Sprachen eine Grundsprache zu rekonstruieren. Die modernen Sprachen werden in verschiedene Sprachfamilien und in eine Anzahl von isolierten Sprachen (ohne erkennbare Verwandtschaft mit anderen) klassifiziert:

**Gruppierungen der Sprachen Australiens**

Sprachfamilien:

- Bunaba
- Burarra
- Daly
- Djamindjunga
- Djeraga
- Gunwinggua
- Iwaidja
- Laragiyan
- Mangerria
- Mara
- Nyulnyula
- Pama-Nyunga
- West Barkly
- Worora

Isolierte Sprachen:

- Anindilyakwa
- Gagadu
- Garawa
- Gungaragany
- Limilnga
- Ngurmbur
- Tiwi
- Umbugarla

Die Sprachen Australiens ähneln sich in vieler Hinsicht und weisen in ihrer Struktur verschiedene markante Gemeinsamkeiten auf (Dixon 1992). Dazu gehört in der Phonetik die weite Verbreitung eines Systems von drei Vokalen ([a], [i], [u]), im grammatischen Bau das Vorherrschen von Sprachtechniken (und zwar Suffigierung) des agglutinierenden Typs, im Satzbau die bevorzugte Wortordnung SOV.

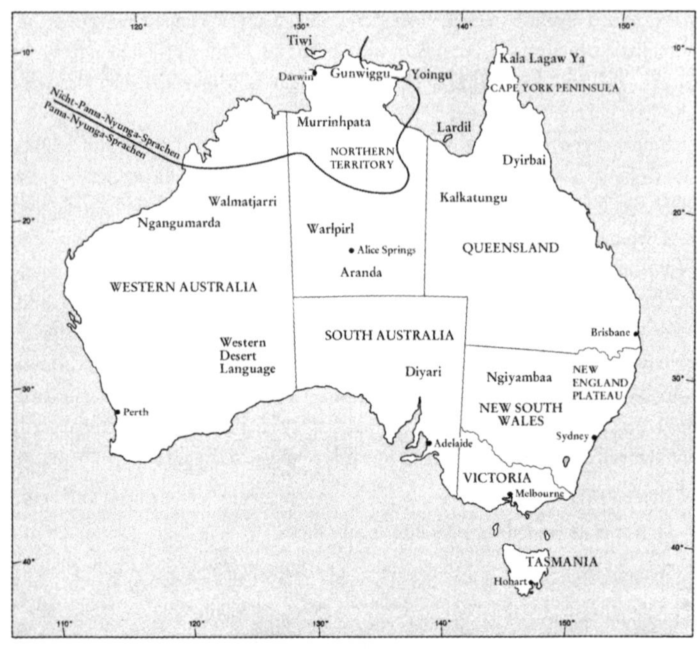


*Die Sprachenlandschaft Australiens (nach Dixon 1992: 135)*

Typisch für die Aborigine-Sprachen ist die Unterscheidung einer besonderen Variante, einer Tabu-Sprache (engl. *avoidance style* ‹Vermeidungsstil›), die von Personen verwendet wird, die gegenüber anderen durch Tabu-Auflagen in ihrer verbalen Kommunikation eingeschränkt sind. Dies ist beispielsweise der Fall, wenn ein Mann zu seiner Schwiegermutter spricht.

Von den Aborigine-Sprachen haben nur wenige mehr als jeweils 1000 Sprecher. Dies sind Kala Lagaw Ya (ca. 3500), Warlpiri (ca. 3000), Pitjantjatjara (ca. 2500), Tiwi (ca. 1500) und Anindilyakwa (ca. 1100). Weitere 13 einheimische Sprachen haben Sprecherzahlen von jeweils zwischen 500 und 1000. Die meisten sind Zwergsprachen mit jeweils wenigen Dutzend Sprechern. Lang ist die Liste solcher Sprachen, die nicht mehr als 10 Sprecher haben (z. B. Alngith, Dyugun, Gambera, Kunggara, Nungali, Pinigura, Pitta Pitta, Uradhi, Warluwara, Yinggarda).

Die meisten der noch lebenden Aborigine-Sprachen sind in den unwirtlichen Wüstenzonen Australiens verbreitet (Dixon 2001). Dies scheint verwunderlich, bedenkt man, daß der Norden und Osten des Kontinents Gebiete mit viel Vegetation sind. Diese Regionen sind allerdings im 19. und 20. Jahrhundert von weißen Siedlern okkupiert worden, die die Aborigines aus ihren dortigen Wohngebieten vertrieben. Die meisten Aborigine-Enklaven im Outback sind allerdings alte, schon seit Generationen bewohnte Siedlungen. Sie repräsentieren Relikte einer ehemals breit ausgefächerten Siedlungszone.

Zwar leben die Aborigines seit Tausenden von Jahren im Wüstenmilieu, die längste Zeit war das Klima Australiens aber gemäßigt (Miller et al. 1997). Während der letzten Eiszeit – in jedem Fall zur Zeit der Landnahme (vor ca. 60 000 Jahren) und bis um etwa 10 000 vor heute – war das Landesinnere teils bewaldet und teils bedeckt mit Savannenvegetation. In diesen Landschaften gab es ausreichende Wasserreserven, die den Wildbeutern einen weiten Raum für saisonale Migrationen boten. Die Aborigines nennen ihre Umwelt *ngurra*. Dies bedeutet allgemein ‹Land›, im weiteren aber auch ‹Platz, wo die Lebensenergie fließt› und ‹Heim(stätte)›. In der Mythologie der Aborigines, in den Geschichten der ‹Traumzeit› (*dreamtime*), finden sich bis heute Anklänge an eine Zeit, als viele Gegenden Australiens fruchtbarer waren als heute (Lawlor 1991: 235 ff.). Es ist zwar prinzipiell bedenklich, aus mythischen Darstellungen auf reale Zustände früherer Zeiträume zu schließen, in diesem Fall bestätigen aber die Fakten des australischen Paläoklimas die Hinweise in den Ursprungsmythen.

## Migrationen in den Pazifik und die Ausgliederung der Sprachen Ozeaniens

In Ozeanien mit seiner immensen Flächenausdehnung – wovon der größte Teil von Wasser bedeckt ist – finden sich die Spuren von nur einer Menschenart, des modernen Homo sapiens. Die frühesten Spuren menschlicher Präsenz in Ozeanien wurden im äußersten Westen entdeckt, auf Neuguinea. Ähnlich wie in Amerika fehlen auch dort Anzeichen für die Präsenz des Homo erectus oder des Neandertalers (des archaischen Homo sapiens).

Die Besiedlung Neuguineas und der pazifischen Inselwelt erfolgte in fünf Migrationsschüben – in drei massiven und in zwei weniger bevölkerungsreichen –, sowie in zahlreichen weiteren mit regionaler Begrenzung. Diese weiträumigen Bewegungen brachten über einen Zeitraum von mehreren tausend Jahren Bevölkerungsgruppen in alle Teile Ozeaniens, die vorher unbewohnt waren. Die Träger dieser Migrationen waren Menschen unterschiedlicher ethnischer, sprachlicher und kultureller Zugehörigkeit.

- Die 1. Migration: Die prähistorischen Migrationen (ab 40 000 Jahren vor heute) gingen überwiegend vom südostasiatischen Festland aus. Allerdings kamen einzelne Gruppen auch aus dem Südosten Chinas, von den Philippinen und womöglich auch aus Japan. Eine gemeinsame Erschließung von Neuguinea und Australien zu Lande war möglich, solange diese beiden Regionen im Paläolithikum noch eine zusammenhängende Landmasse (Sahul) bildeten (s. o.). Neuguinea war bereits lange besiedelt, bevor das Gebiet geographisch von Australien getrennt wurde.

Die Nachkommen dieser frühen Migranten sind die Papuaner, die heutzutage Hunderte von Sprachen (ca. 750) sprechen. Die einheimischen Sprachen Neuguineas werden unter der Sammelrubrik Papua-Sprachen zusammengefaßt. Die meisten dieser Sprachen werden von jeweils nur wenigen tausend oder hundert Menschen gesprochen (s. Haarmann 2001c: 24 ff.).

Mit den Mitteln der historisch-vergleichenden Sprachforschung ist es bisher nicht gelungen, für diese Sprachenvielfalt eine gemeinsame Grundsprache zu rekonstruieren. Nach ihren näheren Verwandtschaftsbeziehungen unterscheiden einige Forscher 26 selbständige Gruppierungen in der Größenordnung von Familien (engl. *phyla*). Üblicher ist die Gliederung in zwölf regionale Sprachfamilien, deren Benennung sich zumeist an geographischen Namen orientiert:

**Sprachfamilien Neuguineas**

- Amto-Musan
- Awera
- East Bird's Head
- Geelvink Bay
- Kwomtari-Baibai
- Left May

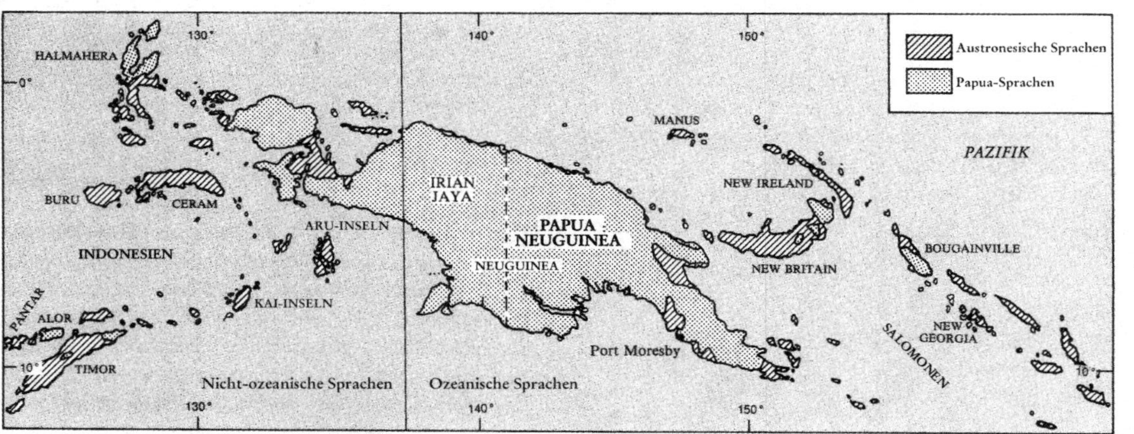


*Sprachenkarte Neuguineas (nach Foley 1992: 87)*

- Ostpapuanisch
- Sepik-Ramu
- Sko
- Torricelli
- Trans-New Guinea
- Westpapuanisch

Die folgenden, jüngeren Migrationen brachten Austronesier in die Inselwelt Ozeaniens jenseits von Neuguinea:

- Die 2. Migration: Die zweite Migrationswelle wird zwischen ca. 1500 und ca. 1000 v. Chr. angesetzt. Sie ging von der Ostküste Neuguineas aus in verschiedene Richtungen, und zwar nach Norden bis zu den Karolinen, nach Osten bis zur Samoa-Gruppe und nach Süden bis Neukaledonien. Die Fidschi-Inseln liegen im Zentrum dieser älteren pazifischen Siedlungsbewegung.
- Die 3. Migration: Das um 200 v. Chr. erneut einsetzende dynamische «Inselspringen» ging von der Fidschi-Gruppe aus, genauer von der Lau-Gruppe südöstlich der Fidschi-Inseln. Die Stoßrichtung dieser Expansion zielte nach Osten. Auf diese Migration geht die Besiedlung der Gesellschaftsinseln zurück, deren Hauptinsel Tahiti ist.
- Die 4. Migration: Etwa ein halbes Jahrtausend später begann eine Migration über die größten Distanzen im pazifischen Raum. Um 300 n. Chr. erreichten polynesische Seefahrer die Osterinsel, etwa hundert Jahre später wurden die Inseln von Hawaii besiedelt.
- Die 5. Migration: Die letzten Fernfahrten wurden, ebenfalls von Tahiti aus, in südwestliche Richtung unternommen. Gegen Ende des 10. Jahrhunderts n. Chr. schließlich landeten die Polynesier auf den Inseln Neuseelands.

Die Ausgliederung der regionalen Kulturkomplexe und Sprachen in Ozeanien außerhalb Neuguineas steht im Zusammenhang mit diesen Migrationen der Austronesier. Die an diesen Migrationen beteiligten Bevölkerungsgruppen waren mit dem Ackerbau vertraut, pflanzten Gemüse und Früchte an und stellten auf den westlichen Inseln auch Keramik her. Die von diesen überseeischen Siedlern in ihre Zielgebiete transferierten Sprachen entwickelten sich unter den Bedingungen lokaler Gemeinschaften weiter. In einem langwierigen Prozeß gliederten sich die Komplexe der melanesischen (ab 2500 v. Chr.), mikronesischen (ab 1500 v. Chr.) und polynesischen

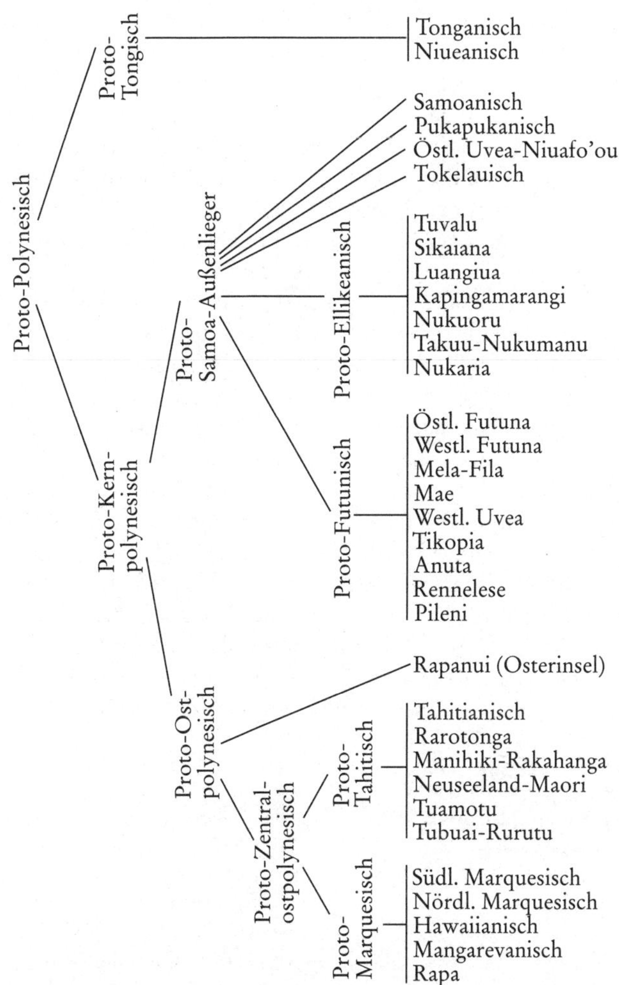


*Die Ausgliederung der polynesischen Sprachen (nach Besnier 1992: 247)*

(ab 200 v. Chr.) Sprachkulturen aus. Die meisten Sprachen Ozeaniens gehören dem polynesischen Sprachzweig des Austronesischen an.

Die Kultur der Fidschi-Inseln wird zu Melanesien gerechnet, und von hier gingen die wesentlichen Impulse für die Migration um 200 v. Chr. aus. Fidschianer waren es also, die ihre Kultur weiter nach

Osten trugen, und hieraus entwickelten sich die polynesischen Sprachkulturen. Die Ausgliederung ist als sekundärer historischer Prozeß zu verstehen, der gleichzeitig mit der Ausdifferenzierung zwischen melanesischen und polynesischen Charakteristika verlief. Insofern ist es ein Anachronismus, wenn die Fidschi-Kultur – wie noch in der älteren Forschungstradition – als melanesisch-polynesische Mischkultur bezeichnet wird.

Die heutige Situation der meisten Regionalsprachen in Ozeanien ähnelt sich insofern, als diese unter dem assimilatorischen Druck ehemaliger Kolonialsprachen stehen, wie des Französischen auf Tahiti oder des Englischen in Neuseeland. Es ist vor allem der Verlust der einheimischen Muttersprache, der die Kleinvölker Ozeaniens zu «sprachlosen» Einheimischen macht. Dies trifft auf die Waamwang in Neukaledonien, auf die Aribwatsa, Bina, Getmata, Hermit, Kaniet und Yoba in Papua-Neuguinea zu (Lynch et al. 2002). Die Sprachen Ozeaniens zeigen aber noch einige lokale Sonderentwicklungen, die den Einfluß der Umweltbedingungen verschiedener Klimazonen mit unterschiedlicher Vegetation und Tierwelt erkennen lassen. Der Wortschatz des Maori etwa zeichnet sich durch Bezeichnungen für Dinge aus, die es außer auf den Inseln Neuseelands in keiner anderen Zone des Pazifik gibt; z. B. ‹Schnee› (Maori *huka*), ‹Eis› (*hukapapa*), ‹(schwarzer) Baumfarn› (*mamaku*), ‹flugunfähiger Laufvogel› (*moa*, ausgestorben; *kiwi*, einzige erhaltene Art).

**Ozeanische Sprachen:**

- Admiralty Islands
- Bougainville
- Choiseul
- Kimbe
- Loyalty Islands
- Maisin
- Markham
- Milne Bay
- New Britain
- New Caledonia
- New Georgia
- New Ireland-Tolai
- Mikronesisch
- nördliches und zentrales Vanuatu
- südöstliche Salomonen
- Santa Cruz
- Santa Isabel (Zentralprovinz)
- Sarmi-Yotafa
- Siassi
- Südliches Vanuatu
- Zentralpazifik (Fidschianisch, Polynesisch)

Anm: Diese Benennungen beziehen sich auf regionale Gruppierungen, von denen die meisten ihrerseits zahlreiche Einzelsprachen umfassen.

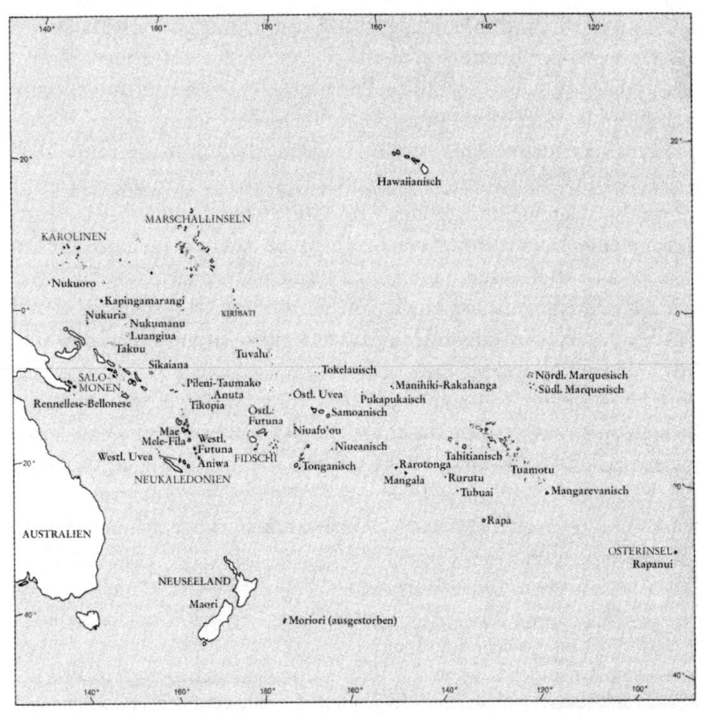


*Die Sprachkulturen Polynesiens (nach Besnier 1992: 246)*

## Sprachliche Drifts in der Arktis und Subarktis

Klimaschwankungen waren auch in einer anderen Großregion der Welt ausschlaggebend für die Bewegung von Populationen und die Drift ihrer Sprachen. Dies ist die Weite im Norden Eurasiens, die sich über Tausende von Kilometern vom nördlichen Skandinavien bis zur Nordostspitze Sibiriens erstreckt. Die arktische Region dehnt sich weiter aus, und zwar auf amerikanischer Seite über Alaska und den Norden Kanadas bis nach Grönland. Weite Teile Eurasiens waren ebenso wie der Norden des amerikanischen Kontinents noch vor rund 15 000 Jahren vereist und für Menschen wie Tiere unzugänglich.

Der rapide Temperaturanstieg (um 5° bis 6°) vor etwa 12 000 Jahren veränderte die ökologische Situation grundlegend. Zwar dauerte das Abtauen der Eismassen noch viele Jahrhunderte, aber vor etwa 9000 Jahren war das Gelände schließlich abgetrocknet, und es hatte sich subpolare Vegetation ausgebreitet. Die Menschen, die am Rande des großen eurasischen Eisschildes gelebt hatten, fanden nun ähnliche Bedingungen weiter im Norden, in der Übergangszone zur Arktis, wo der Waldgürtel der Taiga aufhört und in die polare Tundra ausläuft. In jene Zone weiteten sich die Reviere der eiszeitlichen Jäger aus, wobei sich die Großwildjagd auf das Jagen von Kleintieren umstellte. Großtiere wie das Mammut und das Nashorn waren infolge der Klimaschwankung und der drastischen Veränderung ihres Lebensraums ausgestorben.

Im nördlichen Teil Eurasiens sind relativ wenige Sprachen verbreitet, insgesamt nicht mehr als 30. Im Unterschied zur ökologischen Einheitlichkeit der arktischen Landschaft ist das Spektrum der Sprachen hinsichtlich ihrer genealogischen Verwandtschaft aber stark differenziert. Es werden vier Makrogruppierungen unterschieden (siehe Kapitel 5 und 7):

- uralische Sprachen (vertreten durch zwei Sprachzweige, samojedische und ugrische Sprachen)
- altaische Sprachen (vertreten durch den tungusischen Sprachzweig)
- paläoasiatische Sprachen (vertreten durch sechs Einzelsprachen: Tschuktschisch, Korjakisch, Kerekisch, Itelmenisch, Nivchisch/Giljakisch, Ketisch)
- eskimo-aleutische Sprachen (vertreten durch das sibirische Yupik und das Aleutische).

Die Sprecherzahlen dieser Sprachen sind gering und liegen in den meisten Fällen unter 20 000. Ausnahmen sind das Nenzische mit 41000 Sprechern, das Evenkische (35 000) und das Chantische (28 000). Nach den Ergebnissen des russischen Zensus für das Jahr 2002 zählen die kleinen Sprachgemeinschaften des Nordens nur wenige tausend Mitglieder oder sogar noch weniger, wie das Negidalische (560), das Aleutische (540) und das Enzische (230).

Die sprachlich-genealogische Differenzierung steht im Kontrast zur kulturellen Einheitlichkeit der kleinen Völker Nordeurasiens. Die lange Kontinuität traditionaler Wirtschaftsformen (Rentierzucht, Jagd, Fischfang) spiegelt sich in der Langlebigkeit animistischer Vorstellungen (Haarmann 2005b). So greifen die Wurzeln des sibirischen

Schamanismus bis in die Lebensbedingungen der Menschen während der Periode des Übergangs von der Großwild- auf die Kleintierjagd. Das kulturelle Erbe jener Zeit wurde mit den Migranten von Nordostsibirien nach Alaska und von dort weiter in die polaren und subpolaren Zonen Nordamerikas transferiert. Trotz der Verschiedenheit ihrer Sprachen haben auch die Altamerikaner ähnliche Formen ihres kulturellen Gedächtnisses gemeinsam (s. u.).

## Die Migrationen nach Amerika und die Ausgliederung der amerikanischen Sprachen

Zur Zeit der größten Vereisung, d. h. um 18 000 v. Chr., lag der Wasserspiegel der Weltmeere etwa 90 m tiefer als heutzutage. Damals waren riesige Wassermengen in Eis gebunden. In jener Zeit war der arktische Ozean im Norden von der Beringsee im Süden getrennt. Sibirien und Alaska waren durch eine breite Landbrücke miteinander verbunden, die von Geologen Beringia genannt wird (Young 1988). Die weiten Ebenen von Beringia waren Durchzugsgebiet des Großwilds, insbesondere des Mammut, das die polare Tundra bevölkerte. Einige Sippen der Mammutjäger Sibiriens folgten den Tieren nach Alaska und blieben dort. Die Landrouten für die migrierenden Kleingruppen waren bis vor ca. 11 000 Jahren passierbar. Danach wurde Beringia vom Meer, dessen Wasserspiegel nach der Eisschmelze rapide anstieg, überflutet.

### *Die drei Migrationsschübe aus Nordostsibirien*

Die Besiedlung der Neuen Welt durch Menschen, die aus dem Nordosten Sibiriens kamen, entfaltete sich in drei aufeinanderfolgenden Migrationsschüben (Fitzhugh/Crowell 1988). Die Sprachen der Migranten unterschieden sich deutlich voneinander, so daß die drei Migrationen sich als Profil dreier Gruppierungen der Sprachen Amerikas identifizieren lassen (Greenberg 1987). Während für die Sprachen des zweiten und dritten Migrationsschubs eindeutig verwandtschaftliche Abhängigkeiten nachgewiesen werden können, bleibt der Nachweis der historischen Zusammengehörigkeit der Sprachen der ersten Einwanderungswelle problematisch.

Der erste Schub war der bevölkerungsreichste und brachte Altamerikaner (= Paläoindianer) bis nach Feuerland. Die beiden anderen Migrationen beschränkten sich auf das Zielgebiet Nordamerika.

*Die 1. Migration* Die Steinwerkzeuge der frühen Bewohner Alaskas ähnelten in ihrer technischen Herstellung denen in der lokalen Djuchtai-Kultur in Nordostsibirien, so daß anzunehmen ist, daß die Migranten, die ihre Kulturtraditionen und Technologien nach Amerika transferierten, aus dem Milieu der Djuchtai-Kultur kamen (Arutiunov/Fitzhugh 1988: 119ff.). Diese Lokalkultur erhielt ihren Namen nach dem Hauptfundort im Flußtal des mittleren Aldan, eines Nebenflusses der Angara. Der Beginn der Djuchtai-Kultur ist auf etwa 16000 v. Chr. anzusetzen. Um 12000 v. Chr. erlebte sie ihre größte Ausdehnung. Typische Djuchtai-Steinwerkzeuge (zweischneidige Pfeilspitzen und Messer, große Steinkeile, Mikrolithen) waren bis nach Nordchina und auf die Halbinsel Kamtschatka verbreitet. Ihre höchste technische Vollkommenheit erreichte diese Kultur um 8000 v. Chr.

Wann die ersten Menschen nach Alaska kamen, ist nicht eindeutig geklärt. Es gibt eine vorsichtige, weithin akzeptierte Schätzung, die sich auf die Zeit um 11000 v. Chr. konzentriert. Andere Archäologen meinen, daß die Besiedlung Amerikas womöglich bereits um 13000 v. Chr. eingesetzt hat. Spekulativ sind noch ältere Datierungen, die das Alter einiger Fundstätten in Südamerika auf ca. 30000 Jahre ansetzen; dafür fehlen gesicherte Radiokarbondaten.

Die Sprachen dieser sog. Amerind-Populationen (d. h. der Einwanderer der 1. Migration und von deren Nachkommen) müssen logischerweise den gleichen Ursprung haben. «Die asiatischen Vorfahren der Amerind-Populationen kamen möglicherweise aus einer verhältnismäßig begrenzten Region, und ihre asiatischen Nachkommen haben sich womöglich vermischt mit anderen nicht oder entfernt verwandten, und zwar in einem Maße, daß sie nicht leicht zu erkennen sind» (Cavalli-Sforza et al. 1994: 325). In ihrer historischen Entwicklung haben sich die Einzelsprachen auf amerikanischem Boden aber teilweise so weit voneinander entfernt, daß deren uralte Verwandtschaftsverhältnisse nicht bis auf die Zeit des ersten Migrationsschubs zurückverfolgt werden können. Verläßliche Methoden der sprachwissenschaftlichen Rekonstruktion greifen hier lediglich in eine zeitliche Tiefe von rund 6000 Jahren zurück (siehe

Kapitel 7). Die Sprachenentwicklung in Amerika im Zeitraum zwischen ca. 11 000 und ca. 4000 v. Chr. bleibt derzeit im Dunkeln.

«Den kulturellen Wandel der über 12 000 Jahre oder länger dauernden Vorgeschichte Nordamerikas zu verstehen, bedeutet, die wesentlichen Umweltveränderungen während des Holozän [d. i. der nacheiszeitlichen Periode] zu untersuchen, sowohl auf lokaler als auch kontinentaler Ebene ...» (Fagan 1995: 95). Die frühen Bewohner Alaskas hatten zwar ein weites Jagdrevier, das sich im Inneren Alaskas ausdehnte, diese Region war aber nach Osten begrenzt durch eine Eisbarriere. Diese war nicht monolithisch gewachsen, sondern bestand aus zwei Formationen von Kontinentaleis, dem Eisschild der westlichen Kordillere (Cordilleran ice sheet) und dem östlichen Eisschild (Laurentide ice sheet). Diese Gletscherplatten stießen im Westen der heutigen kanadischen Provinz British Columbia zusammen. Bald nach dem Einsetzen der Eisschmelze ca. 12 000 v. Chr. öffnete sich ein eisfreier Korridor zwischen den Eisschilden. Er war aber schwer passierbar, übersät mit Geröll und weitgehend überflutet von Schmelzwasser. Es dauerte noch fast 2000 Jahre, bevor dieser Korridor von Großwild und Menschen durchquert wurde.

Der Korridor weitete sich zur offenen Landschaft aus, die sich mit dem vollständigen Abschmelzen des Kordillerenschilds bis an die Pazifikküste ausdehnte. Im Osten zog sich das Inlandeis zwar zurück, bedeckte aber noch um ca. 6000 v. Chr. das zentrale und östliche Kanada. Im Süden griff die Eisgrenze fast bis zu den Großen Seen aus. In Abhängigkeit von den klimatischen Bedingungen gegen Ende der Eiszeit findet man archäologische Spuren der ältesten Siedlungen der Altamerikaner in der damals eisfreien Region Alaskas und des Yukon Territory sowie weit im Süden, in den Gebieten der US-Bundesstaaten Washington, Oregon, Idaho und weiter im Osten, in Pennsylvania. Der subarktische Schild, der sich quer über den nordamerikanischen Kontinent erstreckt, ist von Altamerikanern seit ca. 7000 v. Chr. besiedelt worden. Hier sind Sprachen von Einwanderern der 1. Migrationswelle (Algonkin-Sprachen im Osten) und solche von Migranten der 2. Welle (nordathabaskische Sprachen im Westen) verbreitet. Die Datierungen vieler alter Fundschichten sind umstritten, so daß unklar ist, ob einige Lager der frühen Jäger in Kalifornien, New Mexico, Texas und Florida älter oder jünger sind als die weiter nördlich identifizierten.

Die Bewegung von Menschen und Tieren war geographisch und klimatisch vorgegeben: entlang der Pazifikküste und durch den westlichen Teil Nordamerikas in Richtung Süden (Fagan 1995: 74 ff.). Die Hauptrichtung der demographischen Drift und damit der Ausbreitung prähistorischer Kulturen und Sprachen der Jäger und Sammler war zunächst von Nordwesten nach Südwesten, und in einem sekundären Schub nach Osten gerichtet. Der Trend der Südmigration hielt kontinuierlich an und brachte Menschen über die Landbrücke Mesoamerikas in den Südkontinent.

Bereits um 9000 v. Chr. lebten Wildbeuter im Süden Patagoniens (Höhlen von Fell und Palli-Aike). Die ältesten Funde, die auf eine Präsenz von Menschen auf Feuerland hinweisen, werden auf die Zeit um 8000 v. Chr. datiert (Flon 1991: 356 f.). Innerhalb von rund 2000 Jahren durchzogen die Jäger den gesamten Doppelkontinent und gelangten bis nach Feuerland. Nach Ansicht von Anthropologen haben sich in der Physiognomie der Feuerland-Indianer (Selk'nam, Haush, Alacaluf, Yámana) archaische Merkmale erhalten (Cavalli-Sforza et al. 1994: 331 f.).

*Die 2. Migration* Ein zweiter Migrationsschub ist für die Verbreitung indianischer Populationen und ihrer Sprachen im Nordwesten und im zentralen Tiefland Nordamerikas verantwortlich. Im Norden der Halbinsel Kamtschatka hatte sich vor ca. 16 000 Jahren eine lokale Kultur ausgebildet, die Uschki-Kultur, deren materielle Hinterlassenschaft ebenfalls Ähnlichkeiten mit der in Alaska und im amerikanischen Nordwesten aufweist. Die Spätphase der Uschki-Kultur (vor ca. 12–10 000 Jahren) bietet den kulturellen Hintergrund für die Kulturtraditionen der Menschen, die mit der zweiten Migration nach Amerika kamen.

Die Nachkommen jener Migranten sind die Na Dene-Indianer, deren Sprachen vier verschiedenen Gruppierungen angehören:

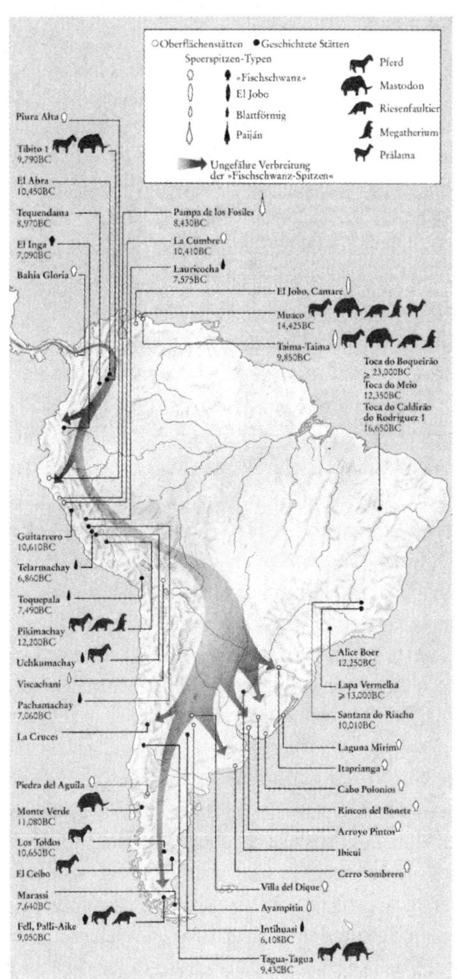


*Die Migrationen der Altamerikaner über Mesoamerika hinaus in südliche Richtung (nach Flon 1991: 357)*
*Speerspitzen werden in der Archäologie Amerikas als kulturelle Leitformen gewertet. Die Entwicklung dieser Jagdgeräteindustrie erlaubt Rückschlüsse auf die Ausbreitung früher Jägergemeinschaften und auf die Richtung der Südmigration. Die sog. «Fischschwanz-Spitzen» (benannt nach ihrer äußeren Gestalt) werden mit den in Nordamerika verbreiteten Clovis-Spitzen in Verbindung gebracht.*

**Na-Dene-Sprachen**

- Athabaskische Sprachen (Navaho, Apache, Chipewyan u. a.): Die Sprachen dieser Gruppierung sind von Alaska (z. B. Ahtna, Han, Ingalik) bis in den Südwesten der USA verbreitet. Zu den südlichen Sprachen zählen Chilula, Lassik, Wailaki u. a. in Kalifornien sowie das Navaho in Arizona und Neumexiko.
- Eyak (Alaska)
- Tlingit (Alaska, British Columbia)
- Haida (Alaska, British Columbia)

In der mündlichen Überlieferung der Navaho, d. h. in ihren Mythen, Erzählungen und Gesängen, finden sich Anklänge an die große Wanderung, mit der ihre Vorfahren aus dem hohen Norden in den Süden kamen (Rex Lee Jim 1996). Nach Auffassung der Navaho, die sich selbst *Diné* ‹Leute› nennen, gibt es verschiedene Welten, die stufenweise aufeinander aufbauen, wobei sich die ältesten Erinnerungen mit der «Schwarzen Welt» assoziieren. Die Erzählungen von Ereignissen in jener Welt lassen erkennen, daß die Menschen damals noch in der arktischen Tundra gelebt haben. Die zweite Welt wird «Blau-Grüne Welt» genannt. Die Pflanzen und Tiere sind solche, die man im Westen Kanadas findet. Die Landschaften der dritten Welt («Gelbe Welt») ähneln denen, die man mit den westlichen Abhängen der Rocky Mountains und mit den Ebenen im Südwesten identifizieren kann.

Die vierte, die «Glänzende Welt» ist das Kernland der Navaho, das Dinétah heißt und ungefähr der Gobernador-Region im Nordwesten Neumexikos entspricht (Griffin-Pierce 1992). Die archäologische Hinterlassenschaft läßt darauf schließen, daß die Vorfahren der Navaho etwa im 14. Jahrhundert in ihr heutiges Siedlungsgebiet gelangten. Im Zuge ihrer Wanderungen mußten sie sich anpassen. Die längste Zeit waren sie Jäger und Sammler gewesen. Erst in Dinétah wurden sie seßhaft und erwarben von ihren neuen Nachbarn, den Pueblo-Indianern, die Kenntnisse des Ackerbaus. Nach mythischer Überlieferung gibt es vier heilige Pflanzen: Mais, Bohnen, Squash und Tabak. Die Sprache der Navaho ist reich an Terminologien, die ihre Anpassung an die sich verändernde Umwelt spiegeln: die Welt der Wildbeuter (in den Mythen und Erzählungen), die der Ackerbauern sowie die Sphäre der spirituellen Verankerung allen Lebens.

*Die 3. Migration* Eine dritte Welle von Migranten gelangte vor etwa 10000 Jahren nach Alaska und ins nördliche Kanada. Dies waren entfernte Vorfahren der Eskimo und Aleuten, die den arktischen Lebensraum besiedelten, sich aber nicht nach Süden vorwagten. Man nimmt an, daß die Proto-Eskimo die letzten Migranten waren, die auf dem Landweg von Sibirien nach Amerika überwechselten. Bald danach wurde Beringia überflutet. Auch für die Kulturtraditionen der 3. Migration finden sich archäologische Spuren im Nordosten Sibiriens, in der Uschki-Kultur der Halbinsel Kamtschatka.

Um 1000 v. Chr. kann man im Norden des amerikanischen Kontinents ein kulturelles Kontinuum ausmachen, das vom Nordwest-Territorium quer durch den Norden Kanadas bis nach West-Grönland reicht, die Dorset-Kultur. Die modernen regionalen Eskimo-Kulturen bilden deren direkte Fortsetzung. Die Verbindung mit den Eskimo auf sibirischer Seite ist nicht abgerissen. Deren Kulturentwicklung verlief parallel und synchron zu der in Amerika. Die regionalen Varianten des Eskimo in Sibirien und Amerika bilden zusammen mit dem Aleutischen eine eigene Sprachfamilie, das Eskimo-Aleutische (Mithun 1999: 400 ff.).

*Charakteristika der Altamerikaner* Die Altamerikaner (Nachkommen der 1. Migration: Paläoindianer, Nachkommen der 2. Migration: Na Dene-Indianer, Nachkommen der 3. Migration: Eskimo-Aleuten) sind nach ihren anthropologischen Merkmalen mit den mongoliden Populationen Nordost-Asiens affiliiert. Die Ähnlichkeiten sind besonders deutlich im Hinblick auf einen bestimmten medizinischen Marker, nämlich die Beschaffenheit der Zähne (Turner 1988: 114 ff.). Die Altamerikaner sind wie die modernen Tungusen und einige paläoasiatische Völker sogenannte «Sinodonten» mit einer überwiegend (zu 60–90 Prozent) schaufelähnlichen Form der Schneidezähne, im Unterschied zu Nicht-Sinodonten mit weniger als 25 Prozent (Cavalli-Sforza et al. 1994: 302 ff.; im Hinblick auf die Verbreitung und Konzentration von Blutgruppen weichen die Altamerikaner von ihren sibirischen Vorfahren dagegen deutlich ab). Aus dieser zahnmedizinischen Retrospektive kann als gesichert gelten, daß die Vorfahren der Altamerikaner aus dem nördlichen China sowie dem südlichen Sibirien kamen. Dies ist die Region, wo die anthropologischen Charakteristika der nördlichen Mongoliden am stärksten ausgeprägt sind.

Da die Besiedlung Amerikas von Sibirien aus erfolgte, müssen auch die Sprachen, die sich in Amerika verbreitet und entwickelt haben, letztlich mit den Sprachen im Nordosten Asiens verwandt sein (Cavalli-Sforza 2000: 171 f.). Allerdings sind die Versuche, die Verwandtschaft aller Sprachen Amerikas (d. h. Amerind, Na Dene und Eskimo-Sprachen) mit Sprachen Eurasiens mittels vergleichender Methoden nachzuweisen, bislang eher spekulativ geblieben. Dies gilt beispielsweise für die Annahme einer Zugehörigkeit der Amerind-Sprachen zur Makrogruppierung des Nostratischen (siehe Kapitel 5). Größere Wahrscheinlichkeit haben solche Ansätze, die die Na Dene-Sprachen mit Sprachen Eurasiens in Verbindung bringen, wie in der Hypothese einer uralten Makrogruppierung, des sog. Dene-Kaukasischen. Hierzu werden die Na Dene-Sprachen im Nordwesten Amerikas, die sino-tibetischen Sprachen in Ostasien und die kaukasischen Sprachen gezählt (Shevoroshkin 1991).

*Inneramerikanische Sprachendrifts* Die Verteilung der Sprachen Amerikas zur Zeit der Eroberung durch die Spanier im 16. Jahrhundert war das Ergebnis von Langzeitprozessen, in denen sich die ursprünglichen Verbreitungszonen teilweise erheblich gegeneinander verschoben.

**Die wichtigsten Sprachfamilien Amerikas im Überblick**

Nordamerika (Mithun 1999: 326 ff.):

- Algonkin
- Athabaskisch
- Caddo
- Chinook
- Chumash
- Eskimo-Aleutisch
- Irokesisch
- Kiowa-Tano
- Muskogee
- Pomoa
- Salish
- Sioux
- Uto-Aztekisch
- Wakash

Südamerika (Tovar/ Larrucea de Tovar 1984):

- Alacaluf
- Araukanisch
- Arawakisch
- Chibcha
- Karibisch
- Jivaro
- Katukina
- Macro-Gê
- Mataco-Guaycuru
- Paez
- Panoa
- Quechua
- Tucano

Mittelamerika (Campbell 1992):

- Oto-Mangue
- Mixe-Zoque
- Maya
- Totonakisch

- Tupí-Guaraní
- Witoto
- Yanoma
- Zaparo

Im Westen Nordamerikas und in Mittelamerika kam es zu soziodemographischen Umwälzungen, die auch die Sprachenlandschaft dieser Gebiete grundlegend veränderte. Ausgelöst durch die Migrationen athabaskischer Bevölkerungsgruppen aus dem hohen Norden in den Süden wurden die dort siedelnden Altamerikaner abgedrängt und veranlaßt, ihrerseits zu migrieren. Die Verteilung der altamerikanischen Sprachen im Südwesten der USA und in Mittelamerika ist das Ergebnis sukzessiver Migrationsschübe in nord-südlicher Richtung, die in prähistorischer Zeit (im 3. Jahrtausend v. Chr.) einsetzten (Castañeda 1988: 154 ff.). Im Prozeß der Südverschiebung der Populationen haben sich die präkolumbischen Areale herausgebildet, in denen die Idiome der verschiedenen Sprachfamilien heimisch geworden sind, teils in geographischer Nachbarschaft, teils in Kontaktzonen. Sprachen der Guaicura-Gruppe, die ursprünglich im Gebiet von Los Angeles gesprochen wurden, sind im Laufe der Zeit immer weiter nach Süden, in die unwirtlichen Wüstengebiete der kalifornischen Halbinsel abgedrängt worden. Im nördlichen Mexiko hat der Einbruch der Uto-Azteken seit dem 2. Jahrtausend v. Chr. den größten Schub nach Süden ausgelöst.

Die Sprecher des Taraskischen, die heutzutage isoliert im Inland des südlichen Mexiko leben, haben um 1500 v. Chr. noch an der Westküste des Landes gesiedelt. Als Folge der Einwanderung von Uto-Azteken in ihr Siedlungsgebiet haben sich die meisten Tarasken seit etwa 500 v. Chr. assimiliert. Das ursprüngliche Siedlungsgebiet der Maya war nicht die Halbinsel Yucatán, sondern das östliche Küstengebiet Zentralmexikos. Auch für ihre Migration nach Südosten, die noch vor 2000 v. Chr. einsetzte, ist der uto-aztekische Siedlungsdruck verantwortlich. Als die Europäer das zentrale Amerika kolonisierten, waren die uto-aztekischen und die Maya-Sprachen die sprecherreichsten Mexikos.

Das moderne Verbreitungsgebiet der Indianersprachen gleicht einem zerfetzten Flickenteppich. In vielen Regionen hat sich das Spanische wie ein Keil in die ehemals geschlossene Zone der einheimisch-amerikanischen Sprachen geschoben, so daß es im zentralen und südlichen Mexiko viele indianische Sprachinseln inmitten des spanischen Sprachgebietes gibt. Das Spanische hat seit dem 16. Jahrhundert einen Assimilationsdruck auf die Indianersprachen Mexikos ausgeübt, der sich im mittleren und nördlichen Landesteil am stärksten auswirkte. Die Sprecher der Indianersprachen haben sich aber nicht einfach assimiliert, sondern häufig ihre einheimische Muttersprache bis heute bewahrt und sprechen Spanisch als Zweitsprache. Beeinflußt durch die lautlichen und grammatischen Strukturen der verschiedenen Indianersprachen treten in der Art und Weise, wie Indianer Spanisch sprechen, zahlreiche Interferenzen auf.

Die spanischen Dialektzonen in Mexiko haben sich entsprechend den regionalen Interferenzeinflüssen herausgebildet. Im mexikanischen Spanisch gibt es Tausende von Lehnwörtern aus den amerikanischen Sprachen, die teilweise – wie die lautlichen und grammatischen Interferenzen auch – auf den Sprachgebrauch in einer bestimmten Region beschränkt bleiben. Hunderte der Lehnwörter sind allerdings im gesamten spanischen Sprachgebiet Mexikos verbreitet (Santamaria 1983).

Das Spanische seinerseits hat die Indianersprachen tiefgreifend beeinflußt, sie teilweise sogar überformt. Die Sprachkontakte waren vielerorts so intensiv, daß zahlreiche sprachliche Fusionsprodukte entstanden sind. Eines davon ist das in Zentralmexiko (im Tal von Puebla-Tlaxcala) verbreitete Mexicano, die Sprache der Nachkommen der Azteken, die bis heute Varianten des Nahuatl bewahrt haben. Mexicano ist eine vom Spanischen überformte einheimische Sprachform, in deren Lautsystem, Grammatik und Syntax spanische Elemente so fest verankert sind, daß sie ohne diese nicht funktionsfähig wäre. «Die Syntax des Malinche-Mexicano ist eine Fusion eingegangen mit der lokalen Variante des Spanischen. Es ist möglich, ein verständliches (wenn auch wenig elegantes) Mexicano zu sprechen, indem Ausdrücke entweder spanischer Herkunft oder aus dem Malinche, die entsprechend der Grammatik des Mexicano flektiert sind, in spanische Satzkonstruktionen eingebettet werden, wobei alles durch spanische Bindewörter zusammengehalten wird» (Hill/Hill 1986: 233). Trotz seines Fusionscharakters ist das Mexicano kein Pidgin, also auch keine Kreolsprache. Der Formenschatz des Nahuatl bleibt auch unter der Überformung durch spanische

Elemente erhalten. Es stellen sich keine Reduktionen ein wie im Fall der Simplifizierung grammatischer Strukturen in einem Pidgin (siehe Kapitel 9).

### *Die altamerikanischen Hochkulturen*

Ab ca. 2500 v. Chr. bahnte sich in Mittelamerika der kulturelle Aufschwung an, der in die älteste Hochkultur Amerikas einmündete, die olmekische (ca. 1200–600 v. Chr.) an der Golfküste. Die Olmeken, Nachkommen von Altamerikanern der 1. Migration, hatten die Kontrolle über ein ausgedehntes Netz von Handelsrouten quer durch Zentralmexiko. Dem regen Handelsverkehr ist es zu verdanken, daß die Institutionen der olmekischen Hochkultur bei anderen Altamerikanern bekannt wurden, wie die monumentale Steinarchitektur, das Kalenderwesen und die Schrift. Die Maya im Hochland Guatemalas waren die ersten, die das Medium Schrift im 3. Jahrhundert v. Chr. – während der späten präklassischen Periode (300 v. Chr. – 100 n. Chr.) – adaptierten und weiterentwickelten. Von den präkolumbischen Zivilisationen im Hochland von Mexiko waren die von Teotihuacán (ca. 900 –1200 v. Chr.) und die der Azteken (12. Jahrhundert – 1519) am bedeutendsten.

In Südamerika entfaltete sich die Kultur von Chavín im nördlichen Peru seit etwa 1500 v. Chr. In kontinuierlicher Abfolge oder auch zeitgleich entwickelten sich Lokalkulturen wie die Moche-Kultur (200 v. Chr. – 800 n. Chr.), die von Tiahuanaco im Süden des Titicaca-Sees (1000 v. Chr. – 1000 n. Chr.), die der Chimú (14.–15. Jahrhundert) in Ecuador und Nordperu. Das Reich der Inka, das seit der ersten Hälfte des 15. Jahrhunderts militärisch rasant expandierte, überdeckte die älteren Lokalkulturen und absorbierte viele ihrer Eigenheiten. Das Reich der vier Weltteile, von den Inka selbst Tawantinsuyu genannt, wurde 1537 von Francisco Pizarro und seinen Gefolgsleuten zerstört.

## 4.

# Auf den Spuren der ältesten Sprachen

Die Wandlungsprozesse von den frühesten Entwicklungsstadien der Sprache des modernen Menschen über die ältesten Sprachen und ihre Ausgliederung in jüngere «Ableger» liegen vollständig im Dunkel der Vorgeschichte. Wenn es allerdings zutrifft, daß sich bestimmte Erscheinungen wie Ein-Wort-Sätze oder die Verwendung lautnachahmender Wörter bis heute erhalten haben, dann kann man zu Recht fragen, ob in den Strukturen der bekannten Sprachen nicht bestimmte Techniken zu identifizieren sind, die archaischen Charakter besitzen und offensichtlich fossile Nachklänge wesentlich älterer Sprachstadien sind. Auf der Suche nach solchen Fossilien der Sprachgeschichte treffen wir auf die ältesten noch lebenden Sprachen der Welt und auf einige altertümliche Baupläne.

## Die alten Sprachen Eurasiens und Afrikas und ihre modernen Rückzugsgebiete

An den Peripherien der weiten Kultur- und Sprachlandschaft Eurasiens haben sich bis heute Sprachen erhalten, die wahrscheinlich die Reste ehemals weit verbreiteter Sprachfamilien sind. In Europa gehören dazu das Baskische (Trask 1997) und die autochthonen Sprachen des Kaukasus (Bokarev/Lomtatidze 1967, Hewitt 1998). Im Nordosten Sibiriens sind es die paläoasiatischen Sprachen (Volodin 1997), die zu den alten einheimischen Sprachen zählen. Die meisten dieser Sprachen sind im russischen Teil Sibiriens verbreitet. Einige der paläoasiatischen Altsprachen werden außerhalb des russischen Territoriums gesprochen, wie das Ainu auf der japanischen Insel Hokkaido (Alpatov 1997, Kirikae 1997) oder das Burushaski in der westlichen Gebirgsregion des Karakorum im Norden Pakistans (Edel'man 1997).

Zum Kreis der Altsprachen der Welt (bzw. deren entfernten Ablegern) werden auch die dravidischen Sprachen (Andronov 1978) gezählt. Die Draviden sind in prähistorischer Zeit – und zwar lange vor den Indoeuropäern – nach Indien eingewandert, wo deren Nachkommen (Tamilen, Telugu, Kanaresen u. a.) bis heute, vor allem im südlichen Teil des Landes leben (siehe Karte auf S. 148). Eine entfernte Verwandtschaft wird zwischen dem Dravidischen und dem Elamischen, der alten Kultursprache im iranischen Hochland, angenommen (McAlpin 1981; siehe Kapitel 5).

Die Sprachen des afrikanischen Kontinents mit der längsten Kontinuität sind die Khoisan-Sprachen im südlichen Afrika (Güldemann/Vossen 2000). «Ohne Zweifel gehören diese Sprachen zu den Nachfahren der ältesten menschlichen Sprachen auf dem afrikanischen Kontinent. Sie haben zwar ebensoviel Geschichte hinter sich gebracht, wie andere moderne Sprachen auch, aber sie repräsentieren für ihr Verbreitungsgebiet eine tiefer zurückreichende historische Kontinuität als die Sprachen späterer Zuwanderer» (Winter 1981: 347). Der Name dieser Sprachfamilie setzt sich zusammen aus der abgekürzten Namensform *Khoi* (mit der Vollform *Khoikhoi*), der Selbstbenennung der Hottentotten, und *San* (Benennung der Buschmänner in der Sprache der Khoikhoi). Ursprünglich gehörten zu dieser genetischen Gruppierung mehrere Dutzend Sprachen; davon sind aber viele im Verlauf des 19. und 20. Jahrhunderts ausgestorben. Die Zahl der lebenden Khoisan-Sprachen beläuft sich auf 35.

In anderen Regionen der Welt gibt es zwar keine mit den Verhältnissen der paläoasiatischen oder Khoisan-Sprachen vergleichbare Konzentration von Altsprachen. Aber auch unter den Aborigine-Sprachen Australiens und in peripheren Indianersprachen Amerikas (siehe Kapitel 3) finden sich solche mit archaischen Eigenheiten. Dies sind allerdings zumeist isolierte Einzelfälle, ohne daß sich ein geographisch zusammenhängendes Gebiet von Altsprachen ausmachen ließe.

### *Im Fokus: Das Baskische und die altmediterranen Sprachen*

Zu den ältesten Skelettfunden des modernen Menschen in Westeuropa gehören die von Cro-Magnon in der Dordogne. Danach werden die altsteinzeitlichen Bewohner jener Region als Cro-Magnon-

Menschen bezeichnet. Diese älteste Bevölkerungsschicht des Homo sapiens in Westeuropa tritt auf den humangenetischen Karten als genetischer «Außenlieger» (engl. *outlier*) deutlich in Erscheinung. Was das genomische Profil dieses Außenliegers von seiner Umgebung absetzt, ist eine hohe Frequenz (bis 70 Prozent) der Blutgruppe O und des negativen Rhesusfaktors. Diese genetische Charakteristik gilt auch für die heutige baskische Bevölkerung, die auf beiden Seiten der spanisch-französischen Grenze verbreitet ist. Vereinfacht ausgedrückt bedeutet dies, daß diejenigen Menschen, die die altsteinzeitlichen Höhlen ausmalten und das älteste Kalenderwesen der Welt erfanden, entfernte Vorfahren der modernen Basken sind. (Cavalli-Sforza/Piazza 1993: 11).

Insgesamt gibt es 1,5 Mio. Menschen baskischer Abstammung. Von diesen sprechen noch 0,8 Mio. Baskisch als Muttersprache. Die meisten Sprecher (0,543 Mio.) sind in den spanischen Provinzen des Baskenlandes (Euskadi), Alava, Guipúzcoa und Vizcaya, beheimatet. Das Baskische wird von ihren Sprechern berechtigterweise als die älteste der lebenden Sprachen Europas angesehen und gepflegt. Selbstverständlich hat es nicht schon vor 35000 Jahren «das Baskische» gegeben. Es ist das Produkt vielfältiger Fusions- und Wandlungsprozesse von Sprachstadien, die sich nach der Ankunft eiszeitlicher Migranten, die aus dem Osten kamen und bis zur Atlantikküste gelangten, vollzogen.

Aus diesen Prozessen ist nicht nur das Baskische hervorgegangen, sondern auch das eng verwandte Aquitanische. Diese Sprache ist noch während der Antike untergegangen. Ihre Sprecher haben sich romanisiert, d. h. sie haben römische Lebensgewohnheiten angenommen und sich sprachlich ans Sprechlatein der sie umgebenden Mehrheitsbevölkerung assimiliert. Die Basken dagegen haben ihre Sprache auch durch die Zeiten des römischen Kultureinflusses bewahrt.

In geographischer Hinsicht erlebt das baskische Sprachgebiet seit Jahrhunderten einen Schrumpfungsprozeß (Echenique Elizondo 1987: 109). Den Rückgang kann man unter anderem an der Verbreitung baskischer Ortsnamen erkennen. Viele Orte mit Namen baskischer Herkunft liegen heutzutage weit außerhalb der modernen baskischen Sprachzone; auf der französische Seite enden sie auf *-os, -osse, -ous, -ost* oder *-oz*, auf spanischer Seite auf *-ues* oder *-ueste*. Solche Namen findet man im gesamten Pyrenäengebiet und bis in die historische Landschaft Aragón. Das Baskische ist längst schon aus Städten wie Alava, Pamplona oder Biarritz verschwunden, wo es früher gesprochen wurde. Bedenkt man aber, daß es seit über zweitausend Jahren unter dem ständigen situationellen Druck von dominanten Kontaktsprachen (Lateinisch, Französisch, Spanisch) gestanden hat, ist die Resistenz dieser Sprache gegen eine vollständige Assimilation beachtlich.

Das Baskische ist die einzige der vorrömischen Sprachen in Westeuropa, die sich durch die römische Antike und über das Mittelalter hinaus bis in die Neuzeit erhalten hat. Alle anderen sind in den ersten Jahrhunderten unserer Zeitrechnung untergegangen. Das Attribut «vorrömisch» ist im Fall des Baskischen gleichbedeutend mit «vor-indoeuropäisch». Wie in einem geographischen Gürtel umlagerten in der Antike zahlreiche vor-indoeuropäische Sprachen den Mittelmeerraum und waren auch in der Inselwelt verbreitet. Welche von diesen altmediterranen Sprachen miteinander verwandt waren und mit welchen noch lebenden Sprachen sie in Verbindung stehen, ist seit langem ohne endgültiges Ergebnis diskutiert worden.

### Vor-indoeuropäische Sprachen im Mittelmeerraum

Westlicher und nördlicher Mittelmeerraum:

- Tartessisch (Südspanien; Schriftzeugnisse aus der Periode zwischen dem 7. Jahrhundert v. Chr. bis um 200 v. Chr.)
- Iberisch (Ostspanien; schriftliche Überlieferung 5.–1. Jahrhundert v. Chr.)
- Aquitanisch (Nordspanien, Südwestfrankreich; schriftlos; untergegangen während der Spätantike)
- Ligurisch (Nordwestitalien, Südostfrankreich; schriftlos; untergegangen während der Spätantike)
- Paläosardisch (Sardinien; schriftlos; untergegangen während der Spätantike)
- Camunisch (südliche Alpenregion; Inschriften aus dem 1. Jahrhundert v. Chr.)
- Rätisch (südliche Alpenregion; Inschriften ca. 500–15 v. Chr.)
- Etruskisch (Toskana; Schriftzeugnisse 7.–1. Jahrhundert v. Chr.)
- Sikanisch (südliches Sizilien; schriftlos; untergegangen während der Antike)
- Alteuropäisch (Südosteuropa; Schriftzeugnisse vom ausgehenden

6. bis Mitte des 4. Jahrtausends v. Chr.; lebt in Lehnwörtern des Altgriechischen und anderer alter Balkansprachen weiter)
- Minoisch, jüngeres Stadium: Eteokretisch (Kreta; Schriftzeugnisse in Linear A von der Mitte des 3. Jahrtausends v. Chr. bis ins 12. Jahrhundert v. Chr., in Hieroglyphenschrift von ca. 2000 v. Chr. bis ins 16. Jahrhundert v. Chr.).

Östlicher Mittelmeerraum:

- Eteokyprisch (Zypern; Schriftzeugnisse in Kypro-Minoisch und Levanto-Minoisch von ca. 1500 bis ins 12. Jahrhundert v. Chr.; Inschriften in Kyprisch-Syllabisch 11.–3. Jahrhundert v. Chr.)
- Hattisch (Zentralanatolien; keine eigene Schrifttradition, aber in hethitischen Texten finden sich Einsprengsel in hattischer Sprache; im 15. Jahrhundert v. Chr. untergegangen)
- Hurritisch (nördliches Mesopotamien; Schrifttum 2230 – ca. 1200 v. Chr.; um 1000 v. Chr. untergegangen)
- Urartäisch (östliches Anatolien und südliche Kaukasusregion; Schriftzeugnisse ca. 850 n. Chr. – ca. 600 v. Chr.; noch vor der Zeitenwende untergegangen)
- Eblaitisch (Ebla, Stadt in Nordsyrien; Schrifttum in Keilschrift ca. 2500 – ca. 1600 v. Chr.; Zeitpunkt des Untergangs unbekannt)
- Ugaritisch (Ugarit, Hafenstadt in Nordsyrien; Schrifttum zwischen ca. 1350 – ca. 1180 v. Chr. in zwei Schriftarten: syllabische Keilschrift und Alphabet aus Keilschriftzeichen; untergegangen im 11. Jahrhundert v. Chr.)
- Phönizisch (Küstenstädte Libanons und Syriens; Schrifttum 11. Jahrhundert v. Chr. bis 2. Jahrhundert n. Chr. in der älteren Byblos-Schrift und in der klassischen phönizischen Alphabetschrift; untergegangen im Lauf der Spätantike)
- Philistisch (Küstenstädte Palästinas; wenige Inschriften in einer lokalen, philisto-minoischen Schriftart aus der Zeit nach 1000 v. Chr.; untergegangen um die Mitte des 1. Jahrtausends v. Chr.)
- Hebräisch (= Althebräisch) (Kanaan; Schrifttum 10.–2. Jahrhundert v. Chr.; als gesprochene Sprache untergegangen im 2. Jahrhundert v. Chr.; lebt weiter als Sakralsprache und als Neuhebräisch/Ivrit);
- Aramäisch (Naher und Mittlerer Osten; Schrifttum 10. Jahrhundert v. Chr. – 8. Jahrhundert n. Chr.; lebt weiter als Neuaramäisch in einigen jüdischen und christlichen Gemeinden des Nahen Ostens und der Kaukasusregion)
- Moabitisch (östliches Jordanland; ein einziges Schriftdenkmal in phönizischer Schrift, die Stele des Königs Mesha aus dem Jahre 842 v. Chr.; untergegangen um die Mitte des 1. Jahrtausends v. Chr.).

Südlicher Mittelmeerraum:

- Altägyptisch (Ägypten und Nubien; Schrifttum ca. 3300 v. Chr. – 4. Jahrhundert v. Chr. in drei Schriftarten: Hieroglyphisch, Hieratisch, Demotisch; vom Koptischen abgelöst)
- Koptisch (Ägypten, Sinai; Schrifttum 1.–11. Jahrhundert n. Chr. in einer vom griechischen Alphabet abgeleiteten Schriftart mit einigen demotischen Zusatzzeichen; als gesprochene Sprache im Spätmittelalter untergegangen; lebt als Sakralsprache der koptischen Kirche bei der koptischen Bildungselite weiter)
- Numidisch (= Altlibysch) (Nordafrika, zwischen Libyen und Marokko; Inschriften aus dem 2. Jahrhundert v. Chr.; untergegangen während der Spätantike)
- Karthagisch (Karthago; Schriftzeugnisse 6.–2. Jh. v. Chr.; untergegangen im 6. Jahrhundert n. Chr.)

Nachweislich waren die altmediterranen Sprachen rings ums Mittelmeer verbreitet, bevor Indoeuropäer in diese Regionen einwanderten (siehe Kapitel 6). Da das Baskische von allen altmediterranen Sprachen die am besten bekannte und wissenschaftlich untersuchte ist, ist es wiederholt Ausgangsbasis für Vergleiche mit anderen Sprachen gewesen (Morvan 1996). Die am meisten bevorzugte Vergleichssprache ist das Iberische.

Die Hypothese einer möglichen Verwandtschaft des Baskischen mit dem älteren Iberischen wurde bereits im 16. Jahrhundert – allerdings vage – geäußert, und zwar von Andrés de Poza in dessen Werk «De la antigua lengua, poblaciones y comarcas de las Españas» (1587). In seinem Traktat «La antigüedad y universalidad del Bascuenze en España» (1728) identifizierte Manuel Larramendi das Iberische als vermutlich ältere Form des Baskischen. Diese Idee wurde später von Wilhelm von Humboldt in dessen «Prüfung der Untersuchungen über die Urbewohner Hispaniens vermittelst der Vaskischen Sprache» (1821) aufgegriffen und verbreitete sich mit seinem Werk bei den Sprachforschern Europas. Bis heute wird an Rekonstruktionsversuchen des Iberischen auf der Basis des Baskischen «gebastelt», und es fehlt auch nicht an phantasievollen «Lesungen» iberischer Inschriften mit Hilfe des Baskischen. Allerdings sind sämtliche Ansätze, das Baskische und Iberische in eine sprachverwandtschaftliche Beziehung zu setzen, spekulativ geblieben und von der Kritik verworfen worden (s. Trask 1997: 378 ff. zur Forschungsgeschichte).

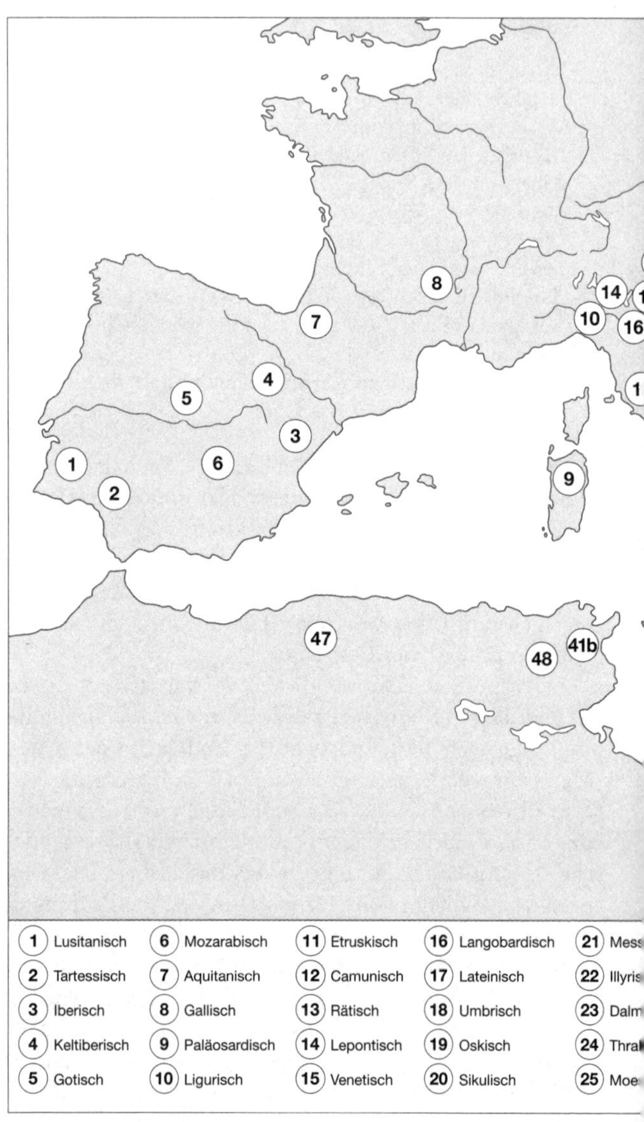


*Untergegangene vor-indoeuropäische, indoeuropäische und afroasiatische Sprachen im Mittelmeerraum (nach Haarmann 2002b: 10-11)*

31 Lykisch
32 Sidetisch
33 Minoisch
34 Eteokyprisch
35 Hattisch
36 Hethitisch
37 Urartäisch
38 Hurritisch
39 Eblaitisch
40 Ugaritisch
41a Phönizisch
41b Punisch/Karthagisch (jüngeres Phönizisch)
42 Hebräisch
43 Aramäisch
44 Philistisch
45 Ägyptisch
46 Koptisch
47 Numidisch (Altlibysch)
48 Vandalisch

Trotz einer durchweg kritisch-negativen Bewertung der Ideen von einer möglichen Verwandtschaft beider Sprachen bleibt der Tatbestand bestehen, daß sich sprachliche Spuren einer alten Konvergenzzone identifizieren lassen, die das iberische wie proto-baskische Gebiet einschließen. In den iberischen Inschriften tritt ein bestimmter zweigliedriger Typ von Personennamen auf, der sehr baskisch «anmutet»; z. B. M. Iunius Iaurbeles (vielleicht iber. *Iaur-* zu bask. *jaur-/jaun* ‹Herr›, iber. *-beles* zu bask. *beltz* ‹schwarz›). Eine Reihe von Ausdrücken des Baskischen weist auf lautlich ähnliche Wörter des Iberischen, obwohl deren genaue Bedeutung unbekannt ist. Hierzu gehören u. a. bask. *bizkar* ‹Berghöhe›, *bihotz* ‹Herz›, *beltz* ‹schwarz›, *argi* ‹hell›, *ilun* ‹dunkel›, *lagun* ‹Gefährte›.

Die Vielzahl der isolierten altmediterranen Sprachen deutet darauf hin, daß es vor den indoeuropäischen Migrationen ein breites Spektrum von Sprachen und Sprachfamilien in Europa gegeben hat. Von diesen heben sich die Sprachen im Mittelmeerraum dadurch ab, daß sie ins Licht der Geschichte getreten sind. Von den übrigen kennt man noch nicht einmal die Namen, und wieviele es insgesamt gegeben hat, darüber kann nur spekuliert werden.

## Gibt es fossile Strukturen in der Architektur von Altsprachen?

### *Schnalzlaute*

Zu den seltenen Eigenheiten im Lautsystem lebender Sprachen gehören Schnalzlaute (im Englischen *clicks* genannt). Vom artikulatorischen Standpunkt aus gehören Schnalze zu den einfachsten Lauten, die Menschen mit ihren motorischen Mitteln produzieren können. Sie werden durch Luftentzug zwischen zwei artikulatorischen Stellen in der Mundhöhle produziert. Schnalzlaute als Elemente des nonverbalen Handelns, d. h. ohne bedeutungsunterscheidende Funktion, werden in vielen Kulturen als spontaner Ausdruck emotionaler Regungen (Überraschung, Abschätzung, Ablehnung) realisiert. Im griechischen Kulturmilieu hat ein Schnalzlaut in einem bestimmten Kontext (und zwar synchron mit einem Zurückwerfen des Kopfes) eine Eigenbedeutung: er drückt ein emotives «Nein!» aus.

Die akustische Wirkung von Schnalzen außerhalb des Systems von sprachgebundenen Lauten mag Menschen bereits in frühen Stadien ihrer Entwicklung beeindruckt haben, und diese Wirkung wird bis heute spielerisch von Kindern erkundet. «Einige Schnalze sind komplexe Artikulationen; aber viele sind einfache Laute, wenn man bedenkt, daß sie ziemlich einfach hervorzubringen sind. Fast jedes Kind kann – und tut dies wahrscheinlich auch – bilabiale, dentale und laterale Schnalze als außersprachliche Laute produzieren» (Ladefoged/Maddieson 1996: 279).

Schnalzlaute haben bedeutungsunterscheidende Funktion nur in Sprachen, die im Süden und Südosten Afrikas (Südafrika, Namibia, Tansania, Kenia) verbreitet sind. Am häufigsten treten sie in den Khoisan-Sprachen auf. Ihre Verbreitung auch in einigen südlichen Bantu-Sprachen wie Zulu, Xhosa, RuGeiriku und Yei sowie im Dahalo (eine kuschitische Sprache Kenias) ist durch historische Kontakte zu Sprechern von Khoisan-Sprachen zu erklären.

Im Rahmen eines Reihenvergleichs der Sprachen mit Schnalzlauten sind insgesamt fünf verschiedene Schnalze (in der wissenschaftlichen Schreibweise durch Sonderzeichen wie ! oder \ gekennzeichnet) identifiziert worden. Diese sind sehr unterschiedlich in den regionalen Lautsystemen vertreten. Systeme, die mit fünf Schnalzen operieren, sind extrem selten. In einigen Sprachen korrelieren bestimmte Schnalze mit dem Kehlkopfverschlußlaut (engl. *glottal stop / closure*), so im Nama.

| *Anzahl der Schnalzlaute* | *Sprachen* |
|---|---|
| 1 | Dahalo, SiNdebele, südliches Sotho u. a. |
| 2 | – |
| 3 | Zulu, Xhosa, Sandawe, Hadza u. a. |
| 4 | Nama, !Xu, Kxoe = Khomani, Zhu/Hoasi u. a. |
| 5 | !Xo/Xam |

Sprachwissenschaftler haben ihre Verwunderung darüber ausgedrückt, daß Schnalzlaute nur in einer begrenzten Anzahl von Sprachen vorkommen, die sich noch dazu in einer bestimmten Region der Welt konzentrieren. Dort allerdings, wo sie zum ursprünglichen (d. h. nicht entlehnten) Lautrepertoire gehören, treten sie auch besonders häufig auf. Beispielsweise haben mehr als 70 Prozent aller Ausdrücke im Wortschatz des !Xo einen Schnalzlaut am Wortanfang (Traill

1994). Im Dahalo kommen in 40 Prozent der Wörter Schnalze vor, im Sandawe sind es 25 Prozent. In den Bantu-Sprachen, wo Schnalze eine sekundäre Erscheinung sind, sind sie auch sehr viel seltener.

Die geographische Verbreitung der Schnalzlaute im südlichen Afrika, dem Ursprungsgebiet des modernen Menschen, und ihre auffallende Frequenz in den Khoisan-Sprachen sprechen für die Annahme ihres sprachgeschichtlich hohen Alters, außerdem der Sachverhalt, daß diese Laute leicht artikuliert werden können. Da die Khoisan-Populationen entfernte Nachkommen der Urbevölkerung Afrikas sind, ist die Annahme wohl nicht abwegig, daß die Existenz von Schnalzen in deren Sprachen eine artikulatorische Besonderheit ihres Lautsystems ist, die sich über viele Generationen bis heute produktiv erhalten hat.

### *Archaische Eigenschaften im grammatischen Bau*

*Ergativ-Sprachen* Die Differenzierung zweier Subjektkategorien – einer Kategorie des handelnden Agens (im sog. Ergativ) und einer Kategorie des an einem Geschehen beteiligten, aber nicht aktiv handelnden Subjekts – tritt in verschiedenen Sprachen der Welt auf (Nichols 1993). Dazu gehören das Baskische sowie einige altorientalische Kultursprachen wie das Sumerische und das Hurritische. Das Vorkommen von Ergativ-Konstruktionen in sehr alten Sprachen und in rezenten Sprachen mit Verbreitung in peripheren Regionen hat zu der Annahme geführt, daß es sich dabei um eine grammatisch-syntaktische Technik mit sehr langer Tradition handelt, also auf Altertümlichkeit deutet.

In allen Sprachen Europas außer dem Baskischen wird formal nicht zwischen dem handelnden Subjekt (Agens) in einem transitiven Satz (d. h. Satz mit Objekt) und dem Subjekt in einem intransitiven Satz (Satz ohne Objektergänzung) unterschieden, wie beispielsweise im Deutschen (*Das Mädchen hob den Kopf* versus *Das Mädchen lächelte*). Im Baskischen steht das Agens im Ergativ (Endung *-k*) und das direkte Objekt der Handlung im endungslosen Absolutiv (Null-Marker Ø), genauso wie das Subjekt im intransitiven Satz; z. B.: *Gizonak* (Ergativ *-k*) *Ana* (Objekt mit Null-Marker Ø) *ikusi zuen atzo* ‹Der Mann sah Anna gestern› versus *Gizona* (Absolutiv Ø) *erori da* ‹Der Mann ist gefallen›. Diese grammatische

Differenzierung zwischen Absolutiv und Ergativ gehört – wie die des Dativ und Instrumental – zu den ältesten Kasusmarkierungen des Baskischen (Trask 1997: 201).

Im Sumerischen stellt sich die Dualität von Ergativ und Absolutiv (Thomsen 1984: 49 ff.) ähnlich dar; auch hier wird der Absolutiv mit einer Null-Endung markiert. Das Hurritische (Wegner 2000: 101 ff.) kennt entsprechende funktionale Oppositionen in seinen grammatischen Formen: Bei der ergativischen Konstruktion steht das Subjekt der Handlung (= Agens) im Kasus Ergativ (auf *-s*); das direkte Objekt (= Patiens) steht im Kasus Absolutiv (auf Ø); das transitive Verb nimmt die für diese Konjugation charakteristischen Personenanzeiger an. Bei der intransitiven Konstruktion dagegen steht das Subjekt der Handlung im Kasus Absolutiv (auf Ø); als Personenanzeiger des intransitiven Verbs werden die enklitischen Pronomina des Absolutivs verwendet.

Ob auch das Elamische zu den Ergativ-Sprachen gehört, ist bislang umstritten (Reiner 1992: 408). Moderne Ergativ-Sprachen findet man in den Sprachlandschaften des Kaukasus (z. B. Tschetschenisch), im nördlichen Sibirien (z. B. Kerekisch), im südlichen Asien (z. B. Burushaski), in Alaska (z. B. Yupik), in Mittel- und Südamerika (z. B. Quiché-Maya), in Australien (z. B. Yuwaalaraay) und in Polynesien (z. B. Tonganisch) (Croft 1990: 102 ff., Nichols 1992: 90 ff., 190).

*Numeralklassifikatoren und Nominalklassen* Eine sehr elementare Form, die Dinge in der natürlichen Umwelt begrifflich zu kategorisieren und zu worten, ist der Einsatz bestimmter grammatischer Mittel zur Kategorisierung von Objekten entsprechend ihrer Beschaffenheit. In einigen Regionen der Welt sind Sprachen verbreitet, die in Verbindung mit Zahlwörtern bestimmte Elemente verwenden, um gezählte Objekte zu klassifizieren (Nichols 2003: 299). Hierbei treten Zahlwörter nicht in eine direkte Verbindung mit den zu zählenden Objekten, sondern sind von diesen durch die Klassifikatoren getrennt; diese geben die Klasse an, zu der ein Objekt nach den begrifflich-klassifikatorischen Konventionen der jeweiligen Regionalkultur gehört. Die Systeme solcher Numeralklassifikatoren sind einzelsprachlich unterschiedlich ausgebildet. In einigen Maya-Sprachen beispielsweise sind viele Dutzend Numeralklassifikatoren in Gebrauch (Tozzer 1977: 290 ff.).

Sprachen, die Numeralklassifikatoren verwenden, konzentrieren sich in drei Regionen der Welt rings um den Pazifik, und zwar in Ostasien (sino-tibetische Sprachen, Tai-Sprachen), in Mittelamerika (Maya-Sprachen) und in Südamerika (Indianersprachen der Amazonas-Region) (Nichols/Peterson 1996). Wie nuanciert die Klassifikationssysteme einzelsprachlich sein können, kann am Beispiel des Thai illustriert werden.

**Numeralklassifikatoren im Thai (nach Delagnau 1987: 105)**

| | | | |
|---|---|---|---|
| Objekt im allgemeinen | /an/ | อัน | |
| Objekt mit Dach | //lagn/ | หลัง | z. B. Haus |
| Objekt mit Enden | /khan/ | คัน | z. B. Regenschirm |
| Objekt mit Arm- und Beinstücken | /toua/ | ตัว | z. B. Möbel, Kleidungsstück |
| Sphärisches Objekt | /\louk/ | ลูก | z. B. Ball, Frucht |
| Hohles, sphärisches Objekt | /bai/ | ใบ | z. B. hohler Kürbis, Behälter |
| Zylindrisches Objekt | /\ton/ | ต้น | z. B. Baum, Topf |
| Hohles, zylindrisches Objekt | /lam/ | ลำ | z. B. Flugzeug, Bambusrohr |
| Dünnes, flaches Objekt | /_phèn/ | แผ่น | z. B. Blatt, Schallplatte |
| Eckiges Objekt | /\lém/ | เล่ม | z. B. Buch, Messer |
| Langes, schmales Objekt (konkrete Bedeutung) | /\sén/ | เส้น | z. B. Haar, Nadel |
| Langes, schmales Objekt (abstrakte Bedeutung) | //sai/ | สาย | z. B. Linie, Flugroute |
| Winziges Objekt | /⌐méd/ | เม็ด | z. B. Tablette, Knopf |
| Objekt aus Textil | //phun/ | ผืน | z. B. Teppich, Handtuch |
| Objekt in Rollenform | /⌐mouan/ | ม้วน | z. B. Filmrolle, Folie |
| Eingewickeltes Objekt | /_hō/ | ห่อ | z. B. Paket, Schachtel |

Ähnliche Funktionen wie Numeralklassifikatoren erfüllen Nominalklassen. In Sprachen, die solche Systeme verwenden, werden sämtliche Substantive in Wortklassen eingeteilt. In der Differenzierung der Nominalklassen scheinen Eigenschaften wie die Belebtheit oder Nichtbelebtheit von Dingen, deren physische Beschaffenheit, Komposition, Assoziation mit anderen Objekten u. ä. auf. Klassensprachen mit diesen Eigenschaften sind in peripheren Regionen der Welt verbreitet, und zwar im östlichen Kaukasus, in der Amazonas-

Region, in Neuguinea (Papua-Sprachen) und in Afrika (Niger-Kongo-Sprachen); (Dimmendaal 2001: 377 f.).

Typische Sprachen mit Nominalklassen sind die Bantu-Sprachen (siehe Kapitel 8 zu deren Verbreitung), ein Zweig der Niger-Kongo-Sprachfamilie. Vgl. Swahili: *m-* als Klassifikator für belebte Dinge wie Pflanzen (z. B. *mti* ‹Baum›, *mnazi* ‹Kokospalme›, *mboga* ‹Kürbis›) oder Personen (z. B. *mtu* ‹Mann›, *mwanamke* ‹Frau›, *mtoto* ‹Kind›), *bu-* als Klassifikator für abstrakte Eigenschaften, *ku-* als Klassifikator für Körperteile, *ki-* als Klassifikator für unbelebte Dinge (z. B. *kitu* ‹Ding›, *kisu* ‹Messer›) u. a. In der «Klasse der Dinge» werden auch die Namen von Sprachen aufgenommen, z. B. *Kiswahili* ‹Swahili›, *Kiingereza* ‹Englisch› (Myachina 1981: 23 ff.). Im Swahili werden insgesamt 18 Nominalklassen unterschieden, in einigen Bantu-Sprachen steigt die Zahl der Klassen auf 23 (z. B. Urbantu).

Die Art und Weise, wie belebte und unbelebte Dinge klassifiziert werden, basiert nicht allein auf konkreten Erfahrungen der Mitglieder einer Sprachgemeinschaft im Umgang mit ihrer Kultur und der sie umgebenden natürlichen Umwelt, sondern auch auf mythischen Ausdeutungen der Welt. Es gibt eine Reihe von Sprachen in peripheren Zonen, wo die mythische Kategorisierung der von Geistern bevölkerten Welt in der Einteilung der Dinge nach Objektklassen aufscheint, wie beispielsweise im Dyirbal, einer Aborigine-Sprache im Nordosten Australiens (Dixon 1982a).

### *Substratelemente im Wortschatz*

In den modernen europäischen Sprachen haben sich verschiedene Substratelemente erhalten, die auf die Existenz alter Sprachen hindeuten. Diese alten Sprachen, die über ganz Europa verbreitet waren, sind später von indoeuropäischen Sprachen überlagert worden. Einige der ältesten Substratelemente, die im Wortschatz verschiedener europäischer Sprachen bewahrt sind, deuten auf frühe Kontakte zwischen den Alteuropäern (der vor-indoeuropäischen Urbevölkerung) und den indoeuropäischen Migranten hin, die von Osten her den Westen und Süden Europas bevölkerten (siehe Kapitel 6).

Zu diesen Elementen gehört u. a. der Wortstamm **kar-* ‹Stein, Fels› (bzw. mit Lautwechsel von *-r-* und *-l-* **kal-*) und dessen Variation *kra-*. Ausdrücke mit einer dieser Wortwurzeln sind bask. *harri* ‹Stein›, kymr. *craig* ‹Felsen›, finn. *kallio* ‹Felsgestein›, saam. *kargu* ‹Uferfelsen an Flüssen und Bächen› u. a. Dieser Stamm tritt auch in Gelände- und Gewässernamen auf, wie etwa *Kärnten* (im Mittelalter als *Karantanien* bekannt), *Karpaten* und *Karpathos* (Insel im Ägäischen Meer).

Im Norden Europas fungiert das Saamische gleichsam wie eine Tiefkühltruhe, in der alte Ausdrücke aus voruralischer Zeit, also aus einer Periode, bevor die Vorfahren der heutigen Saamen in ihre heutigen Siedlungsgebiete gelangten, konserviert sind (Sammallahti 1998: 125). Abgesehen vom Baskischen finden sich im Wortschatz des Saamischen wahrscheinlich die ältesten Substratelemente der voruralischen und vor-indoeuropäischen Sprachen, die in Europa unmittelbar nach der Eiszeit verbreitet waren. Zu diesen alten Elementen des Saamischen gehören Bezeichnungen für Witterungsverhältnisse (z. B. *oakti* ‹Regenschauer›), für die Beschaffenheit der natürlichen Umwelt (z. B. *jalnnis* ‹Baumstumpf›, *coagis* ‹flach›), für lokale Pflanzen (z. B. *sarrit* ‹Brombeere›) und Tiere (z. B. *heavdni* ‹Spinne›). Für diese Ausdrücke sind keine Parallelen im Wortschatz anderer uralischer Sprachen zu ermitteln, und sie können auch keiner der bekannten Kontaktsprachen des Saamischen zugeordnet werden.

### *Relikte alter syntaktischer Strukturen*

Die große Mehrheit der Sprachen der Welt kennt die folgenden Typen von Wortfolge: S(ubjekt) – O(bjekt) – V(erb), SVO und VSO. Andere Typen von Wortfolge sind selten.

Die Erkenntnis, daß der seltene Typ mit Objekt-initialer Wortordnung nicht nur theoretisch möglich ist, wie lange angenommen, sondern tatsächlich in natürlichen Sprachen vorkommt, ist relativ neu (Pullum 1981, Nettle 1999: 139). In den bisherigen Auflistungen solcher Sprachen wurden lediglich 19 Fälle erfaßt (Pullum 1981, Tomlin 1986, Nichols 1992). Nach einer neueren Untersuchung mit einem Gesamtkorpus von 1420 Sprachen (Haarmann 2004a: 51 ff.) gibt es immerhin 35 Sprachen, in denen das Objekt in Anfangsposition steht; aber auch das entspricht lediglich 2,4 Prozent. Den OSV-Typ vertreten 17 Sprachen, den OVS-Typ 18 Sprachen. Die meisten der Sprachen mit Objekt-initialer Wortfolge sind exotische Kleinsprachen. In «größeren» Sprachen dieser Kategorie treten immer auch alternative Wortfolgemuster im stilistisch neutralen Satz auf, so im Vietnamesischen der Typ SVO und im Mansischen der Typ SOV.

In geographischer Hinsicht sind diese Sprachen sämtlich peripher verbreitet, und zwar in zwei Großregionen der Welt. Dies ist einmal Südostasien (Himalaya, südostasiatischer Inselarchipel), Neuguinea und Australien, zum anderen der nördliche Teil Südamerikas (Brasilien, Kolumbien). Die größte Konzentration von Sprachen mit Objekt-initialer Wortfolge findet man in Brasilien. Allein 14 Indianersprachen gehören zu dieser Kategorie, und zwar Apalaí, Asuriní, Bakairí, Hixkaryána, Jamamadí, Jaruára, Kayabí, Macuna, Macushi, Parecís, Pemon, Urubú-Kaapor, Xavánte, Yuhup (s. u.). Außerhalb dieser Großregionen sind nur wenige Sprachen dieser Kategorie verbreitet, wie das Ainn in Hokkaido (Japan), das Mobilian in den USA oder das Huarijío in Mexiko.

Diese periphere Lokalisierung legt die Annahme nahe, daß es sich hier um Rückzugsgebiete einer ursprünglich weiteren Zone handelt. Demnach wären die Wortfolgen OSV und OVS archaische Muster, die in anderen Sprachen in historischer Zeit durch andere, häufigere Typen von Wortordnung überlagert und ersetzt worden sind. Wenn diese Annahme zutrifft, würde die Ambivalenz der Wortfolgetypen im Vietnamesischen, im Mansischen in Westsibirien und in einigen anderen Sprachen auf einen Überlagerungs- und Ersetzungsprozeß hindeuten, der in anderen Sprachen mit ursprünglich Objekt-initialer Wortfolge nicht mehr sichtbar ist.

Wenn wir vom Sonderfall des sprecherreichen Vietnamesisch absehen, handelt es sich bei allen anderen Sprachen um die Muttersprachen kleiner und kleinster Gemeinschaften oder um rezent ausgestorbene Sprachen. Nettle (1999: 140) postuliert eine direkte Beziehung zwischen einer geringen Sprecherzahl und einer Objekt-initialen Wortfolge. Die absolute Sprecherzahl ist aber als Kriterium für eine mögliche Interrelation nur von sekundärer Bedeutung. Wenn die Sprachen archaische Relikte wie die Objekt-initiale Wortfolge bewahrt haben, dann müsste sich der archaische Charakter doch auch in der Gesellschafts- und Wirtschaftsform der betreffenden Sprachgemeinschaften zeigen. Und dies ist in der Tat der Fall.

Die meisten Kleinvölker, die diese Sprachen sprechen, gehören zu den autochthonen Ethnien. Sie haben zumeist ihre lange Tradition des Wildbeutertums bis heute aufrechterhalten. Nur wenige Gruppen haben sich an die seßhafte Lebensweise einfacher Pflanzer gewöhnt, wie die Sprecher des Barasana in Kolumbien. Das Charakteristikum dieser Sprachgemeinschaften mit OSV- und OVS-Sprachen ist deren Konservativismus in Wirtschaftsform und Lebensweise, und in dieses Bild uralter präagrarischer Traditionen passen archaische sprachliche Züge wie die Objekt-initiale Wortordnung.

Die Verhältnisse im Vietnamesischen scheinen sich einer solchen Erklärung zu entziehen. Allerdings ist es denkbar, daß auch hier die Entstehungsbedingungen für eine Objekt-initiale Wortfolge in einer Zeit zu suchen sind, als die Vorfahren der heutigen Vietnamesen noch keinen Feldbau kannten. Diese präagrarische Tradition ist älter als der chinesische Einfluß, der länger als zweitausend Jahre gewirkt hat, und geht zurück auf ein Stadium, als das Vietnamesische noch ausschließlich die Eigenschaften anderer Mon-Khmer-Sprachen teilte (siehe Kapitel 5 zu Sprachkontakten in Südostasien).

**Sprachen mit Objekt-initialer Wortordnung**
(OSV- und OVS-Sprachen / mit Angabe von Verbreitung und Sprachverwandtschaft)

OSV-Sprachen (17):

- Ainu (Ainu Itak / Japan, Hokkaido; Rußland, Sachalin / isoliert) – OSV, auch SOV
- Apos (Kwanga, Gawanga, Womsak / Papua-Neuguinea, East Sepik Province / Sepik-Ramu) – OSV
- Bongos (Bongomasi, W'haukia, Apeku, Masalaga / Papua-Neuguinea, East Sepik Province / Sandaun Province / Sepik-Ramu) – OSV
- Cacua (Macu de Cubeo, Báda, Kákwa / Kolumbien, Wacará, untere Vaupé-Region / Maku) – OSV, auch SOV
- Jamamadí (Yamamadí, Kanamanti, Canamanti / Brasilien, Amazonas / nah verwandte Sprachen: Araua, Pama, Sewacu, Sipo, Tukurina, Yuberi) – OSV
- Jaruára (Jarawara / Brasilien, Amazonas / Sprachverwandtschaft: s. Jamamadí) – OSV
- Kayabí (Kajabí, Caiabi, Parua, Maquiri / Brasilien, nördl. Mato Grosso, Xingú-Park, südl. Pará / Tupí-Guaraní) – OSV
- Kemak (Ema / Indonesien, Nusa Tenggara; Timor Lorosae / Austronesisch, Malaio-Polynesisch) – OSV
- Macassaresisch (Makasar, Makassar, Makassa, Taena, Tena, Goa, Mengkasara, Makassaarsche / Indonesien, südl. Sulawesi / Austronesisch, Malaio-Polynesisch, westl.) – OSV, auch SVO

- Mansisch (Wogulisch/Rußland, Autonomer Bezirk der Chanten und Mansen/Uralisch, Finnisch-Ugrisch, Ugrisch) – OSV, auch SOV
- Mobilian (Mobilian Jargon/USA, Flußtal des unteren Mississippi/Pidgin auf der Basis des Muskogee) – OSV
- Ngarinyin (Ungarinyin, Ungarinjin/Australien, Western Australia, Kimberley Region/Australisch, Worora) – OSV, auch VOS
- Urubú-Kaapor (Brasilien, Maranhão/Tupí-Guaraní, Oyampi) – OSV, auch SOV
- Vietnamesisch (Kinh, Gin, Jing, Ching, Viet, Annamesisch/Vietnam; Kambodscha; Laos; Thailand; Australien; Philippinen; Vanuatu; Deutschland u. a./Austroasiatisch, Mon-Khmer, Viet-Muong) – OSV, auch SVO
- Wasambu (Kwanga, Gawanga, Womsak/Papua-Neuguinea, East Sepik Province, Sandaun Province/Sepik-Ramu) – OSV
- Xavánte (Akuên, Chavante, Crisca, Pusciti, Tapacua/Brasilien, Mato Grosso/Macro-Gê, Ge-Kaingang) – OSV
- Yuhup (Makú-Yahup, Yëhup, Yahup Makú/Brasilien, Amazonas-Region, Nebenfluß des Vaupés/Maku) – OSV

OVS-Sprachen (18):

- Apalaí (Aparai, Apalay/Brasilien, Pará, Flußtal des Paru Leste/Karibisch, nördl.) – OVS, auch SOV
- Asuriní (Assuriní, Assuriní do Tocantins, Akwaya/Brasilien, Trocará am Tocantins-Fluß, Pará/Tupí-Guaraní, Tenetehara) – OVS
- Bakairí (Bacairí, Kurâ/Brasilien, Mato Grosso/Karibisch, südl.) – OVS, auch SOV
- Baraamu (Barhamu, Brahmu, Bhramu, Bramu, Baram/Nepal, Gandaki Zone/Sino-Tibetisch, Tibeto-Birmanisch, Himalayisch) – OV (Subjektposition variiert)
- Barasana (südl. Barasano, Paneroa, Eduria, Edulia/Kolumbien, südl. Region Vaupés, Flußtal des Pira-Paraná/Tucano, südl.) – OVS
- Bujhyal (Gharti, Bujhel, Bujal, westl. Chepang/Nepal, Gandaki Zone/Sino-Tibetisch, Tibeto-Birmanisch, Himalayisch) – OV (Subjektposition variiert)
- Carijona (Karijona, Omagua, Umawa, Hianacoto-Umaua/Kolumbien, obere Vaupés-Region, Flußtäler des Yarí und des unteren Caquetá/Karibisch, südl.) – OVS
- Chepang (Tsepang/Nepal, Narayani Zone, Gandaki Zone/Sino-Tibetisch, Tibeto-Birmanisch, Himalayisch) – OV (Subjektposition variiert)
- Gupapuyngu (Gobabingo, Gubabwingu/Australien, Northern Territory, Arnhem Land/Australisch, Pama-Nyunga) – OVS, auch SOV

- Hixkaryána (Hishkaryana, Parukoto-Charuma, Parucutu, Chawiyana, Sokaka, Faruaru, Xerewyana, Xereu/Brasilien, Amazonas, Oberlauf des Nhamunda bis zu den Flüssen Mapuera und Jatapú/Karibisch, südl.) – OVS
- Huarijío (Guarijío, Warihío, Varihío/Mexiko, westl. der Sierra Madre/Uto-Aztekisch, südl.) – OVS
- Macuna (Makuna, Buhagana, Roea, Emoa, Ide, Yeba, Suroa, Tabotiro Jejea, Umua/Kolumbien, Region Vaupés; Brasilien, Region Amazonas/Tucano, östl.) – OVS
- Macushi (Makuxi, Macusi, Teweya, Teueia/Guyana, südwestl. Grenzland; Brasilien, entlang den Flußläufen des Contingo, Quino, Pium und Mau/Karibisch, nördl.) – OVS
- Panare (Panari, Abira, Eye/Venezuela, Bundesstaat Bolívar, südl. des Flußtals des Cuchivero in der Gegend von Caicaro de Orinoco/Karibisch, nördl.) – OVS, auch SVO
- Parecís (Paressí, Haliti/Brasilien, Mato Grosso/Arawakisch, Maipura) – OVS, auch SOV
- Pemon (Pemong/Guyana, Paruima-Siedlung/Karibisch, nördl.) – OVS
- Teribe (Terraba, Tiribi, Nortenyo, Quequexque, Naso/Panama, Flußtal des Teribe; Costa Rica/Chibcha) – OVS
- Urarina (Shimacu, Itucali/Peru, Urarinas-Distrikt/Andisch) – OVS

## 5.

# Die Entstehung von Sprachfamilien

**(ab ca. 10000 v. Chr.)**

Die Sprachenvielfalt der Welt war zu allen Zeiten Wandlungen unterworfen. Die sprachlichen Spaltungsprozesse, die in der Zeit abliefen, als der moderne Mensch Eurasien, Australien und die Neue Welt besiedelte, sind nur in groben Umrissen bekannt (siehe Kapitel 2). Die Feingliederung der Sprachen, mit der wir heutzutage leben, geht in ihren Anfängen auf die Periode nach der letzten Eiszeit zurück (vor ca. 12000 Jahren). Erdgeschichtlich ist dies das Zeitalter des Holozen (nach griech. *holos* ‹ganz› + *kainos* ‹neu›), sprachgeschichtlich ist es die Zeitspanne, für die mit den heute angewandten Methoden überhaupt vorsichtige, einigermaßen glaubwürdige Rekonstruktionen ursprachlicher Zustände möglich sind.

Die formativen Prozesse aller bekannten Sprachfamilien sind nicht älter als ca. 10000 bis 12000 Jahre. Aussagen über Sprachzustände vor dieser Zeit verbleiben im Bereich des Spekulativen. Beispielsweise wird angenommen, daß die Bevölkerung, die vor ca. 12000 Jahren in der Region westlich und östlich des Uralgebirges lebte und deren visuelle Kreativität sich in den Felsbildern in den Höhlen des südlichen Urals spiegelt, ethnisch und sprachlich ein Stadium repräsentiert, als sich die uralischen Populationen ethnisch und sprachlich noch nicht von den Altaiern getrennt hatten. Solche Annahmen von einer uralisch-altaischen Konvergenz wurden bereits im 19. Jahrhundert geäußert. Zwischendurch wurden sie verworfen, werden aber heute im Kontext weitläufiger Verwandtschaftsbeziehungen zwischen Sprachen und Kulturen erneut diskutiert (siehe Kapitel 7).

## Die Sprachfamilien der Welt in der Gesamtübersicht

Die Sprachenvielfalt der Welt gliedert sich in einige Dutzend Makrogruppierungen (Sprachfamilien) aus, die sich ihrerseits in zahlreiche Untergruppierungen ausdifferenzieren. Dies sind insgesamt 64 Makrogruppierungen mit Affiliationen von mindestens 4 (z. B. Yanomam) bis maximal 1436 Einzelsprachen (Niger-Kongo). Außerdem gehören zum globalen Sprachenrepertoire mehr als 100 isolierte Sprachen, d. h. solche, für die eine historische Verwandtschaft mit irgendeiner anderen Sprache der Welt nicht mit Sicherheit nachgewiesen werden kann (Grimes/Grimes 1996).

Solche isolierten Einzelsprachen sind nicht nur Sprachen von Minderheiten wie das Baskische in Europa, das Burushaski im Himalaya oder das Ainu in Japan, sondern auch Sprachen mit großer Sprecherzahl wie das Japanische oder Koreanische. Das Koreanische ist vielleicht entfernt mit den altaischen Sprachen verwandt, wozu die türkischen, mongolischen und tungusischen Sprachen gehören. Annahmen von einer altaischen Verwandtschaft des Japanischen sind sehr umstritten (Miller 1996).

Unter den zahlreichen Sprachfamilien der Welt gibt es einige wenige, die durch ihre enorme Gesamtsprecherzahl auffallen. Hierzu gehören die Familien der Niger-Kongo-Sprachen (1436), der austronesischen (1236), indoeuropäischen (418 Sprachen), afroasiatischen (371 Sprachen) und sino-tibetischen Sprachen (360 Sprachen). Die in diesen enthaltenen 3821 Einzelsprachen machen rund 60 Prozent aller Einzelsprachen der Welt aus; ihre Sprecherzahl aber insgesamt mehr als 98 Prozent der Weltbevölkerung.

Mit Ausnahme des Japanischen sind die Weltsprachen, sowohl die europäischer als auch die asiatischer Herkunft, einer dieser Makrogruppierungen zuzuordnen. Auch gehören die meisten sog. Millionensprachen zu diesem Kreis (siehe Kapitel 10). Andererseits finden sich in diesen fünf genetischen Gruppierungen Sprachen jeder Größenordnung, vom Giganten Chinesisch bis hin zu Zwergsprachen mit weniger als 1 000 Sprechern (z. B. Jüdisch-Berberisch in Israel, Argobba in Äthiopien, Veddah in Sri Lanka).

Die Benennungen der größten Sprachfamilien orientieren sich an geographischen Kriterien (Kapitel 6 und 7): Niger-Kongo, Austronesisch (wörtl. ‹Sprachen des Südens›), Trans-New Guinea, Indoeuropäisch, Afroasiatisch usw. Nur der Name der sino-tibetischen Familie bezieht sich auf die sprachhistorische Untergliederung in einen Zweig, zu dem das Chinesische und damit näher verwandte Sprachen gehören, sowie in einen tibetischen Zweig mit dem Tibetischen als dessen Hauptvertreter.

Auch andere, weniger sprachenreiche Familien haben ihre Namen nach den geographischen Räumen, wo sie hauptsächlich verbreitet sind oder wo ihr Ursprungsgebiet zu suchen ist (z. B. uralisch, altaisch, nilo-saharanisch, karibisch, nordkaukasisch).

**Die Sprachfamilien der Welt und ihre hauptsächlichen Verbreitungsgebiete**

| *Größe der Sprachfamilien nach Einzelsprachen* | *Sprachfamilien (Anzahl der Einzelsprachen in Klammern)* | *Hauptsächliches Verbreitungsgebiet* |
|---|---|---|
| mehr als 1000 | Niger-Kongo-Sprachen (1436) | West-, Zentral- und Ostafrika |
| | Austronesisch (1236) | Madagaskar, Südostasien, Neuguinea, Pazifische Inselwelt |
| 100 – 1000 | Trans-New Guinea (539) | Papua-Neuguinea |
| | Indoeuropäisch (418) | Weltweit |
| | Afroasiatisch (371) | Naher und Mittlerer Osten, Nordafrika |
| | Sino-Tibetisch (360) | China, Tibet, Südostasien |
| | Australisch (257) | Australien |
| | Nilo-Saharanisch (194) | Zentral- und Ostafrika |
| | Austroasiatisch (180) | Südostasien |
| | Oto-Mangue (173) | Mittelamerika (vorwiegend Mexiko) |
| | Sepik-Ramu (105) | Neuguinea |
| | Dravidisch (78) | Indien, Pakistan |

| *Größe der Sprachfamilien nach Einzelsprachen* | *Sprachfamilien (Anzahl der Einzelsprachen in Klammern)* | *Hauptsächliches Verbreitungsgebiet* |
|---|---|---|
| 10 – 100 | Arawakisch (74) | nördliches Südamerika, Karibik |
| | Tupi (70) | Brasilien, Paraguay, Peru, Bolivien |
| | Daisch (68) | China, Vietnam, Laos, Thailand, Myanmar, Indien |
| | Maya (68) | Mexiko, Guatemala |
| | Altaisch (65) | Eurasien (europäischer Teil Rußlands, Sibirien), Türkei, Mittelasien, Nordchina |
| | Uto-Aztekisch (60) | USA, Mexiko |
| | Athabaskisch (39) | westliches Kanada, nordwestliche USA |
| | Torricelli (48) | Papua-Neuguinea |
| | Quechua (47) | Peru, Ecuador, Kolumbien, Bolivien, Argentinien, Chile |
| | Ost-Papua (36) | Papua-Neuguinea, Salomonen |
| | Khoisan (35) | Südafrika, Botswana, Namibia, Angola, Tansania |
| | Uralisch (34) | Zentralrußland, West- und Nordsibirien |
| | Nordkaukasisch (34) | südliches Rußland |
| | Geelvink Bay (34) | Indonesien (Irian Jaya) |
| | Algisch (33) | Kanada, USA |
| | Hmong-Mien (32) | China |
| | Macro-Gê (32) | Brasilien |

| *Größe der Sprachfamilien nach Einzelsprachen* | *Sprachfamilien (Anzahl der Einzelsprachen in Klammern)* | *Hauptsächliches Verbreitungsgebiet* |
|---|---|---|
| | Karibisch (29) | Brasilien, Kolumbien, Venezuela, Guyana |
| | Panoa (29) | Brasilien, Peru, Bolivien |
| | Salish (27) | Kanada, USA |
| | Hoka (27) | USA, Mexiko |
| | Penuti (27) | USA, Kanada |
| | West-Papua (27) | Indonesien (Irian Jaya) |
| | Tucano (26) | Kolumbien, Brasilien |
| | Chibcha (22) | Ecuador, Kolumbien, Panama, Costa Rica |
| | Sioux (17) | USA |
| | Mixe-Zoque (16) | Mexiko |
| | Andamanisch (13) | Südliches Indien |
| | Eskimo-Aleutisch (11) | Ostsibirien, Alaska, Kanada, Grönland |
| | Paläoasiatisch (11) | östliches Sibirien, nördliches Pakistan |
| | Totonakisch (11) | Mexiko |
| | Mataco-Guaicuru (11) | Brasilien, Argentinien, Paraguay |
| | Choco (10) | Kolumbien, Panama |
| weniger als 10 + isolierte | mehrere Dutzend Mikrogruppierungen (z. B. Südkaukasisch, Araukanisch, Caddo) zahlreiche isolierte Sprachen (z. B. Baskisch, Japanisch, Ainu) | |

Von den hier erwähnten Sprachfamilien sind die sino-tibetische, afroasiatische und indoeuropäische nicht nur sprecherreich, sondern auch im besonderen Maße kulturtragend. Die meisten alten Kultursprachen der Welt – etwas das Griechische, Lateinische und Sanskrit,

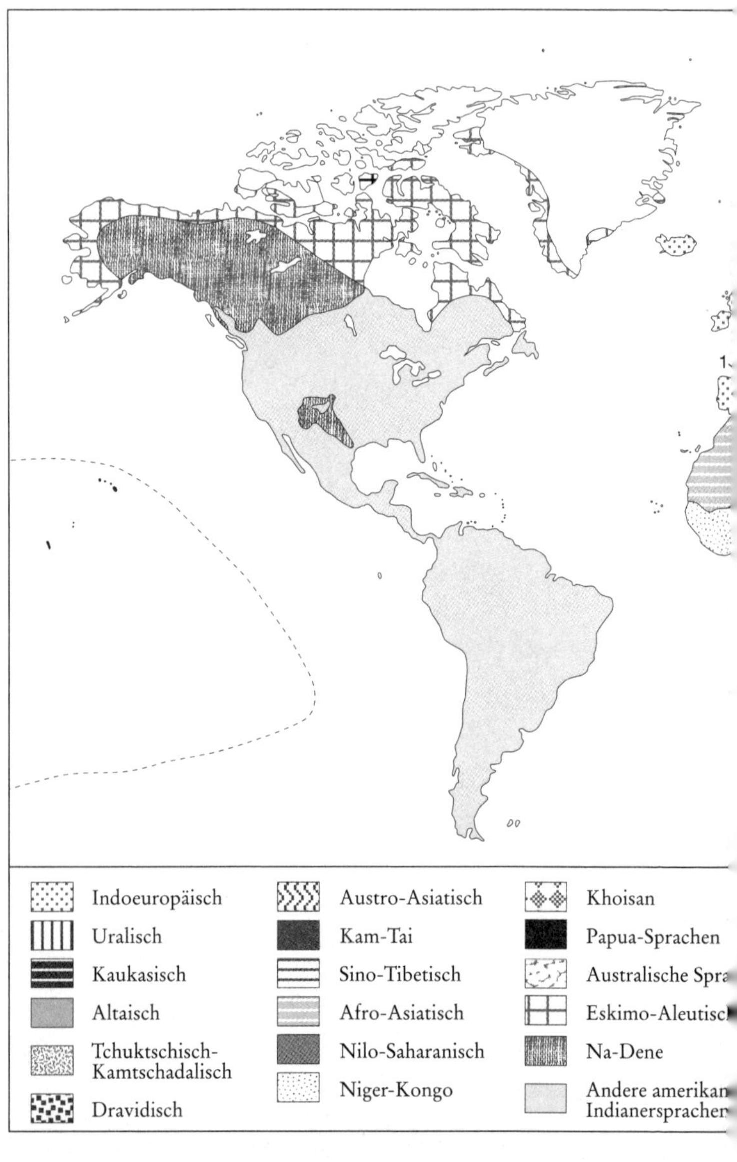


*Die Sprachfamilien der Welt*
*(nach Ruhlen 1987, Haarmann 2001a: 14-15)*

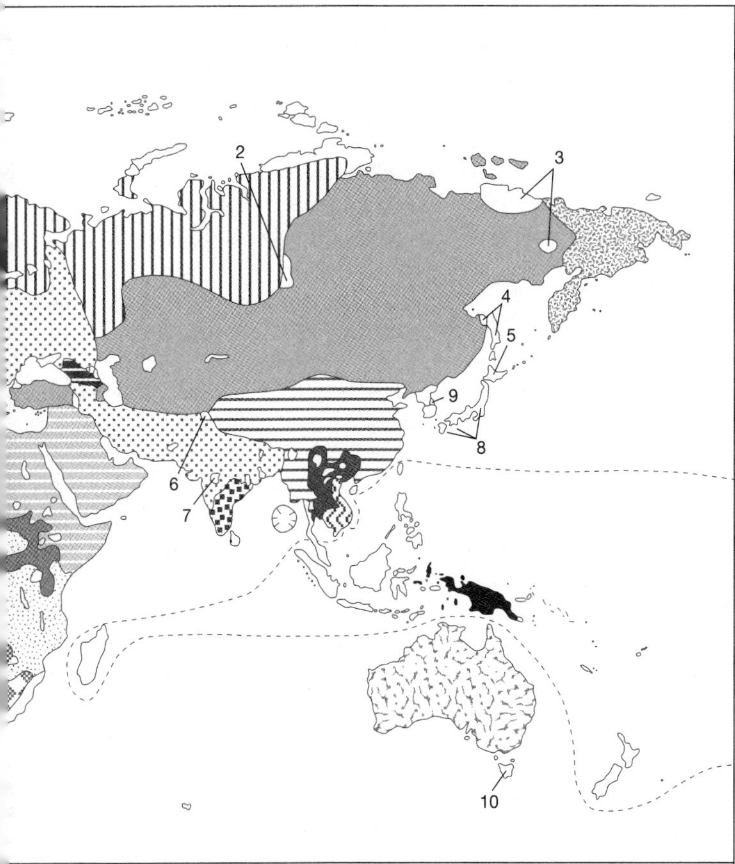


| | | | |
|---|---|---|---|
| Baskisch | 6 Burushaski | | Inseln |
| Ketisch | 7 Nahali | | Andamanisch |
| Jukagirisch | 8 Japanisch | | Austronesisch |
| Nivchisch (Giljakisch) | 9 Koreanisch | | |
| Ainu | 10 Tasmanisch | | |

in Asien das Chinesische und Tibetische – gehören zu einer dieser großen Sprachfamilien. Diejenige afroasiatische Sprache mit der ältesten Überlieferung ist die alte mesopotamische Kultursprache Akkadisch, deren jüngere Entwicklungsstufen, das Assyrische und Babylonische, die Kulturen im Nahen und Mittleren Osten langfristig beeinflußt haben. Auch andere alte Kultursprachen wie das Altägyptische, Hebräische und Aramäische gehören zur afroasiatischen Familie, ebenso das Arabische als jüngere Kultursprache.

## *Exkurs:* Historische Sprachforschung

Daß sich Sprachen im Laufe ihrer Geschichte wandeln, war aufmerksamen Beobachtern bereits in der Antike aufgefallen. Die Römer waren sich sehr wohl bewußt, daß die von ihnen alltäglich verwendete lateinische Umgangssprache immer weiter von der Schriftsprache abdriftete (siehe Kapitel 6 zur Problematik primärer und sekundärer Ausgliederung). Die Literaten des Mittelalters wußten, daß die romanischen Sprachen vom Lateinischen abstammten, wobei man jahrhundertelang glaubte, daß es sich dabei um «verderbtes Latein» unter dem Einfluß der Sprachen der Völkerwanderungszeit handele. Der Kanon der christlichen Gelehrsamkeit hielt eine Erklärung sowohl für den Ursprung aller Sprachen wie auch für deren Vielfalt bereit. Die Mutter aller Sprachen war das heilige Hebräisch, und die Vielzahl der Sprachen war eine Geißel Gottes für die Menschheit, als Strafe für den Frevel des Turmbaus zu Babel. Es sollte lange dauern, bis schließlich im 18. Jahrhundert der Weg für eine von theologischen Dogmen unbelastete Betrachtung über die Geschichte der Sprachen frei war.

Die ersten Versuche, die Sprachen der Welt zu zählen und nach ihrer Verwandtschaft zu gruppieren, wurden im Mittelalter unternommen. Damals waren in Europa nur die Sprachen der Alten Welt bekannt. Die frühesten Informationen finden wir bei Rodrigo Jiménez de Rada, der im ersten Kapitel seines Werkes «De rebus Hispaniae» (1243) die Sprachen Europas klassifiziert. Jiménez de Rada unterscheidet drei Hauptgruppen, die romanischen, slavischen und germanischen Sprachen, außerdem zahlreiche weitere Sprachen, darunter auch das Irische, Ungarische und Baskische, die ja tatsächlich anderen Gruppen zuzuordnen sind.

Ein anderer Spanier, Andrés de Poza, war es, dem wir die erste Klassifikation der romanischen Sprachen unter Einschluß des Rumänischen verdanken. In seinem Werk «De la antigua lengua, poblaciones, y comarcas de las Españas» (1587) stellt der Autor eine Übersicht der Sprachen Europas vor, die wesentlich umfänglicher ist als die von Jiménez de Rada. Es dauerte immerhin bis zum Anfang des 18. Jahrhunderts, ehe eine exaktere Klassifizierung erarbeitet wurde.

Die ersten Sprachenlisten, in denen auch außereuropäische Sprachen in größerer Zahl berücksichtigt wurden, entstanden nur wenige Jahrzehnte, nachdem die Europäer im Jahre 1492 durch Kolumbus – zum zweiten Mal in ihrer Geschichte – auf Amerika und seine Bewohner aufmerksam gemacht wurden. Die Erkundung des amerikanischen Festlands durch Spanier und Portugiesen, später auch durch Holländer, Engländer und Franzosen, und die Öffnung der Seewege nach Asien erweiterten den Wissenshorizont der Europäer und ihre Kenntnis über außereuropäische Sprachen. In den Aufzeichnungen europäischer Reisender und der Missionare, die in den Kolonialgebieten tätig waren, ist viel Material über die Kulturen und Sprachen in Übersee zusammengetragen worden.

Von den frühen Projekten, die Sprachen der Welt zu katalogisieren und zu klassifizieren, sind hier die Werke Theodor Biblianders («De ratione communi omnium linguarum», 1548) und Conrad Gesners («Mithridates», 1555) zu erwähnen. Gesner stützt seine Sammlungen von Sprachmaterial auf Übersetzungen des Vaterunsers. Diese Methode, Material für eine größere Zahl von Sprachen zu sammeln, war in der Geschichte der Sprachforschung sehr erfolgreich.

Das 18. Jahrhundert brachte eine Reihe bahnbrechender sprachhistorischer Werke: Den Anfang machte Gottfried Wilhelm Leibniz (1646–1716) mit dem Versuch, in seinem Traktat «Brevis designatio meditationum de originibus gentium ductis potissimum ex indicio linguarum» (‹Kurze Abhandlung über die Herkunft der Völker, insbesondere nach den aus den Sprachen abzuleitenden Hinweisen›, 1710) Prinzipien einer Sprach- und Kulturgeschichte auszuarbeiten (Haarmann 2000a: 1082 ff.). Leibniz interessierte sich in seinen letzten Lebensjahren sehr für die Sprachen des östlichen Europa und Sibiriens. Im Jahre 1713 schrieb er einen Brief an Zar Peter I., in dem er dem Herrscher eine umfängliche

Sprachensammlung Rußlands vorschlug, ein Projekt, das Hand in Hand gehen sollte mit der Christianisierung der Völker dieses Landes, und daher sei das Vaterunser besonders geeignet, Textproben der verschiedensten Sprachen zu sammeln (Adelung 1815: v f.).

Johann Gottfried Herder (1744–1803) begründete die philosophische Geschichtsbetrachtung der Sprachen in seiner «Abhandlung über den Ursprung der Sprache» aus dem Jahre 1770 (gedruckt 1772). Kurz darauf stellte der Historiker Johann Thunmann (1746–1778) die Verwandtschaft des Rumänischen mit den romanischen Sprachen dar (1774) und die der baltischen mit den slavischen Sprachen (1772). Der Zeitgeist dieser Gründerbewegung historischer Sprachbetrachtungen inspirierte auch besondere Entdeckungen: Johann Christian Christoph Rüdiger erkannte die Verwandtschaft des Romani (Zigeunerischen) mit den indischen Sprachen (1782), und Joseph Planta stellte fest, daß das Rätoromanische altertümliche Züge in seinem Sprachbau aufweist (1776).

Viel neues, bis dahin nicht verfügbares Material wurde in einigen großen Sprachensammlungen kompiliert. Darauf stützen sich auch die ersten Gruppierungen von Sprachfamilien. Vorreiter für diese Richtung der Sprachbetrachtung ist Lorenzo Hervás y Panduro (1735–1809), der in seiner umfänglichen Sprachenenzyklopädie («Catalogo delle lingue ...» 1784, u. a.) als erster die Möglichkeiten des grammatischen Sprachenvergleichs sondiert. Denn andere zeitgenössische Sprachensammlungen, die sich ausschließlich auf lexikalische Vergleiche von Sprachen konzentrierten, waren weniger erfolgreich. Dies gilt z. B. für die von Peter Simon Pallas herausgegebenen «Totius orbis vocabularia comparativa» (1786/89). Dieses in zwei Bänden erschienene polyglotte Wörterbuch war immerhin das größte Projekt der Sprachvergleichung im 18. Jahrhundert. Es stand unter der Ägide der Regentin Rußlands, Katharinas II., der Großen (reg. 1762–1796) (Haarmann 1999).

Der erste, der den Sprachenvergleich systematisch auf einen Vergleich der grammatischen Strukturen aufbaute, war Sámuel Gyarmathi (1751–1830), der in seiner klassischen Studie «Affinitas linguae hungaricae cum linguis fennicae originis grammatice demonstrata» (1799) die Verwandtschaft des Ungarischen mit dem Finnischen, Lappischen und anderen finnisch-ugrischen Sprachen nachwies. Damit schuf Gyarmathi nicht nur die methodischen Voraussetzungen für die uralische Sprachwissenschaft (mit ihren Hauptzweigen der Finno-Ugristik und Samojedistik), sondern für die historisch-vergleichende Sprachwissenschaft im allgemeinen. Immerhin erschien die bahnbrechende Studie von Gyarmathi 17 Jahre vor dem Werk «Über das Conjugationssystem der Sanskritsprache in Vergleichung mit jenem der griechischen, lateinischen, persischen und germanischen Sprache» (1816) von Franz Bopp (1791–1867), mit dem dieser das Studium der Indoeuropäistik (Indogermanistik) begründete.

## Nostratisch und andere Urfamilien

Die Humangenetik ist mit ihren Methoden in der Lage, die genetischen Profile von Populationen, die vor mehreren zehntausend Jahren existierten, zu rekonstruieren und kartographisch als humangenetische Fingerabdrücke sichtbar zu machen. Prähistorische Gravitationen von Genprofilen und deren Verschiebungen (etwa aufgrund von Migrationen) können visuell veranschaulicht werden. Auf diese Weise formen sich die Umrisse eines Bildes menschlicher Präsenz in derart großen Tiefen der Evolutionsgeschichte, wie sie von keiner anderen Humanwissenschaft derzeit erreicht werden (Cavalli-Sforza et al. 1994).

Illustrative Beispiele für die Visualisierung alter Genprofile sind die sogenannten «Außenlieger», wie der «baskische Genotyp» in Südwest-Europa oder der «mediterrane Genotyp» beiderseits des Ägäischen Meeres. Auch die Lokalisierung des zentralen Siedlungsgebiets der Etrusker in der Toskana auf der genetischen Karte Italiens ist beeindruckend. Andere Regionen fallen wegen ihrer enormen Kontraste auf. Die genetische «Landschaft» Südostasiens ist wegen ihrer ethnischen Zersplitterung ähnlich zerklüftet wie der Himalaya.

### *Die Grenzen der historisch-vergleichenden Methoden*

Auch die Archäologie greift mit ihren Datierungsmethoden in große zeitliche Tiefen, allerdings nicht so weit wie die Humangenetik. Die Sprachwissenschaft mit ihren historisch-vergleichenden Methoden muß dagegen mit den engeren Begrenzungen ihres zeitlichen Horizonts leben. Aussagen über eiszeitliche Sprachstadien sind spekulativ und können nicht durch die Daten der anderen erwähnten Wissenschaftsdisziplinen abgesichert werden, einfach deshalb nicht, weil es nur in Ausnahmefällen möglich ist, die Sprachzugehörigkeit prähistorischer Populationen zu bestimmen. Annahmen, wonach die Bevölkerung, die gegen Ende der Eiszeit in der Region westlich und östlich des Uralgebirges lebte, ethnisch und sprachlich eine uralisch-altaische Einheit repräsentierte, sind rein hypothetisch (Janhunen 2001). Auch über den Zeitraum, in dem sich diese hypothetische Einheit auflöste und sich die uralischen und altaischen Kulturen regional getrennt weiterentwickelten, gibt es nur Spekulationen.

Die untere zeitliche Grenze, die mit vergleichend-sprachhistorischen Methoden erreicht werden kann, liegt nach einigen Forschungsmeinungen bei ca. 8000 v. Chr. Dieser Zeitraum wird für die Ausgliederung der proto-uralischen Grundsprache in einzelne Sprachzweige in Betracht gezogen. Vorsichtigere Stellungnahmen reduzieren die Möglichkeiten für protosprachliche Rekonstruktionen allerdings auf maximal 4000 v. Chr.

Es ist naheliegend, für Sprachen, die miteinander verwandt sind, nach einer Urform (Grundsprache) zu suchen, von der sich jüngere Varianten abgespalten haben. Diese Aufgabenstellung für die Sprachforschung hatte schon Leibniz klar formuliert (s. o.). Wesentlich für die Rekonstruktionen einer Grundsprache ist das Gesamtbild, das man sich in der Forschung von den Lebensbedingungen der Bevölkerung macht, die eine hypothetisch erschlossene Sprache gesprochen haben könnte. Dies betrifft Beobachtungen über die Vegetation und die Fauna in der prähistorischen Lebenswelt ebenso wie die Spezifik der Wirtschaftsformen und die Kulturkontakte mit benachbarten Bevölkerungsgruppen. Außerdem sind natürlich sorgfältige Reihenvergleiche der Strukturen moderner Sprachen als Fortsetzer älterer Sprachstadien unabdingbar. «Natürlich ist die Rekonstruktion nicht mit der früheren objektiven Wirklichkeit zu identifizieren (sie ist also nicht real im absoluten Sinne), doch ist die Wirklichkeit für die Rekonstruktion keinesfalls gleichgültig, ist sie doch gerade das Ziel, dem möglichst nahegekommen werden soll» (Hajdú/Domokos 1987: 179).

Es ist also Vorsicht geboten bei protosprachlichen Rekonstruktionen, und heutzutage können Ursprungsformen für bestimmte

Sprachfamilien nicht mehr isoliert rekonstruiert werden, so als hätten sich die betreffenden Sprachen in kulturell-sprachlicher Isolation ohne Außenkontakte entwickelt. Dennoch kranken auch heute noch viele Ansätze genau daran. Dies kann man unter anderem daran erkennen, daß einige Forscher bis heute die absolute Gültigkeit spezifischer Lautgesetze aufrechthalten, als ob sich Sprachen losgelöst von den Lebensbedingungen und Kulturkontakten ihrer Sprecher entfaltet hätten.

Die Kritik an den von der Tradition geprägten Gliederungen der Sprachfamilien geht sogar so weit, daß die Existenzberechtigung bestimmter genealogischer Klassifizierungen grundsätzlich in Frage gestellt wird. Dies betrifft die uralische Sprachfamilie, deren Konstituenz kürzlich in einer aufwendigen Kampagne negiert worden ist. Angela Marcantonio (2002) propagiert einen Paradigmenwechsel und den Abschied von der Chimäre einer uralischen Grundsprache. Eines ihrer Hauptargumente ist die Erweiterung des traditionellen Konzepts einer uralischen Makrogruppierung durch die Berücksichtigung weiterer näher verwandter Sprachen, insbesondere solcher Sibiriens. Seit längerem sind die Beziehungen des Uralischen zum Jukagirischen, einer der paläoasiatischen Sprachen im Nordosten Sibiriens, diskutiert worden (Nikolaeva 1988). Neuerlich wird auch die Hypothese einer Verwandtschaft zwischen dem Uralischen und den Eskimo-Sprachen propagiert (Seefloth 2000). Der Anlauf, den Marcantonio zum Weitsprung auf den Paradigmenwechsel nimmt, ist aber zu kurz, denn «... auch wenn die Annahme einer ‹größeren› Uralischen Familie sich letztlich als unvermeidlich erweisen würde, könnte darin schwerlich eine Art von Paradigmenwechsel erblickt werden, der den Grundannahmen der ‹traditionellen› Uralistik den Boden entzöge» (Georg 2004: 159). In ihrer Radikalität schießen Dekonstruktionsversuche wie der von Marcantonio weit über das Ziel einer berechtigten Kritik an den traditionellen Konzeptionen hinaus.

Weitaus konstruktiver und näher an den kulturhistorischen Realitäten sind daher neuere Ansätze, die Erkenntnisse rein genealogischer Klassifizierungen mit areal- und kontaktlinguistischen Untersuchungen verknüpfen, auch wenn dies die Erschließung der zeitlichen Tiefe, die nicht mehr einfach über regelgesteuerte interne Wandlungen (Lautgesetze) ermittelt werden kann, erschwert.

Seit dem 19. Jahrhundert hat die sprachwissenschaftliche Forschung immer mehr Erkenntnisse über sprachverwandtschaftliche Beziehungen erbracht. Das Panorama der Sprachfamilien hat sich einerseits erweitert, andererseits sind interne Gruppierungen präzisiert worden (Ruhlen 1987). Parallel zu diesen Bemühungen ist immer wieder versucht worden, historisch tiefer liegende Zusammenhänge und Gemeinsamkeiten aufzuspüren. Es profilierte sich eine eigene, nach den Ursprüngen der historischen Sprachen suchende Forschungsrichtung, die Glottogonie (bzw. Paläolinguistik). Deren zentrale Fragestellung ist die nach möglichen gemeinsamen Ursprüngen aller Sprachen und Sprachfamilien. Lassen sich zwischen den großen Sprachfamilien der Erde Konvergenzen aufzeigen, die auf eine historisch weit entfernte Sprachverwandtschaft in der Urzeit schließen lassen (Campbell 2003)?

Der Gedanke mag verführerisch sein, alle bekannten Sprachen der Welt auf eine einzige Urform zurückführen zu können, mit bestimmten Lauten, grammatischen Formen und Wortstämmen. Das ist auch immer wieder versucht worden, aber alle Bemühungen in diese Richtung sind spekulativ geblieben. In Kapitel 1 wurde dargelegt, daß die Sprachfähigkeit des Menschen die Entstehung und die Entwicklung von Sprachen zu einem Prozeß machte, der in den verschiedenen Gegenden der Welt zu unterschiedlichen Zeiten spontan ablief und noch abläuft, abhängig von den Umwelt- und Lebensbedingungen ihrer Sprecher.

Es ist dagegen nicht abwegig, über die Verwandtschaftsbeziehungen der heute bekannten Sprachfamilien – soweit dies möglich und sinnvoll ist – in der Zeit zurückzugehen und übergreifende Rekonstruktionen anzustreben, die uns in die Richtung der frühen kontinentalen Komplexe mit den frühzeitlichen Konzentrationen von Sprachen und Kulturen des modernen Menschen führen (siehe Kapitel 2). Wie weit zurück gelangt man nun auf dem Kontinuum der absoluten Zeit einerseits und des relativen sprachlichen Evolutionsschubs andererseits?

Die Erkenntnisse der Sprachwissenschaftler, die mit den Methoden der Glottogonie Vorstöße in diese Richtung unternommen haben, stießen jahrzehntelang auf breite Skepsis. Heute genießen sie eine ungeahnte Popularität. Die folgende Stellungnahme ist keine Übertreibung: «Im vergangenen Jahrzehnt hat die linguistische Taxonomie eine Renaissance erlebt, die dieses einst im Ableben begriffene Forschungsfeld aus dem Dunkel gerissen und in den Mittelpunkt der Aufmerksamkeit gerückt hat» (Ruhlen 1994: vii).

Im Jahre 1903 veröffentlichte H. Pedersen seine Rekonstruktion einer uralten Sprachfamilie, die er «nostratisch» nannte. Nach Pedersens Auffassung vereinigte dieses Konstrukt uralische, indoeuropäische, altaische, hamitisch-semitische (heute afroasiatisch genannt), kaukasische Sprachen und auch das Baskische (siehe Hajdú/Domokos 1987: 300 ff. speziell zur Verwandtschaft des Uralischen). Insbesondere das isolierte Baskische hat die Forscher immer wieder beschäftigt und zu zahlreichen spekulativen Annahmen über mögliche Beziehungen zu alten und neuen Sprachfamilien herausgefordert (siehe Trask 1997: 358 f. mit einem Abriß der Forschungsgeschichte).

Das Verbreitungsgebiet des Nostratischen kann geographisch nicht präzisiert werden. Dieses sprachhistorische Konstrukt ist die älteste der Urfamilien, die nach dem Ende der letzten Eiszeit entstanden sind, und die umfassendste der gesamten Sprachenwelt Eurasiens (Bomhard 2008). Die Verbreitungsgebiete der zum Nostratischen gehörenden Sprachfamilien und ihrer Einzelsprachen erstrecken sich über den größten Teil sowohl Europas als auch Asiens.

Die moderne Version einer nostratischen Superfamilie ist ausgeweitet und schließt auch die Amerind-Sprachen mit ein (Kaiser/Shevoroshkin 1988). Diese Erweiterung ist logisch schlüssig, denn die ältesten, für Eurasien rekonstruierbaren Sprachschichten müssen letztlich die Basis für die späteren Abspaltungen der Sprachen Amerikas sein. Ob es aber möglich ist, mit den Methoden des multilateralen Vergleichs sprachliche Formen für frühe Zeiten zu erschließen, die 15–20 000 Jahre zurückliegen, wird von vielen bezweifelt.

Dem Konstrukt einer nostratischen Superfamilie ist vor einiger Zeit eine ebenfalls hypothetisch erschlossene eurasi(ati)sche Superfamilie als Erweiterung zur Seite gestellt worden, und zwar von Greenberg (1987, 2000–02). Sein Konstrukt schließt die Sprachfamilien des Nostratischen ein, ergänzt diese Basis allerdings durch das Eskimo-Aleutische und die paläoasiatischen Sprachen (Ruhlen

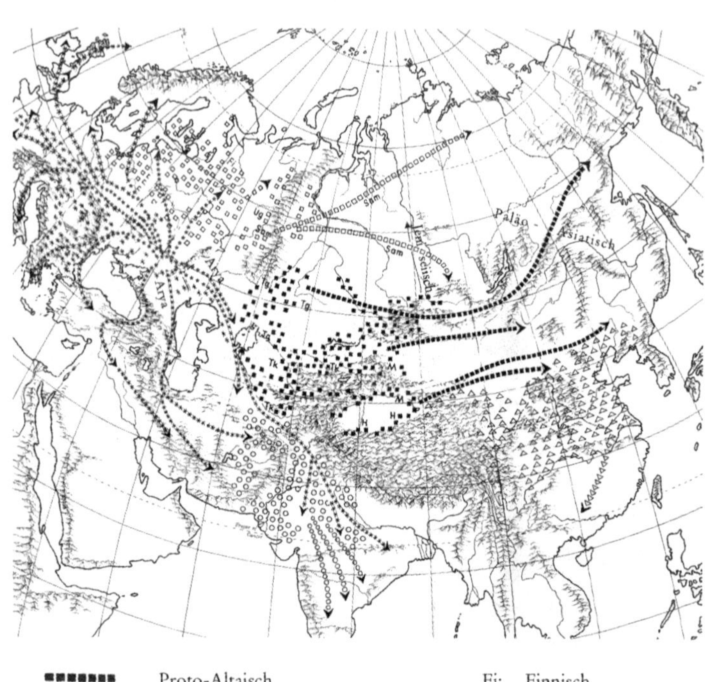


| | | | |
|---|---|---|---|
| ■■■■■■■ | Proto-Altaisch | Fi: | Finnisch |
| □□□□□□□ | Proto-Uralisch | Ug: | Ugrisch |
| | | Sam: | Samojedisch |
| ******* | Proto-Indoeuropäisch | Tg: | Tungusisch |
| ○○○○○○○ | Proto-Dravidisch | Tk: | Turksprachen |
| | | M: | Mongolisch |
| | | H: | Hunnisch |
| △△△△△△ | Frühchinesisch | | |
| ➤ | Richtung der Migrationen | | |

*Irradiationszentren und Kontaktzonen indoeuropäischer, uralischer, altaischer, dravidischer u. a. Populationen (nach Menges 1995, Kartenbeilage, mit Ergänzungen)*

1994: 209f.). Es erscheint schlüssig, für das Eskimo-Aleutische nach Verwandtschaften im Kreis der eurasischen Sprachen zu suchen. Denn obwohl die meisten Eskimo-Sprachen im Norden Amerikas und in Grönland verbreitet sind, wurzelt die frühe Entwicklung dieser Sprachengruppe in Eurasien, im Nordosten Sibiriens. Die Eskimo-Sprachen sind mit den Bevölkerungsgruppen

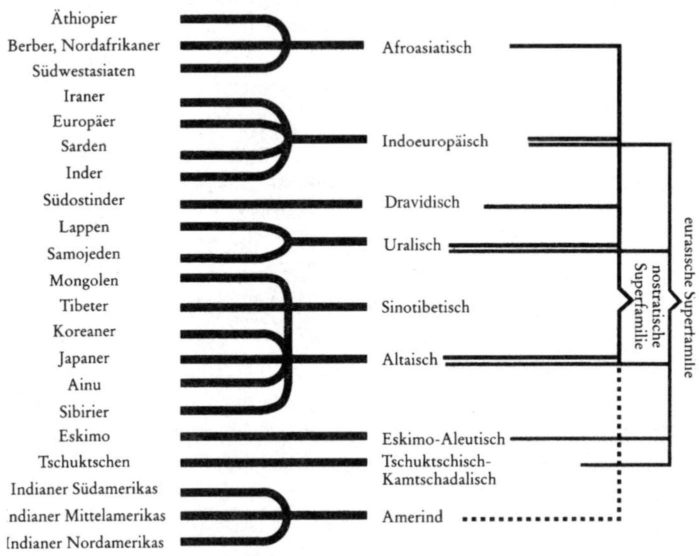


*Die Konstituenten der nostratischen und der eurasischen Superfamilie (nach Cavalli-Sforza 2000: 144)*

des 3. Migrationsschubs nach Amerika gelangt (siehe Kapitel 3). Problematisch ist es aber bis heute geblieben, den Nachweis solcher uralten Verwandtschaften mit sprachhistorischen Mitteln zu führen.

Eine prinzipielle Schwäche glottogonischer Rekonstruktionen ist deren Konzentration auf Methoden des lexikostatistischen Vergleichs. Die Untersuchungen über mögliche entfernte Verwandtschaften basieren auf Wortschatzvergleichungen, während Vergleiche grammatischer Strukturen fast ganz in den Hintergrund treten. Morris Swadesh hat in den 1950er Jahren Wörterlisten aufgestellt – eine 100-Wort-Liste und eine erweiterte 200-Wort-Liste –, mit deren Hilfe Ausgliederungsprozesse verwandter Sprachen objektiviert werden können. Vorläufer solcher Wortlisten kursierten bereits im 19. Jahrhundert in Expertenkreisen, für die praktische Arbeit sprachhistorischer Rekonstruktionen sind aber erst die Listen von Swadesh angewandt worden (Embleton 2000).

In den Untersuchungen zum «Basiswortschatz» von Sprachen

bedient man sich mit Vorliebe der traditionellen Auswahlliste von sogenannten «präkulturellen» Begriffen (in der älteren Forschung mit 200 Elementen, in der neueren Fassung mit 100 Elementen); (siehe Starostin 2000: 240 ff. und Militarev 2000 zu modernen Anwendungen). Diejenigen Forscher, die solche Reihenvergleiche anstellen, gehen mit Swadesh von der Annahme aus, daß die Elemente des Wortschatzes einer Sprache gleichsam ein Verfallsdatum haben, wann sie außer Gebrauch kommen und durch andere Ausdrücke ersetzt werden. Je größer der Anteil gemeinsamer Wörter im Reihenvergleich ist (d. h. je mehr sich dieser Anteil 100 Prozent annähert), desto jünger das Stadium grundsprachlicher Homogenität. Je geringer der Anteil gemeinsamer Wörter ausfällt (d. h. je weiter sich dieser Anteil von der 100 Prozent-Grenze wegbewegt), desto größer ist der zeitliche Abstand der Spaltung gegenüber der Jetztzeit (siehe auch Kapitel 8 zur Ermittlung der Spaltungen der Bantu-Sprachen in Afrika).

Zu den elementaren Begriffen in den Auswahllisten gehören u. a. die Grundfarbwörter. Der Umgang mit Farbeindrücken gehört mit Sicherheit zu den Grunderfahrungen des Menschen, und die sprachliche Konstruktion der farbigen Welt ist damit Teil uralter Begrifflichkeit. Farbausdrücke finden wir in den ältesten Schichten des Wortschatzes unserer Sprachen, und diese Elemente gehören zum lexikalischen Bestand, mit deren Hilfe Sprachverwandtschaften rekonstruiert werden. Ein besonders stabiles Element in solchen Rekonstruktionen ist der Begriff ‹schwarz› und der damit eng assoziierte Begriff ‹dunkel›.

Diese Begriffe spielen nicht nur bei der Rekonstruktion des Wortschatzes grundsprachlicher Protoformen einzelner Sprachfamilien (z. B. Khoisan- bzw. Buschmann-Sprachen) eine Rolle, sondern sie sind auch von zentraler Bedeutung für die Identifizierung von verwandtschaftlichen Beziehungen zwischen Sprachfamilien in Makrogruppierungen selbst. Für den Wortschatz der nostratischen Makrogruppierung sind u. a. Grundwörter für verschiedene Farbbegriffe (‹schwarz›, ‹rot›, ‹gelb›, ‹weiß›) erschlossen worden (Ruhlen 1994: 225): z. B. nostratisch **k'arä* ‹schwarz; dunkel› > proto-afroasiatisch **k'r/kr*; proto-indoeuropäisch **ker-/ker-s*; proto-altaisch **karä*, proto-dravidisch **kar/kar*, japanisch *kuroi*, amerind **k'ara* (z. B. Tutelo *ikare*, Atacameño *kirikiri*, araukanisch *kuru*, Opaie *kora*) usw.

Es geht bei der modernen glottogonischen Forschung nicht um eine Neuauflage alter Ergebnisse, sondern darum, areal- und kontaktlinguistische Erkenntnisse in die historisch-vergleichende Sprachwissenschaft einzubringen und daraus Vorteile für eine Präzisierung uralter sprachlicher Fusionsprozesse zu ziehen. Beispielsweise bietet die von Péter Hajdú entwickelte Konvergenztheorie eine Erklärung für eine mögliche Verwandtschaft von Indoeuropäisch und Uralisch an (Hajdú/Domokos 1987: 299 f.), eine Verwandtschaft, die älter als 8000 Jahre sein muß (siehe Kapitel 7).

Demnach sind die ursprachlichen Anfänge beider Sprachfamilien in einem bestimmten Kontaktareal mit konvergenter Kulturentwicklung zu suchen – und zwar in den Flußtälern der mittleren Wolga und ihrer Nebenflüsse sowie deren Einzugsgebieten –, wobei sich im Süden des Areals ein protoindoeuropäisches Zentrum, im Norden ein uralisches Zentrum bildete. Die ursprüngliche Konvergenz beider Komplexe mündete in eine Kontinuität einzelsprachlicher Kontakte. Die Erkenntnisse zu den frühen Kontakten zwischen Indoeuropäern und Uraliern vermitteln das Bild zweier ethnisch und kulturell spezifischer Gravitationszentren im Osten Europas, die sich in prähistorischer Zeit (im Verlauf des 4. und 3. Jahrtausends v. Chr.) nach und nach ausgliederten. Die Prozesse der Ausgliederung indoeuropäischer und uralischer Einzelsprachen dauern bis in die Neuzeit an.

Die Proportionen von Ähnlichkeiten und Abweichungen, die mithilfe lexikostatistischer Reihenvergleiche aufgezeigt werden können, vermitteln das Bild einer relativen Chronologie, lassen aber keine Aussagen zu absoluten Zeiträumen zu. Dies wird erst sinnvoll, wenn die Ergebnisse der Glottogonie mit den Erkenntnissen der Archäologie über Kulturzonen und -stadien korreliert werden. Dennoch lassen sich aus der Chronologie der Sprachspaltungen konkrete Schlüsse ziehen: Die Ausbildung regionaler Gravitationen mit verwandten Sprachen (z. B. indoeuropäische, uralische oder afroasiatische Sprachen) muß jünger sein als Gruppierungen, die Verwandtschaften zwischen unterschiedlichen Sprachfamilien ausweisen. Entsprechend ist die formative Periode der nostratischen Superfamilie (macrophylum), der größten bisher identifizierten Makrogruppierung in der Sprachenwelt, älter als die anderer Gruppierungen.

In ihrer absoluten zeitlichen Abfolge läßt sich die Entstehung von Makrogruppierungen und deren Ausgliederung in regionale Gravitationen folgendermaßen darstellen (Bellwood 2000: 127 mit Ergänzungen):

| *Zeitskala* | *Sprachliche Gravitationen (Superfamilien und Sprachfamilien)* |
|---|---|
| ca. 9500 v. Chr. | Nostratisch |
| ca. 8000 v. Chr. | Afroasiatisch |
| ca. 7500 v. Chr. | Uralisch |
| ca. 7000 v. Chr. | Indoeuropäisch |
| ca. 4500 v. Chr. | Sino-Tibetisch<br>Austroasiatisch |
| ca. 4000 v. Chr. | Austronesisch |
| ca. 3200 v. Chr. | Dravidisch<br>Munda |
| ca. 2000 v. Chr. | Altaisch<br>Malaio-Polynesisch |

## Die Sprachfamilien Südostasiens

### *Die austroasiatischen Sprachen*

Die alten Sprachen Südostasiens hatten keinen Anteil an den formativen Prozessen der nostratischen oder eurasischen Superfamilie. Die Sprachenlandschaft in jener Großregion hatte sich längst ausgebildet, als die nacheiszeitlichen Siedlungs- und Kulturräume in den Weiten Eurasiens Profil annahmen. Auf regionaler Eigenentwicklung beruht die Formation der austroasiatischen Sprachfamilie und die Ausgliederung von deren Einzelsprachen. Die Austroasiaten sind späte Nachfahren der ältesten Populationen, die vor ca. 70–75 000 Jahren nach Südostasien migrierten. Die modernen Völker, die austroasiatische Sprachen sprechen, stehen wahrscheinlich in einer sehr langen genetischen Deszendenzlinie zu jenen frühen Migranten.

Die Sprachen dieser genealogischen Makrogruppierung sind auf dem südasiatischen Festland (bis nach Südchina hinein) und auf einigen Inseln des Indischen Ozeans (Nicobaren) verbreitet. Die meisten austroasiatischen Sprachen (180 Einzelsprachen) liegen heute wie Inseln inmitten von Sprachgemeinschaften mit neuindischen Sprachen (im Westen) und mit austronesischen Sprachen (im Osten). Zwei Sprachzweige der austroasiatischen Sprachfamilie werden unterschieden: Mon-Khmer- und Munda-Sprachen. Erstere sind in zahlreiche Untergruppen ausgegliedert (Diffloth/Zide 1992, Matisoff 2001):

**Mon-Khmer und Munda**

Mon-Khmer-Sprachen (in Südostasien):
- Nördl. Mon-Khmer: Khasi (Assam), Palaung (Myanmar, Yünnan), Khmu (Laos) u. a.
- Südöstl. Mon-Khmer: südl. Gruppe (Nicobarisch/Nicobaren, Aslisch/Malaysia, Mon/Myanmar, Thailand, u. a.); östl. Gruppe (Khmer und Pear/Kampuchea, Bahnar und Katu/Vietnam, u. a.)
- Viet-Muong: Muong (Vietnam), Vietnamesisch u. a.

Munda-Sprachen (in Ostindien); die Kleinvölker, die Munda-Sprachen sprechen, werden in Indien zu den Adivasi (Ureinwohnern) gerechnet:
- Gutob
- Juang
- Mundari
- Santali u. a.

Die heutige Sprache mit den meisten Sprechern ist das Vietnamesische (68 Mio.), eine Mon-Khmer-Sprache. Einige der austroasiatischen Sprachen sind alte Kultursprachen, die schon früh verschriftet wurden (Khmer im 7., Mon im 9. Jahrhundert).

## *Konvergenzprozesse «alter» und «neuer» Sprachen in Südostasien*

Die interkulturellen Kontakte der Völker und Sprachen in Südostasien haben sich über lange Zeiträume hinweg entfaltet. In den dortigen Mosaikkulturen sind einheimische Elemente sowie assimi-

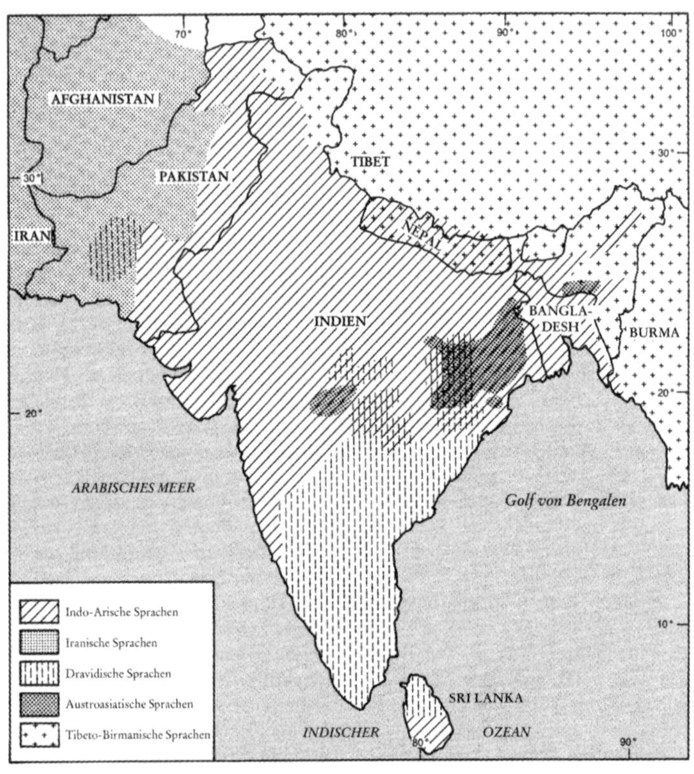


*Die austroasiatischen Sprachen in den Kontaktzonen des südlichen Asien, vgl. Kapitel 6 zu den indo-iranischen Sprachen (nach Masica 1992b: 39)*

lierte Komponenten indischer und chinesischer Herkunft wie in einem vielschichtigen Puzzle zusammengesetzt (Haarmann 2001b: 172 ff., Holenstein 2004: 102 ff.). Zusätzlich haben sich die mehreren hundert Sprachen dieser Region strukturell aneinander angeglichen und konvergente Züge entwickelt. Nach ihren Verwandtschaftsbeziehungen gehören die Sprachen des südostasiatischen Festlandes fünf Sprachfamilien an, den austroasiatischen (s. o.), sino-tibetischen, austronesischen, Tai-Kadai und Hmong-Mien Sprachen (Enfield 2001: 256 ff.). Von den sino-tibetischen Sprachen sind das Birmanische (Burmesische; 31 Mio.) und das Thai (25 Mio.

Primärsprachler, 30 Mio. Zweitsprachler) die mit den meisten Sprechern. In der Inselwelt Südostasiens dominieren austronesische Sprachen, vor allem Varianten des Malaiischen (Indonesisch, Javanisch, Sundanesisch u. a.).

Unabhängig von ihren verwandtschaftlichen Beziehungen haben die Sprachen Südostasiens im Verlauf ihrer wechselseitigen Einflußnahme ein sehr differenziertes Lautsystem entwickelt. Zu den konvergenten Besonderheiten der Region gehört auch ein feingliedriges sprachliches Instrumentarium, mit dem Beziehungen im Sozialgefüge der Gesellschaft (z. B. Ausdruck sozialer Distanz, Unterscheidung von Männer- und Frauensprache) zum Ausdruck gebracht werden. Der Kulturwortschatz der Schriftsprachen ist durch die Kontakte mit den heiligen Sprachen des Buddhismus, Sanskrit und Pali, in massiver Weise überformt worden, so daß sich im Lauf der Jahrhunderte auch in lexikalischer Hinsicht vielschichtige Konvergenzstrukturen ausgebildet haben.

*Unterscheidung von Tonstufen* Durch ihr sehr komplexes Lautsystem, insbesondere ihren variantenreichen Vokalismus, unterscheiden sich die südostasiatischen Sprachen stark von den europäischen. Die Komplexität von bedeutungsunterscheidenden Vokalqualitäten und -quantitäten erweitert sich in den sino-tibetischen Sprachen durch die Differenzierung von Tonemen (Tonstufenunterscheidungen der Silben). Im Dzongkha (verbreitet in Bhutan) gibt es zwei Tonstufen, das Mandarin-Chinesische kennt vier, das in Hong Kong gesprochene Kantonesische unterscheidet neun, und in einigen nordchinesischen Varianten gibt es sogar dreizehn Tonstufenunterschiede. Der Einfluß sino-tibetischer Sprachen, insbesondere des Chinesischen, hat die Entstehung von Tonemsystemen auch in anderen, nicht verwandten Sprachen (z. B. im Thai und im Vietnamesischen) bewirkt (Matisoff 2001: 316).

Obwohl genetisch eine Mon-Khmer-Sprache, ist auch das Vietnamesische eine Tonsprache. Das Vietnamesische (Solncev et al. 1960) unterscheidet sechs Töne, von denen fünf in der lateinischen Graphie der Sprache durch diakritische Zeichen gekennzeichnet werden. Das System der Vokalphoneme differenziert sich in insgesamt zwölf Vokalqualitäten. Weiterhin werden mehr als zwanzig Diphthonge (Lautkombinationen mit zwei Vokalen) und zwölf Triphthonge (drei Vokale) unterschieden. Aus der Kombination der

Toneme mit den Vokalqualitäten entsteht eine Vielfalt von Silbenstrukturen. Allerdings werden – nach dem in Kapitel 1 beschriebenen Prinzip der Sprachökonomie – nicht alle theoretischen Möglichkeiten dieser Kombinatorik sprachlich genutzt. So tritt nicht jede Silbe im Vietnamesischen in allen sechs Tonstufen auf.

Im Thai werden fünf Töne unterschieden (Delagnau 1987). Das phonologische System dieser Sprache stellt sich komplexer dar als das des Vietnamesischen, da die Differenzierung von Kürze und Länge der neun Vokalqualitäten bedeutungsunterscheidend ist. Das Laotische (Morev et al. 1972) kennt sechs Toneme bei zwölf Vokalqualitäten, die ihrerseits kurz und lang auftreten können. Das sich aus dieser Kombinatorik ergebende System der Silbenstrukturen ist zwar theoretisch komplexer als in den anderen erwähnten Tonsprachen. Nicht jede Silbe aber kann alle Töne assoziieren, und außerdem gibt es bestimmte Präferenzen in der Assoziation einzelner Toneme mit kurzen oder langen Vokalen.

Das Khmer ist keine Tonsprache. Mit anderen südostasiatischen Festlandsprachen teilt es die Eigenschaft eines hochdifferenzierten Vokalsystems. Unterschieden werden zehn Basisvokale, deren Quantitätenunterschiede (kurz versus lang) bedeutungsunterscheidend sind. Das Vokalsystem erweitert sich unter Einschluß von drei kurzen und zehn langen Diphthongen zu einem komplexen System (Sacher/Phan 1985: 13 ff., 28 ff.).

*Konvergenzen im grammatischen Bau* Die Sprachen der Region verwenden Numeralklassifikatoren (siehe Kapitel 4). Bei den Substantiven werden keine grammatischen Genera unterschieden. Es existiert keine Nominalflexion, das heißt, es gibt keine Kasusparadigmen mit synthetischen Formen. Im Verbalsystem dominieren Kategorien zum Ausdruck von Aspektoppositionen; Tempuskategorien besitzen sekundäre Bedeutung für die Darstellung verbalen Geschehens (siehe die Erläuterungen zum Aspekt im Lateinischen und im Russischen in Kapitel 6). Das wichtigste Mittel der Wortbildung ist die Technik der Zusammensetzung (z. B. vietnames. *máy chép dâng* ‹Kopiergerät›, wörtl. ‹Maschine + Abschrift/kopieren + bieten/produzieren›).

*Soziale Statusdifferenzierung* Ein weiteres Charakteristikum der südostasiatischen Sprachen ist die Unterscheidung von Kategorien der sozialen Statusdifferenzierung, d.h. verschiedener Grade höflicher Sprache. Das betreffende Kategoriensystem strukturiert das Nominal-, Pronominal- und Verbalsystem, differenziert die Syntax und verursacht lexikalische Variation. Ein Beispiel für soziale Statusdifferenzierung in einem Zusammenhang, wo ein Europäer dies nicht erwartet, ist die Varianz des Pronomens ‹ich› im Khmer. Hier wird die soziale Distanz zu einer höher gestellten Person (*khnommcah*) ebenso ausgedrückt wie der Altersunterschied (*an*, gebraucht von jemandem, der einen Jüngeren anredet), die Zugehörigkeit zu einer Gemeinschaft (*kni:e*), die Rolle als Repräsentant einer Vereinigung (*je:n khnom* im offiziellen Sprachgebrauch) usw.

Auch das System der Anredeformen im Hinblick auf familiäre und respektuelle Kategorien ist differenzierter als etwa in westeuropäischen Sprachen. Im Vietnamesischen zum Beispiel sind zahlreiche Anredeformen in der Alltagssprache gebräuchlich, in denen die nuancenreichen Sozialbeziehungen von der Sprache gleichsam seismographisch registriert werden. Dazu gehören: vietnames. *con* (Anrede der Eltern für ein Kind), *em* (Anrede für die jüngeren Geschwister durch die älteren), *anh* (Anrede für die älteren Geschwister durch die jüngeren), *co* (Anrede für ein Mädchen und eine unverheiratete Frau), *chi* (Anrede für eine Frau ab 30), *ba* (Anrede für eine Frau ab 50), *ong* (Anrede für einen Mann ab 50).

Die Unterscheidung von Kategorien des weiblichen und männlichen Sozialstatus ist typisch auch für viele andere Sprachen Südostasiens, in deren grammatischen und lexikalischen Strukturen sich die sprachliche Differenzierung des Sozialstatus ganz allgemein zur Dualität von Frauen- und Männersprache erweitert (z.B. Khmer *cah* ‹ja› in der Frauensprache versus *ba:t* ‹ja› in der Männersprache).

## 6.

# Die indoeuropäische Sprachfamilie

**(ab ca. 7000 v. Chr.)**

Die Benennung der indoeuropäischen Sprachen stammt aus dem 19. Jahrhundert. In der älteren deutsch-sprachigen Tradition nennt man diese Familie «indogermanisch». Dieser Ausdruck wurde zuerst 1823 von Friedrich von Schlegel verwendet. In Franz Bopps vergleichender Grammatik aus dem Jahre 1816 ist von «indisch-europäischen» Sprachen die Rede. In beiden Namenformen weisen die Komponenten jeweils auf die Ränder des Verbreitungsgebiets, den östlichen (indo-) und den westlichen (germanisch bzw. europäisch), hin. Wollte man das Kriterium der Ausdehnung exakt anwenden, müßte die Sprachfamilie das Attribut «indokeltisch» erhalten, wenn man die Situation im äußersten Nordwesten Europas berücksichtigt, wo keltische, nicht germanische Sprachen verbreitet sind; oder auch «indoromanisch», denkt man an die Pyrenäenhalbinsel im Südwesten. In der modernen deutsch-sprachigen Terminologie kann man eine Tendenz zur Angleichung an internationale Benennungen feststellen: dt. indoeuropäisch als Äquivalent zu engl. Indo-European, franz. indo-européen, ital. indoeuropeo oder russ. indoevropejskij.

Durch die Migration von Europäern und den Export europäischer Sprachen nach Übersee seit dem 16. Jahrhundert sowie als Folge der Kolonisation weiter Teile der Welt sind indoeuropäische Sprachen in irgendeiner Form, sei es als Primär- oder Zweitsprachen, als Bildungs- oder Amtssprachen, als Handels- oder Weltsprachen in praktisch allen Ländern aller Kontinente verbreitet. Heutzutage leben die meisten Sprecher indoeuropäischer Sprachen in drei Großregionen, und zwar in Europa, im westlichen und südlichen Asien (von Iran bis Bangladesch und Sri Lanka) und im amerikanischen Doppelkontinent (insbesondere Sprecher des Englischen, Spanischen und Portugiesischen).

Die indoeuropäische Sprachfamilie gehört zu den am besten erforschten. Insofern sind diese Sprachen besonders geeignet, Entfaltungsprozesse historischer Einzelsprachen zu illustrieren. Diese Entwicklung kann im Fall der indoeuropäischen Sprachen über einen Zeitraum von mehr als 6000 Jahren zurückverfolgt werden, bis maximal 4500 v. Chr. Dies ist die Periode, als die indoeuropäische Grundsprache, das Proto-Indoeuropäische, anfing sich in einzelne Sprachzweige aufzuspalten. Der Spaltungsprozeß setzt somit lange vor dem Beginn der schriftlichen Überlieferung ein. Diejenigen indoeuropäischen Schriftsprachen mit der längsten Tradition sind das Mykenisch-Griechische (bezeugt seit dem 17. Jahrhundert v. Chr.), das Hethitische und das Luwische (beide bezeugt seit dem 16. Jahrhundert v. Chr.).

Die Bemühungen, eine indoeuropäische Grundsprache – im älteren Sprachgebrauch «Urindogermanisch», heute «Proto-Indoeuropäisch – zu identifizieren, reichen zeitlich noch weiter zurück, bis um 7000 v. Chr. Anhand von Vergleichen des Wortschatzes, des grammatischen Baus und des Lautsystems der mehr als 400 indoeuropäischen Einzelsprachen hat man versucht, die Phonetik, die Grundzüge der Grammatik und elementare Bezeichnungsbereiche des Proto-Indoeuropäischen zu rekonstruieren. Die auf solche Weise identifizierte Grundsprache ist ein reines Konstrukt, da es darüber keine historische Dokumentation gibt.

Die schriftsprachliche Überlieferung setzt viel später ein, zu einer Zeit, als sich die Grundsprache bereits in regionale Sprachzweige ausgegliedert hatte. Daher werden sämtliche Formen und Ausdrücke der Grundsprache mit einem Asterisk (Sternchen) versehen, um sie von attestierten Formen zu unterscheiden; z. B. *septm ‹sieben› > altir. *sechtn*, mittelkymr. *seith*, latein. *septem*, altnord. *sjau*, altengl. *seofon*, got. *sibun*, litau. *septyni*, altkirchenslav. *sedmь*, russ. *sem'*, alban. *shtate*, griech. *hepta*, armen. *ewt'n*, hethit. *sipta-*, avest. *hapta*, altind. *sapta*, tochar. *spät*, u. a

Die Verwandtschaft des Sanskrit mit verschiedenen alten Sprachen Europas wurde bereits im 18. Jahrhundert entdeckt. In seinem berühmten Vortrag in Calcutta im Jahre 1786 postulierte William Jones die gemeinsame Herkunft von Sanskrit, Griechisch, Lateinisch, Gotisch, Keltisch und Altpersisch. Die meisten Sprachzweige des Indoeuropäischen sind bereits seit langem bekannt. Einige der indoeuropäischen Sprachen wurden allerdings erst spät identifiziert, und zwar aufgrund von Inschriftenfunden zu Beginn des 20. Jahrhunderts. Dazu gehörten das Hethitische und Tocharische. Das Ton-

**Verwandtschaftsbeziehungen indoeuropäischer Sprachen im Wortschatz,**
Beispielwörter ‹*Mutter*›, ‹*drei*›, ‹*neu*›, ‹*ist*› (nach Schmidt 1970: 23)

| | | | | |
|---|---|---|---|---|
| aind. | *mātár-* | *tráyas* | *náva-* | *ásti* |
| griech. | *mḗtár* | *treís, tría* | *néos* | *estí* |
| lat. | *māter* | *trēs* | *novus* | *est* |
| lit. | *mótyna* | *trȳs* | *naũjas* | *ẽsti* |
| abg. | *mati* | *trije* | *nov-* | *jest-* |
| russ. | *mat'* | *tri* | *novyj* | *jest'* |
| got. | – | *þreis* | *niujis* | *ist* |
| engl. | *mother* | *three* | *new* | *is* |
| nhd. | *Mutter* | *drei* | *neu* | *ist* |

tafelarchiv der Hauptstadt des hethitischen Reichs, Hattusa, wurde erst 1905 entdeckt, und die Identifizierung des Hethitischen als indoeuropäische Sprache gelang zweifelsfrei erst 1915. Seit 1908 ist bekannt, daß auch das Tocharische, das in Texten von Fundstätten in Nordwestchina (Dunhuang, Tarimbecken) überliefert ist, zum Kreis der indoeuropäischen Sprachen gehört (s. u.).

## Das Problem der «Urheimat»

Trotz einer fast zweihundertjährigen Forschungsgeschichte sind bis heute die Frage nach dem Ursprungsgebiet, von dem aus sich die indoeuropäischen Sprachen über Eurasien verbreitet haben, und die Zeitspanne, die für die regionalen Abspaltungsprozesse angesetzt wird, umstritten. Die Erkenntnisse zu beiden Problemkreisen hängen ursächlich zusammen, denn die Art und Weise der Ausgliederung einzelner Sprachzweige findet unterschiedliche Erklärungen, je nach dem, von wo die Verbreitung des Indoeuropäischen ihren Ausgang nahm.

An Hypothesen zur «Urheimat» hat es in der Geschichte der Indoeuropäistik nicht gefehlt. Von den insgesamt neun Postulaten haben lediglich vier einige Wahrscheinlichkeit, und auch von diesen bleiben lediglich zwei übrig, die heute als ernsthafte Alternativen diskutiert werden (Mallory/Adams 1997: 290 ff.). Die geographischen Räume dieser Urheimatkandidaten liegen weit auseinander, so daß in den Argumentationen für das eine oder andere Areal recht unterschiedliche Kriterien hervorgehoben werden. Die eine Lehrmeinung – eine ältere Hypothese, die neuerlich wieder aufgegriffen worden ist – betrachtet die Balkanregion als das vermutliche Ursprungsgebiet. Nach der anderen Standortbestimmung sind die Umrisse der Urheimat im Gebiet zwischen Kaspischem Meer, Wolga und Don zu suchen.

### *Die Balkanregion?*

Die Hypothese von der balkanischen Urheimat krankt daran, daß hier rein linguistische Erwägungen im Vordergrund stehen, daß aber die archäologische Beweislage zu brüchig ist. Zudem gibt es auch bei der sprachhistorischen Rekonstruktion interne Widersprüche, insbesondere was die Problematik der Substratsprachen (d. h. der vor-indoeuropäischen Sprachen, die von indoeuropäischen Sprachen überlagert wurden) und der alten indoeuropäisch-uralischen Konvergenzen betrifft (siehe Kapitel 7). Die Lokalisierung der Urheimat der Indoeuropäer ist direkt mit der Frage der Ausbreitung des Ackerbaus in Verbindung gebracht worden, und die Hypothese von der Ausbildung der proto-indoeuropäischen Grundsprache in der Balkanregion hat damit zu tun.

Die Anfänge des Ackerbaus und die Motivation für den Anbau von Nutzpflanzen in Südosteuropa sind zwar im Hinblick auf die absolute Zeit bekannt, wer aber die ersten Europäer waren, die sich an agrarische Lebensweisen gewöhnten und welche Sprachen sie sprachen, ist bis heute umstritten. Noch in den 1980er Jahren waren viele Archäologen davon überzeugt, daß die Technologie des Bodenbaus von indoeuropäischen Populationen nach Europa transferiert worden sei. Diese Auffassung basiert auf der von C. Renfrew (1987) formulierten Hypothese, wonach die Urheimat der Indoeuropäer in Anatolien zu suchen sei. Von dort seien die Proto-Indoeuropäer im 7. Jahrtausend v. Chr. nach Südosteuropa migriert und hätten den Ackerbau sowie ihre Sprache dorthin gebracht.

Die Vertreter der Hypothese von der anatolischen Urheimat und der Migration der Proto-Indoeuropäer nach Westen (Europa) und nach Osten (iranisches Hochland und später Indien) betrachten die Balkanregion als die Wiege der proto-indoeuropäischen Grundsprache. Die dorthin einwandernden Indoeuropäer hätten die einheimischen Jäger und Sammler entweder verdrängt, oder diese hätten sich rasch an indoeuropäische Kultur und Sprache assimiliert. Die kulturelle und sprachliche Indoeuropäisierung Europas habe vom Balkan ihren Ausgang genommen. Von dort aus seien die Indoeuropäer in andere Teile des Kontinents migriert und hätten den Ackerbau sowie ihre Sprachen nach Westen, Norden und Osten verbreitet. Von den altanatolischen Sprachen seien Hethitisch und Luwisch die ältesten Außenlieger des Proto-Indoeuropäischen, und in ihren grammatischen Strukturen seien archaische Elemente bewahrt (so auch Gray/Atkinson 2003).

Zu diesem in sich schlüssigen Szenario passen jedoch bestimmte Sachverhalte nicht, und zwar sowohl bezüglich der Chronologie als auch mit Hinblick auf die Sprach- und Kulturkontakte zwischen der vor-indoeuropäischen Bevölkerung und den Indoeuropäern.

- Im Wortschatz der historisch überlieferten indoeuropäischen Sprachen Südosteuropas (z. B. Altgriechisch) sind Lehnwörter aus vor-indoeuropäischen Sprachen erhalten (Strunk 2003: 86 f.). Viele dieser Substratwörter sind Spezialausdrücke in technologischen Bereichen wie Ackerbau und Hortikultur, Textilherstellung und Webtechnik, Keramikproduktion, Metallverarbeitung, Hausbau (Haarmann 2003a: 37 ff.). Die Existenz eines solchen Fachwortschatzes vor-indoeuropäischer Herkunft in der antiken Überlieferung des Griechischen stimmt nicht mit der Auffassung überein, die Indoeuropäer hätten den Ackerbau nach Europa gebracht. Denn danach wäre zu erwarten, daß die gesamte Terminologie der Nutzpflanzenproduktion (außerdem spezialisierter Handwerksbereiche) im Griechischen rein indoeuropäischen Ursprungs wäre.
- Die historisch überlieferten indoeuropäischen Sprachen Anatoliens (Hethitisch, Luwisch, Palaisch, Lydisch, Lykisch u. a.) und der Balkanregion (Griechisch, Illyrisch, Thrakisch u. a.) weisen sowohl altertümliche Erscheinungen als auch Innovationen im grammatischen Bau und im Lexikon auf (Mallory/Adams 1997: 640). Wenn sich diese Sprachen aus dem lokalen proto-indoeuropäischen Kontinuum ausgegliedert hätten, würde man gerade in deren Strukturen die Erhaltung von weit mehr archaischen Eigenschaften erwarten.
- Die Zusammensetzung des antiken griechischen Götterpantheons und die Namen insbesondere der weiblichen Gottheiten

passen nicht zur typischen Tradition der indoeuropäischen Mythologie, wohl aber zum Göttinnenkult der vor-indoeuropäischen Bevölkerung. Die Gestalten von Göttinnen wie Demeter, Cybele-Artemis, Hestia, Athene und Aphrodite sind sämtlich vorgriechisch, ebenso wie die Funktionen, die sie für die Menschen erfüllen (Haarmann 1996a). Auch die Dominanz einer weiblichen Gottheit, von Bendis, als Hauptgöttin bei den Thrakern, sowie die Vielfalt der lokalen Göttinnenkulte bei den Illyrern (Ansotica in Liburnien, Ica und Iria in Flanona, Iutossica in Alvona, Latra in Nedinum) weist auf die Kontinuität vor-indoeuropäischer Traditionen hin (Wilkes 1992: 245 ff.). Hätten Indoeuropäer von Anbeginn in Anatolien und auf dem Balkan gesiedelt, wäre in der mythologischen Überlieferung der Griechen und anderer antiker Völker eine Dominanz männlicher Gottheiten zu erwarten.

- Diejenigen, die die Urheimat der Indoeuropäer in Anatolien suchen, können die uralten kulturellen und sprachlichen Kontakte zwischen Indoeuropäern und Uraliern in der Wolgaregion (westlich des Ural) nicht erklären. Die frühen indoeuropäisch-uralischen Kontakte gehen auf die Zeit des Mesolithikums zurück. Demnach müssen Indoeuropäer bereits im 7. Jahrtausend v. Chr. in der Wolgaregion gelebt haben, können also nicht in jener Zeit aus Anatolien abgewandert sein (siehe Kapitel 7).
- Die Gene der Europäer sind nur zu einem geringen Anteil von den Genen der frühen Ackerbauern geprägt. Ihre Genstrukturen wurzeln größtenteils im Genpool der einheimischen Jäger und Sammler, die Europa vor der Verbreitung des Ackerbaus bevölkerten (Sykes 2001: 165 f.).

Die obigen Widersprüchlichkeiten lösen sich auf, wenn man die Erklärungen zur Urheimat der Indoeuropäer ganz anders ansetzt und somit die Verhältnisse der Balkanregion in einem ganz anderen Licht betrachtet. Folgende Hypothese wird seit einiger Zeit diskutiert: Die alteingesessene, vor-indoeuropäische Bevölkerung in Südosteuropa hat aus eigenem Antrieb einen Wechsel vom Wildbeutertum zur Seßhaftigkeit vollzogen, gleichzeitig aber ihre Sprachen bewahrt. Die Menschen, die sich akkulturierten, standen also (noch) nicht unter dem Einfluß indoeuropäischer Sprachkultur. Die Kenntnis des Ackerbaus ist in diese Region als Ideentransfer über Handelskontakte gelangt. Die Idee wurde aufgegriffen, und es wurde damit erfolgreich experimentiert (siehe Budja 2001: 28 ff. zu Hypothesen über Migration, Kolonisierung und Akkulturation).

Selbst wenn sich für das Neolithikum keine Spuren einer weiträumigen Migration aus Westasien nach Südosteuropa nachweisen lassen und die vor-indoeuropäische Sprachenwelt bis zum Beginn der Bronzezeit im wesentlichen intakt blieb, bleibt dennoch zu fragen, ob es nicht kleinräumige Wanderbewegungen gegeben hat. Die einzige Region, wo mit einer Einwanderung von außen zu rechnen ist, ist die Ebene von Thessalien. Die dort im 7. Jahrtausend v. Chr. entstehenden Siedlungen (Sesklo, Achilleion, Larissa u. a.) sind sehr wahrscheinlich von Ackerbauern gegründet worden, die von der Ostküste des Ägäischen Meeres herübergekommen waren (Whittle 1996: 49 ff.).

### *Zwischen Kaspischem Meer, Wolga und Don?*

Einer der elementarsten Widersprüche im Zusammenhang mit der Suche der indoeuropäischen Urheimat auf dem Balkan ist mit dem wichtigsten Symbol kultureller Identifikation des Indoeuropäertums assoziiert, mit dem Pferd. Dessen Domestizierung begann im 6. Jahrtausend v. Chr. in der südrussischen Steppenlandschaft, wo auch die älteste Kleinplastik gefunden wurde, die Pferde abbildet (um 5000 v. Chr. in der Region von Samara an der mittleren Wolga). Das Pferd ist archäologisch erst nach 2000 v. Chr. in Südosteuropa bezeugt, ebenso von Pferden gezogene Wagen. Das Pferd als Kultursymbol der Indoeuropäer und als Nutztier (zum Tragen von Lasten, als Reittier, als Zugtier von Wagen) gehört zur Periode des Proto-Indoeuropäischen, denn in den Einzelsprachen hat sich ein gemeinsamer Wortstamm dafür erhalten. Dies gilt auch für die Terminologie des Wagens mit Rädern. Einige Beispiele mögen die Verbreitung dieser Elemente des indoeuropäischen Wortschatzes veranschaulichen (nach Mallory / Adams 1997: 273 f., 625, 640):

– Grundbegriff ‹Pferd›:
proto-indoeuropäisch **hekuos* > altind. *ásva-*, altpers. *asa-*, armen. *es*, litau. *asvíenis* ‹Hengst›, altgriech. *hippos*, latein. *equus*, altir. *ech*, got. *aíhva-(tundi)* ‹Brombeere› (wörtl. ‹Pferde-Dorn›), altengl. *eoh*, tochar. B *yakwe* usw.

– Grundbegriffe ‹Wagen› und ‹Gefährt, Karren› (sowie Ableitungen):
proto-indoeuropäisch **ueghnos/*uoghnos/*uoghos* ‹Wagen› > altind. *vahítram*, altgriech. *(f)óchos*, altkirchenslav. *vozu*, altir. *fen*, altnord. *vagn*, altengl. *wægn*, althochdt. *wagan* usw.

– Grundbegriff ‹Rad›:
proto-indoeuropäisch **kwekwlóm/*kwokwlos* > altind. *cakrá-* ‹Rad; Sonnenscheibe›, avest. *caxra*, altgriech. *kuklos*, altnord. *hvel*, altengl. *hweol* usw.

Wenn nun dieser Wortschatz proto-indoeuropäisch ist, die Grundsprache sich aber spätestens um 2500 v. Chr. auflöste und Pferd und Wagen erst nach 2000 v. Chr. in Südosteuropa auftauchten, dann paßt das alles nicht zum Postulat der balkanischen Urheimat. Es paßt aber alles sehr gut zusammen, wenn man das östliche Europa (westlich des Urals) als Urheimat identifiziert. Von dort wurden das Pferd, die Pferdezucht und das Ritualwesen um dieses Tier zusammen mit der entsprechenden Terminologie von den migrierenden Indoeuropäern nach Westen und – rings um das Schwarze Meer – in die Balkanregion transferiert.

Die Daten der linguistischen Rekonstruktion lassen sich relativ zwanglos mit den archäologischen Fakten korrelieren, sofern diese sich auf das Areal der südrussischen Steppe beziehen. Es kommt hinzu, daß die Humangenetik einen alten genetischen «Fingerabdruck» ermittelt hat, dessen Eigenheiten sich in jenem Areal konzentrieren. Die humangenetische Karte weist zudem aus, daß sich die Eigenheiten dieses Genprofils gleichsam wellenförmig nach Westen und Osten ausbreiten (Cavalli-Sforza et al. 1994: 293). Die Annahmen zu den Wanderbewegungen der Indoeuropäer, den sogenannten Kurgan-Migrationen (s. u.), werden somit durch humangenetische Daten untermauert.

Im ursprünglichen Siedlungsgebiet der Indoeuropäer ist eine vielschichtige Abfolge verschiedener Kulturschichten zu erkennen: die Elshan-Kultur des 7. Jahrtausends v. Chr., die Samara-Kultur ca. 6000–5000 v. Chr., die Chvalynsk-Kultur im Steppen- und Waldgürtel der mittleren Wolga zwischen 5000 und 4500 v. Chr., anschließend Srednij Stog ca. 4500–3350 v. Chr. Die Wandlungen, die sich in der materiellen Hinterlassenschaft jener Kulturen spiegeln, deuten auf interne kulturelle Veränderungen, aber nicht auf Einflüsse fremder Bevölkerungsgruppen.

Die indoeuropäischen Populationen haben aber nicht in Isolation gelebt, sondern schon früh in kulturellen und sprachlichen Kontakten mit Nachbarvölkern gestanden (Haarmann 1996c). Zu den ältesten Kontakten gehören die zu den Uraliern in der Waldzone nördlich der indoeuropäischen Urheimat. Die indoeuropäisch-uralischen Kontakte gehen auf das 6. Jahrtausend v. Chr. zurück. Im 5. Jahrtausend v. Chr. setzten die Kontakte der Indoeuropäer mit ihren Nachbarn im Süden, den Kaukasiern, ein. In jene Periode (zwischen ca. 4700 und 4500 v. Chr.) fallen auch die frühen Berührungen indoeuropäischer Steppennomaden mit den Ackerbauern im nordwestlichen Küstengebiet des Schwarzen Meeres, um Durankulak und Varna in Bulgarien (Carpelan/Parpola 2001: 64).

## Baupläne des Proto-Indoeuropäischen

Soweit sich das Proto-Indoeuropäische mit den vergleichenden Methoden der Sprachwissenschaft rekonstruieren läßt, ist festzustellen, daß diese Sprachform des 7. und 6. Jahrtausends v. Chr. ein komplexes Lautsystem besaß (Beekes 1995: 54 ff.). Unterschieden wurden lediglich vier Vokale, dafür war das Inventar der Konsonanten mit fast 30 Einheiten sehr differenziert. Kombinationsregeln machten die Häufung von bis zu drei Konsonanten in Clustern möglich. Eine Besonderheit des Proto-Indoeuropäischen ist das Phänomen des Ablauts, d. h. der systemhaften Veränderung der Lautung in den Silben von Wortstämmen. Ablaut (bzw. Umlaut) tritt in vielen modernen indoeuropäischen Sprachen auf (z. B. dt. *Huhn* : *Hühner*, kymr. *ffordd* (Sg.) : *ffyrdd* (Pl.) ‹Straße›).

Die Rekonstruktionen der indoeuropäischen Grundsprache aus den Vertretern der einzelnen Sprachzweige lassen folgende Schlüsse zu: «Allgemein gilt, daß je früher eine Sprachgruppe dokumentiert ist, desto komplexer ist das ‹Paket› der flektierenden Sprachtechni-

## Lautwandel vom Indoeuropäischen (PIE) zum Germanischen (nach Mallory/Adams 1997: 222)

| PIE | | Germanisch | PIE | Altnordisch | Altenglisch | Gotisch | Althochdeutsch |
|---|---|---|---|---|---|---|---|
| *p | > | f ~ B | *ph$_a$tḗr 'father' | faðir | fæder | fadar | fater |
| *b | > | p | *dheubos 'deep' | djūpr | dēop | diups | tiof |
| *bh | > | b | *bhere/o- 'carry' | bera | beran | baíran | beran |
| *t | > | ~ d | *tuh$_x$ 'thou' | þū | þū | þu | t(h)u |
| *d | > | t | *deiu̯ós 'god' | Tȳr | Tīg | tyz (name of rune) | Ziu 'Mars' |
| *dh | > | d | *dhurom 'door' | dyrr (pl.) | dor | daúr | tor |
| *k̂ | > | h | *k̂m̥tóm 'hundred' | hundrað | hund(red) | hunda (pl.) | hunt |
| *ĝ | > | k | *ĝenu 'jaw, cheek' | kinn | cinn | kinnus | chinne |
| *ĝh | > | g | *ĝheud- 'pour' | gjōta | gēotan | giutan | giozzan |
| *k | > | h | *kap- 'seize, hold' | hafa | habban | haban | habēn |
| *g | > | k | *h$_a$eug- 'increase' | auka | ēacian | aukan | ouhhōn |
| *gh | > | g | *ghordhos 'enclosure' | garðr | geard | gards | gart |
| *k$^w$ | > | hw | *k$^w$ód 'what' | hvat | hwæt | ƕa | (h)waz |
| *g$^w$ | > | kw | *g$^w$éneh$_a$-n- 'woman' | kona | cwene | qinō | quen |
| *g$^w$h | > | gw ~ w | *g$^w$hn̥-to/eh$_a$- 'striking' | gunnr ~ guðr | gūþ | – | gund- |
| | | | *g$^w$hermos 'warm' | varmr | wearm | warmjan | warm |
| *s | > | s | *seh$_1$- 'sow' | sā | sāwan | saian | sā(w)en |
| *i̯ | > | y | *i̯ugóm 'yoke' | ok | geoc | juk | joh |
| *u̯ | > | w | *u̯éh$_1$ntos 'wind' | vindr | wind | winds | wint |
| *m | > | m | *meh$_a$tēr 'mother' | mōðir | mōdor | – | muoter |
| *n | > | n | *nū 'now' | nū | nū | nu | nū |
| *l | > | l | *lese/o- 'pick out' | lesa | lesan | lisan | lesen |
| *r | > | r | *h$_1$roudhos 'red' | rauðr | rēad | rauþs | rōt |
| *m̥ | > | um | *k̂m̥tóm 'hundred' | hundrað | hund(red) | hunda (pl.) | hunt |
| *n̥ | > | un | *dn̥g$^w$heh$_a$-n- 'tongue' | tunga | tunge | tuggō | zunga |
| *l̥ | > | ul | *u̯l̥k$^w$os 'wolf' | ulfr | wulf | wulfs | wolf |
| *r̥ | > | ur | *u̯r̥dhom 'word' | orð | word | waúrd | wort |
| *i | > | i | *u̯idmés 'we know' | vitom | witom | witum | wizzo |
| *ī | > | ī | *suih$_x$nos 'swine' | svīn | swīn | swein | swīn |
| *e | > | e | *h$_1$ek̂u̯os 'horse' | jōr | eoh | aíƕa- | OSax ehu- |
| *ē | > | ē | *seh$_1$- 'sow' | sā | sāwan | saian | sā(w)en |
| *a | > | a | *h$_a$eĝros 'field' | akr | æcer | akrs | achar |
| *ā | > | ā | *bhreh$_a$tēr 'brother' | brōðir | brōðor | brōþar | bruoder |
| *o | > | a | *ghordhos 'enclosure' | garðr | geard | gards | gart |
| *ō | > | ā | *dhoh$_1$mos 'setting down' | dōmr | dōm | dōms | tuom |
| *u | > | u | *dhug(h$_a$)tēr 'daughter' | dōttir | dohtor | daúhtar | tohter |
| *ū | > | ū | *nū 'now' | nū | nū | nu | nū |
| *h$_1$ | > | ø | *h$_1$ésti 'is' | es | is | ist | ist |
| *h$_2$ | > | ø | *h$_2$óu̯is 'sheep' | ær | ēowu | awistr | ouwi |
| *h$_3$ | > | ø | *h$_3$ok$^w$-on- 'eye' | auga | ēage | augō | ouga |
| *h$_4$ | > | ø | *h$_4$órĝhos '(sexually) mounted' | argr | earg | – | arg |

ken. Dies und der Sachverhalt, daß viele indoeuropäische Sprachen eine Reduktion des Bestandes ihrer flexivischen Elemente im Lauf ihrer Geschichte zeigen, stärkt die Überzeugung der Forscher, daß das Proto-Indoeuropäische selbst hochgradig flektierend war» (Mallory/Adams 1997: 464).

Die Grundsprache unterschied drei grammatische Genera (maskulin, feminin, neutral), die sich mit den Substantiven systemhaft assoziierten. Dies besagt, daß die Geschlechtsunterschiede der lebenden Dinge als natürliche Genera markiert waren, darüber hinaus aber auch andere Ausdrücke ohne natürliches Geschlecht entsprechende Unterschiede aufwiesen (z. B. dt. *Wand* ist feminin, *Boden* maskulin, *Feld* neutral). Manche Grundbegriffe treten in den indoeuropäischen Einzelsprachen mit unterschiedlichem Genus auf, ohne daß dies bisher erklärt werden könnte. Dies gilt beispielsweise für die Benennung der Sonne, deren Genus im Altindischen (*sura/surya*), Griechischen (*helios*) und im Lateinischen (*sol*) maskulin ist, feminin dagegen im Germanischen (dt. *Sonne*, altnord. *sunna*), im Baltischen (litau. *saule*) und im Keltischen (altir. *suil* ‹Auge› als metaphorische Ableitung von der Bedeutung ‹Sonne›). Neutrales Genus gilt für das Slavische (altkirchenslav. *slunice*, russ. *solnce*, andererseits mit femininem Geschlecht im poetischen Sprachgebrauch).

In der Nominalflexion wurden acht Kasus (Nominativ, Genitiv, Dativ, Lokativ, Ablativ, Instrumental und Vokativ) unterschieden.

**Verwandtschaftsbeziehungen indoeuropäischer Sprachen im grammatischen Bau,** Beispielwort ‹*Zahn*› (nach Baldi 1987: 26)

| | *Sanskrit* | *Griechisch* | *Lateinisch* | *Gotisch* | *Litauisch* |
|---|---|---|---|---|---|
| Sg. | | | | | |
| Nom. | dán | odṓn | dēns | *tunþus | dantìs |
| Gen. | datás | odóntos | dentis | *tunþáus | dantiẽs |
| Dat. | daté | odónti | dentī | tunþáu | dañčiui |
| Akk. | dántam | odónta | dentem | tunþu | dañtį |
| Abl. | datás | | dente | | |
| Lok | datí | | | | dantyjè |
| Instr. | datā́ | | | | dantimì |
| Vok. | dan | odṓn | dēns | * tunþu | dantiẽ |
| Pl. | | | | | |
| Nom. | dántas | odóntes | dentēs | * tunþjus | dañtys |
| Gen. | datā́m | odóntōn | dentium | tunþiwē | dantų̃ |
| Dat. | dadbhyás | odoũsi | dentibus | tunþum | dantìms |
| Akk. | datás | odóntas | dentēs | tunþuns | dantìs |
| Abl. | dadbhyás | | dentibus | | |
| Lok | datsú | | | | dantysè |
| Instr. | dadbhís | | | | dantimìs |
| Vok. | dántas | odóntes | dentēs | * tunþjus | dañtys |

Im Verbsystem des Proto-Indoeuropäischen wurden Zeitbezüge (grammatische Tempora zur Darstellung der Zeitstufen) und Aspekte (siehe unten zum Schriftlateinischen) zum Ausdruck gebracht. Es lassen sich drei Modi (Indikativ, Imperativ und Optativ) mit Sicherheit rekonstruieren. Ob es auch einen vom Optativ (Wunschform) formal unterschiedenen Subjunktiv oder Konjunktiv (Möglichkeitsform) gab, ist nicht eindeutig geklärt.

Die Wortfolge im stilistisch neutralen Satz war möglicherweise SOV. Dies ist jedenfalls dasjenige Muster, das in den alten Textüberlieferungen für indoeuropäische Einzelsprachen am häufigsten auftritt. Das Keltische (VSO) und Slavische (VSO) sowie das Albanische (SVO) weichen allerdings ab.

Die Sprachtechniken des Proto-Indoeuropäischen illustrieren einen reichen Bestand an grammatischen Formen und lassen insgesamt den hohen Grad an Synthetismus im Sprachbau erkennen. In den Sprachzweigen des Indoeuropäischen und in deren Einzelsprachen hat sich die Wirkung flektierender Sprachtechniken graduell abgeschwächt. Eine Sonderstellung nehmen hier die slavischen Sprachen ein, wo sich eine Entwicklung in die andere Richtung erkennen läßt. Revzina (1969: 88) hat als erster darauf hingewiesen, daß die meisten Suffixe des Indoeuropäischen aus jeweils einem Phonem bestehen, während im Urslavischen Suffixe mit zwei Phonemen dominieren und sich die Suffixe in den modernen slavischen Sprachen aus zwei bis vier Phonemen zusammensetzen. Die slavischen Sprachen illustrieren also das Phänomen eines Anwachsens der Substanz formativer Elemente, und hierin manifestiert sich eine maximale Verstärkung des synthetischen Prinzips. Der Synthetismusindex des Altkirchenslavischen (2,29) liegt sogar höher als der des Finnischen (2,22) (siehe Kapitel 1 zur Opposition von Analytismus und Synthetismus im Sprachbau, S. 49 ff.).

In anderen Gruppierungen indoeuropäischer Sprachen treten solche Diskrepanzen nicht kollektiv – also gleichsam charakteristisch für ganze Sprachzweige – auf. Die Entwicklung vom altindischen zum mittelindischen Sprachstadium zeigt selektiv eine Zunahme des Synthetismus (beispielsweise im Pali). Es gibt allerdings auch Fälle einer extremen Verstärkung flektierender Sprachtechniken, sogar mit einer seltenen Transformation zum polysynthetischen Sprachtyp. Eine solche radikale Transformation ist bisher nur für eine Variante des Pali nachgewiesen worden, und zwar für die

Sprachform des kanonischen Textes «Dhammapada», der im 4. Jahrhundert n. Chr. in Nordindien entstand und als das berühmteste Werk des frühen Buddhismus gilt.

Für die stark abweichende mittelindische Variante des «Dhammapada» ist ein Synthetismusindex von 3,30 errechnet worden (Elizarenkova/Todorov 1976: 245). Auch einige andere Varianten des Pali illustrieren einen deutlichen Trend zum verstärkten Synthetismus. Der Synthetismusindex für Werke wie den «Visuddhimagga» (2,81) und den «Mahavamsa» (2,85) liegt weit über dem Wert des Sanskrit (2,59). Es gilt festzustellen, daß die Zunahme des Synthetismus zum Stadium des Polysynthetismus im Kontext des Pali kein isoliertes Phänomen in der Sprachenlandschaft Indiens ist. Polysynthetismus ist dort ansonsten in der Strukturtypik der dravidischen Sprachen vertreten (z. B. Tamil: 3,18).

Von den indoeuropäischen Sprachen Europas sind das Litauische (als Vertreter des Baltischen) und das Isländische (als Vertreter des Germanischen) besonders konservativ. Hier hat sich ein hoher Grad an ursprünglichem Synthetismus bewahrt. Die Abschwächung des Synthetismus im Entwicklungsprozeß hin zum modernen Sprachstadium der anderen indoeuropäischen Sprachen in Europa, wie der romanischen und germanischen Sprachen, zeigt den Trend von flektierenden zu isolierenden Sprachtechniken im Sinn der zyklischen Theorie auf. Insofern ist Analytismus hier tatsächlich ein Indiz für eine progressive Entwicklung in der typologischen Transformation.

In der Retrospektive gilt demnach, daß analytische Tendenzen bei den indoeuropäischen Sprachen mit ihrer flektierenden Architektur eindeutig sekundäre Innovationen sind. Die graduelle Verstärkung des Analytismus kann berechtigterweise als Indiz für die Transformation vom hoch entwickelten flektierenden Typ mit seinen synthetischen Techniken in Richtung auf den isolierenden Typ gewertet werden.

## Die sprachlich-kulturelle Indoeuropäisierung Europas

Die ökologischen Bedingungen für die Verbreitung von Sprachen sind nicht selten komplexer als im Fall von Umweltveränderungen. Entscheidende Anstöße für Wanderbewegungen von Populationen können aus der Humanökologie kommen, d. h. aus der Art und Weise, wie Menschen auf wirtschaftliche Herausforderungen und soziopolitische Impulse reagieren. Die Kollision der Weltanschauungen von frühen Ackerbauern und Viehnomaden im Osten Europas war für weiträumige Migrationsbewegungen verantwortlich, als deren Folge sich indoeuropäische Sprachen über ganz Europa verbreitet haben. Die Sprachgeschichte dieses Kontinents ist charakterisiert durch dessen sukzessive Indoeuropäisierung.

Langzeitwirkungen für die Humanökologie im östlichen Europa gingen von drei aufeinanderfolgenden Naturereignissen aus, die die natürliche Umwelt tiefgreifend veränderten und die Menschen zur Verbesserung ihrer Technologien herausforderten. Eine Art Kettenreaktion wurde durch die Schwarzmeerkatastrophe um 6700 v. Chr. ausgelöst, als die Landbrücke zwischen Europa und Asien brach und die Wassermassen des Mittelmeeres den jenseits der Landbrücke liegenden Süßwassersee überfluteten. Damals entstand die Meerenge des Bosporus als Zugang zum Schwarzen Meer (Ryan et al. 2003, Haarmann 2003a).

Nur wenige hundert Jahre nach der Entstehung des Schwarzen Meeres erfolgte eine Klimaverschlechterung. Um 6200 v. Chr. setzte eine Kälteperiode ein, die von Geologen als «kleine Eiszeit» bezeichnet worden ist. Diese Klimaschwankung brachte kühles und trockenes Wetter mit geringeren Regenmengen. Die natürliche Umwelt veränderte sich, der größte Teil Südosteuropas wurde von Wäldern bedeckt, die die Ausbreitung des Ackerbaus behinderten. Um 5800 v. Chr. schlug das Klima in sein Gegenteil um, in eine Wärmeperiode mit mehr Niederschlägen als während der Kältezeit, und innerhalb weniger Generationen waren die Wälder einer weiten Graslandschaft gewichen, auf der sich der Ackerbau rasanter als vorher verbreiten konnte.

In Südosteuropa entstand in jener Zeit (um 5500 v. Chr.) die älteste Zivilisation der Welt, die Donauzivilisation, die ihren Namen nach der Vielzahl der Siedlungen im Tal jener großen Wasserstraße erhalten hat, die Zentraleuropa mit dem Schwarzen Meer verbindet. Die Träger dieser Zivilisation waren keine Indoeuropäer. Die damalige agrarische Population in Südosteuropa und rings um das Ägäische Meer unterschied sich deutlich nach ihrem genomischen Profil (von Genetikern als «mediterraner Genotyp» ausgewiesen) von der sie umgebenden Bevölkerung (Cavalli-Sforza 1996: 63). Im Milieu der Donauzivilisation entstanden Großsiedlungen – seit dem 5. Jahrtausend v. Chr. im Gebiet der Cucuteni-Kultur mit urbaner Infrastruktur –, ältere Technologien wurden verbessert und verbreiteten sich (z. B. die Keramikproduktion mittels Brennöfen und Töpferscheibe, das Weben mit dem senkrechten Webstuhl), und man experimentierte mit neuen Technologien (z. B. der Verarbeitung von Kupfer und Gold mit verschiedenen Hämmer- und Schmelztechniken). Die Donauzivilisation hat auch die älteste Schrifttechnologie hervorgebracht (Haarmann 2003a: 97 ff.).

### *Die Migrationen von Indoeuropäern*

Die größte Migrationsbewegung in der demographischen Geschichte Europas ist ausgelöst worden durch die Kollision der nahrungsproduzierenden Wirtschaftsform mit dem Viehnomadentum in Osteuropa. Diese Kollision verursachte soziopolitische Erschütterungen, die auch den Niedergang der Donauzivilisation bedingten. Bereits im 7. Jahrtausend v. Chr. hatte das trockene Klima nördlich des Schwarzen Meeres zur Versteppung der Landschaft geführt. Damals ist die südrussische Steppe entstanden. Die Menschen der Region paßten ihre Lebensweisen der kargen Umgebung an, sie wurden Viehnomaden. Zuerst wurde das Pferd domestiziert, dann der wilde Stier (Ur), die Ziege und das Schaf. Die Kultur der frühen Viehnomaden unterschied sich deutlich von der der weiter nördlich lebenden uralischen Wildbeuter. Diese Viehnomaden waren Indoeuropäer.

Seit Beginn des 5. Jahrtausends v. Chr. standen die Viehnomaden an der westlichen Peripherie ihres Weidelandes im Kontakt mit Ackerbauern (Chapman 2002). Der Steppenboden war wenig ergiebig, und für ausreichende Ernteerträge brauchte man größere Anbauflächen als auf den fruchtbaren Böden weiter im Westen. Das Anbaugebiet dehnte sich allmählich in die Region aus, durch die die Viehnomaden mit ihren Herden zogen, und deren Weideflächen wurden nach und nach eingeengt.

Die Folge war ein unvermeidbarer Konflikt zwischen Viehnomaden und Ackerbauern. In Osteuropa entfaltete sich ein ähnliches Szenario, wie es aus der Zeit der Weidekriege in Nordamerika während des 19. Jahrhunderts bekannt ist. Ausgelöst durch den Siedlungsdruck der nicht-indoeuropäischen Ackerbauern von Westen her wurde die nomadische Bevölkerung weiter im Osten zu sukzessiven Migrationsschüben veranlaßt. Diese weiträumigen Wanderbewegungen der Viehnomaden werden in Anlehnung an die sichtbaren Zeichen der Totenbestattung ihrer Kriegerelite, monumentale Grabhügel (*kurgan* genannt), als «Kurgan-Migrationen» bezeichnet.

Die von Marija Gimbutas (1977, 1980, 1991a: 351 ff.) entwickelte Hypothese der mit der Kulturstufe der Kurgan-Leute assoziierten Migrationen der Indoeuropäer rief eine lebhafte Kontroverse hervor. Die Annahmen von weiträumigen Migrationen wurden vielfach kritisiert und von einigen Forschern gänzlich verworfen. In den vergangenen Jahren sind die Migrationen der Indoeuropäer allerdings durch neue Funde bestätigt worden, so daß die Kurgan-Hypothese heute von vielen Indoeuropäisten als die wahrscheinlichste aller Deutungen der Indoeuropäisierung Europas angesehen wird (Mallory/Adams 1997: 338 ff., Dergachev 2002).

**Die drei Kurgan-Migrationen**

- Migration der ersten Welle (Kurgan I): zwischen ca. 4500 und 4300 v. Chr.; Zielgebiete: Areal der Suvorovo-Kultur (Moldawien, Unterlauf der Donau in Rumänien, Nordost-Bulgarien), Donautal, Südungarn
- Migration der zweiten Welle (Kurgan II): ca. 3500 v. Chr.; Zielgebiete: Inlandgebiete auf dem Balkan jenseits der Flußtäler, Vordringen bis in die Alpenregion
- Migration der dritten Welle (Kurgan III): ca. 3100–2900 v. Chr.; Zielgebiete: Adriaküste, Albanien, Nord- und Ostseeküste, Baltikum und Südskandinavien

Mit der dritten Welle gelangten Indoeuropäer bis nach Albanien und Nordgriechenland. Dort überlagerte ihre Kultur die der alteingesessenen Bevölkerung. In der Periode zwischen 2300 und 2200 v. Chr., d. h. gegen Ende der frühhelladischen Periode (Frühhelladisch III), fand der entscheidende kulturelle Umbruch statt. In jener Region bildete sich damals ein bestimmtes ethnokulturelles Profil aus, das spätere Griechentum.

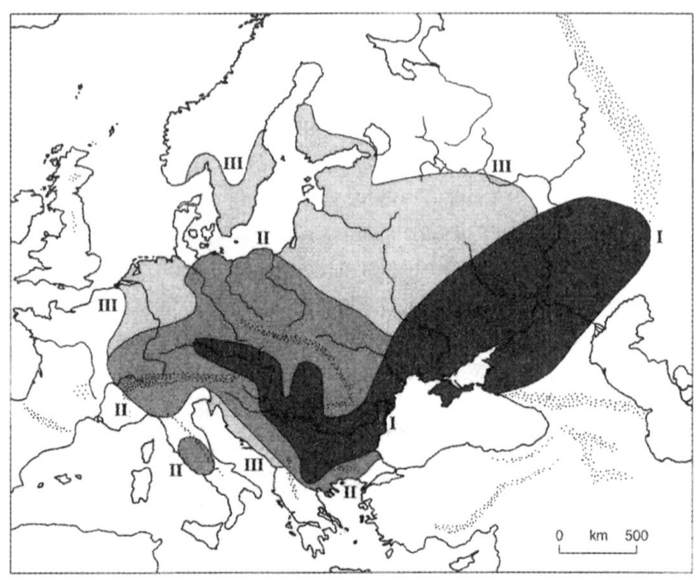


*Die Verbreitung indoeuropäischer Sprachen in Europa über die Kurgan-Migrationen I, II und III (nach Mallory/Adams 1997: 339)*

## Kontakte mit vor-indoeuropäischen Populationen

Überall in Mittel-, Nord- und Westeuropa, wohin indoeuropäische Migranten gelangten, trafen sie auf vor-indoeuropäische Populationen. Diese wurden allmählich verdrängt oder assimiliert, oder es entstanden regionale Mischkulturen. Der Prozeß der Indoeuropäisierung war kein einheitlicher Mechanismus, der überall gleichsam automatisch eingesetzt hätte, und in dessen Verlauf die vor-indoeuropäischen Sprachen ersetzt und die einheimischen Kulturen überformt worden wären. Vielmehr entfalteten sich intensive Kontakte, die sprachlich-kulturelle Fusionsprozesse unter spezifisch regionalen Bedingungen auslösten. In Abhängigkeit davon, welche Wechselwirkungen zwischen der einheimischen Sprachkultur und der der zuwandernden Indoeuropäer zum Tragen kamen, kann man vier Grundmuster der sprachlich-kulturellen Indoeuropäisierung unterscheiden:

– Eine kleine Gruppe indoeuropäischer Steppennomaden etablierte sich in einer Region mit vor-indoeuropäischer, agrarischer Bevölkerung als Elite, heiratete in einheimische Familien mit Sozialstatus ein und stabilisierte auf diese Weise die neue Sozialhierarchie und die politischen Machtverhältnisse. Die archäologische Hinterlassenschaft der reich ausgestatteten Nekropole bei Varna aus der Zeit zwischen ca. 4500 und 4300 v. Chr. weist auf einen solchen Wandel. Da die Sprache der Elite im allgemeinen höheres Prestige genießt als die Sprache der «Beherrschten», überlagerte die Sprachform der indoeuropäischen Elite das bodenständige Idiom. Ähnliche Szenarien entfalteten sich in Südosteuropa. Zwar dominierten im Endeffekt indoeuropäische Sprache und Kultur, die bodenständigen Regionalkulturen hinterließen aber ihre Spuren, in Form einer größeren Anzahl von Substratwörtern (s. o. zum Griechischen) und in Gestalt von Kulturmustern (z. B. die Revitalisierung des vor-indoeuropäischen Göttinnenkults im Pantheon der «starken Frauen» der griechischen Mythologie: Demeter, Hestia, Athene, Artemis, Aphrodite).
– Die Steppennomaden akkulturierten sich in ihren neuen Siedlungsgebieten und wurden selbst Ackerbauern. Indoeuropäische «Jungagrarier» weiteten die Anbaugebiete aus und traten in Kontakt mit vor-indoeuropäischen Jäger- und Sammlerkulturen, wie beispielsweise im Baltikum mit ostseefinnischen Populationen. Der Brauch des exogamischen Brautkaufs brachte Frauen der Wildbeuter zu den Ackerbauern, deren Sprache und Kultur prestigemäßig dominierten. Auch wenn die Ackerbauern keine politische Kontrolle über die Gemeinschaften der Jäger und Sammler ausübten, öffnete sich deren Sprachkultur bereitwillig den Einflüssen der agrarischen Bevölkerung. Das Ergebnis dieser engen Sozialkontakte waren Zweisprachigkeit und eine massive Beeinflussung der nicht-indoeuropäischen Sprachformen (siehe Kapitel 7 zu den Kontakten mit Uraliern).
– In solchen Gebieten, wo Indoeuropäer in größerer Zahl einwanderten, entstanden Mischkulturen, in denen nicht-indoeuropäische Kulturmuster ebenso stark vertreten waren wie indoeuropäische. Dies trifft auf die Sprachkultur der Keltiberer im Norden Spaniens zu, in der nicht-indoeuropäische (= iberische) und indoeuropä-

ische (= keltische) Elemente fusionierten (Cunliffe 1997: 133 ff.). Keltische Siedler lebten seit dem 6. Jahrhundert v. Chr. auf der Iberischen Halbinsel. Die iberische Kultur hat die hispanisch-keltische entscheidend beeinflußt. Die östliche Variante der iberischen Schrift wurde zur Schreibung des Keltischen verwendet. Seit dem 4. Jahrhundert v. Chr. bestanden stadtähnliche Großsiedlungen. Im 2. Jahrhundert. v. Chr. waren Keltiberer und Römer in jahrzehntelange Kämpfe verstrickt. Im Jahre 133 v. Chr. schließlich eroberten die Römer die letzte keltiberische Festung, Numantia (nordöstlich von Soria auf der spanischen Meseta).

- Die tiefgreifendsten Auswirkungen hatten die kombinierten Einflüsse agrarischer Siedler in vor-indoeuropäischen Siedlungsgemeinschaften unter der Ägide imperialer politischer Kontrolle. Dies waren die Bedingungen, die die römische Zentralmacht in den Provinzen des Imperium Romanum schuf. Die italischen Siedler, die in viele Regionen abwanderten und neue Wohnsitze fanden, waren gleichsam die Instrumente der römischen Assimilationspolitik nicht-römischer Völker. Die Langzeitwirkungen auf die vor-indoeuropäischen Sprachen und Kulturen (z. B. der Aquitanier in Frankreich, der Kantabrer, Iberer und Lusitanier in Spanien, der Ligurer, Camuner, Räter und Etrusker in Italien) waren durchgreifend.

Die vorrömische Bevölkerung akkulturierte sich, nahm römische Lebensweisen an und vollzog nach wenigen Generationen auch einen Sprachwechsel zum Lateinischen. Im Verlauf des Romanisierungsprozesses verloren zahlreiche Völker ihre Identität (s. u. zur Rolle des Sprechlateins in den Regionen des Imperium Romanum). Gegen Ende der Antike waren die meisten vorrömischen Völker – darunter auch viele indoeuropäische Altvölker – aufgegangen in der sie umgebenden romanisierten Mehrheitsbevölkerung. Das Volkstum anderer wie der Belgen, Helvetier, Thraker, Daker und Gallier hielt sich in Resten noch bis ins frühe Mittelalter. Aus der ethnischen Fusion der Illyrer mit der romanisierten Bevölkerung an der Adriaküste entstand im Frühmittelalter das Volkstum der Albaner.

## Die Ausgliederung in regionale Sprachzweige

Das Verbreitungsgebiet indoeuropäischer Völker und Sprachen erstreckt sich von Westeuropa bis in den Indischen Subkontinent. Im Laufe der Expansion hat sich der ursprüngliche proto-indoeuropäische Komplex zunehmend aufgelöst, und es bildeten sich regionale Schwerpunkte mit kultureller und sprachlicher Sonderentwicklung heraus. Die endgültige Auflösung der proto-indoeuropäischen Grundsprache und die Spaltung in regionale Sprachzweige kann nicht später als ca. 2500 v. Chr. erfolgt sein. Dafür sprechen archäologische Funde in den Expansionsgebieten, die lokale Besonderheiten aufweisen, und Erkenntnisse der Lexikostatistik über Spaltungsprozesse, die als ein Abdriften von Elementen des Wortschatzes (d. h. vom Lautstand und den Stammformen der Grundsprache) in den Regionalsprachen zu erkennen sind.

Die Periode einer einheitlichen Grundsprache (ca. 7000 – ca. 2500 v. Chr.) hat nach der absoluten Zeit ebenso lange angedauert (nämlich rund 4500 Jahre) wie die Ausgliederungsprozesse in Zweige und deren Einzelsprachen bis heute (d. h. von 2500 v. Chr. bis heute). Allerdings ist davon auszugehen, daß sich die für die Zeit nach 2500 v. Chr. nachweisbaren Spaltungen bereits früher angebahnt haben, auch wenn es dafür keine Dokumentation gibt. Die Abspaltung neuer Einzelsprachen ist bis in unsere Zeit zu beobachten (z. B. die Konsolidierung des Serbischen, Kroatischen und Bosnischen aus dem Standard des Serbokroatischen in den 1990er Jahren).

Die Sprachzweige (d. h. die indischen, iranischen, anatolischen, italischen, germanischen, keltischen, romanischen, slavischen, baltischen Sprachen sowie diejenigen Sprachen, die jeweils einen eigenen Zweig repräsentieren wie Griechisch, Armenisch, Tocharisch u. a.) haben sich in einem regional spezifischen Rhythmus ausgegliedert (Mallory/Adams 1997: 586). Die Spaltungsprozesse der sich ausgliedernden Gruppierungen setzten spätetens vor 1000 v. Chr. ein, in den meisten Fällen vor 2000 v. Chr. Die slavischen Sprachen differenzierten sich allerdings erst ab etwa 600 n. Chr. aus, und der baltische Sprachzweig spaltete sich in individuelle Einzelsprachen erst nach 1000 n. Chr.

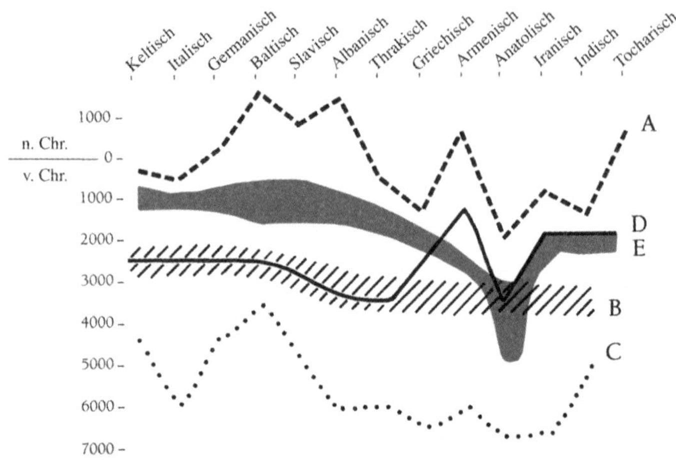


*Die Ausgliederung regionaler Kulturkomplexe und Sprachzweige des Indoeuropäischen (nach Mallory/Adams 1997: 586)*

*Erläuterungen der Siglen:*
*A – Früheste Dokumentation regionaler Sprachzweige*
*B – Endphase des Proto-Indoeuropäischen vor der Spaltung in regionale Sprachzweige*
*C – Beginn des Neolithikums in den Regionen mit indoeuropäischen Populationen*
*D – Frühestes Auftreten von Indoeuropäern in einzelnen Regionen (nach dem Modell der Kurgan-Migrationen)*
*E – Zeitpunkt der Ausgliederung regionaler Sprachzweige (z. B. Proto-Keltisch, Proto-Germanisch, Anatolisch)*

### *Verwandtschaftsverhältnisse und Gliederungsmuster*

Es liegt nahe, sich nach möglichen Konstellationen der Sprachzweige zu fragen, insbesondere im Hinblick darauf, ob sich weitere und nähere Verwandtschaftsverhältnisse oder sogar mögliche Zwischenformen im Ausgliederungsprozeß ausmachen lassen. Der Enthusiasmus, der die indoeuropäische Sprachforschung noch bis in die Mitte des 20. Jahrhunderts beseelte, solche Konstellationen auszuleuchten, ist einer berechtigten Skepsis gewichen. Viele scheinbar schlüssige Postulate über engere Verwandtschaften benachbarter Sprachgruppen des Indoeuropäischen sind inzwischen aufgegeben worden, da sich oft andere Erklärungen fanden.

Beispielsweise ist es problematisch, eine frühe balto-slavische Einheit zu postulieren (Mallory/Adams 1997: 48 f.). Zwar muten die Strukturierung des Verbsystems in den baltischen und slavischen Sprachen mit der Grammatisierung von Aspekt- und Tempuskategorien sowie die Akzentverhältnisse (Existenz eines freien Akzents) wie die Bewahrung eines alten Spracherbes aus proto-indoeuropäischer Zeit an. Andererseits unterscheiden sich die Sprachen beider Zweige merklich in ihrem Wortschatz. Hätten das Baltische und Slavische eine lange gemeinsame Entwicklung durchgemacht, würde man mehr lexikalische Gemeinsamkeiten erwarten. Die Ähnlichkeiten im Sprachbau können durchaus das Ergebnis von Prozessen sprachlicher Angleichung im Sprachkontakt sein. Auf langzeitige nachbarschaftliche Beziehungen deuten jedenfalls die alten Orts- und Gewässernamen im Baltikum und im Nordwesten Rußlands (Pospelov 1999).

Andere Postulate über engere Beziehungen zwischen den Sprachzweigen, die inzwischen aufgegeben wurden, sind die über eine ursprüngliche Einheit des Keltischen und Italischen, die von einigen Forschern (Gamkrelidze/Ivanov 1995) auf das Griechische und Albanische und sogar auf das Tocharische ausgedehnt wurde, sodann die des Germanischen und Keltischen, die des Armenischen und Indo-Arischen. Neuerlich ist über eine mögliche Einheit zwischen dem Anatolischen und den Sprachen des indo-iranischen Sprachzweigs diskutiert worden (Trask 2000: 165). Einige sehen in einer solchen Einheit (erweitert durch eine postulierte «balkanische» Komponente) überhaupt die Basis, von der aus sich die übrigen Sprachzweige des Indoeuropäischen abgespalten haben (Zvelebil 2002). Alle diese Annahmen sind eher spekulativ als hypothetisch und haben die Hauptströme der Forschung nicht berührt.

Andererseits gelten bestimmte Postulate als gesichert, wie das einer indo-iranischen Einheit, denn «niemand hat je bezweifelt, daß einmal eine mehr oder weniger uniforme proto-indo-iranische Zwischenform im Zeitintervall zwischen dem Proto-Indoeuropäischen und dem attestierten Indischen und Iranischen existiert hat» (Mallory/Adams 1997: 552). Akzeptiert wird bis heute auch, daß das

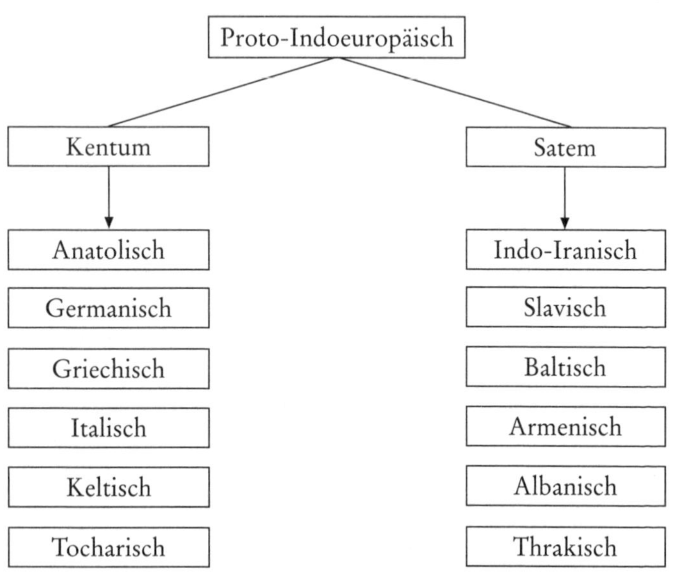


*Die Differenzierung in Kentum- und Satem-Sprachen (nach Zinko 2005: 27 ff.)*

Illyrische und Messapische eine engere Einheit bilden. Zweifellos standen sich auch das Griechische und Mazedonische nahe. Ob sich diese Nähe als mögliche Ausgliederung aus einer *gräko-mazedonischen Protoform oder als Abspaltung des Mazedonischen von einer prinzipiell griechischen Stammform erklärt, wird wohl nie beantwortet werden können, und zwar einfach deshalb, weil das Mazedonische nur spärlich überliefert ist.

Unerklärt sind bis heute einige Phänomene einer möglichen engeren Verwandtschaft zwischen dem Baltischen und dem Thrakischen. Abgesehen vom gemeinsamen sprachlichen und kulturellen Erbe aus proto-indoeuropäischer Zeit gibt es einige auffällige Parallelen wie beispielsweise die Übereinstimmung des thrakischen Götternamens *Perkon* (Beiname des thrakischen Reitergottes Heros) mit dem baltischen *Perkunas* (Donnergott).

Im Prozeß der Ausdifferenzierung des Indoeuropäischen in Sprachzweige sind elementare Gliederungsmuster zu erkennen. Im Hinblick auf die unterschiedliche Entwicklung der stimmlosen palatalen Konsonanten des Proto-Indoeuropäischen werden die Sprachen in zwei Großgruppen eingeteilt, in die sog. Kentum- und Satem-Sprachen. Diese Benennung orientiert sich an der unterschiedlichen Lautentwicklung des Wortes für ‹100› in den indoeuropäischen Sprachen: proto-indoeuropäisch **kmtóm* > avest. *satem*, altind. *satam*, altbulgar. *s'to*, lit. *simtas* versus latein. *centum*, griech. *hekaton*, got. *hund*, altir. *cet*.

Die folgende Übersicht über die einzelnen Sprachzweige basiert im wesentlichen auf chronologischen, nicht geographischen Kriterien, sie reicht von der frühen Ausgliederung des Indo-Iranischen im 3. Jahrtausend v. Chr. bis zum Tocharischen im Verlauf des Mittelalters.

### *Indo-Iranisch*

Der erste sprachlich-kulturelle Komplex des Indoeuropäertums, der sich ausgliederte, war der der Arier. Diese nannten sich seit altersher *Arya*. Davon leiten sich die Fremdbenennungen in anderen Sprachen ab (z. B. dt. Arier, engl. Aryans, französ. Aryens). Die Arier sind als Indo-Arier seit ihrer Immigration in den Indischen Subkontinent im 17. Jahrhundert v. Chr. bekannt. Diese «Neuinder», die vor allem den Norden Indiens bevölkerten, drängten die vor-indoeuropäische Bevölkerung nach Süden und Osten ab. Dies waren die Draviden und die Adivasi, die Ureinwohner.

Die Vorgeschichte der Indo-Arier beginnt um 2800 v. Chr. in der Steppenregion Südrußlands und im nördlichen Vorland des Kaukasus. Dort hatte sich um jene Zeit ein regionaler Kulturkomplex der Indoeuropäer ausgebildet, der sich archäologisch als Katakombengräberkultur charakterisieren läßt. Die Träger dieser Kultur, die Proto-Arier, waren Viehnomaden. Die herausragenden Erkennungsmerkmale ihrer Kultur waren die Verwendung des Pferdes und des Wagens. Sie standen im Kontakt mit den Uraliern in der Waldzone Nordeuropas. Zu den alten proto-arischen Lehnwörtern in den finnisch-ugrischen Sprachen gehört u. a. das Zahlwort für ‹100› (vgl. finn. *sata*, ungar. *száz* : Sanskrit *sata*).

Um 2000 v. Chr. gliederte sich der proto-arische Komplex weiter aus in einen westlichen Komplex (Iranisch) und in einen östlichen

Komplex (Indo-Arisch bzw. Indisch). Die östlichen Arier wanderten durch Zentralasien und über das östliche iranische Hochland bis nach Indien. Die von der herrschenden Elite des Reiches von Mitanni, das zwischen 1500 und 1350 v. Chr. im nördlichen Mesopotamien bestand und das sich im Euphratbogen ausdehnte, verwendeten Namen (z. B. Artatama, Parrattarna, Shuttarna) deuten auf die Präsenz von Ariern hin (Kuhrt 1995: 283 ff.). Deren Sprachform wird Mitanni-Indisch genannt.

Der indische Sprachzweig ist allgemein wegen seiner alten Kultursprache bekannt geworden: Das Sanskrit, eine Variante des Altindischen, ist schon seit dem 5. Jahrhundert v. Chr. als Schriftsprache verwendet worden. Die älteste der in der Literatur überlieferten indischen Sprachen ist allerdings das Vedische, die andere Variante des Altindischen. Das monumentale Werk des Schrifttums in Vedisch ist der Rig-Veda (*veda* bedeutet ‹Wissen›), eine Sammlung von Hymnen, deren Inhalt als Teil der mündlichen Überlieferung zwischen 1200 und 1000 v. Chr., wenn nicht sogar früher, entstanden ist. Auch nachdem sich das Altindische zum Mittelindischen transformiert hatte (seit dem 3. Jahrhundert v. Chr.), wurde Sanskrit weiterhin verwendet, und diese Sprachform hat sich bis heute erhalten.

Von den zahlreichen mittelindischen Sprachen, die auch Prakrit-Sprachen genannt werden (nach altind. *prakrta-* ‹natürlich, volkstümlich›), ist das Pali als heilige Sprache des Buddhismus die am weitesten verbreitete Variante. Pali wurde als Kultursprache in weite Teile Südostasiens transferiert. Seit dem 10. Jahrhundert gliederten sich die zahlreichen neuindischen Sprachen aus, von denen es insgesamt 219 gibt. Dies sind rund die Hälfte aller lebenden indoeuropäischen Sprachen. Die sprecherreichste der neuindischen Sprachen ist Hindi (siehe Kapitel 10).

**Gruppierungen der heutigen indischen Sprachen**

- Zentral: Gujarati, Hindi, östliches Panjabi, Romani u. a.
- Östlich: Bengalisch, Bihari, Maithili, Oriya u. a.
- Nördlich: Nepali, Dogri-Kangri u. a.
- Nordwestlich: Kashmiri, Lahnda, Sindhi u. a.
- Nuristanisch: Ashkun, Prasuni u. a.
- Singhalesisch-Maledivisch: Singhalesisch, Maledivisch, Veddah
- Südlich: Konkani, Marathi u. a.

Das Iranische hat sich primär in eine west- und ostiranische Gruppe ausgegliedert. Der bekannteste Vertreter des Westiranischen ist das Persische, das zwischen dem 6. Jahrhundert v. Chr. und dem 3. Jahrhundert n. Chr. geschrieben wurde, zunächst in einer Variante der mesopotamischen Keilschrift (6.–4. Jahrhundert v. Chr.), später in einer von der aramäischen Schrift abgeleiteten Variante, der Pehlevi-Schrift (3. Jahrhundert v. Chr. – 3. Jahrhundert n. Chr.). Das Altpersische wandelte sich zum Mittelpersischen (3.–10. Jahrhundert n. Chr.). Im weiteren Transformationsprozeß zum Neupersischen (Farsi) verlor das Persische die meisten seiner flektierenden Sprachstrukturen und nahm ähnlich analytische Charakteristika an wie das Neuenglische (siehe Kapitel 1).

Das Ostiranische ist ebenfalls schriftlich früh bezeugt, und zwar durch Texte in Avestisch, der heiligen Sprache des Zoroastrismus. Die Inhalte dieser in Pehlevi-Schrift abgefaßten Texte, die zwischen dem 3. und 7. Jahrhundert n. Chr. aufgezeichnet wurden, aber in einer Sprachform, die entwicklungsmäßig auf das 6.–4. Jahrhundert v. Chr. zurückgeht, werden dem Religionsstifter Zarathustra zugeschrieben. Allerdings sind die Inhalte der sakralen Überlieferungen mündlich bereits seit der Zeit zwischen 1000 und 800 v. Chr. tradiert worden. Die in der Steppenregion Eurasiens (östl. Ukraine, südl. Rußland, nördl. Kasachstan) verbreiteten iranischen Sprachen, die noch während der Antike untergingen (Skythisch, Sarmatisch, Kimmerisch), bildeten eine nordöstliche Untergruppe des östlichen iranischen Sprachzweigs.

**Heutige iranische Sprachen**

Westlich:
- Farsi
- Dari
- Kurdisch
- Beludschisch u. a.

Östlich:
- Ossetisch
- Pamir-Sprachen (Sariqoli, Schugni, Iskaschmi, Waxi, Yazgulami)
- Jaghnobisch
- Pashto u. a.

### *Anatolisch*

Ebenfalls früh hat sich der anatolische (bzw. altanatolische) Zweig ausgegliedert, und zwar um 2000 v. Chr. Aus dem Gebiet im Nordwesten des Schwarzen Meeres, wohin die Indoeuropäer mit der 1. Welle der Kurgan-Migrationen gelangten, sind indoeuropäische Populationen in einer sekundären Migrationsbewegung über den Bosporus nach Kleinasien eingewandert. Dort sind seit dem 2. Jahrtausend v. Chr. zahlreiche indoeuropäische Sprachen bezeugt, die nach ihrer näheren Verwandtschaft in zwei Gruppen eingeteilt werden (Mallory / Adams 1997: 12 ff.):

**Anatolische Sprachen**

Hethitisch-Palaisch-Lydisch:
- (Texte in mesopotamischer Keilschrift, 16.–13. Jahrhundert v. Chr.)
- Palaisch (Substratwörter in hethitischen Texten überliefert)
- das jüngere Lydisch (mehr als 100 Inschriften in einer Variante des ostgriechischen Alphabets, 5. und 4. Jahrhundert v. Chr.)

Luwisch-Lykisch:
- Luwisch (Texte in der anatolischen Hieroglyphenschrift, ‹Bildluwisch›, ca. 1600–700 v. Chr.)
- das jüngere Lykisch (rund 180 Steininschriften und ca. 200 Münzlegenden, 5. und 4. Jahrhundert v. Chr.).

Die Sprachen des anatolischen Zweiges des Indoeuropäischen sind sämtlich untergegangen.

### *Griechisch*

Entgegen früheren Annahmen, die Griechen seien in ihre Heimat von Norden her eingewandert, geht man heute davon aus, daß die Herausbildung der griechischen Kultur und Sprache in Griechenland selbst stattgefunden hat. Die mit der zweiten (3500–3200 v. Chr.) sowie dritten und letzten Kurgan-Migration (ca. 3100–2900 v. Chr.) nach Südosteuropa gelangten Indoeuropäer entwickelten ihr kulturelles Erbe dort im Kontakt mit der vor-indoeuropäischen Bevölkerung (von den Griechen «Pelasger» genannt) zum Griechentum. Deren Sprache, die namentlich nicht bekannt ist, hat deutliche Spuren im Wortschatz des Griechischen und in seiner Wortbildung hinterlassen.

Vor-indoeuropäische Lehnwörter bilden die älteste Schicht des bis in die Moderne tradierten griechischen Wortschatzes. Charakteristisch sind Suffixbildungen auf *-ss-* (z. B. *kuparissos* ‹Zypresse›) und *-nth-* (z. B. *sminthos* ‹Maus›). Vorgriechischer Herkunft sind Bezeichnungen für die Fauna und Flora der Ägäis, Elemente der technischen Nomenklatur in Bereichen wie Pflanzenanbau (u. a. Weinbau), Bauwesen (u. a. Hauskonstruktion), Handwerk (u. a. Weberei) und Lehnwörter im religiös-kultischen Bereich. Darunter sind Ausdrücke, die den modernen europäischen Sprachen von den klassischen Bildungssprachen als antikes Kulturerbe vermittelt worden sind (z. B. griech. *megaron* ‹Allerheiligstes im Tempelbezirk›, *elaia* ‹Olive›, daraus über lat. *oliva* dt. *Olive*, *hyakinthos* ‹Hyazinthe›, *oinos* ‹Wein›, daraus über lat. *vinum* dt. *Wein*).

Abgesehen vom Mazedonischen (s. u.), das dem Altgriechischen verwandtschaftlich am nächsten stand, repräsentiert das Griechische – ähnlich wie das Albanische und das Armenische – einen selbständigen Zweig der indoeuropäischen Sprachfamilie. Die griechische Volkssprache (Dimotiki) ist sprachhistorisch eine Weiterentwicklung der in hellenistischer Zeit (seit Ende des 4. Jahrhunderts v. Chr.) auf der Basis der attischen Variante entstandenen Koiné (Gemeinsprache). Die phonetischen Besonderheiten, durch die sich das Neugriechische vom Altgriechischen unterscheidet, bildeten sich in den ersten Jahrhunderten unserer Zeitrechnung heraus, sind also bereits für das Mittelgriechische charakteristisch. Dieses Sprachstadium löst im 5. Jahrhundert n. Chr. das Altgriechische ab.

Die älteste, aus schriftlichen Überlieferungen bekannte griechische Sprachform ist das Mykenische, das mit der Silbenschrift Linear B geschrieben wurde. Die älteste mykenische Inschrift aus dem Heiligtum von Olympia stammt aus dem 17. Jahrhundert v. Chr. Mykenisch gehörte zur östlichen Gruppe der altgriechischen Dialekte. Ostgriechische Dialekte waren in mykenischer Zeit auf dem Festland und auf den ägäischen Inseln verbreitet. Mit der Auflösung der mykenischen Herrschaft und den dorischen Migrationen der Folgezeit sind etliche lokale Mundarten des Ostgriechischen verdrängt worden durch das Westgriechische. In der klassischen Periode des 5. und 4. vorchristlichen Jahrhunderts war das Ostgriechische begrenzt auf Athen und die Region von Attica, auf die ionischen Siedlungen in der nördlichen Ägäis und in Kleinasien sowie auf das Arkadische im Zentrum des Peloponnes und auf Zypern. Westgriechische Dialekte wurden im gesamten Nordwesten Griechenlands, auf dem Peloponnes, auf den Inseln der südlichen Ägäis und in den meisten griechischen Städten Siziliens und Süditaliens gesprochen.

### *Mazedonisch*

Das ausgestorbene Mazedonische ist nicht zu verwechseln mit dem Makedonischen, das seit dem frühen Mittelalter bis heute in der historischen Landschaft Mazedonien gesprochen wird. Zwar sind beides indoeuropäische Sprachen, das Mazedonische gehört aber zu den alten Balkansprachen, während das Makedonische eine moderne südslavische Sprache ist, die mit dem Bulgarischen und Serbischen näher verwandt ist. Das Mazedonische ist bereits in der Antike untergegangen. Die Sprecher dieser Sprache haben sich während der hellenistischen Periode ans Griechische assimiliert.

Das Mazedonische hatte seine größte Verbreitung im 4. Jahrhundert v. Chr. durch die Ausdehnung des Königreichs Mazedonien unter Philipp II. (reg.: 359–336 v. Chr.) und seinem Sohn Alexander dem Großen (reg.: 336–323 v. Chr.). Das mazedonische Sprachgebiet grenzte damals im Süden an das griechische, im Westen an das illyrische, im Norden an das thrakische und im Osten ebenfalls an dieses oder an phrygisches Gebiet. In welchem sprachverwandtschaftlichen Verhältnis das Mazedonische zum Griechischen stand, ist nicht genau bekannt (s. o.). Dies liegt in erster Linie an der spärlichen Überlieferung. Die Lautstruktur des Mazedonische wich von der des Griechischen ab (vgl. mazedon. *danos* ‹Tod› : griech. *thanatos* ‹dass.›). Es gibt auch mazedonische Wörter, die keine Parallelen im griechischen Wortschatz haben und deren Herkunft obskur bleibt (z. B. mazedon. *bedu* ‹Luft›).

Im Prozeß der primären Abspaltung vom Proto-Indoeuropäischen gliederte sich der italische Sprachzweig aus, dessen historisch faßbare Einzelsprachen sich in zwei Untergrupen gliedern lassen. Mit Ausnahme des Sonderstatus des Lateinischen (s. u.) ist keine der italischen Sprachen mehr in Gebrauch, die vormals im Gebiet des heutigen Italiens verbreitet waren.

**Die Gruppierung der italischen Sprachen**

- Lateinisch und Faliskisch
- Oskisch-Umbrisch (= Sabellisch): Oskisch, Umbrisch, Äquisch, Marrukinisch, Marsisch, Pälignisch, Prä-Samnitisch, Sabinisch, Nord-Picenisch, Süd-Picenisch, Vestinisch und Volskisch, Elymisch, Sikanisch

Ob auch das Sikulische im Südosten Siziliens eine italische Sprache ist, ist bislang nicht mit Sicherheit geklärt. Zwischen den beiden Sprachzonen des Umbrischen im nördlichen Mittelitalien und des Oskischen in Süditalien waren die anderen Sprachen der oskisch-umbrischen Untergruppe verbreitet.

Von den italischen Sprachen standen sich das Lateinische und Faliskische verwandtschaftlich am nächsten. Dabei weist das Faliskische die vergleichsweise archaischsten Eigenheiten des Italischen auf. Die Ausgliederung des Lateinischen als regionaler Einzelsprache geht auf die ersten Jahrhunderte des 1. vorchristlichen Jahrtausends zurück. Bereits um 600 v. Chr., d. h. zum Zeitpunkt seiner ersten inschriftlichen Überlieferung (*lapis niger* ‹schwarzer Stein› auf dem Forum Romanum), treten wesentliche Züge des Lateinischen hervor.

Das Lateinische, Oskische und Umbrische sind die einzigen italischen Sprachen, in denen ein Schrifttum von historischer Bedeutung überliefert ist. Das Lateinische ist in diesem Kreis der Schriftsprachen wiederum die einzige, in der sowohl Belletristik als auch Sachprosa verfaßt worden ist. Die übrigen italischen Sprachen sind nur aus wenigen, meist sehr kurzen Inschriften bekannt.

Die Ausgliederung des Keltischen aus dem indoeuropäischen Komplex geht auf das 2. Jahrtausend v. Chr. zurück. Das Keltische steht im Kreis der indoeuropäischen Sprachen ohne nähere Verwandtschaft zu anderen Sprachzweigen für sich. Frühere Annahmen über engere Beziehungen zwischen den keltischen und den italischen Sprachen sowie auch den germanischen Sprachen sind inzwischen aufgegeben worden. Nach ihrer geographischen Verteilung in Europa werden die keltischen Sprachen in zwei Hauptgruppen eingeteilt, in die inselkeltische Gruppe auf den britischen Inseln und in die festlandkeltische Gruppe (keltische Sprachvarianten des europäischen Festlandes).

In den griechischen Quellen der Antike werden die «Barbaren» des Nordens und Westens *Keltoi* genannt, bei den Römern hießen sie *Celtae*. Ob es sich aber bei der Benennung einzelner Stämme durch antike Autoren in jedem Fall tatsächlich um Kelten gehandelt hat, ist unsicher. Nach Aussage der Orts- und Gewässernamen gilt jedoch die weite Verbreitung festlandkeltischer Stämme als gesichert. Zu den produktivsten Elementen in keltischen Ortsnamen gehören die Formantien *-dunum* (‹befestigte Siedlung›) wie in Lugdunum (> Lyon), *-acum* wie in Mogontiacum (> Mainz) und *-magus* wie in Regomagus (> Remagen). Vor der Verbreitung des Lateinischen in den Provinzen des Römischen Reiches war das Festlandkeltische mit seinen regionalen Varianten die am weitesten verbreitete Sprachgruppe Europas. Ihre größte Ausdehnung hatte sie im 3. Jahrhundert v. Chr. Keltisch wurde im Westen bis an die spanische Atlantikküste (Galicien), im Süden bis nach Oberitalien, im Norden bis nach Norddeutschland, im Osten bis nach Rumänien (Transsylvanien) und bis ins nordwestliche Kleinasien (Galatia) gesprochen.

Etliche der inselkeltischen Sprachen (Kymrisch, Bretonisch, Irisch, Schottisch-Gälisch) sind bis heute erhalten, andere untergegangen (Kumbrisch, Kornisch, Manx-Gälisch, Piktisch). Dagegen sind sämtliche Varianten des Festlandkeltischen seit langem ausgestorben. Hierzu gehören das Keltiberische im Norden Spaniens, das Gallische in Frankreich und das Lepontische in Norditalien. In wieweit sich die Varianten des Festlandkeltischen, die in Osteuropa (Balkankeltisch) und in Kleinasien (Galatisch) verbreitet waren, als lokale Sprachen mit Eigenprofil von den westlichen Varianten des Festlandkeltischen unterschieden, kann auf der Basis des erhaltenen Namen- und Sprachmaterials nicht mit Sicherheit geklärt werden.

Die meisten Festlandkelten haben sich im Lauf der Zeit ans Sprechlatein assimiliert. Dies gilt in jedem Fall für die drei lokalen Hauptgruppen, die Keltiberer, deren Eigenständigkeit aus ihrer ursprünglichen kulturell-sprachlichen Fusion mit den Iberern der Pyrenäenhalbinsel resultierte, die Gallier und die Leponter in den norditalienischen Voralpen. Der Assimilationsprozeß zog sich bis in die ersten Jahrhunderte unserer Zeitrechnung hin. Als das Römische Reich zerfiel, gab es nur noch periphere Restgruppen von Festlandkelten, die ihre Muttersprache bewahrt hatten. Einige dieser Gruppen hielten sich im Nordwesten Galliens, in der historischen Landschaft Ar(e)morica (= Bretagne).

Festlandkeltische Sprachen sind zwischen dem 3. Jahrhundert v. Chr. und dem 4. Jahrhundert n. Chr. inschriftlich belegt. Texte sind in vier Schriftarten überliefert: in griechischer Schrift (Gallisch in Südfrankreich), in lateinischem Alphabet (Gallisch in Frankreich), in einer Variante der etruskischen Schrift (Luganer Alphabet) zur Schreibung des Lepontischen und in einer Variante der iberischen Schrift zur Schreibung des Keltiberischen in Spanien.

Die Sprache der keltischen Bewohner in der Bretagne, das Bretonische, gehört zur inselkeltischen Gruppe und ist von Migranten, die im 5. und 6. Jahrhundert n. Chr. aus dem Südwesten Britanniens vor den Angeln und Sachsen in die Ar(e)morica geflohen waren, aufs Festland transferiert worden. Die Flüchtlinge aus Britannien trafen in ihrer neuen Heimat auf sprachverwandte Kelten, die noch nicht vollständig romanisiert waren. Die Reste der festlandkeltischen Sprachkultur gingen in der bretonischen Sprachgemeinschaft auf.

### *Germanisch*

Der indoeuropäische Sprachzweig des Germanischen hat sich in einem lange andauernden Abspaltungsprozeß in einem geographisch sehr begrenzten Areal herausgebildet. Seit mindestens der Mitte des 2. Jahrtausends v. Chr. ging die Entwicklung der germanischen

Sprachkultur eigene Wege, aber erst ein Jahrtausend später gibt es nähere Informationen über die Wohnsitze der Germanen. Damals siedelten sie in einem Kernland, das sich über Dänemark, das südliche Norwegen und Süd-Schweden erstreckte und sich an den Küsten von Nord- und Ostsee von Flandern im Westen bis ins Flußtal der Weichsel im Osten ausdehnte. Im Westen drängten die Germanen keltische Stämme ab. Im Ostseeraum standen sie jahrhundertelang mit Ostseefinnen im Kontakt.

Diese nicht-indoeuropäischen Populationen wurden nicht einfach verdrängt, sondern unterhielten – nach der Intensität der Sprachkontakte zu schließen – über den Warentauschhandel enge Beziehungen zu germanischen Völkerschaften. Außerdem entwikkelten sich langfristig Siedlungsgemeinschaften und damit verbundene Sozialkontakte. Die Nachkommen aus solchen ethnisch gemischten Verbindungen waren wohl in der Regel zweisprachig. Auf diese Weise sind zahlreiche Lehnwörter herüber und hinüber gewechselt. Der elementare Wortschatz der germanischen Sprachen enthält bis zu 28 Prozent Wörter nicht-indoeuropäischer Herkunft. Auch das Lautsystem der in Kontakt stehenden Sprachen ist wechselseitig beeinflußt worden. So wird beispielsweise angenommen, daß die von anderen indoeuropäischen Sprachen abweichende Anfangsbetonung in germanischen Sprachen auf Einwirkung ostseefinnischer Sprachen zurückgeht. Die Wortbetonung liegt im Finnischen und anderen Sprachen dieser Gruppe systematisch auf der ersten Silbe.

Spätestens im 1. Jahrhundert v. Chr. war das gemeingermanische sprachliche Kontinuum ausgegliedert in drei Hauptgruppen, ins Ost-, Nord- und Westgermanische; die weitere Ausgliederung in Einzelsprachen dauerte dann bis ins 4. Jahrhundert n. Chr. und länger. Zunächst war das Nordgermanische beschränkt auf Norwegen und Schweden, während in Dänemark Sprecher des Westgermanischen siedelten. Mit der Abwanderung von Angeln, Jüten und Sachsen nach Britannien und der Langobarden nach Süden wurde Dänemark weitgehend entvölkert. Erst in der zweiten Hälfte des 1. Jahrtausends unserer Zeitrechnung bevölkerten Nordgermanen die Region. Die Oder war die ungefähre Trennlinie zwischen Westgermanen und Ostgermanen. Von den ostgermanischen Sprachen (Gotisch mit Westgotisch, Ostgotisch, Krimgotisch, siehe Exkurs; Burgundisch, Gepidisch, Herulisch) ist keine erhalten.

**Heutige germanische Sprachen**

Westgermanisch:
- Deutsch
- Englisch
- Friesisch
- Jiddisch
- Letzeburgisch
- Niederländisch
- Afrikaans

Nordgermanisch:
- Dänisch
- Norwegisch
- Schwedisch
- Isländisch
- Färingisch

### *Exkurs: Die historische Präsenz des Gotischen in West- und Osteuropa*

Das Gotische ist diejenige der alten germanischen Sprachen, die sich am weitesten in Europa verbreitet hatte. Seine Ausbreitung, seine Blüte und sein Niedergang waren von vielfältigen humanökologischen Faktoren bestimmt, und die Migrationen seiner Sprecher von einer Region zur anderen waren zu verschiedenen Zeiten unterschiedlich motiviert. Die Goten haben im Laufe ihrer Geschichte in vielen Regionen Europas gesiedelt: auf der Insel, die ihren Namen nach diesem germanischen Volk erhalten hat, Gotland, im Gebiet der Weichselmündung, in der südrussischen Steppe, an der Nordküste des Schwarzen Meeres, auf der Halbinsel Krim, in Dakien, Pannonien und angrenzenden Gebieten auf dem Balkan, in Norditalien, im Südwesten Frankreichs und im Norden Spaniens.

Ihr eigentliches politisches und kulturelles Gewicht gewannen die Goten in Westeuropa mit ihren drei Reichen, dem Tolosanischen Reich (418–507) in Frankreich, dem Ostgotenreich in Italien (489–555) und dem Toledanischen Reich (507–711) in Spanien. Die kulturell produktivste Periode für das Gotische war die Zeit, als Norditalien unter ostgotischer Herrschaft stand. In Frankreich ist möglicherweise einiges an Übersetzungsliteratur entstanden. Aus Spanien dagegen ist kein nennenswertes Schrifttum in gotischer Sprache überliefert. Dies begründet sich in erster Linie damit, daß die Goten – wie andere germanische Völker Westeuropas auch – sich zunehmend an das Romanentum assimilierten und als Bildungssprache mit Vorliebe das Lateinische verwendeten.

Das Gotische ist die einzige germanische Sprache, die in der

Spätantike sowohl im Osten Europas (Stearns 1989, Haarmann 2002g) als auch im Westen Europas dokumentiert ist. Ein Kulturschaffen in gotischer Sprache entfaltete sich im 4. Jahrhundert n. Chr. auf dem Balkan. Die Überlieferung war mehr als hundert Jahre unterbrochen. Möglicherweise wurde Gotisch auch in jener Zeit geschrieben, aber es sind keine Texte erhalten. In der ersten Hälfte des 6. Jahrhunderts n. Chr. setzte die Schriftlichkeit wieder ein, und zwar nachdem sich die kulturellen Aktivitäten nach Norditalien verlagert hatten.

*Verwandtschaft und Sprachbau des Gotischen* Das Gotische ist eine ostgermanische Sprache. Sämtliche Sprachen dieser Gruppe sind ausgestorben (Hutterer 2002: 133 f.). Die Völker, die sie sprachen, sind in der Mehrheitsbevölkerung der Länder aufgegangen, wo sie siedelten und/oder Reiche gegründet hatten: der Westgoten in Südfrankreich und Spanien, der Wandalen in Nordafrika, der Gepiden in Transsylvanien, der Burgunder in Ostfrankreich, der Heruler in Nordfrankreich. Die Gruppe der ostgermanischen Sprachen gliederte sich zu Beginn unserer Zeitrechnung aus. Insofern ist diese Gruppierung jünger als der Komplex der nordgermanischen Sprachen, älter wiederum als die Gruppe der westgermanischen Sprachen, die sich erst ab dem 4. Jahrhundert n. Chr. ausgliedern (Adams/Mallory 1997: 218 f.).

Die dem Gotischen am nächsten verwandte Sprache ist das Burgundische. Das Herkunftsgebiet für die Sprecher beider Sprachen ist das südliche Skandinavien. Ob die Sprache der ebenfalls dort siedelnden Skiren und Bastarner eine Variante des Gotischen war oder ein davon unabhängiges Sprachsystem, ist anhand des spärlichen Sprachmaterials nicht zu entscheiden.

Das Gotische ist die einzige ostgermanische Sprache, die als Schriftsprache mit einem eigenen Schriftsystem kodifiziert war. Es entstand ein beachtliches Schrifttum, von dem allerdings nur Reste erhalten sind. Sonst ist nur das Burgundische sporadisch geschrieben worden. Unsere Kenntnis der übrigen ostgermanischen Sprachen basiert auf Namenmaterial (Personennamen, Ortsnamen).

Die Strukturen des Gotischen sind durch hochgradig flexivische Sprachtechniken (siehe Kapitel 1) gekennzeichnet. Grammatische Beziehungen werden in den drei elementaren Bereichen der Nominal-, Pronominal- und Verbalflexion mit synthetischen Kategorien

(d. h. mit flexivischen Endungen) zum Ausdruck gebracht. Der Synthetismus gibt dem Einzelwort im Satz eine entsprechende Autonomie, denn Subjekt- und Objektfunktionen sind ebenso an den flexivischen Elementen zu erkennen wie die Beziehungen, in denen Verbformen stehen. Mit seinem Charakter als Vertreter des flektierenden Sprachtyps ähnelt das Gotische strukturell den Sprachzuständen des Altenglischen, Althochdeutschen und Altniederdeutschen.

In den Jahrhunderten der geographischen Trennung gotischer Bevölkerungsgruppen voneinander hat auch die Sprache regionale Eigenheiten entwickelt. Das kann man an einigen Besonderheiten erkennen, wodurch sich das Krimgotische vom Bibelgotischen (= Westgotischen) unterscheidet (Stearns 1989: 181 ff.). Auch in Italien selbst ist an einigen wenigen Textproben zu erkennen, daß sich das zeitgenössische Ostgotisch vom Entwicklungsstadium des Westgotischen entfernt hatte. Ein Beispiel hierfür ist der Verlust des auslautenden *-s* der Substantive im Nominativ, das im Bibelgotischen durchweg erhalten ist.

*Sprache, Sprecher und historisches Verbreitungsgebiet in Europa* Die genaueren Umstände der Ethnogenese der Goten und der Ausgliederung des Gotischen aus dem Kontinuum früher germanischer Sprachformen entzieht sich der archäologischen und kulturwissenschaftlichen Forschung. Als *Gutones* treten sie in Quellen des 1. Jahrhunderts n. Chr. in Erscheinung. Damals existierten die Goten offenbar bereits als ethnisches Kollektiv. Ihre vermutete Herkunft aus Skandinavien (von der Insel Scandia, später Gotland) liegt im Dunkeln. In den ersten Jahrhunderten unserer Zeitrechnung konzentrierten sich die Siedlungen der Goten in Osteuropa, zunächst im Mündungsgebiet der Weichsel, seit Ende des 2. Jahrhunderts im Schwarzmeergebiet und ab 271 in Dacien, das seither Gútthiuda ‹Land des Gotenvolks› genannt wurde.

Im Weichselgebiet waren die Goten wahrscheinlich am Bernsteinhandel beteiligt. Die Fundstätten an der Ostseeküste (im Norden Ostpreußens und im Westen Litauens) lagen in Reichweite der germanischen Stämme. Die Bezeichnung für ‹Bernstein› im Lateinischen, *glaesum*, deutet auf die Entlehnung aus dem Germanischen, vermutlich aus einer Form **glas-* (im Altengl. *glaes*), das ursprünglich ‹klar, durchsichtig› bedeutete. Der Umstand, daß der Ausdruck für Bernstein von den Germanen und nicht direkt von den Balten übernommen wurde – im Litauischen heißt der Bernstein *gintaras* –, weist darauf hin, daß die Römer die Handelsware über germanische Mittelsmänner eintauschten (Sidrys 2001).

Den Goten reichte es offensichtlich nicht, den Handel mit Bernstein im Herkunftsgebiet zu kontrollieren, ihr besonderes Interesse galt dem Zugriff auf die Absatzmärkte im Süden (Bell-Fialkoff 2000: 122 f.). So ist wohl die Migrationsbewegung der Goten zur Schwarzmeerküste als Bestreben zu werten, die östliche Route des Bernsteinhandels unter ihre Kontrolle zu bringen (die Westroute lag in der Kontrolle römischer Händler). Dies bedeutete aber keine totale Abwanderung, vielmehr die Übersiedlung eines großen Teils der gotischen Bevölkerung dorthin, während ein kleinerer Teil an der Weichsel zurückblieb. Die Verbindungen zwischen Herkunfts- und Zielgebiet blieben auch lange Zeit intakt. Den Einfluß, den gotische Händler auf den Handel mit Bernstein im Süden erlangten, kann man an der Zunahme an römischen Münzen im Weichselgebiet erkennen. Im Verlauf des 3. und 4. Jahrhunderts stammen diese mehr und mehr aus den Prägestätten am Schwarzen Meer.

Die Geschichte des Gotischen war in der Folgezeit teilweise soziopolitisch geprägt (Trennung der Gruppen in zwei Hauptgruppen), teilweise illustriert sie seine Aufwertung als Kultursprache im Milieu christlichen Kulturschaffens. Einige der gotischen Literaturdenkmäler gehören zu den prachtvollsten Schriftzeugnissen, die das frühmittelalterliche Europa hervorgebracht hat.

Die Goten, die in den Süden übersiedelten, trennten sich schon bald in zwei regionale Gruppen. Diejenigen, die sich in Dacien niederließen, wurden *Tervingi-Vesi* ‹Goten des Waldes (= gotische Bewohner Transsylvaniens)› genannt. Die übrigen Goten blieben in ihren Wohnsitzen weiter östlich, bekannt unter dem Namen *Greutungi-Ostrogothi* ‹Goten der Steppe (= Goten östlich des Dnestr)›. Beide regionalen Gruppen migrierten in sukzessiven Schüben nach Westen, zuerst die Westgoten, später dann die Ostgoten (Wolfram 2001: 158 ff., 278 ff.).

Die Geschichte des 3. und 4. Jahrhunderts ist wegen der unterschiedlich motivierten Bündnisse der Goten im politischen Kräftefeld Südosteuropas sehr wechselhaft. Von den Auseinandersetzungen mit dem Byzantinischen Reich auf der einen Seite und den Hunnen auf der anderen Seite zermürbt, lösten sich die Siedlungen der Goten im Karpatenbogen nach 376 weitgehend auf, und gotische Bevölkerungsgruppen suchten neue Wohnsitze südlich der Donau. Eine politische Krise im Verhältnis der Westgoten zum oströmischen Herrscher veranlaßte Alarich (gest. 410), nach Westen vorzustoßen und nach Italien einzudringen. Zur selben Zeit standen Teile der Ostgoten als Vasallen unter der Vorherrschaft der Hunnen. Ein anderer Teil verblieb in der südrussischen Steppe.

*Westgoten auf dem Balkan und in Westeuropa* Mit den Kriegszügen der Goten unter Alarichs Führung beginnt die Geschichte der Goten in Westeuropa. Alarich erwirkte ein Bündnis als *foederati* mit dem weströmischen Reich. Der militärische Einfluß der gotischen Truppenkontingente im römischen Heer öffnete den Herrschern der Westgoten den Weg zur Macht. Sie schlossen mit Rom ein politisches Bündnis als gleichberechtigte Partner. Das Gleichgewicht der Kräfte wurde durch die Heirat von Galla Placidia, der Schwester des römischen Kaisers Honorius (reg. 395–423) mit dem Gotenkönig Athaulf (gest. 415) bekräftigt.

Das Bündnis zwischen Westgoten und dem Herrscher Westroms hielt nicht lange. Im Jahre 418 rebellierten gotische Truppenverbände in Frankreich gegen die römische Oberhoheit und gründeten ein eigenes Reich mit Toulouse als Hauptstadt. Dieses sog. Tolosanische Königreich hatte Bestand bis zum Jahre 507, als es sich nach der Niederlage gegen die Franken auflöste. Die Goten zogen sich nach Spanien zurück, wo bereits Goten ansässig waren. Noch im selben Jahr gründeten sie ein neues Reich, das nach seiner Hauptstadt Toledo das Toledanische Westgotenreich genannt wird. Dieses Reich erlebte mit der Eroberung der Pyrenäenhalbinsel durch die Araber im Jahre 711 seinen Niedergang.

Die Goten stellten im Toledanischen Reich zu keiner Zeit die Bevölkerungsmehrheit. Vielmehr etablierte sich eine gotische Elite, die schon früh interethnische Familienbindungen mit den Vertretern der einheimischen romanischen Oberschicht eingingen. Gegen Ende der Westgotenherrschaft in Spanien stammten die meisten Vertreter der gotischen Elite aus ethnisch gemischten Familien. «... eine Vielfalt an Hinweisen läßt erkennen, daß das, was im 6. und 7. Jh. tatsächlich entstand, eine Elite war, die sich gotisch nannte, in biologischer Hinsicht aber eine Mischung aus Goten und Hispano-Romanen war» (Heather 1996: 289).

Die Westgoten haben aber in Spanien bleibende Spuren hinterlassen, und dies sind Einflüsse des Gotischen auf das Spanische (Thun 1997: 1273). Einige der gotischen Lehnwörter gehören zum Vokabular der Alltagssprache (z. B. got. *werra* > span. *guerra* ‹Krieg›, *raupa* > span. *ropa* ‹Kleidung›, *orgoli* > span. *orgullo* ‹Stolz›, *gasalia* > span. Abltg. *agasajar* ‹bewirten›). Auch formative Elemente (Suffixe) der Wortbildung wurden übernommen (z. B. got. *-ing* > span. *-engo* wie in *realengo* ‹königlich›). Das aus vorrömischer Zeit stammende spanische Suffix *-ez* zur Bildung von Personennamen (z. B. González, Ramírez, Fernández) verdankt seine Popularität und Produktivität gotischem Einfluß.

Die ehemalige gotische Elite muß ganz offensichtlich auch während der Ära der maurischen Herrschaft in Spanien bei der romanischen Bevölkerung Prestige genossen haben, denn gotische Namen sind bis in unsere Tage populär geblieben (z. B. Alfonso, Fernando, Rodrigo).

*Ostgoten auf dem Balkan und in Italien* Die frühe Reichsbildung der Ostgoten (der Greutungi-Ostrogothi), ein von Ermanarich regierter Vielvölkerstaat, in dem germanische und slavische Stammesverbände integriert waren, wurde im Jahre 375 von den vordringenden Hunnen zerschlagen. Ein Teil der Goten wich den Hunnen in die südrussische Steppe aus, ein anderer Teil wurde den Hunnen botmäßig. Als Vasallen stellten die Ostgoten Truppenkontingente, die an den Kriegszügen der Hunnen beteiligt waren. In der Schlacht auf den Katalaunischen Feldern im Jahre 451 standen ostgotische Truppen auf hunnischer Seite dem Heer der Westgoten gegenüber. Die Ostgoten zogen als Verlierer ab und die Westgoten festigten die Macht ihres Tolosanischen Reiches.

Nachdem die Herrschaft der Hunnen im Jahre 453 gebrochen worden war, richteten sich die Ostgoten zwischen 456 und 488 in Pannonien ein. Im Jahre 489 zogen sie – begleitet von anderen germanischen Völkerschaften (und zwar Gepiden und Rugiern) – nach Italien, eroberten Rom und übernahmen die Macht. Die zentrale Führung der ostgotischen Herrschaft lag in den Händen Theoderichs, der als König der Goten und Italiker die Apenninhalbinsel von 493 bis 526 regierte. In dem Maße, wie sich die ostgotische Herrschaft in Italien konsolidierte, blühte in den Kulturzentren Norditaliens die gotische Schriftkultur auf. Das gotische Kulturschaffen ist insbesondere mit dem Kloster Bobbio verbunden, das später auch ein Zentrum des Geisteslebens für die Langobarden und die irischen Missionare werden sollte. In den ersten Jahrzehnten des 6. Jahrhunderts entstand das Gros der erhaltenen Handschriften (s. u.). Theoderichs Nachfolger waren Epigonen, die das Erbe ihres Vorgängers nurmehr verwalteten. Es gelang ihnen allerdings nicht, die politische Macht auf Dauer zu konsolidieren oder weiter auszubauen. Das Ostgotenreich erlebte seinen Niedergang mit der Intervention oströmischer Truppen und dem Tod des letzten Gotenkönigs Teja im Jahre 552. Einige Jahre lang hielten sich noch verschiedene gotische Garnisonen in Pavia und Capua. Um 555 erlahmte der militärische Widerstand, und damit endete die Herrschaft der Ostgoten in Italien. Goten lebten weiter als einfache Siedler in Italien und assimilierten sich in wenigen Generationen an das Romanentum der Mehrheitsbevölkerung. Es gab aber später einige gotische Einheiten im Heer der Langobarden, die Norditalien im Jahre 568 besetzten.

*Sprachkontakte und Lehnbeziehungen des Gotischen* Das Gotische hat sowohl in gesprochener als auch geschriebener Form im Kontakt mit den beiden wichtigsten Kultursprachen der Antike gestanden, mit dem Griechischen und dem Lateinischen. Diese Kontakte entfalteten sich spätestens seit dem 3. Jahrhundert n. Chr., und zwar bereits in der Zeit vor Wulfilas Missionswerk, d. h. vor 341. Das Christentum, und damit christliche Terminologie lateinischer wie griechischer Herkunft, hatte sich schon in der ersten Hälfte des 4. Jahrhunderts bei den Goten verbreitet. Am Konzil von Nicäa (325) nahm ein Bischof aus Gothia teil.

Der Wortschatz der gesprochenen gotischen Sprache ist bis auf die wenigen Sprachproben des Krimgotischen aus dem 16. Jahrhundert (s. u.) unbekannt. Insofern kann nichts über die mögliche Verbreitung lateinischer und/oder griechischer Lehnwörter in dieser Variante des Gotischen gesagt werden. Es wird angenommen, daß eine Reihe elementarer Ausdrücke der altchristlichen Terminologie in der Zeit vor Wulfila entlehnt und später von ihm in den Wortschatz der Schriftsprache übernommen worden ist. Zu diesen gehören u. a. *aggilus* ‹Engel›, *aikklesjo* ‹Kirche›, *aipiskaupus* ‹Bischof›, *aiwaggeljo* ‹Evangelium›, *apaust(a)ulus* ‹Apostel›, *diab(a)ulus* ‹Teufel›, *praufetja* ‹Prophet›, *satana(s)* ‹Satan› (Lehmann 1986).

Der Nachwelt erschließt sich der gotische Wortschatz ausschließlich aus den in Norditalien entstandenen Codices. Die lexikalischen Strukturen des Schriftgotischen sind durchsetzt mit zahlreichen Entlehnungen, wie dies im Fall von Übersetzungsliteratur zu erwarten ist. Nachweislich sind auch bestimmte lateinische Lehnwörter erst auf italienischem Boden ins Gotische gelangt, wie beispielsweise got. *kawtsjo* ‹juristisches Dokument› (< latein. *cautio*). Inwieweit der Wortgebrauch des damaligen Bibelgotischen den Wortschatz der zeitgenössischen gotischen Umgangssprache widerspiegelt, ist nicht bekannt. Die Annahme ist berechtigt, daß das Schriftgotische deutlich konservativ war, vor allem, wenn man bedenkt, daß es sich bei den Texten der Codices um Abschriften älterer Vorlagen handelt.

In den gotischen Wortschatz sind aber nicht nur zahlreiche direkte Entlehnungen integriert worden. Es sind auch etliche Lehnprägungen nach griechischem und vor allem lateinischem Muster entstanden (Burton 2002: 408 ff.). Zusätzlich sind Bedeutungsverschiebungen in der Semantik rein gotischer Ausdrücke (d. h. germanischer Erbwörter) zu beobachten. Im Übersetzungstext aus Lukas 6, 36 beispielsweise findet sich ein Synonymenpaar zur Bezeichnung des Begriffs ‹Barmherzigkeit›. Einerseits wird ein gotisches Wort umgedeutet: Got. *bleithei* heißt ursprünglich ‹Freude, Freundlichkeit› und nimmt die Lehnbedeutung ‹Barmherzigkeit› an. Das andere Synonym auf der Basis gotischen Sprachmaterials ist eine Lehnprägung nach lateinischem Vorbild: got. *arma-hairtei* = lat. *miseri-cordia.*

*Das gotische Schrifttum* Von spärlichen, auf dem Balkan gefundenen Runeninschriften abgesehen, sind Texte in gotischer Sprache nicht in der Region erhalten geblieben, wo die ältesten Bibeltexte entstanden sind, sondern in Norditalien, wo Abschriften älterer Texte redigiert wurden. Fast das gesamte Schrifttum in gotischer Sprache stammt demnach aus Westeuropa. Die älteste schriftsprachliche Überlieferung des Gotischen geht auf das 4. Jahrhundert n. Chr. zurück, auf die Zeit, als Wulfila sein Missionswerk bei den Tervingi-Vesi, den Waldgoten in Transsylvanien, durchführte. Er stützte sich bei seiner Übersetzung von Texten des Neuen Testaments auf eine griechische Vorlage. Die griechische Schrift war auch das Vorbild für die Schriftvariante, in der die gotischen Texte aufgezeichnet sind (s. u.).

Keiner der von Wulfila selbst verfaßten Texte ist erhalten geblieben. Auch andere zeitgenössische Texte in gotischer Sprache sind verschollen. Der älteste überlieferte Text (Codex Gissensis) stammt vom Ende des 5. Jahrhunderts. Dabei handelte es sich lediglich um ein Bruchstück eines Doppelblatts mit wenigen Wörtern aus Lk. 23–24, das im Jahre 1945 durch Kriegsfolgen vernichtet wurde und sich somit einer Analyse der modernen Forschung entzieht. Das Besondere an diesem Fragment war, daß es in Ägypten gefunden wurde, weshalb vermutet wird, daß der Text mit gotischen Truppeneinheiten der römischen Armee nach Ägypten gelangte.

Die übrigen gotischen Texte sind die berühmten Codices, die sämtlich in Norditalien entdeckt worden sind, und von denen die meisten wohl auch in jener Region aufgezeichnet wurden. Als Entstehungszeit dieser Codices ist die erste Hälfte des 6. Jahrhunderts anzusetzen, die Periode der Ostgotenherrschaft in Italien. Bei diesen Texten handelt es sich mit einer Ausnahme um Redaktionen älterer Vorlagen; die meisten sind einsprachig gotisch, ein Teil aber gotisch-lateinische Bilinguen. «In manchem steht die gotische Bibel der lateinischen (Vetus Latina und Vulgata) näher als den westgermanischen Übersetzungen» (Stutz 1966: 59).

Lediglich der als Codex Vaticanus identifizierte Text gehört zur Originalliteratur. Es handelt sich um einen Kommentar zum Johannes-Evangelium. Der erste Editor des Textes, H.F. Massmann, hat den drei erhaltenen Blättern den Titel «Skeireins aiwaggeljons Thairh Iohannen – Auslegung des Evangelii Johannis in gothischer Sprache» (1843) gegeben. Got. *skeireins* bedeutet ‹Auslegung, Interpretatio›, und zwar in Anlehnung an den griechischen Terminus *hermeneía.*

Die sprachliche Basis der ältesten Übersetzungen war das in Dacien gesprochene Gotisch des 4. Jahrhunderts. Die in Italien entstandenen Abschriften halten sich naturgemäß an die Vorlagen (Friedrichsen 1926). Es kann aber in Einzelfällen mit lautlichen und sogar grammatischen Abweichungen gerechnet werden, bedenkt man, daß zwischen der Abfassung der ersten Texte und deren Redaktionen mehr als hundert Jahre liegen. Es ist anzunehmen, daß das Gotische – damals noch eine lebende Sprache – sich in dieser Periode gewandelt hat. Was die sprachliche Varianz zwischen West- und Ostgotisch betrifft, so macht das Westgotische, das uns im Schrifttum entgegentritt, einen konservativen Eindruck. Das Ostgotische, insbesondere in seiner jüngsten Entwicklungsstufe, dem Krimgotischen, weicht mit einigen Lautvarianzen vom Westgotischen ab.

Die genaue Lokalisierung der Entstehungsorte und die präzise Datierung der Entstehungszeit der Codices ist äußerst schwierig. Die prächtigste der Handschriften, der nach seiner Silberschrift auf Purpurpergament benannte Codex Argenteus (Inhalt sind die vier Evangelien) wurde mit Sicherheit in Norditalien redigiert. Er gelangte auf abenteuerlichen Wegen von Norditalien nach Deutschland (Kloster Werden) und wurde im Jahre 1648 der Königin Christine von Schweden (reg. 1632– 1654) nach Beendigung des Dreißigjährigen Kriegs zum Geschenk gemacht. Seit 1669 wird der Codex Argenteus in der Universitätsbibliothek von Uppsala aufbewahrt. Vermutlich ist ein Teil der Codices außerhalb Italiens aufgezeichnet worden. Allein das Milieu im Tolosanischen Reich der Westgoten in Südwest-Frankreich bot damals die Voraussetzungen für ein bikulturelles und bilinguales Kulturschaffen mit Gotisch und Lateinisch als Kultursprachen (z. B. die Bilingue des Codex Carolinus).

Aus dem Toledanischen Reich sind keine Texte in Gotisch bekannt. Es ist auch anzunehmen, daß das Gotische in Spanien als Schriftsprache nicht mehr produktiv war und die Goten für ihr Schrifttum dort ausschließlich Lateinisch verwendeten. Der berühmteste Vertreter des gotischen Geisteslebens in Spanien, Isidor von Sevilla (ca. 560–636), markiert mit seinem Wirken das Ende der langen Tradition einer am Lateinischen orientierten Universalbildung. Isidor, den man auch den Schulmeister des frühmittelalterlichen Europa genannt hat, schrieb nur Lateinisch.

### Die gotischen Handschriften

Identifikation, Hauptmerkmale und Jahr der kritischen Erstausgabe bzw. Facsimile-Ausgabe (nach Stutz 1966: 16 ff.)

- Codex Argenteus: Purpur-Pergament/Silberschrift; 187 (früher 336) Blätter; Evangelien Mt, Jh, Lk, Mk; 1665

- Codex Carolinus: gotisch-lateinische Bilingue/Codex rescriptus; 4 Blätter; 40 Verse aus Römer 11-15; 1762

- Codices Ambrosiani (A, B, C, D, E): Palimpseste/Codices rescripti; 189 Blätter; Paulus-Briefe u. a.; A–D: 1819–1839, E 1834

- Codex Taurinensis: Codex rescriptus; 4 Blätter; Gal. u. Kol.; 1868
- Codex Vaticanus: Codex rescriptus; 3 Blätter; Fragmente der «Skeireins»; 1833
- Codex Gissensis: gotisch-lateinische Bilingue; Bruchstücke eines Doppelblatts; wenige Wörter aus Lk 23-24; 1910

Zum Kulturschaffen der Goten in Westeuropa gehört auch ein Kanon von in Lateinisch verfaßter Literatur, vor allem Sachprosa. So sind die beiden großen Sammlungen des gotischen Rechts in Lateinisch geschrieben. Dies ist einmal die «Lex Romana Visigothorum» aus dem Jahre 506, die zur Zeit des Tolosanischen Reichs entstanden ist, sowie zum anderen die «Lex Gothica» vom Anfang des 8. Jahrhunderts, ein Werk, das im Milieu des Toledanischen Reichs aufgezeichnet wurde. Das germanische Rechtsbewußtsein war bei den Goten besonders stark ausgeprägt, und es ist überliefert, daß sich die Nachkommen der Goten noch im 11. Jahrhundert auf diese alten Kompilationen des gotischen Rechts beriefen.

*Die gotische Schrift – Komposition und Herkunft der Zeichen*
Die Schriftart, in der die bibelgotischen Texte geschrieben wurden, ist eine Adaption der zeitgenössischen griechischen Unzialschrift, d. h. dieses speziellen, im 4. Jahrhundert verbreiteten Schrifttyps. Dies jedenfalls gilt für die große Mehrheit der Buchstabenzeichen. Die enge Anlehnung an das griechische Musteralphabet ist außer an der äußeren Gestalt einzelner Buchstaben auch daran zu erkennen, daß die Zahlenwerte, die den gotischen Buchstaben zugeordnet werden, identisch mit denen im Griechischen sind.

Einige Buchstaben sind offensichtlich unter dem Einfluß der lateinischen Schrift geformt worden, so die Zeichen für /h/, /r/ und /s/. Zur Erklärung der Formen einiger anderer Buchstaben greift man zu Recht auf den Zeichenbestand des Runenalphabets zurück. Dies betrifft die Buchstaben zur Schreibung von /th/, /j/, /u/, /f/ und /o/. Die Schreibung von /o/ mit einem Runenzeichen ist bemerkenswert, denn man hätte hier ohne weiteres die Anlehnung an den entsprechenden griechischen Buchstaben erwartet. Offensichtlich war die Rune für /o/ wegen des Merkworts **othal* ‹Erbbesitz› so weit bekannt, daß Wulfila diese starke visuelle Assoziation für die Komposition des Zeicheninventars ausgenutzt hat.

Als Schriftschöpfer der gotischen Schrift gilt allgemein Wulfila. Allerdings ist damit zu rechnen, daß es Ansätze für eine Schriftadaption für das Gotische bereits vorher gegeben hat, denn die christliche Lehre hatte sich schon vor Wulfilas Zeit in Dacien verbreitet, und insofern bestand Bedarf, Bibeltexte zu übersetzen und aufzuzeichnen. Wulfila war allerdings ein bleibender Erfolg mit der Konsolidierung des gotischen Schriftsystems beschieden (Ebbinghaus 1996).

In den Codices sind zwei Varianten der gotischen Schrift vertreten. Der ältere Typ I ist eine halbkursive Schriftart, wobei sich die Buchstaben nach rechts neigen. Der jüngere Typ II ist der häufigste in den Handschriften. Die Buchstabenformen dieser Schriftart sind auffällig steil. Besonders sorgfältig ausgefeilt ist der Schriftduktus des Typs II im Codex Argenteus (Friesen et al. 1927).

*Das Krimgotische* Zu den Goten, die sich der Kontrolle der Hunnen entzogen und in die südrussische Steppe auswichen, gehörten auch diejenigen Bevölkerungsgruppen, die seit der zweiten Hälfte des 3. Jahrhunderts auf der Halbinsel Krim siedelten. Während sich die restlichen Ostgoten auf dem Balkan bald assimilierten, bewahrten die Krimgoten ihr sprachliches und kulturelles Erbe noch lange. Im 9. Jahrhundert wurden sie in einer byzantinischen Quelle erwähnt, und während des Mittelalters kursierten Gerüchte über Germanen im Schwarzmeergebiet. Der flämische Franziskaner Wilhelmus de Rubruk (Ruysbroek), der 1253 als Gesandter eine Reise ins Reich der Mongolen unternahm, berichtete von den *Goti* auf der Krim und bezeichnete ihre Sprache als «ydioma Teutonicum». Aus dem 16. Jahrhundert stammen weitere Berichte über die Krimgoten, und zwar von Joachim Cureus («Historia de reliquiis Gothorum in Taurica Chersoneso», 1571) und von Ogier Ghiselin von Busbecq («Augerii Gislenii Busbequii D. Legationis Turcicae epistolae quattuor», Paris 1589). Von besonderem Interesse ist die «epistola quarta» aus dieser Sammlung.

Der flämische Aristokrat von Busbecq war zwischen 1560 und 1562 als Gesandter am Hof des Sultans in Istanbul tätig und zeichnete Wörter und Sätze aus der Sprache der Krimgoten auf. Trotz etlicher Ungereimtheiten in der schriftlichen Wiedergabe läßt das

Sprachmaterial (68 Einzelwörter und einige Numeralia) den jüngeren Lautstand des Krimgotischen im Unterschied zum konservativeren Westgotischen in den Bibeltexten erkennen. Das Krimgotische steht mit seinen phonetischen Eigenheiten dem Ostgotischen nahe, dessen Besonderheiten aus Handschriften Norditaliens und aus zahlreichen Personennamen bekannt sind (vgl. krimgot. *mine* ‹Monat› : bibelgot. *mena*, krimgot. *schlipen* ‹schlafen› : bibelgot. *slepan*, krimgot. *goltz* ‹Gold› : bibelgot. *gulþ*). Das Krimgotische hat sich noch lange erhalten. Seine Tradition dürfte im 18. Jahrhundert endgültig erloschen sein (Stearns 1989: 190).

### *Im Fokus: Die Ausgliederung und Entwicklung des Deutschen*

Typisch für die Epoche vom 2. bis 6. Jahrhundert n. Chr., die allgemein die Zeit der «Völkerwanderung» genannt wird, sind nicht nur weiträumige Migrationen germanischer und anderer Völker, sondern auch Integrationsprozesse ethnischer Gruppen und ihrer Sprachen. In Mitteleuropa führten die Bewegungen lokaler Bevölkerungsgruppen zu verstärkten Kontakten zwischen germanischen Stämmen, die sich zu größeren Einheiten (Stammesverbänden) zusammenschlossen. Aus solchen Kleinraumintegrationen entstand ein Kulturkomplex mit sprachlichem Eigenprofil, der sich ab dem 6. Jahrhundert zum «Frühdeutschen» entwickelte. An dessen Konsolidierung hatten vor allem das Bairische und Fränkische einen aktiven Anteil, während das Alemannische und Niederdeutsche – vielleicht wegen ihrer Randlage – eher passiv blieben.

Der deutsche Sprachraum war im frühen Mittelalter wesentlich begrenzter als heutzutage. Ab dem 8. Jahrhundert erweiterte sich das Einflußgebiet des Deutschen im Zuge der Ostexpansion in die Region östlich der Elbe, im 11. Jahrhundert erfolgte die Besiedlung Österreichs durch deutschsprachige Bevölkerungsgruppen. Später dehnte sich das deutsche Sprachgebiet bis nach Böhmen und in die Schweiz aus. Die mittelalterlichen Integrationsprozesse und Siedlungsbewegungen spiegeln sich noch heute in der dialektalen Gliederung. Unterschieden werden eine nördliche (niederdeutsche), eine zentrale (mitteldeutsche) und eine südliche (oberdeutsche) Zone. Der Norden unterscheidet sich in lautlicher Hinsicht deutlich von den zentralen und südlichen Dialekten. Die zweite deutsche Lautverschiebung (d. h. von westgermanisch [p, t, k] zu [pf, ts, ch]) ist typisch für den Sprachgebrauch der zentralen und südlichen Zone, während der Norden daran nicht teilnimmt (z. B. niederdt. *Pip* vs. mittel- und süddeutsch *Pfeife*; *dat* vs. *das*; *maken* vs. *machen*).

Die dialektale Basis der deutschen Schriftsprache hat sich bis ins 16. Jahrhundert ständig gewandelt. Die althochdeutsche Periode (ca. 760 – ca. 1050) war ebenso wie die darauffolgende mittelhochdeutsche Periode (ca. 1050 – ca. 1350) durch den Partikularismus landschaftlicher Schreibstile geprägt. In der Zeit zwischen 1250 und 1500 bildeten sich überregionale Schreibsprachen aus, die auch als Kanzleisprachen verwendet wurden. Martin Luther lehnte sich in seinem Sprachgebrauch an die ostmitteldeutsche Kanzleisprache an. Die neuhochdeutsche Schriftsprache (seit der 1. Hälfte des 16. Jahrhunderts) ist eine Ausgleichsform mit einer starken südlichen (ostfränkischen) sowie mittelfränkisch-hessisch-thüringischen Komponente und einer schwächeren niederdeutschen Komponente (Roelcke 1997).

Das Deutsche, in dessen Strukturen seit ca. 1750 der Charakter der modernen Sprache zu erkennen ist, hat in ständigem Wandel gestanden, und dieser Wandlungsprozeß wird sich auch in Zukunft fortsetzen. Vor rund zweihundert Jahren war der Wortschatz des Deutschen überfrachtet mit Lehnwörtern französischer Herkunft. In der Moderne steht das Deutsche in intensivem Kontakt mit dem dominanten Englischen. Wie flexibel die deutschen Sprachstrukturen langfristig auf die massive Einwirkung dieser Weltsprache reagieren werden, steht derzeit offen.

Wie weitreichend die Wandlungsprozesse des Deutschen gewesen sind, mag eine einfache Gegenüberstellung von Texten aus verschiedenen Perioden der Geschichte der deutschen Schriftsprache illustrieren (Auswahl nach Schmidt 1970: 363 ff.)

Wenn sich der heutige Leser an die unterschiedliche Orthographie gewöhnt hat, kann er die Sprache Martin Luthers (1483–1546) ohne große Anstrengung verstehen. Hier ein Ausschnitt aus einem Sendbrief des Jahres 1530 über die Probleme des Übersetzens:

> [...] den man mus nicht die buchstaben inn der lateinischē sprachen fragē//wie man sol Deutsch redē/wie diese esel thun/sondern/man mus die mutter jhm hause/die kinder auff der gassen/den gemeinen

mā auf dem marckt drumb fragen/vñ den selbigē auff das maul sehen/wie sie reden/vnd darnach dolmetzschen/so verstehen sie es den/vñ mercken/das man Deutscch mit jn redet.

Vielleicht kann er auch mit einiger Mühe begreifen, was Walther von der Vogelweide (ca. 1165 – ca. 1230) am Anfang seines berühmten Gedichts sagt:

Ich saz ûf eime steine
und dahte bein mit beine:
dar ûf saztẹ ich den ellenbogen:
ich hetẹ in mîne hant gesmogen
daz kinnẹ und ein mîn wange.
dô dâhtẹ ich mir vil ange,
wie man zer werlte solte leben. [...]

Der Inhalt des Tatiantextes von Otfrid von Weißenburg – hier ein Auszug aus der Evangelienharmonie, fertiggestellt zwischen 863 und 871 – bleibt ihm allerdings wohl weitgehend verschlossen. Es sei denn, er kann auf historisch-grammatische Erklärungen zurückgreifen oder ihm ist – wie in unserem Textbeispiel – die neuhochdeutsche Fassung vertraut.

Four thô Joseph fon Galileu fon thero burgi thiu hiez Nazareth in Judeno lant inti in Davides burg, thju uuas ginemnit Bethleem, bithiu uuanta her uuas fon hûse inti fon hîuuiske Davides, thaz her giiâhi saman mit Mariûn imo gimahaltero gimahhûn sô scaffaneru.

Übersetzung:
Da reiste Joseph von Galilea aus der Stadt, die Nazareth hieß, in der Juden Land und in Davids Stadt, die Bethlehem genannt wurde, denn er war aus dem Hause und der Familie Davids, daß er eine Erklärung abgäbe zusammen mit Maria, der ihm Verbundenen, Angetrauten, die schwanger war.

### *Slavisch*

Als Folge der prähistorischen Migrationen der Proto-Indoeuropäer aus ihrer Urheimat zwischen Don und Wolga nach Westen haben slavische Populationen seit der ersten Hälfte des 2. Jahrtausends v. Chr. eine regionale Eigenentwicklung durchgemacht, und zwar nicht isoliert von anderen Indoeuropäern, sondern im Kontakt mit diesen. Die östlichen Slaven haben seit mehr als eineinhalb Jahrtausenden im Kontakt mit finnisch-ugrischen Völkern im Nordosten und mit baltischen Völkern im Nordwesten gestanden. Die ältesten historischen Zeugnisse über die Wohngebiete der Slaven stammen aus der ersten Hälfte des 1. Jahrtausends n. Chr. Damals siedelten die Slaven noch geschlossen in einem Gebiet, das den mittleren Teil sowie den Westen der Ukraine und angrenzende Teile Polens umfaßte. In jener slavischen Urheimat sind die ältesten slavischen Gewässernamen erhalten. Die Sprachform jener Periode geschlossener Siedlung war das Urslavische (bzw. Proto-Slavische).

Der Prozeß der Ausgliederung regionaler Gruppierungen aus dem Urslavischen setzte im Verlauf des 6. Jahrhunderts n. Chr. ein und dauerte bis ins 9. Jahrhundert an. Danach waren die slavischen Sprachen in einen östlichen, südlichen und westlichen Zweig ausgegliedert. Diese graduellen Abspaltungen sind die Folge der Ausdehnung des slavischen Siedlungsgebiets nach Westen (bis an die Elbe), nach Süden (in einer breiten Zone von den Ostalpen bis ans Schwarze Meer) und nach Osten (sukzessive Landnahme ostslavischer Bauern bis weit in die Wohngebiete finnisch-ugrischer Völker). Die Migrationsbewegung slavischer Bevölkerungsgruppen nach Süden, in die Balkanregion, wird allgemein damit erklärt, daß der Zusammenbruch des Reichs der Hunnen im Jahre 453 ein politisches Machtvakuum hinterließ, so daß die landnehmenden Slaven unbehindert in die Gebiete südlich der Karpaten ziehen konnten. Die ehemals im Gebiet zwischen Elbe und Oder gesprochenen slavischen Idiome sind im Verlauf des Mittelalters vom Deutschen überlagert worden. Von den lokalen Varianten des Elbslavischen hat sich das Polabische (bzw. Draväno-Polabische) am längsten erhalten. Diese Sprache war im lüneburgischen Wendland verbreitet und ist im 18. Jahrhundert untergegangen.

Die älteste der slavischen Schriftsprachen ist das Altkirchenslavische, dessen Texte in zwei Schriftarten, dem Glagolitischen und dem Kyrillischen, überliefert sind. Diese Sprachform basiert auf den in Bulgarien und Makedonien verbreiteten Varianten des Südslavischen, und sie schließt auch westslavische Elemente ein. Die Entwicklung des Altkirchenslavischen steht im Zusammenhang mit der Slavenmission, die von den aus Saloniki stammenden Brüdern

Kyrillos (eigentlich Konstantinos; 826–869) und Methodios (eigentlich Michael; ca. 816–885) im damaligen Großmährischen Reich durchgeführt wurde. Das Slavische war Kyrillos vertraut, denn er hatte es von seiner Mutter, einer Makedonin, gelernt. Für ihre Missionsarbeit übersetzten Kyrill und Method Teile der Bibel, homiletische Texte (feierliche Predigten) und Heiligenviten aus dem Griechischen in das frühmittelalterliche Südslavisch, das damals noch wenig differenziert und somit interregional verständlich war. Von diesen ältesten Texten aus dem 9. Jahrhundert ist nichts erhalten, denn nach Methods Tod wurden seine Anhänger auf Betreiben der mährischen Fürsten und von den Vertretern der römisch-katholischen Konkurrenz aus Mähren vertrieben. Die ältesten Abschriften altkirchenslavischer Texte stammen aus dem 10. Jahrhundert. Das altkirchenslavische Schrifttum erlebte seine eigentliche Blüte in Südosteuropa, in Makedonien und in Bulgarien. Auch in Kroatien und Dalmatien sind zahlreiche Werke in altkirchenslavischer Sprache entstanden. In Makedonien verfiel die alte Schriftkultur im Verlauf des 15., in Bulgarien im Verlauf des 16. Jahrhunderts.

Die slavischen Einzelsprachen haben sich seit dem Mittelalter in einem kontinuierlichen Ausgliederungsprozeß herausgebildet, der bis heute andauert. Nach ihrer Entstehungszeit kann man ältere Slavinen (z. B. Makedonisch, Bulgarisch, Russisch) von jüngeren Sprachen (z. B. Ukrainisch, Slovakisch, Kaschubisch) unterscheiden. Die neuerliche Ausgliederung des Kroatischen, Serbischen und Bosnischen aus der erst Mitte des 19. Jahrhunderts normierten serbokroatischen Standardsprache geht auf die 1990er Jahre zurück.

**Heutige slavische Sprachen**

Westslavisch:
- Polnisch
- Tschechisch
- Slovakisch
- Kaschubisch
- Sorbisch

Südslavisch:
- Serbisch
- Kroatisch
- Bosnisch
- Slovenisch
- Bulgarisch
- Makedonisch
- Resianisch
- Molise-Kroatisch u. a.

Ostslavisch:
- Russisch
- Weißrussisch
- Ukrainisch
- Russinisch
- Westpolessisch

Baltische Populationen haben seit dem 2. Jahrtausend v. Chr. in einem Areal gesiedelt, das weit über das Kernland moderner baltischer Völker hinausreichte. Bis ins Mittelalter bewohnten Balten weite Teile Ostpreußens, des nordwestlichen Rußlands und des nördlichen Weißrußlands. Baltische Orts- und Gewässernamen finden sich bis in die Region westlich von Moskau. Die von Tacitus (1. Jahrhundert n. Chr.) in dessen «Annalen» erwähnten *Aestii* waren nicht die finnisch-ugrischen Esten, sondern die Altpreußen. Deren Sprache, das Altpreußische (Pruzzisch), ist der einzige dokumentierte Vertreter des westbaltischen Zweigs. Die Sprachen der anderen bekannten baltischen Völker vertreten das Ostbaltische.

Das Baltische ist erst seit dem 15. Jahrhundert schriftlich bezeugt. Die ältesten Texte sind solche in Altpreußisch. Trotz des relativ späten Einsetzens einer Schrifttradition spielen die baltischen Sprachen, insbesondere das Litauische, für die Rekonstruktion des Proto-Indoeuropäischen eine zentrale Rolle, denn sowohl das Lautsystem als auch der grammatische Bau sind bemerkenswert konservativ in ihrer Entwicklung. Dadurch hat sich in vielen Ausdrücken eine altertümliche Lautung erhalten, die der proto-indoeuropäischen Stammform wohl noch sehr ähnlich ist (z. B. proto-indoeurop. **dubús* ‹tief› > lit. *dubùs* ‹dass.›, **ghormós* ‹Hitze› > altpreuß. *gorme* ‹dass.›, **lik-* ‹bleiben› > lit. *lìkti* ‹dass.›). Von allen indoeuropäischen Sprachzweigen steht der Formenschatz der baltischen Nominalflexion (Kasusendungen) dem für das Proto-Indoeuropäische rekonstruierten Paradigma am nächsten.

Die ältesten Kontakte baltischer Völker zu ihren Nachbarn sind die zu den Ostseefinnen, die seit etwa 1000 v. Chr. andauern (siehe Kapitel 7). In den ersten Jahrhunderten unserer Zeitrechnung entfalteten sich die baltisch-germanischen Sprach- und Kulturkontakte. Seit dem Frühmittelalter standen die Balten im Kontakt mit slavischen Stämmen. Diese Kontakte haben sich kontinuierlich bis in die Moderne fortgesetzt. Die Sprachgeschichte der Ostbalten folgt bis ins 7. Jahrhundert n. Chr. gemeinsamen Trends. Dann gliederte sich aus dem Ostbaltischen ein lettischer und ein litauischer Sprachkomplex aus. Das Kurische – wie das Altpreußische eine untergegangene baltische Sprache – stand dem Lettischen näher als dem Litauischen. Das Lettische verbreitete sich nach 1000 auch bei anderen lokalen Gruppen der Ostbalten, die sich akkulturierten.

### *Thrakisch*

Thrakisch ist die Sprache indoeuropäischer Stammesgruppen, die während der Antike weite Teile des nördlichen Balkan bewohnten, von Ostungarn über Serbien und Bulgarien bis nach Transsylvanien im Norden, nach Nordgriechenland an den Küsten des Ägäischen Meeres im Süden und bis an die Dardanellen im Osten. Kerngebiet der Thraker (griech. *Threikes* oder *Thrâkes*) war das heutige Bulgarien. Thraker siedelten auch auf einigen Inseln in der Ägäis (Thasos, Samothrake, Lemnos). An dieses Volk, das durch seine künstlerische Hinterlassenschaft, die Werke seiner Goldschmiedekunst, in der Moderne bekannt geworden ist, erinnert noch der Landschaftsname Thrakien in Bulgarien (Trakija) und Griechenland (Thrakia).

Bereits in den ersten Jahrhunderten unserer Zeitrechnung hat sich ein Teil der thrakischen Bevölkerung an griechische Lebensweise und Sprache akkulturiert. Andere Thraker wurden romanisiert und nahmen das Lateinische als Muttersprache an. In abgelegenen Regionen des Rhodope-Gebirges hielt sich das Thrakische in einigen Sprachinseln bis ins 6. Jahrhundert. Der Name dieses Gebirgszugs (wörtl. ‹Region des rotbraunen Flusses›) in Bulgarien, der bei Herodot im 5. Jahrhundert v. Chr. erstmals erwähnt wird, ist thrakischer Herkunft. Mit diesen Thrakern kamen die nach Süden wandernden Slaven in Berührung und übernahmen noch einige Gewässernamen, bevor das Thrakische endgültig ausstarb.

Das Thrakische gehört zum Kreis der alten Balkansprachen. Sprachhistorisch gliederte sich das Thrakische im Verlauf des 1. vorchristlichen Jahrtausends aus. Verwandtschaftlich steht es möglicherweise in engeren Beziehungen zum baltischen Sprachzweig (s. o.). Diese Verwandtschaft scheint beispielsweise im Götternamen Perkos bzw. Perkon (Beiname des thrak. Reitergottes Heros) auf, der in litauisch Perkunas ‹Donnergott› seine Parallele findet. An regionalen Dialekten können das Dakische im Westen, das Moesische im Süden und das Getische im Osten identifiziert werden.

Das Thrakische wurde nur sporadisch als Schriftsprache verwendet. Aus dem Gebiet des heutigen Bulgarien ist eine Reihe von Inschriften überliefert; die meisten sind aber sehr kurz, und ihr thrakischer Charakter bleibt umstritten. Nur vier dieser Inschriften (in griechischer Schrift) sind eindeutig thrakisch. Die längste dieser Inschriften ist auf einem in Ezerovo gefundenen, goldenen Ring eingraviert.

### *Illyrisch*

Obwohl das Illyrische nur spärlich überliefert ist, läßt sich aus dem lexikalischen Material die indoeuropäische Verwandtschaft dieser Sprache rekonstruieren. Aufgrund von Parallelen im Wortschatz zeigt sich, daß das Illyrische mit dem ebenfalls ausgestorbenen Messapischen in Süditalien am nächsten verwandt ist und entfernter mit dem Venetischen in Nordostitalien. Überliefert sind nur wenige, sicher als illyrische Wörter identifizierbare Glossen in griechischen und römischen Quellen. Hierzu gehören illyrisch *rhinós* ‹Nebel› (vgl. alban. *rê*, altgegisch *ren* ‹Wolke›), *sabaia* ‹bierartiges Getränk› und *sybina* ‹Jagdspieß›. Zahlreicher sind die illyrischen Orts-, Personen- und Götternamen, die in den Werken antiker Autoren zu finden sind (z.B. illyr. Scordus, Skardon, ein Bergname, dessen Wurzel auch im Stadtnamen Scardona enthalten ist; Bato, ein Männername; Ica und Iria, Göttinnen in Flanona).

Das Siedlungsgebiet illyrischer Stammesgruppen erstreckte sich im balkanischen Küstengebiet der Adria, von Dalmatien im Nordwesten bis nach Makedonien im Südosten. Kerngebiet der illyrischen Siedlungen war das nördliche und südliche Albanien. Dort wohnten nach den Berichten römischer Autoren (und zwar P. Mela, II 56, und Plinius, «Naturalis historia») die *Illyrii proprie dicti* (‹Illyrer im eigentlichen Sinn›). Über die interne Stämmegliederung der Illyrer sind keine Einzelheiten bekannt.

Seit dem 3. Jahrhundert v. Chr. standen die Römer in ständigen Kämpfen mit den Illyrern, die erst spät unterworfen wurden. Erst im Jahre 59 v. Chr. konnten die Römer im Wohngebiet der Illyrer eine Provinz einrichten, die ab 42 v. Chr. Dalmatia genannt wurde. 32 v. Chr. wurde die Provinz in Illyricum umbenannt. Deren Gebiet erstreckte sich von den rätischen Alpen bis nach Makedonien. Die

Grenzziehung der Provinz entsprach keiner ethnischen Gliederung. Vielmehr umschloß Illyricum das Siedlungsgebiet nicht nur der Illyrer, sondern auch anderer Balkanvölker.

Viele Illyrer haben sich während der Zeit der römischen Herrschaft auf dem Balkan akkulturiert und wechselten zum Lateinischen über. Aus der Fusion der romanisierten Küstenbewohner mit thrakischen Bevölkerungsteilen des Inlands bildeten sich im Frühmittelalter albanische Kultur und Sprache heraus. Das sprachliche Erbe des Romanismus ist im Wortschatz und in der Wortbildung des Albanischen in Gestalt von lateinisch-frühromanischen Lehnwörtern sowie Suffixen erhalten geblieben. In einigenTeilen Bosniens hat sich das Illyrische bis ins 7. Jahrhundert n. Chr., d. h. bis zur Ankunft der Slaven, gehalten.

### *Messapisch*

Das Messapische ist mit dem Illyrischen auf der balkanischen Seite der Adria eng verwandt. Es gehört also nicht zum Kreis der italischen Sprachen. Man nimmt an, daß diese Sprache in prähistorischer Zeit mit Kolonisten aus Illyrien nach Italien gebracht worden ist.

Das Messapische war im Südosten Italiens verbreitet. Das Verbreitungsgebiet im sogenannten «Stiefelabsatz» der italischen Halbinsel entsprach in etwa dem Areal der italienischen Provinz Puglia. Das Messapische ist aus mehr als 300 Inschriften bekannt, die aus der Zeit zwischen dem 6. und 1. Jahrhundert v. Chr. stammen. Die meisten Inschriften, die in Gräbern, als Münzlegenden und auf anderen Objekten (aus Bronze, Keramik oder Stein) gefunden wurden, sind sehr kurz und umfassen nur ein oder zwei Wörter. Die messapische Schrift mit ihren lokalen Eigenheiten ist vom griechischen Alphabet abgeleitet.

### *Albanisch*

Die Klassifizierung des Albanischen stellt besondere Anforderungen an die Forschung. Je nach dem, ob man diese Sprache als den Vertreter eines selbständigen Sprachzweigs auffaßt (ähnlich wie das Armenische) oder als das Produkt einer sekundären (bzw. tertiären)

Abspaltung auf der Basis alter indoeuropäischer Sprachen auf dem Balkan (Illyrisch, Thrakisch), ist das Albanische entweder gleichrangig neben das Armenische oder auf dieselbe Ausgliederungsstufe wie die romanischen Sprachen (mit ihrer Enstehung aus dem Sprechlateinischen; s. u.) zu stellen. In der Indoeuropäistik geht bis heute der Trend dahin, das Albanische als selbständigen Sprachzweig zu klassifizieren.

Die Ethnogenese der Albaner hängt aufs Engste damit zusammen, wie sich die Kontakte zwischen Römern und illyrischen Stämmen in der westlichen Balkanregion entwickelten. Der größte Teil des modernen albanischen Siedlungsgebiets gehörte ab 168 v. Chr. zur römischen Provinz Illyricum. Diese Zone war kulturell von römischen Lebensweisen und sprachlich vom Lateinischen in verschiedenen Funktionen geprägt. Rund sieben Jahrhunderte standen Illyrer und Römer (d. h. ital. Kolonisten, römische Verwaltungsbeamte und Kaufleute) im Kontakt. Im Verlauf dieser Periode akkulturierte sich ein Teil der illyrischen Bevölkerung, besonders im Küstengebiet der Adria.

Aus der Fusion solcher Illyrer, die ihre indoeuropäische Kultur und Sprache bewahrt hatten, und romanisierten Illyrern bildete sich im Verlauf der ersten Jahrhunderte unserer Zeitrechnung die Ethnizität der Albaner heraus. Im Albanischen erinnern eine breite Schicht lateinischer Lehnwörter und etliche wortbildende Elemente an das römische Kulturerbe. Früher hat man den lateinischen Einfluß auf das Albanische überschätzt. Insbesondere ältere Darstellungen der romanischen Sprachgeschichte stellten das Albanische als «halbromanisierte» Sprache dar. Neuere Forschungen haben die Proportionen zwischen den dominierenden einheimischen Elementen und der lateinischen Komponente abgeklärt.

Das historische Kernland albanischer Siedlung war das Hochland Nordalbaniens. Im Verlauf des 12. bis 14. Jahrhunderts hat sich die albanische Bevölkerung auch nach Südalbanien und in das Kosovo ausgedehnt. Im Verlauf dieser Migrationen bildeten sich die beiden Hauptgruppen der albanischen Bevölkerung aus, der Gegen und der Tosken. Das Albanische wird seit dem 15. Jahrhundert als Schriftsprache verwendet.

Die historische Grenze der beiden Hauptzonen des albanischen Sprachareals, des Gegischen (im Norden) und Toskischen (im Süden), bildet der Fluß Shkumbini, der Zentralalbanien von Osten nach Westen durchläuft. Die Proto-Albaner sind ursprünglich aus einem Gebiet weit nördlich des Shkumbini allmählich nach Süden vorgedrungen. Südlich des Flusses haben Albaner nachweislich seit dem 12. Jahrhundert gesiedelt. Gegisch, in dessen Strukturen sich verschiedene ältere Eigenheiten des Albanischen bewahrt haben, wird von ca. zwei Dritteln der albanischen Bevölkerung gesprochen, Toskisch von ca. einem Drittel. Die Sprache der Albaner in Griechenland, Unteritalien und Sizilien steht dem Toskischen am nächsten. Typische Unterscheidungsmerkmale der beiden Varianten sind u. a. die Futurbildung – mit dem Hilfsverbs ‹haben› (alb. *kam*) im Gegischen, mit dem Hilfsverb ‹wollen› (alb. *do*) im Toskischen – oder die Präferenz für Infinitivkonstruktionen im Gegischen gegenüber der Vorliebe für konjunktivische Nebensätze im Toskischen.

### *Armenisch*

Seit dem 2. Jahrtausend v. Chr. ist ein Volk im Südkaukasus bezeugt, das ein Reich mit dem Namen Hayasa schuf. Dieser in hethitischen Texten erwähnte Name ähnelt in unverkennbarer Weise dem Eigennamen der Armenier, *Hay* (in der altarmenischen Form). Seit etwa 600 v. Chr. werden die Armenier in westlichen Quellen erwähnt, als *Armenioi* im Griech. und später als *Armenii* bei röm. Autoren.

Das Armenische (von den Armeniern selbst *Hayeren* genannt), repräsentiert – ähnlich wie das Griechische – einen eigenen Sprachzweig (s. o. zur Frage einer engeren Verwandtschaft zwischen dem Armenischen und Indo-Arischen). Als Schriftsprache wird das Armenische bereits seit dem 5. Jahrhundert n. Chr. verwendet. Es wird in einem Originalalphabet mit 36 Buchstabenzeichen geschrieben, das von dem Kleriker Mesrop geschaffen worden ist. Das armenische Schrifttum umfaßt ein großes Korpus christlicher Literatur, ebenso zahlreiche philosophische Schriften (darunter auch frühe Übersetzungen griechischer Autoren wie Aristoteles) und wissenschaftliche Werke.

Die Phryger sind Nachzügler der indoeuropäischen Migrationen von der Balkanregion nach Kleinasien. Ihre Ankunft in ihrem historischen Stammland wird mit dem Übergang zu Troja VIIb um 1200 v. Chr. in Verbindung gebracht. Dieser Übergang von einer früheren Kulturepoche ist gekennzeichnet durch einen Wandel in der Keramikproduktion. Ein neuer Typ von Keramik (mit rauher Oberfläche und Ausbuchtungen) tritt in jener Zeit in Troja und einige Zeit später in der phrygischen Hauptstadt Gordion auf. Das Phrygische steht im Kreis der indoeuropäischen Sprachen Anatoliens für sich.

In den antiken Quellen wird berichtet, daß die Phryger aus Mazedonien oder Thrakien nach Kleinasien eingewandert seien. Diese Migration läßt sich zeitlich in etwa dem 12. Jahrhundert v. Chr. zuordnen. Die Phryger sind namengebend für die historische Landschaft Phrygien im nördlichen Inneranatolien. Phrygien grenzte im Westen an Lydien, im Süden an Kilikien und erstreckte sich im Osten bis über den Fluß Halys. In Homers «Ilias» (2.862 ff.) werden die Phryger als Nachbarn und Verbündete der Trojaner erwähnt. Im 9. Jahrhundert v. Chr. erweiterten die phrygischen Herrscher ihren Einflußbereich, und im 8. Jahrhundert erlebte Phrygien unter Midas II. (reg. 738–696 v. Chr.) seine größte Machtausdehnung. Dieses altphrygische Reich wurde 696/95 von den Kimmeriern zerstört. Seit Ende des 7. Jahrhunderts stand Phrygien unter lydischer Kontrolle und seit Mitte des 6. Jahrhunderts unter persischer Vorherrschaft. Im 3. Jahrhundert besetzten die Kelten den östlichen Teil Phrygiens (Galatiens), der westliche Teil wurde von Pergamon annektiert.

Fernwirkungen des griechischen Kultureinflusses bei den Phrygern machen sich bereits im 8. Jahrhundert v. Chr. bemerkbar. Das erste sichtbare Zeichen dieser Kulturkontakte ist die Übernahme des griechischen Alphabets. Das im 8. Jahrhundert v. Chr. geschaffene phrygische Alphabet ist eine Variante der griechischen Schrift (und zwar westgriechischer Prägung), mit einigen Zusatzzeichen. Spätestens ab dem 6. Jahrhundert v. Chr. macht sich in Phrygien direkter griechischer Einfluß geltend. Das ist unter anderem daran zu erkennen, daß die Phryger ihre ältere Alphabetadaption aufgaben und zur Schreibung des Phrygischen das griechische Alphabet der klassischen Zeit verwendeten.

Das Phrygische ist inschriftlich während zweier Perioden überliefert. Aus der Zeit des 8. bis 4. Jahrhunderts v. Chr. sind mehr als 250 altphrygische Inschriften bekannt. Nach einer Unterbrechung von mehreren Jahrhunderten setzte das phrygische Schrifttum erneut ein, und zwar im 1. nachchristlichen Jahrhundert. Insgesamt 110 neu- bzw. spätphrygische Inschriften sind aus den folgenden Jahrhunderten erhalten. Im 4. Jahrhundert ebbte der Schriftgebrauch ab. Für das 5. Jahrhundert ist das Phrygische noch als gesprochene Sprache bezeugt. Spätestens aber im 7. Jahrhundert war es ausgestorben.

## *Venetisch*

Das Venetische repräsentiert einen eigenen Sprachzweig; entfernt verwandt ist es mit dem Illyrischen. Die venetische Sprache ist aus mehr als 200 überwiegend kurzen Inschriften bekannt, von denen die meisten aus der Region um Ateste stammen. Sie finden sich auf Stein- oder Bronzetafeln und auch auf Tongefäßen. Venetisch wurde in einer Variante des etruskischen Alphabets geschrieben. Eine Besonderheit der venetischen Schrift ist ein Punktiersystem: Silben und Wörter wurden durch Punkte voneinander getrennt. In der ältesten Inschrift aus der Zeit um 550 v. Chr. (auf einem Kantharos-Gefäß von Lozzo) gibt es keine Punktierung, was darauf schließen läßt, daß diese graphische Technik erst später entwickelt wurde. Die jüngsten venetischen Inschriften stammen aus dem 1. vorchristlichen Jahrhundert.

Die Veneter (griech. *Enetoi*, latein. *Veneti*) sind die Namengeber für die historische Landschaft Venetien (italien. Veneto) im Nordosten Italiens. Das Wohngebiet dieses Volkes erstreckte sich an der Adriaküste bis zur Mündung des Po und im Inland. Die wichtigsten Siedlungszentren waren Ateste (Este), Patavium (Padua), Tarvisium (Treviso) und Bellunum (Belluno). Die Kultur der Veneter hat sich im 9. Jahrhundert v. Chr. aus dem Kontinuum der über ganz Italien verbreiteten Proto-Villanova-Kultur ausgegliedert. Die Veneter konnten sich erfolgreich gegen den Expansionsdruck sowohl der Etrusker als auch der in Norditalien ansässigen Gallier behaupten. Seit 215 v. Chr. stand das Gebiet der Veneter unter römischer Kontrolle. Römisches Bürgerrecht wurde den Venetern im 1. Jahrhundert v. Chr. zugesprochen. Dies war die Zeit, als sich die Veneter schon weitgehend an römische Lebensweisen akkulturiert hatten.

### *Tocharisch*

Tocharisch ist ein eigener Sprachzweig der indoeuropäischen Sprachfamilie. Es ist bemerkenswert, daß die engsten, im Wortschatz zu entdeckenden verwandtschaftlichen Beziehungen nicht zum Indo-Iranischen, sondern zu westlichen indoeuropäischen Sprachen bestehen (Mallory/Adams 1997: 590 ff.). Zahlreiche lexikalische Parallelen verbinden das Tocharische mit dem Germanischen (vgl. tochar. A *want* ‹Wind› : deutsch *Wind*, tochar. A *ek* ‹Auge› : schwed. *öga* ‹dass.›). Von den beiden inschriftlich bekannten Varianten des Tocharischen zeigt Tocharisch B konservativere Eigenheiten als Tocharisch A, das sämtliche Endsilben aufgegeben hat. Die Wörter in Tocharisch A sind in der Regel um eine Silbe kürzer als die in Tocharisch B.

Das rekonstruierte Proto-Tocharische bildete sich spätestens in der zweiten Hälfte des 1. Jahrtausends v. Chr. aus, und zwar im Kulturmilieu der Afanasevo-Kultur im Altai-Gebirge und im Flußtal des Jenisej. Von dort sind die Proto-Tocharer weiter nach Süden migriert, wo sich in den ersten Jahrhunderten unserer Zeitrechnung die lokalen Sprachen ausgliederten.

Tocharisch A und Tocharisch B sind aus Texten bekannt, die in der Zeit zwischen dem 6. und 8. Jahrhundert n. Chr. entstanden. Es handelt sich dabei um Schriftdokumente (Papiermanuskripte, hölzerne Tafeln, Graffiti auf Höhlenwänden), die in den Klosterruinen entlang der nördlichen Route der Seidenstraße gefunden wurden.

## *Im Fokus:* Vom Lateinischen zu den romanischen Sprachen

Die indoeuropäischen Sprachen haben sich in mehreren Entwicklungsschüben über das Stadium der Grundsprache hinaus entfaltet:

1) Primäre Ausgliederung: Die frühe Ausgliederung der regionalen Sprachzweige (s. o.) war der erste entscheidende Schub, der die Weichen für spätere lokale Sonderentwicklungen stellte.
2) Sekundäre Ausgliederung: In vielen Fällen gliederten sich die modernen Einzelsprachen direkt aus diesen regionalen Komplexen (Indo-Iranisch, Slavisch, Germanisch u. a.) aus, so das Deutsche aus dem Kontinuum lokaler germanischer Varianten in Mitteleuropa (s. o.), das Russische mit seinen Wurzeln im östlichen Slavisch, das Litauische als moderner Vertreter des Baltischen usw.
3) Tertiäre und weitere Ausgliederung: Unter bestimmten Bedingungen gliederte sich eine Einzelsprache eines regionalen Sprachzweigs weiter in Tochtersprachen aus. Ganze Gruppen von neuen Sprachen konnten im Prozeß eines solchen tertiären Ausgliederungsschubs entstehen. Beispiele hierfür finden sich in verschiedenen Sprachzweigen des Indoeuropäischen. Das Altnordische etwa ist eine frühe germanische Sprachvariante, die im Mittelalter über weite Teile Nordeuropas verbreitet war. Es war lange Zeit einheitlich, löste sich dann aber seit dem 12. Jahrhundert in regionale Sprachvarianten auf: Altnordisch > Norwegisch, Dänisch, Schwedisch, Isländisch, Färingisch. Auch die modernen keltischen Sprachen haben sich in mehreren Entwicklungsschüben ausgegliedert: Keltisch > Inselkeltisch > Irisch > Schottisch-Gälisch.

Jedes Ausgliederungsstadium ist spezifischen Bedingungen unterworfen, die jeweils die Einmaligkeit des sprachlichen Abspaltungsprozesses ausmachen. Aus einem Netzwerk von lautlichen, grammatischen, syntaktischen, lexikalischen Beziehungen leiten sich die Entwicklungsbedingungen für das nachfolgende Ausgliederungsstadium ab. So läßt sich beispielsweise die Verankerung des Deutschen als Sprachstadium im Germanischen darstellen. Unsinnig ist es dagegen, die Entstehung des Deutschen bis zum Proto-Indoeuropäischen zurückverfolgen zu wollen, da eine solche Analyse

Entwicklungsstränge künstlich über mehrere Stadien hindurch verzerren würde.

Je weiter sich Sprachen ausbreiten und je intensiver sie mit anderen Sprachen in Kontakt stehen, desto größer ist die Wahrscheinlichkeit, daß sie sich früher oder später areal ausdifferenzieren, daß sich also bei den Sprechern in verschiedenen Gegenden lokale Sprechgewohnheiten herausbilden. Haben sich solche lokalen Gewohnheiten erst einmal durchgesetzt, können diese schließlich die gesamte Sprachentwicklung in einer Region entscheidend beeinflussen.

Es gibt Regionen, wo sich das Auseinanderdriften der Sprachentwicklung exemplarisch beobachten läßt, wo das Ausgangsstadium gut dokumentiert ist und wo solche Ausgliederungsprozesse bis heute andauern. Dies trifft auf die Verbreitung des Lateinischen und auf die Entstehung der romanischen Sprachen zu. Ihre Ausgliederung ist die Folge des Spaltungsprozesses, der dadurch verursacht wurde, daß das gesprochene Latein im Zuge seiner Ausbreitung in den Provinzen des Römischen Reiches vom Schriftlatein abdriftete. Dieses Abdriften schuf Kontraste solchen Ausmaßes, daß die Hauptvarianten des Lateinischen jeweils eigene strukturelle Baupläne entwickelt haben. Diese Prozesse in der Geschichte des Lateinischen sollen hier veranschaulicht werden.

### *Das Lateinische im Vielvölkerstaat des Imperium Romanum*

Von allen Kultursprachen der Antike hatte das Lateinische die größte Verbreitung im Sinn einer flächenmäßigen Ausdehnung der Gemeinschaft seiner Sprecher. Lateinisch wurde in drei Kontinenten gesprochen, verstanden und/oder geschrieben, von der Atlantikküste Europas und Nordafrikas im Westen bis zum Persischen Golf im Osten, von den Britischen Inseln im Norden bis nach Nubien im Süden. Zwar hatte auch das Griechische als Bildungs- und Handelssprache weite Verbreitung, seine Sprecher aber lebten – vom Mutterland Griechenland abgesehen – fast ausschließlich in städtischen Enklaven (Hall 2002). Die Sprecher des Lateinischen dagegen bewohnten nicht nur die Städte des Imperium Romanum, sondern siedelten auch in den Landgemeinden. Viele italische Kolonisten wurden in ländlichen Gebieten heimisch. Dies gilt überwiegend für die römischen Provinzen Europas. Eine seltene Ausnahme war Britannien, wo es römische Zivilsiedlungen nur im Südosten gab. Die Region, die später unter dem Namen Wales bekannt wurde, war zur römischen Zeit Militärzone. Daher wurden dort auch keine römischen Siedlungen gegründet (Petts 1998).

Will man die Bevölkerungsgruppen identifizieren, die Lateinisch sprachen, denkt man unwillkürlich an die Römer. Die Römer im ethnischen Sinn als ein Volk zu bezeichnen, beruht aber auf einer Fehlinterpretation antiker Verhältnisse. In der historischen Rückblende der nationalistischen europäischen Geschichtsbetrachtung des 19. Jahrhunderts wurden die Römer leichthin zu einem Volk gemacht, wohl in dem Bedürfnis, die Träger der römischen Kultur mit einem ethnischen Kollektivbegriff zu identifizieren, der mit den Auffassungen über Kulturnationen des 18. und 19. Jahrhunderts konform ging.

In der Antike wurden Begriffe wie ‹Römer› (latein. *Romanus*) und ‹Römertum› (latein. *romanitas*) auf verschiedene Sachverhalte bezogen:

1. Römer (= gebürtiger Römer): Einwohner der Stadt Rom, der dort geboren wurde und dort lebte. In der Anfangszeit waren die Einwohner Roms Latiner, die von einer etruskischen Elite, den Tarquiniern, regiert wurden.
2. Römer (= Bürger der Stadt mit Bürgerrecht): Angehöriger der aristokratischen Sozialschicht der Stadt Rom. Die römische Aristokratie war in Sippen (*gentes*) gegliedert. Bürgerrecht besaßen in der Anfangszeit nur die *gentiles*.
3. Römer (= freier Bürger der Stadt): Als Römer galten Freie (d. h. Nichtsklaven), unabhängig davon, ob sie dort geboren wurden oder von außerhalb gekommen waren, um in Rom zu wohnen. Außer aus Latium kamen Zuwanderer auch aus anderen Gegenden Italiens und aus den Provinzen des Reiches, so Plautus aus Umbrien, Ennius aus Kalabrien, Vergil aus Andes (bei Mantua), Horaz aus Venusia (Venosa), Ovid aus Sulmo (Sulmona), Seneca aus Corduba (Córdoba) usw.
4. Römer (= freier Bürger des Römischen Reiches): Ein freier Römer war jemand, der das Bürgerrecht des Imperium Romanum besaß, also kein Sklave oder Auswärtiger (Bürger eines Fremdstaates) war. Als freie Römer wurden lange Zeit nur die Einwohner Latiums und der von anderen Italikern (Oskern, Umbrern, Sabellern u. a.) bewohnten Landschaften bezeichnet, denen nach ihrer Unterwerfung

das römische Bürgerrecht zuerkannt wurde (z. B. den Sabinern kollektiv im Jahre 241 v. Chr.) und von denen viele als Kolonisten (*colones*) in die Provinzen des Reiches abwanderten.

5. Römer (= freier Bürger des Römischen Reiches ungeachtet seiner ethnischen Volkszugehörigkeit): Im 3. Jahrhundert n. Chr. wurde das Bürgerrecht auf alle freien Untertanen des Imperium Romanum ausgedehnt, so daß Italiker ebenso wie Iberer, Gallier, Punier, Germanen und Angehörige anderer Völker das Recht hatten, sich «Römer» zu nennen.

Im ethnischen Sinn hat es nie ein einheitliches *römisches Volk gegeben. Die lateinische Ausdrucksweise *populus romanus* bezieht sich im politischen Sinn auf das Staatsvolk (nach den obigen Kriterien 4 und 5). Römersein war eine Frage des Lebensstils und der Gewohnheit, Lateinisch zu sprechen und Kosmopolit zu sein, und dabei spielten die Volkszugehörigkeit oder die Herkunft religiöser Traditionen, die man pflegte, keine wesentliche Rolle. In der Stadt Rom selbst wie auch an anderen Orten des Römischen Reiches waren einheimische ebenso wie fremde Kulte populär, wie die der Cybele (Magna Mater) aus Kleinasien oder der ägyptischen Isis.

Die seit 395 n. Chr. bestehende Trennung des Weströmischen Reichs vom Oströmischen Reich läßt die politische Identifizierung im Sinn des zuletzt angeführten Kriteriums erkennen. Die Griechen nannten die Römer *Romaioi*. Im Sinn einer rein staatsbürgerlichen Definition war auch bei den Griechen seit Ende des 4. Jahrhunderts die Eigenbenennung ‹Römer› üblich. Um die «echten» Römer von den römischen Bürgern im Osten zu unterscheiden, waren im Griechischen Namen wie *presbuteroi Romaioi* ‹Weströmer› und *eooi Romaioi* ‹Oströmer› in Gebrauch. Die politische Sinngebung des Begriffs ‹Römertum› machte später auch die Identifizierung des Moskowiterstaats, des Fortsetzers des politischen Erbes von Byzanz, als «Drittes Rom» möglich (Haarmann 2000b: 766 ff.).

Das Lateinische war als Muttersprache ursprünglich nur bei den Latinern, den italischen Bewohnern der historischen Landschaft Latium, verbreitet. Mit der sukzessiven militärischen Eroberung anderer Regionen Italiens und später anderer Länder sowie über die Ausdehnung des römischen Staatswesens wurde das Lateinische auch außerhalb des latinischen Siedlungsgebiets heimisch. Lateinisch wurde im Laufe der Zeit von den Angehörigen vieler Völker gesprochen, die sich sprachlich assimilierten und römische Lebensgewohnheiten annahmen. Dazu gehörten zahlreiche lokale Völkerschaften in Italien sowie die zahlreichen ethnischen Gruppen außerhalb Italiens, die einen Sprachwechsel zum Lateinischen erlebten.

Bis zum Ende der römischen Ära (d. h. bis zum 5. Jahrhundert n. Chr.) hatten sich viele Bewohner des Imperium Romanum entweder vollständig oder weitgehend an römische Kultur und Sprache assimiliert. Die Sprachgemeinschaft des Lateinischen war als Folge dieser Assimilationsprozesse kontinuierlich angewachsen und gliederte sich in lokale Sprechergruppen:

**Lokale Sprachgemeinschaften des Lateinischen**

Westeuropa:
- Latiner (mit anderen italischen Völkern verwandt) als ursprüngliche Sprachgemeinschaft des Lateinischen
- Andere italische Völker (Falisker, Marser, Sabiner, Samniten, Picener, Umbrer, Osker, Sikaner u. a.)
- Andere indoeuropäische (= nicht-italische) Völker Italiens (Elymer, Leponter, Messapier, Veneter)
- Nicht-indoeuropäische Völker Italiens (Etrusker, Camuner, Ligurer, Räter, Paläosarden)
- Indoeuropäische Völker in den westlichen Provinzen des Imperium Romanum (Gallier in Frankreich, Keltiberer in Spanien)
- Nicht-indoeuropäische Völker in den westlichen Provinzen des Imperium Romanum (Iberer, Kantabrer, Lusitanier und Tartessier in Spanien)

Osteuropa:
- Indoeuropäische Völker der Balkanregion (Daker, Mösier, illyrische Stämme der Adriaküste)

Nordafrika:
- Nicht-indoeuropäische Völker (Numider)

Bereits im letzten Jahrhundert vor der Zeitenwende war die Sprachgemeinschaft des Lateinischen eindeutig multiethnisch, und dies verstärkte sich zunehmend mit der Eroberung und siedlungsmäßigen Erschließung von immer weiteren Regionen durch die römische Armee und italische Kolonisten. Bis ins 2. Jahrhundert n. Chr. hielt der Trend zur Expansion an, danach begann das Imperium Romanum durch territoriale Verluste zu schrumpfen. Der erste größere Verlust im Osten war die Aufgabe der Provinz Dacia im Jahre 271

n. Chr. Im Westen wurde das rechtsrheinische Gebiet (*agri decumates*) um 260 n. Chr. unter dem Ansturm der Germanen geräumt. Seit Anfang des 5. Jahrhunderts n. Chr. gingen mehr und mehr Gebiete verloren, einerseits wegen freiwilliger Evakuierung der römischen Zivilbevölkerung wie in Britannien, andererseits aufgrund des militärischen Drucks der Germanen. Die Franken drangen bis nach Gallien vor und etablierten sich dort.

Das Lateinische hat sich in vielfältigen Funktionen verbreitet, und zwar sowohl in seiner geschriebenen Ausdrucksform als auch als gesprochene Sprache. Für das gesprochene Latein war lange Zeit der im 19. Jahrhundert entstandene Ausdruck «Vulgärlatein» in Gebrauch. Stattdessen wird seit der zweiten Hälfte des 20. Jahrhunderts die Bezeichnung «Sprechlatein» bevorzugt, die im Unterschied zu «Vulgärlatein» sozial nicht stigmatisiert ist.

Die beiden Hauptvarianten des Lateinischen (Schriftsprache : Umgangssprache) waren ihrerseits ausdifferenziert in eine Reihe funktionaler Stile und soziale Sondersprachen (Soziolekte):

**Soziale und funktionale Differenzierungen des geschriebenen Lateins**

- Gehobener Stil (Sprache der Literatur und Sachprosa; poetischer Stil als spezialisierte gehobene Variante)
- Einfacher Schreibstil für praktische Zwecke (Sprachgebrauch der Kaufleute zur Erstellung von Warenlisten, Texte für schulische Zwecke, einfache Grabinschriften u. ä.)
- Amtslatein (Sprachgebrauch der Administration)
- Allgemeine Verkehrssprache (geschrieben und gesprochen; im Umgang zwischen Römern und Nichtrömern im Imperium Romanum)
- Fachsprachen der spezialisierten Berufssparten (juristische Fachsprache des Rechtssystems, medizinische Fachsprache der Ärzte)
- Religiöse Sondersprachen (geschriebene Ritualsprache einzelner polytheistischer Kulte; Sprache des christlich-lateinischen Schrifttums)

**Elementare interne Variationen des gesprochenen Lateins**
(einschließlich fach- und sondersprachlicher Varianten)

- Heimsprache der Latiner = *sermo familiaris* (Sprache, in der Latiner sozialisiert wurden)
- Primärsprache assimilierter Nicht-Latiner oder deren Zweitsprache = *sermo peregrinus* (Italiker, Etrusker, Gallier, Iberer, Illyrer u. a.)

- Alltägliche Umgangssprache = *sermo quotidianus* (Kontaktsprache im privaten Bereich und in der Öffentlichkeit)
- Fachsprachen der verschiedenen Sparten des Handwerks = *sermo professionalis* (Maurer, Töpfer, Schiffsbauer)
- Handelssprache der römischen Kaufleute
- Soldatenjargon = *sermo castrensis* bzw. als Adverb bei Curtius Rufus (1. Jahrhundert n. Chr.) *militari vulgarique sermone* (Sprachgebrauch des römischen Armeepersonals, der unter anderem aus Graffiti der VII. Kohorte in Rom bekannt ist; der Soldatenjargon unterscheidet sich wiederum von der militärischen Fachsprache)
- Religiöse Sondersprachen (Spezielle Nomenklatur der ausschließlich gesprochenen Ritualsprache von Mysterienkulten; z. B. Kulte des Mithras, der Ceres u. a.)
- Sprechlateinische Regiolekte (z. B. das regionale Latein Galliens oder Sardiniens).

Die gesprochene Sprache wurde selten auch geschrieben. Beispiele für die Wiedergabe des Sprechlateinischen in Schriftform sind die umgangssprachlich gefärbten Dialoge in den Werken der Komödiendichter Plautus (Titus Maccius Plautus, ca. 240–184 v. Chr.) und Terenz (Publius Terentius Afer, 195 bis nach 159 v. Chr.). Die Graffiti aus Pompeji und aus Rom sind wichtige Quellen für unsere Kenntnis der lateinischen Umgangssprache.

Ein schönes Beispiel für die Wiedergabe nicht nur «rustikaler» Sprache (s. u. *rusticitas*), sondern auch sondersprachlicher Ausdrucksweisen in Schriftform ist das Werk «Satyrica» von Titus Petronius Niger (gest. 66 n. Chr.), der erste römische Roman. In einer der szenischen Haupthandlungen, in der «Cena Trimalchionis», läßt Petron seine Protagonisten, kleine Geschäftsleute, wie im Leben sprechen. «In einem bunten Latein, das nach der Straße schmeckt, geben sie ungeschminkt ihr Weltbild zum Besten» (Habermehl 1997: 521). Wohl wegen seiner unkonventionellen Sprachwahl, die die normativen Dogmen der *latinitas* außer Acht ließ, ist «Satyrica» von den kaiserzeitlichen Quellen bis ins 4. Jahrhundert n. Chr. gleichermaßen totgeschwiegen worden. Die Sprachwissenschaft der Moderne preist Petron «als einen der Herolde der romanischen Sprachen» (Posner 1996: 102), weil das von ihm schriftlich fixierte Sprechlatein den Schlüssel für Entwicklungstrends romanischer Sprachen bereithält.

Die beiden Varianten des Lateins waren funktional miteinander verwoben. Es gab aber auch Regionen, wo das Lateinische nicht in allen Funktionen vertreten war. Beispielsweise fungierte es lediglich als Verkehrssprache im Westen und Norden Britanniens.

Der letzte Vertreter einer lateinisch-römisch geprägten Universalbildung war Isidor von Sevilla (ca. 570–636 n. Chr.), zweifellos die berühmteste Persönlichkeit des Kulturschaffens im Toledanischen Reich der Westgoten. Isidor hebt sich gleichsam als «markanter Schlußstein der lateinischen Antike» (Eichenseer 1989: 201) ab. In der Periode von der Spätantike zum Frühmittelalter (d. h. vom 5.–8. Jahrhundert) wandelte sich das gesprochene Latein und nahm Eigenheiten an, die den Übergang von der Latinität zur Romanität, d. h. zu den Frühformen romanischer Sprachen markieren. Damit schied das Sprechlatein gewissermaßen aus, die Schriftsprache aber lebte weiter. Zwar wurde sie von Vertretern der gelehrten Welt und der Amtskirche auch in gesprochener Form verwendet; dies war dann aber immer die seit der Spätantike im wesentlichen unverändert tradierte und gleichsam fossilierte Sprache.

### *Entstehungsgeschichte und Ausbildung der klassischen Schriftsprache*

Obwohl das Lateinische seit 600 v. Chr. verschriftet war, dauerte es noch Jahrhunderte, bis es regelmäßig als Schriftsprache verwendet wurde. Die Standardisierung der klassischen Schriftsprache vollzog sich im Verlauf des 3. Jahrhunderts v. Chr. und war zu Beginn des 2. Jahrhunderts im wesentlichen abgeschlossen. Seither verlief die Entwicklung der Schriftsprache unabhängig von der des Sprechlateins.

Das Schriftlatein war und blieb konservativ, eine Tendenz, die durch bewußte Sprachpflege aufrechterhalten wurde. Dies geschah durch die Vertreter des römischen Geisteslebens, die sich mit ihrem Sprachgebrauch gleichermaßen einer Selbstzensur unterwarfen (Vainio 1999). Es gab zwar keine kulturpflegerische Vereinigung mit normativen Aufgaben, die Literaten hielten sich aber an autoritative Werke der Grammatiker und Rhetoriker, mit denen ein Normbewußtsein gefördert wurde. Der erste normative Grammatiker, der in seinem Werk «De lingua Latina» den korrekten Sprachgebrauch des Schriftlateinischen festschrieb, war Marcus Terentius Varro (116–27 v. Chr.).

Der Einfluß der Sprachpflege machte das geschriebene Medium zu einem «hochgradig künstlich anmutenden Register» (Coleman 1992: 318), während sich die gesprochene Sprache frei und ohne Einschränkungen entwickelte. Die Unterschiede im Sprachbau der beiden lateinischen Varianten sind so bedeutend, daß man mit voller Berechtigung von zwei getrennten grammatischen Systemen sprechen kann (Haarmann 2003c: 333 ff.).

Die strukturellen Spezifika des klassischen Schriftlatein sind bereits charakteristisch für den Sprachgebrauch von Plautus. Ihre größte stilistische Vielfalt findet die Schriftsprache in den Werken von Marcus Tullius Cicero (106–43 v. Chr.) und Publius Vergilius Maro (70–19 v. Chr.). Die bekanntesten Vertreter der ausgehenden Klassik im 2. Jahrhundert n. Chr. sind Cornelius Tacitus (ca. 56 – nach 118 n. Chr.) und Decimus Iunius Iuvenalis (55 – nach 130 n. Chr.). In diesem Spannungsbogen des römischen Kulturschaffens, der sich über eine Periode von rund dreieinhalb Jahrhunderten hinzog, entfaltete das Schriftlatein sämtliche stilistische Register, wie sie für die großen Kultursprachen der Antike charakteristisch sind. In der nachklassischen Ära hielt man epigonenhaft am klassischen Standard fest. Seither gab es aber keine stilistischen Neuorientierungen mehr. Auch die lateinisch geprägte christliche Historiographie späterer Jahrhunderte wich trotz lexikalischer Besonderheiten nicht grundsätzlich vom klassischen Standard ab.

Die Stadt Rom als kultureller Mittelpunkt der römischen Welt und ihr Sprachgebrauch haben von Anbeginn der schriftlichen Überlieferung die wesentlichen Impulse für die Konsolidierung des klassischen Latein vermittelt. Die sprachliche Konstruktion der römischen Kultur im städtischen Milieu (*urbanitas*) stellte die Basis dar, auf die sich die gepflegte schriftliche Ausdrucksform (*latinitas*) stützte. Der Sprachgebrauch des Lateinischen außerhalb Roms wurde von den römischen Literaten allgemein abgelehnt und als ungebildet, stilistisch roh und normlos verworfen. Das Ideal der *latinitas* wurde dem Stereotyp der *rusticitas* gegenübergestellt. Die *rusticitas* war nach Auffassung römischer Sprachpfleger die Hauptquelle für Verstöße gegen die Normen der Schriftsprache.

In einem anonymen Werk («Rhetorica ad C. Herennium») aus dem 1. Jahrhundert v. Chr. werden zwei elementare Kategorien von Normverstößen identifiziert. Dies ist einmal der *barbarismus*. Damit wurde ein Ausdrucksfehler bezeichnet, der in der Regel einzelne Wörter betraf. Als *soloecismus* bezeichnete man Syntaxfehler, also Abweichungen von den Normen des Satzbaus und der Phraseologie.

Die römischen Sprachpfleger waren bemüht, Fremdelemente im Wortgebrauch des Schriftlatein auszumerzen. Dies betraf in erster Linie Fremdeinflüsse von Seiten der anderen italischen Sprachen. So wurden verschiedene Entlehnungen der vorklassischen Schriftsprache durch sprachpflegerische Eingriffe ersetzt; z. B. das aus dem Faliskischen entlehnte *losna* durch das latinische *luna* ‹Mond›, das sabinische Lehnwort *plostru* durch *plaustrum* ‹Wagen›. Etruskische Lehnwörter wurden dagegen nicht ersetzt (z. B. latein. *persona* ‹Person, Individuum› < etrusk. *phersu*, *populus* ‹Volk› < etrusk. *puple*, *atrium* ‹Haus mit Innenhof› < etrusk. *athre*). Vielleicht war dies ein Nachklang des ehemaligen Prestiges des Etruskischen als Kultursprache bei den Römern.

Da das Griechische als Kultursprache in hohem Ansehen stand, wurden griechische Entlehnungen als Bereicherung des lateinischen Wortschatzes anerkannt. Sie sind in einem ständigen Fluß in viele lexikalische Bereiche des Lateinischen eingedrungen, sowohl in die Literatursprache als auch in die fachsprachliche Terminologie (z. B. *machina* ‹Maschine›, *grammaticus* ‹Grammatiker›). Viele gebildete Literaten in Rom verwendeten zwei Schriftsprachen: Lateinisch und Griechisch. Dementsprechend interagierten diese beiden Sprachen beständig miteinander (Biville 2002).

Ein besonderes Problem stellte sich für die Sprachpfleger darin, daß im Laufe der Zeit immer mehr Nichtrömer (d. h. Nichtlatiner) Lateinisch als Schriftsprache verwendeten (MacMullen 2000). In deren Sprachgebrauch schlichen sich häufig muttersprachliche Interferenzen ein, die dem römischen Normbewußtsein widersprachen. Auch solche aus Zweisprachigkeit resultierenden Abweichungen wurden als potentielle Fehlerquelle abgelehnt. Die Verwendung der lateinischen Schriftsprache durch Nichtrömer wurde in der Terminologie der Sprachpfleger als *peregrinitas* bezeichnet.

In der nachklassischen Ära der Spätantike schrieben mehr Nichtrömer als Römer Lateinisch. In deren Sprachgebrauch drangen auch immer mehr Elemente des Sprechlateinischen ein. Der Charakter des Lateinischen im städtischen Milieu der Metropole Roms veränderte sich. Die *urbanitas* der Klassik war nicht dieselbe wie die, die in dem Werk «Ars de barbarismis et metaplasmis» des aus Gallien stammenden Consentius im 5. Jahrhundert n. Chr. als *romanus sermo* (bzw. *romana lingua*) bezeichnet wurde. In jener Zeit lockerten sich die Konventionen der klassischen Norm zwangsläufig. So hebt beispielsweise der als Kirchenvater bekannte Aurelius Augustinus (354–430 n. Chr.) in seinem Werk «Doctrina Christiana» hervor, daß es für einen Christen unerheblich sei, ob er korrektes Latein oder Barbarismen verwende, denn Gott würde ihn in jedem Fall verstehen.

### *Strukturelle Charakteristika des Schriftlateinischen*

Das Schriftlatein verdankt zwar der Sprachpflege seinen allgemein konservativen Charakter, die natürliche Sprachentwicklung ist aber nicht spurlos an der Schriftsprache vorbeigegangen. Veränderungen in der Lautung und Graphie lateinischer Wörter sowie vereinzelt im Formenschatz lassen sich über die Jahrhunderte verfolgen. Im 4. Jahrhundert v. Chr. vereinfachten sich bestimmte Konsonantencluster (z. B. *stlites* > *lites* ‹Gerichtsverfahren›, *iouxmenta* > *iumenta* ‹Lasttiere›), im 3. Jahrhundert v. Chr. ist die Monophthongierung älterer Diphthonge zu beobachten (z. B. *deico* > *dico* ‹ich sage›, *moirus* > *murus* ‹Mauer›). Seit dem 1. Jahrhundert v. Chr. treten in den Texten Synkopierungen auf, und zwar von unbetontem *e*, *i* und *u* (z. B. *veteranus* > *vetranus* ‹alt›, *calidus* > *caldus* ‹warm›, *oculus* > *oclus* ‹Auge›). Zu den Innovationen des 1. Jahrhunderts n. Chr. gehören unter anderem der Wandel von *qu-* zu *c-* (z. B. *quinque* > *cinque* ‹fünf›) und von *-pt-* zu *-t-* (z. B. *sculptus* > *scultus* ‹geformt›) sowie die Reduktion von *ua* zu *a* (z. B. *februarius* > *febraris* ‹Februar›), *uo* zu *o* (z. B. *quattuor* > *quattor* ‹vier›) u. a. Seit dem 2. Jahrhundert n. Chr. nimmt die Bildung von Komposita mit Präposition oder Adverb zu (z. B. *ad foras* ‹hinaus›, *in ante* ‹vorher, vor›). Im 3. Jahrhundert n. Chr. schließlich kommt es zu Harmonisierungen im Vokalismus (z. B. *silvaticus* > *salvaticus* ‹Wald-›, *rotundus* > *retundus* ‹rund›).

*Lautsystem und Akzentverhältnisse* Abweichend von den Verhältnissen im Sprechlateinischen gibt es im Lautsystem der Schriftsprache nicht nur qualitative, sondern auch quantitative Differenzierungen. Dies bedeutet, daß sich die Vokal- und Konsonantenphoneme (d. h. bedeutungsunterscheidende Laute) nicht nur qualitativ (z. B. /b/ in Opposition zu /p/), sondern auch quantitativ unterscheiden. Im Vokalismus gilt die Unterscheidung zwischen Kürze und Länge für alle Laute, im System der Konsonanten werden Quantitäten lediglich bei den stimmlosen Verschlußlauten (und zwar /p/, /t/, /k/), im Fall des Sibilanten /s/, bei den Nasalen (/m/, /n/) und Liquiden (/l/, /r/) unterschieden. Die Differenzierung von Längen und Kürzen wird bei der Schreibung der Vokale nicht berücksichtigt, bei den Konsonanten wird Länge durch Doppelschreibung des Lautes ausgedrückt (z. B. *sumus* ‹wir sind› vs. *summus* ‹der höchste›).

Die Schriftsprache unterscheidet nach ihrer Qualität 5 vokalische Laute (a, e, i, o, u). Berücksichtigt man die beiden Halbvokale ([j] geschrieben <i> und [w] geschrieben <v>) sowie die Quantitätenkorrelation, gibt es insgesamt 12 Vokalphoneme im Lautsystem des Schriftlateinischen. Hinzu kommen 5 Diphthonge (/ae/, /au/, /oe, /eu/, /ei/), von denen in der klassischen Schriftsprache seit dem 2. Jahrhundert v. Chr. nurmehr /ae/ und /au/ häufiger auftreten. Die übrigen sind selten und zumeist auf die Lautwiedergabe griechischer Lehnwörter beschränkt (z. B. *poena* ‹Strafe›). Der Konsonantismus unterscheidet 15 Einzellaute, von denen 8 kurz oder lang auftreten. Die Gesamtzahl der Konsonantenphoneme beläuft sich demnach auf 23.

Die Akzentverhältnisse haben sich im Übergang von der vorklassischen zur klassischen Zeit entscheidend verändert. Es trat ein Wandel von einem dynamischen zu einem freien Wortakzent ein. Für die Frühzeit ist mit etruskischem Einfluß auf die lateinischen Akzentverhältnisse zu rechnen. Die Anfangsbetonung (d. h. die Festlegung des Akzents auf die erste Silbe eines jeden Wortes) des Etruskischen wurde auf das Lateinische übertragen. Ein Indiz für die vorklassische Anfangsbetonung ist der Umstand, daß die Vokale der Anfangssilben lateinischer Wörter nicht synkopiert werden, obwohl dies nach den klassischen Akzentverhältnissen zu erwarten wäre. In Wörtern wie *calefacio*, *disciplina* oder *sapientia* ist daher der Vokal der Anfangssilbe erhalten geblieben.

Im Verlauf des 3. Jahrhunderts v. Chr. stabilisieren sich die Verhältnisse nach dem Prinzip des freien Akzents. Die Betonung liegt gewöhnlich auf der vorletzten Silbe (Paenultima-Akzent; z. B. *vidémus* ‹wir sehen›), seltener auf der Antepaenultima (z. B. *vídimus* ‹wir haben gesehen›). Die Erstbetonung gilt nur bei zweisilbigen Wörtern (z. B. *hórtus* ‹Garten›).

*Der grammatische Bau des Schriftlateinischen* Wie viele andere indoeuropäische Sprachen ist auch das Lateinische eine Sprache mit flektierender Strukturtypik. Dies trifft eindeutig auf den Sprachbau des Schriftlateinischen zu, auf den des Sprechlateinischen nur mit Einschränkungen (s. u.). Sowohl in der Nominal- als auch in der Verbalflexion haben sich verschiedene Stammklassen mit formenreichen Paradigmen ausgebildet (s. u. zu Übergangsprozessen von synthetischen zu analytischen Formen im Sprechlateinischen).

Im Zusammenhang mit der Flexion der Substantive werden insgesamt sechs Stammklassen unterschieden. Das Schriftlatein kennt sechs produktive Kasus, ein weiterer (Lokativ) ist nur in bestimmten Wendungen erhalten (z. B. *domi* ‹zu Hause›, *rure* ‹auf dem Lande›). Die Kasusflexion des Lateinischen «ist seine bestimmende typologische Charakteristik» (Baldi 1994: 2054). In den Funktionen des Ablativs sind Interferenzen mit der Kategorie des im Lateinischen nicht erhaltenen indoeuropäischen Instrumentals zu erkennen (z. B. *cum Cicerone consule* ‹mit dem Konsul Cicero›). Genera gibt es im Schriftlatein drei: maskulin, feminin, neutral. Von den sprachhistorisch für die indoeuropäische Grundsprache rekonstruierbaren Numeri sind zwei im Lateinischen erhalten geblieben: Singular und Plural. Der Dual ist geschwunden.

Die Verbalflexion unterscheidet Paradigmen für vier Stammklassen sowie die grammatischen Kategorien zur Kennzeichnung der Person, des Numerus, des Tempus, des Modus und der Aktionsart. Diese sind formal in folgender Weise in die Strukturen des Verbalsystems integriert:

- 3 Kategorien der Person (redende Person; angeredete Person; Person, über die geredet wird),
- 2 Numeri (Singular, Plural),
- 6 Tempora (Präsens, Imperfekt, Futur I; Perfekt, Plusquamperfekt, Futur II),

- 3 Modi (Indikativ, Konjunktiv, Imperativ; zusätzlich Infinitiv als 4. Kategorie),
- 3 Aktionsarten (Aktiv, Passiv und Medium, letzteres mit defektivem Formenschatz).

Im lateinischen Verbalsystem wird eine weitere Kategorie unterschieden, die allerdings nicht formal markiert ist, und zwar der Aspekt. Im Unterschied zur Aspektkorrelation in slavischen Sprachen, die beispielsweise im Russischen als selbständiges grammatisches System ausgeprägt ist, werden aspektuelle Nuancen der Verbbedeutung im Lateinischen in enger funktionaler Assoziation mit den verschiedenen Tempora zum Ausdruck gebracht: 1) Mit der Kategorie des imperfektiven Aspekts (= Ausdruck von nicht abgeschlossenen Handlungen) verbinden sich das Präsens (wobei der Ausgang einer Handlung noch nicht bekannt sein kann), das Futur (d. h. Futur I) zur Darstellung einer noch nicht stattgefundenen Aktion und das Imperfekt zur Beschreibung einer Handlung, die im Verlauf war, als etwas Neues eintrat. 2) Mit dem perfektiven Aspekt (= Ausdruck von in sich abgeschlossenen Handlungen) verbinden sich das Perfekt (Darstellung einer in der Vergangenheit abgeschlossenen Begebenheit), das Plusquamperfekt (Abschluß einer Handlung in der Vorvergangenheit) und das Futur II (Projektion einer in den zeitlichen Rahmen der Vorvergangenheit situierten zukünftigen Aktion).

*Syntaktische Strukturen* Die syntaktischen Beziehungen der Elemente im Satz sind wegen des hochgradig flexivischen Charakters des Schriftlateins durch vielfältige grammatisch-formale Kongruenzen charakterisiert. Solche Kongruenzen schließen die Kategorien der Person und des Numerus ein und beziehen sich auf die Hauptkonstituenten im Satz. Dabei geht es einerseits um das Verhältnis des Subjekts zum Prädikat, d. h. um die Beziehung Nomen + Verb bzw. Pronomen + Verb, andererseits um das Verhältnis des Subjekts zu seinen Ergänzungen (z. B. in der Formation Nomen + Adjektiv) sowie des Objekts zu seinen Ergänzungen. Die Kategorie des Genus ist fest eingebunden in die Kongruenzbeziehungen zwischen nominalen Konstituenten. Kongruenzen bezüglich der Genera sind dagegen sporadisch bei den verbalen Konstituenten.

Die teilweise rigiden Kongruenzbeziehungen zwischen den Konstituenten determinieren grammatische Funktionen und bedeutungsmäßige Korrelationen so präzise, daß die Wortfolge des Schriftlateinischen relativ frei ist. Allerdings sind für den stilistisch neutralen Satz bestimmte Präferenzen festzustellen:

- S(ubjekt) – O(bjekt) – V(erb), diese Wortfolge ist sowohl für den Hauptsatz als auch für den Nebensatz charakteristisch; z. B. *Romulus urbem condidit* ‹Romulus gründete die Stadt [Rom]›
- Nomen + Adjektiv; z. B. *res publica* ‹das gemeinsame Wohl›
- Regens + Rectum (Gen. + Nomen); z. B. *senatus* (Gen.) *consultum* ‹eine Entscheidung des Senats›
- Präposition + Nomen; z. B. *intra urbem* ‹in(nerhalb) der Stadt›

### *Strukturelle Charakteristika des Sprechlateinischen*

Im Unterschied zum konservativen, durch die freiwillige Sprachpflege der römischen Literaten zum Kunstprodukt verfeinerten Schriftlatein verlief die Entwicklung des Sprechlateinischen in natürlicher Weise unkontrolliert und war keinen regulativen Eingriffen unterworfen. Das gesprochene Latein erlebte Innovationsschübe, an denen das Schriftlatein keinen Anteil hatte. Insbesondere die Neuentwicklungen in den ersten Jahrhunderten unserer Zeitrechnung markierten einen Trend, der das Abdriften der Umgangssprache vom schriftlichen Sprachgebrauch veranschaulicht.

Dieser Trend verstärkte sich in der Periode der Spätantike und wurde spätestens seit dem 6. Jahrhundert richtungweisend für die Entfaltung der Frühstadien romanischer Sprachen aus dem Kontinuum des Sprechlateinischen. Die Typik des Sprechlateinischen beinhaltete die Elemente, die die strukturellen Techniken der romanischen Sprachen verständlich machen. In der direkten Konfrontation mit dem Schriftlatein ist keine Kontinuität erkennbar.

Es gab nur eine funktionale Variante des Lateinischen, die sowohl in geschriebener als auch in gesprochener Form verbreitet war, die aber in ihrer gesprochenen Form den Konservativismus der Schriftsprache widerspiegelt. Dies war die lateinische Verkehrssprache, die in allen Regionen des Imperium Romanum verbreitet war, in einigen Gebieten allerdings als alleiniges Medium der Interkommunikation zwischen Römern und Nichtrömern fungierte (Haarmann

1979). Dies gilt etwa für das westliche Britannien, wohin italische Kolonisten nicht gelangten und wo es auch keine lokale römische Administration gab.

*Das Lautsystem sprechlateinischer Regiolekte* In der keltischen Sprache jener Region, die später als Wales bekannt wurde, im Kymrischen, hat sich der Lautstand der lateinischen Verkehrssprache gleichsam in fossilem Zustand, nämlich lateinischen Lehnwörtern, erhalten. Das Besondere an diesem rekonstruierten Lautstand ist die Differenzierung zwischen kurzen und langen Vokalen, die ja typisch für die Schriftsprache war. Bezeugt wird die Erhaltung lateinischer Vokalquantitäten durch die unterschiedlichen Lautäquivalenzen des Kymrischen bei der Wiedergabe kurzer und langer lateinischer Vokale in den Lehnwörtern (z. B. lat. kurzes /i/ > kymr. /y/ wie in *cippu* > *cyff* ‹Stamm eines Baumes› vs. lat. langes /i/ > kymr. /i/ wie in *primu* > *prif* ‹Haupt-/Ober-›; latein. kurzes /e/ > kymr. /e/ wie in *episcopu* > *esgob* ‹Bischof› vs. lat. langes /e/ > kymr. /wy/ wie in *habena* > *afwyn* ‹Zügel›; usw.).

Ansonsten ist die Quantitätenkorrelation im Vokalismus des Schriftlateinischen im Sprechlateinischen vollständig ersetzt worden, und zwar durch eine exklusive Qualitätenkorrelation. Zu den «Ersatztechniken» des Sprechlateins gehört die bedeutungsunterscheidende Differenzierung offener und geschlossener Vokalqualitäten. Aus dem Entwicklungsstand der romanischen Sprachen läßt sich der sprechlateinische Vokalismus – vor allem das Fehlen einer Unterscheidung zwischen Kurz- und Langvokalen – rekonstruieren. Dabei gilt es hervorzuheben, daß das Sprechlatein der Spätantike nicht einheitlich war, sondern verschiedenes Lokalkolorit aufwies. Daß der Lautstand der gesprochenen lateinischen Sprache in den Regionen des römischen Reiches unterschiedlich war, kann kaum verwundern, denn regionale Unterschiede stellen sich für jede Sprache ein, die sich geographisch differenziert.

Die regionale Lautvariation des Lateinischen zeigt kein engmaschiges Netz, wie es charakteristisch für dialektale oder mundartliche Unterschiede ist. Vielmehr deuten die sprachgeographischen Differenzierungen auf den Charakter von Regiolekten. Für das auf dem Territorium des Imperium Romanum gesprochene Latein lassen sich insgesamt vier Zonen mit unterschiedlichem Lautstand identifizieren.

*Die Regiolekte des Sprechlateinischen*

– Sardinien und Südlukanien mit archaischem Lautstand

In dieser Zone war ein Vokalsystem verbreitet, das eine bestimmte Symmetrie im Verhältnis zum Lautstand des Schriftlatein zeigt. Quantitäten werden jeweils in eine einzige Qualität reduziert. Langes /i/ und kurzes /i/ fallen in eine *i*-Qualität zusammen. Das gleiche gilt für alle anderen Vokale. Das Sardische repräsentiert diesen archaischen Lautstand.

– Sizilien, Kalabrien und Südapulien

Hier ist der Grad der Reduktion stärker. Am Zusammenfall der *i*-Quantitäten in eine *i*-Qualität ist auch das lange /e/ beteiligt. Andererseits fällt das lange /o/ mit den *u*-Quantitäten in eine einzige u-Qualität zusammen. Kurzes /e/ und kurzes /o/ bleiben als offene Vokale erhalten. Dieser Lautstand ist in süditalienischen Dialekten bewahrt.

– Südosteuropa und Ostlukanien

Der Lautstand dieses sprechlateinischen Regiolekts wird als «Kompromißsystem» bezeichnet. Wie im archaischen System werden hier die *a*-, *o*- und *u*-Quantitäten in jeweils einer Qualität reduziert. Die Lautentsprechungen bei den hellen Vokalen weichen aber ab. Langes /i/ bleibt als *i* erhalten, während kurzes /i/ und langes /e/ in einer geschlossenen *e*-Qualität zusammenfallen (wie im «italischen» System, s. u.). Kurzes /e/ bleibt als offenes /e/ erhalten. Romanische Sprachen mit diesem Lautstand sind:

- Rumänisch (Dakorumänisch, Megleno-Rumänisch, Istro-Rumänisch)
- Aromunisch (wird in der älteren Romanistik als Variante des Rumänischen klassifiziert, in neueren Darstellungen rangiert es als selbständige Sprache; Rohr 1987)
- Vegliotisch, ein Ende des 19. Jahrhunderts untergegangener Dialekt auf der Halbinsel Istrien (eine Variante des Dalmatischen, das im Mittelalter in Ragusa, heute Dubrovnik, verbreitet war).

– Nord- und Mittelitalien, westliches Imperium Romanum

Der Lautstand im «italischen Qualitätensystem» zeigt die Reduktion von kurzem /i/ und langem /e/ in geschlossenes /e/. Kurzes /u/ und langes /o/ werden zu geschlossenem /o/ reduziert. Langes /i/

und langes /u/ bleiben als jeweils geschlossene Qualitäten erhalten, die Kurzvokale /e/ und /o/ sind jeweils als offene Qualitäten bewahrt. Das «italische Qualitätensystem» ist die Basis des Gemeinromanischen. Aus diesem Lautstand haben sich die meisten romanischen Sprachen entwickelt:

- Italienisch
- Alpenromanische Varianten: Rumantsch in der Schweiz, Ladinisch und Friaulisch in Norditalien
- Französisch und Occitanisch in Frankreich
- Spanisch, Katalanisch, Galicisch und Portugiesisch auf der Pyrenäenhalbinsel.

In Randzonen der Romania sind allerdings Spuren älterer Lautentwicklungen auch im Westen auszumachen. Beispielsweise deutet die Art und Weise, wie lateinische Lehnwörter ins Baskische integriert worden sind, auf einen archaischen Lautstand, wie er sich auf Sardinien erhalten hat (Haarmann 1979: 109 ff.).

Zu den innovativen Lautentwicklungen des Sprechlateinischen gehören auch verschiedene Palatalisierungsphänomene, und zwar in den Lautgruppen /ti/ und /di/ in der Position vor Vokal und von /k/ vor hellen Vokalen. Die letztere Lautentwicklung hat weitreichende lautliche Veränderungen im Übergang vom Sprechlateinischen zu romanischen Sprachstadien bewirkt (z. B. lat. *cambiare* > franz. *changer* ‹ändern›) (Bec 1971: 469).

Wichtig für das Verständnis regionaler Besonderheiten des Sprechlateinischen ist die Rolle der lokalen Sprachen der nichtrömischen Bevölkerung, deren Substrateinflüsse über das Lateinische in die romanischen Sprachen transferiert worden sind. Verschiedene lautliche Besonderheiten des Lateinischen sind aus muttersprachlichen Sprechgewohnheiten von Nichtlatinern erklärbar. Oskisch-umbrischer Einfluß ist für die Bildung von Lautdubletten mit intervokalischem *-f-* anzunehmen (z. B. *bufalus* neben *bubalus* ‹Büffel›). Etruskische Sprechgewohnheiten sind verantwortlich für Aspirationsphänomene, die im toskanischen Dialekt des Italienischen bis heute nachwirken. Dazu gehört die Aspiration der intervokalischen Verschlußlaute *-k-*, *-p-* und *-t-* zu *-kh-* (toskan. *poho* ‹wenig› für standarditalien. *poco*), *-ph-* (*lupho* ‹Wolf› für *lupo*) und *-th-* (*ditho* ‹Finger› für *dito*). Diese aspirierten Laute waren charakteristisch für das Etruskische.

*Grammatische Strukturen des Sprechlateinischen* Der grammatische Bau des Sprechlateinischen ist durch einen markanten Trend zu analytischen Konstruktionen geprägt (siehe Kapitel 1). Dies sind einmal Ausdrucksweisen, die auch das Schriftlatein kennt, die aber dort lediglich im Dienst stilistischer Variation stehen (z. B. periphrastische Formen des Perfekts mit dem Hilfsverb *habere* ‹haben›). Der Trend zum Analytismus ist aber im Sprechlateinischen der alles bestimmende. In ihm findet die Entwicklung der romanischen Sprachen ihre Kontinuität. Er basiert allerdings nicht auf einer geordneten Entwicklung. Vielmehr sind hier Phänomene eines gleichsam «katastrophischen» Prozesses zu erkennen, in dessen Verlauf das ältere synthetische System des Lateinischen kollabiert und vollständig neu strukturiert wird. Der Kollaps der alten synthetischen Ordnung ist besonders deutlich im Nominalsystem erkennbar.

Das synthetisch strukturierte Flexionssystem bricht zusammen. Die synthetischen Kasusformen schwinden bis auf Reste. Während im Balkanlatein mit der Fortsetzung der historischen Kasus Nominativ, Genitiv und Akkusativ im Rumänischen eine Dreikasusflexion erhalten bleibt, reduziert sich das System im Westen weiter, zunächst auf zwei Kasus (so noch erhalten im Altfranzösischen und Altoccitanischen), später dann auf einen Casus generalis. Dies ist sowohl bei den Maskulina als auch bei den Feminina der historische Akkusativ.

Der Kollaps des flexivischen Systems wurde ausgelöst durch den Schwund des instabilen auslautenden *-m*. Dadurch wurde die lautliche Unterscheidung des Nominativs vom Akkusativ bei den femininen Substantiven aufgehoben, ebenso die der Maskulina von den Neutra; z. B. *amicum* (mask., Akk. Sg.) > italien. *amico*; *verbum* (neutr.) > italien. *verbo*. Im Italienischen sind noch Reste des Neutrum erhalten, und zwar in einigen Pluralbildungen (z. B. *bracchium* > *braccio* ‹Arm› : *bracchia* > *braccia* ‹Arme›).

Lautwandelprozesse, die sich interregional, also im gesamten romanischen Sprachgebiet auswirkten, werden hier «gemeinromanisch» genannt.

**Formaler Synkretismus der Nominalflexion im Sprechlateinischen,**
Beispiele: Deklination der Feminina auf -a, der Maskulina auf -us
(nach Haarmann 2003c: 347-348)

1. Deklination (Feminina auf -a)

| Schriftlatein | | | | | Sprechlatein |
|---|---|---|---|---|---|
| Sg. | Nom. | amic-a ‹Freundin› | | ↘ | |
| | Vok. | -a | Ø | | |
| | Akk. | -am | | → | interregional |
| | Gen. | -ae | | ↘ | |
| | Dat. | -ae | | → | Balkanlatein |
| | Abl. | -ā | Ø | | |
| | Lok. | [Rōm-ae ‹in Rom›] | Ø | | |
| Pl. | Nom./Vok. | amic-ae | | Nom./Akk. → | Balkanlatein + Italien |
| | Akk. | -ās | | Akk./Nom. → | Gallien + Iberische Halbinsel |
| | Gen. | -ārum | | ↘ | |
| | Dat./Abl./Lok. | -īs | | → | Balkanlatein |

Sg.
Interregional/gemeinroman.: franz. *amie,* italien. *amica,* span. *amiga,* rumän. *amică*
Gen./Dat. Balkanlatein: rumän. *amice**

Pl.
Nom./Akk. Balkanlatein + Italien: rumän. *amice,* italien. *amiche*
Akk./Nom. Gallien + Iberische Halbinsel: franz. *amies,* span. *amigas*
Gen./Dat. Balkanlatein: rumän. *amice* (aber *cărţi* ‹Büchern› Gen./Dat. vs. *carte* Nom./Akk.)

*Bei den Feminina werden die Formen des Gen./Dat. Sg. und Pl. im Rumänischen mit und ohne nachgestellten Artikel unterschieden (vgl. aber den Formenbestand der Maskulina).

2. Deklination (Maskulina auf -us)

| Schriftlatein | | | | | Sprechlatein |
|---|---|---|---|---|---|
| Sg. | Nom. | popul-us ‹Volk› | | → | Gallien (auslautendes -s erhalten im Altfranzösischen) |
| | | | | ↘ (Nom.) | |
| | Vok. | -e | Ø | | |
| | Akk. | -um | | → | interregional (ohne Gallien) |
| | Gen. | -ī | | ↘ | |
| | Dat. | -ō | | → | Balkanlatein |
| | Abl. | -ō | Ø | | |
| | Lok. | [hum-ī ‹am Boden›] | Ø | | |
| Pl. | Nom. } Vok. } | popul-ī | | Nom./Akk. → | Balkanlatein + Italien |
| | Akk. | -ōs | | Akk./Nom. → | Gallien + Iberische Halbinsel |
| | Gen. | -orum | | ↘ | |
| | Dat. } Abl. } Lok. } | -īs | | → | Balkanlatein |

Sg.
Gallien: altfranz. *peoples* > franz. *peuple*
Interregional/gemeinroman. (ohne Gallien): italien. *popolo,* span. *pueblo,* rumän. *popor* (mit best. Artikel *poporul*)
Balkanlatein Gen./Dat.: rumän. *popor** (mit Artikel *poporului*)

Pl.
Nom./Akk. Balkanlatein + Italien: rumän. *popori* (mit Artikel *poporii*), italien. *popoli*
Akk./Nom. Gallien + Iberische Halbinsel: franz. *peuples,* span. *pueblos*
Gen./Dat. Balkanlatein: rumän. *popori** (mit Artikel *poporilor*)

*Bei den Maskulina werden die Formen des Gen./Dat. Sg. und Pl. im Rumänischen nur in Verbindung mit dem nachgestellten bestimmten Artikel unterschieden.

Auf der Basis der Form des Casus generalis werden andere Kasusbeziehungen analytisch mit Hilfe von Präpositionen gebildet:

- Genitiv mit *de* (z. B. *de fratre* ‹des Bruders› statt *fratris*)
- Dativ mit *ad* (z. B. *ad illos* ‹zu ihnen› statt *illis*)
- Ablativ mit *in* (z. B. *in nocto* ‹in der Nacht› statt *nocte*).

Als Folge dieser Entwicklung erhöht sich die Gebrauchshäufigkeit von Präpositionen im Spätlateinischen. In spätlateinischen Texten des 7. Jahrhunderts n. Chr. finden sich analytische Ausdrucksweisen, die sich als Interferenzen der zeitgenössischen Umgangssprache gleichsam ins Schriftlatein «eingeschlichen» haben (z. B. *dixit ad illos* ‹er sagte zu ihnen› statt *dixit illis*; *cum discentes suos* ‹mit seinen Schülern› statt *cum discentibus suis*, *venditio de campo* ‹Verkauf des Ackers› statt *venditio campi*).

Auch das Verbalsystem erlebte seine Umstrukturierung, ein Prozeß, der aber hier wesentlich komplexer war als im Fall der Nominalflexion (Haarmann 2003c: 349 ff.). Am auffälligsten ist der Ersatz früherer synthetischer Formen des Futurs (I) und des Perfekts durch periphrastische Konstruktionen; auch Plusquamperfekt und Konditional werden durch periphrastische Modalformen umgestaltet, verschmelzen aber zum Teil wieder zu einer Form.

- Futur (Infinitiv + Formen des Hilfsverbs *habere* ‹haben› vom Typ *cantare habeo* ‹ich werde singen› statt *cantabo*; diese Konstruktion ist generell im westlichen Sprechlatein verbreitet, im Unterschied zum Balkanlatein, wo auch Bildungen vom Typ *volere* ‹wollen›+ Infinitiv auftreten)
- Perfekt (*habere* + Partizip Perfekt vom Typ *habeo cantatu* ‹ich habe gesungen› statt *cantavi*)
- Plusquamperfekt (Generalisierung von Formen des Hilfsverbs *habere* im Imperfekt; *habebam cantatu* ‹ich hatte gesungen›)
- Konditional (z. B. *cantare* + *habebat* über **k'anterajet* zu > franz. *il chanterait* ‹er sänge›, *cantare* + *habuit* über **cantarab(b)et* zu > italien. *canterebbe* ‹er sänge›).

Drastische Veränderungen macht ebenfalls die Steigerung der Adjektive durch. Die älteren synthetischen Formen des Komparativs auf *-ior* werden ersetzt durch analytische Formen mit *magis* und *plus* (z. B. *plus altus* bzw. *magis altus* ‹höher› *statt altior*); die Formen des Superlativs auf *-issimus* bzw. *-limus* werden aufgegeben zugunsten von Konstruktionen mit Verstärkungspartikel (*ille* usw.) + *magis/plus* + Adjektiv (z. B. *ille plus altus* ‹der höchste› statt *altissimus*). *Magis* zur Bildung des Komparativs war auf der Pyrenäenhalbinsel, im südwestlichen Gallien und auf dem Balkan verbreitet, *plus* dagegen in Italien und im größten Teil Galliens. Analytische Komparativformen häufen sich in lateinischen Texten aus dem 5. und 6. Jahrhundert n. Chr. (z. B. *magis mirabilem* ‹wunderbarer› bei Gregor von Tours).

Durch die Zunahme des Gebrauchs von Beziehungselementen (Präpositionen im Nominalsystem, Modalformen im Verbalsystem) in den analytischen Konstruktionen erhöht sich der Grad formaler Abhängigkeit bei den Konstituenten im Satz. Konsequenterweise ist die elementare Wortordnung im Sprechlateinischen stärker festgelegt als im Schriftlateinischen mit seinen vielfältigen stilistischen Varianten. Während im stilistisch neutralen Satz des Schriftlateins statistisch die Wortfolge S (+ indirekte Ergänzungen) – O – V dominiert, ist die sprechlateinische Wortfolge auf S – V – O (+ indirekte Ergänzungen) festgelegt. Diese syntaktische Ordnung setzt sich in den romanischen Sprachen fort.

### *Die Ablösung des Lateinischen durch romanische Regionalsprachen*

Das Sprechlateinische hat die Antike nicht überlebt, sondern erfuhr seine Transformation in die romanischen Sprachen. Diese Transformation ist als graduelle Ablösung vom Lautstand der sprechlateinischen Regiolekte (s. o.) und als Übergang zur Ausprägung eines selbständigen Systems vernetzter Sprachtechniken zu sehen. Dieser Prozeß dauerte vom 6. bis 9. Jahrhundert an. Dem Beginn einer vom Lateinischen unabhängigen Schrifttradition in den romanischen Volkssprachen ging eine kürzere oder längere Übergangsphase voraus, in deren Verlauf romanische Ausdrücke und Formen in den lateinisch geschriebenen Urkunden auftauchten. Man muß davon ausgehen, daß die Schreiber der Texte die Absicht hatten, Lateinisch zu schreiben, daß ihnen aber bei der Redaktion oder Abschrift «Fehler» unterliefen und sich auf diese Weise romanische Elemente einschlichen. Dieses Lokalkolorit lateinischer Urkundentexte verstärkte sich mit der Zeit und löste den Übergang zur romanischen Regionalsprache als Schriftform aus.

Im 9. Jahrhundert wurde die neu entstandene romanische Volkssprache in Nordfrankreich erstmals schriftlich verwendet (und zwar im altfranzösischen Text der Straßburger Eide aus dem Jahre 842). Auch in Italien stammt das älteste Schriftzeugnis in der Volkssprache aus dem 9. Jahrhundert (Text des Rätsels von Verona). In anderen Gegenden finden sich schriftliche Erstdokumentationen etwas später: in Nordspanien im 10. Jahrhundert, in Sardinien im 11. Jahrhundert, im rätoromanischen und rumänischen Sprachgebiet erst im 16. Jahrhundert (Haarmann 1993: 154 ff.). Auf Sardinien wurden schon so früh regionale Sprachvarianten des Sardischen (Logudoresisch, Campidanesisch) als Urkundensprachen verwendet, da die Kenntnis des Schriftlateinischen dort im Mittelalter nicht verbreitet war.

Die mittelalterliche Emanzipation romanischer Volkssprachen als Schriftmedien konzentrierte sich zunächst ganz auf den literarischen Bereich. Die Schrifttradition in Südfrankreich setzte im 10. Jahrhundert ein und erlebte gegen Ende des 11. Jahrhunderts ihren Durchbruch mit den Werken Guillaumes VII. (gest. 1127), des Grafen von Poitiers und Herzogs von Aquitanien. Mit seinen Werken beginnt die Epoche der Troubadourliteratur in occitanischer Sprache. Occitan. *troubadour* (< latein. *tropatorem*) bedeutet ‹Tropendichter›. Die literarische Tradition der Troubadours – es sind die Werke von rund 460 Dichtern erhalten geblieben – strahlte fast zwei Jahrhunderte lang über die Grenzen Frankreichs aus, nach Norditalien, Sizilien und nach Spanien. In der zweiten Hälfte des 13. Jahrhunderts erlahmte diese Kulturtradition.

Lange Zeit stritt man sich in Italien über den Wert des Lateinischen und der romanischen Volkssprache als Medien der schöngeistigen Literatur. Diese Streitfrage der gelehrten Welt (im Italienischen *questione della lingua* ‹Sprachenfrage› genannt) wurde schließlich von den klassischen Dichtern des 14. Jahrhunderts zu Gunsten der Volkssprache entschieden. Daß das Toskanische als Literatursprache bevorzugt wurde, ist den Werken von Dante Alighieri (1265-1321), Francesco Petrarca (1304-1374) und Giovanni Boccaccio (1313-1375) zu verdanken.

Auch nachdem sich die romanischen Sprachen als Schriftmedien gegenüber dem Lateinischen emanzipiert hatten, schied das letztere nicht aus. Als Kanzlei- und Urkundensprache und als Schriftmedium der Gerichtsakten behielt es in einigen Regionen bis zum Beginn der Neuzeit Geltung. In Frankreich wurde es als Urkundensprache endgültig erst mit dem Sprachenreskript des Jahres 1539 abgeschafft.

Die sprachökologischen Verhältnisse auf der Pyrenäenhalbinsel wichen in der romanisch-arabischen Kontaktzone seit dem 8. Jahrhundert deutlich vom Rest Europas ab. Die lateinische Schriftkultur erlahmte nicht, auch nachdem sich das Toledanische Reich der Westgoten unter dem Ansturm der Araber im Jahre 711 aufgelöst hatte. Das Lateinische blieb als Schriftmedium auch unter den Mauren lebendig. Es war eine der Schriftsprachen – neben Arabisch und Hebräisch –, die in dem von der arabischen Elite regierten Süden Spaniens verwendet wurden.

Die lateinischsprachige Literalität im Süden Spanien blieb allerdings isoliert und strahlte nicht nach Westeuropa aus, so wie vorher das Schrifttum Isidors von Sevilla. Álbaro von Córdoba nahm im 9. Jahrhundert mit seinen in Latein verfaßten Werken einen besonderen Rang ein (González Muñoz 1996). Für kurze Zeit verstärkte die Bewegung der Reconquista, die Rückeroberung der von den Mauren besetzten Ländereien durch die Herrscher der christlichen Königreiche des Nordens, den Geltungsbereich des Schriftlateinischen. Im Verlauf des 14. Jahrhunderts wurde das Lateinische als Literatursprache und in amtlichen Funktionen endgültig vom Spanischen abgelöst (Haarmann 1995b: 28 ff.).

Die Anfänge einer Schrifttradition in rumänischer Sprache stehen im Zusammenhang mit der Verbreitung der protestantischen Bewegung im 16. Jahrhundert, die von den deutschen Bildungsstätten in Transsylvanien (Siebenbürgen) ausstrahlten. In jener Zeit war das Bulgarisch-Kirchenslavische (Mittelbulgarisch) die dominierende Schriftsprache Rumäniens. Zwar ist das älteste erhaltene Schriftdokument in Rumänisch ein Amtsschreiben eines Bojaren an den Bürgermeister von Kronstadt aus dem Jahre 1521, die meisten Texte sind aber Übersetzungen religiöser Literatur, und zwar der Evangelien und der Psalmen. Seit 1544 wurden auch rumänische Bücher in Hermannstadt (Sibiu) gedruckt.

## *Das nachantike Kulturerbe des Lateinischen in Westeuropa*

Die Tradition des Schriftlateinischen setzte sich kontinuierlich fort, obwohl die Qualität des Schrifttums in diesem Medium einen radikalen Wandel erlebte. Im Verlauf der Spätantike wurde das Kulturschaffen vom literarischen Kanon der polytheistischen Weltordnung auf die Genres der christlichen Literatur umgestellt. Der neue christliche Kanon bildete die Hauptströmung aus, die das Schrifttum Westeuropas bis weit ins Mittelalter prägen sollte. Die literarischen Themen und Stoffe der «heidnischen» Ära gerieten aber nicht sämtlich in Vergessenheit. Antike Mythen und Heldensagen lebten in den mittelalterlichen Antikenromanen weiter. Auch der Typ des «Alexanderromans», also romanhafte Bearbeitungen der Taten Alexanders des Großen, erfreuten sich ebenso bei den christlichen Lesern des mittelalterlichen Europa großer Beliebtheit.

Insbesondere der «Karolingischen Renaissance» (Brown 1994) ist es zu verdanken, daß ein guter Teil des antiken Schrifttums für die Nachwelt gerettet wurde. Hätte Karl der Große (768–814, regierte seit 800 als Kaiser) nicht ein Heer von Kopisten daran gesetzt, antike Texte abzuschreiben und zu redigieren, wäre das Gros des lateinischen Schrifttums verloren gegangen. Ziel der karolingischen Bildungsreform war u. a. «eine breite Überlieferung der lateinischen Autoren» (Kerner 2000: 31), um dem drohenden Verfall des antiken Kulturerbes jener Epoche entgegenzuwirken. Es war nicht zuletzt das Verdienst des Karolingers, daß sich auch das Niveau der lateinischen Sprachbeherrschung im Hinblick auf grammatische Korrektheit und stilistische Register bei den gebildeten Literaten verbesserte.

Im Mittelalter war das Schriftlateinische die Bildungssprache Westeuropas par excellence. Ihr Einfluß machte sich geltend von den Ländern Skandinaviens im Norden bis nach Sizilien im Süden, von Frankreich im Westen bis nach Mitteleuropa und weiter nach Osteuropa. In den romanischen Ländern entfaltete sich ein Diglossieverhältnis, mit dem Lateinischen als hochsprachlicher Variante und den romanischen Idiomen als Alltagssprache. In den nichtromanischen Ländern, die an das ehemalige Territorium des Imperium Romanum angrenzten oder vormals Teil desselben waren, entwikkelten sich komplexe Sprachkontakte mit zweisprachiger Literalität. Beispielsweise ist das Kulturschaffen im mittelalterlichen Irland durch literarische Zweisprachigkeit geprägt. Schrifttum wurde in Irisch und Lateinisch produziert, und die einheimische Erzähltradition wurde durchsetzt mit christlichen Elementen.

Der Wandel in der Weltanschauung – vom polytheistischen zum monotheistischen Modell – ist der entscheidende Faktor, der die Entwicklung der lateinischen Schriftlichkeit von der Antike über die Spätantike in die mittellateinische Periode des Mittelalters prägte. Der Kanon der lateinisch-sprachigen Literatur wandelte sich, und damit auch stilistische Vorlieben sowie die Poetik. «Durch auffallende Eigentümlichkeiten der poetischen Form trug das Mittellatein in erheblichem Umfang ein Aussehen, durch das es sich von der Antike deutlich abhob und seinen eigenen Charakter dokumentierte» (Langosch 1964: 227).

Das mittellateinische Schrifttum entwickelt auch neue Genres, die die antike Überlieferung nicht kannte. Während beispielsweise die Gattung des Epos beibehalten wurde, entstand daneben das Tierepos als neue epische Form. Auch das Prosaschrifttum wurde ausdifferenziert. Der *sermo ornatus* (bzw. *rhetoricus*) wurde vom *sermo simplex* unterschieden, neben der Gebrauchsprosa für praktische Zwecke entwickelte sich die Kunstprosa, etwa in Gestalt der Reimprosa mit stilistisch besonders geschmücktem Endreim.

Es gab nur wenige Regionen in Westeuropa, wo das Lateinische entweder temporär oder überhaupt nicht in Gebrauch war, so wie auf Sardinien (s. o.). In zahlreichen Nischenfunktionen florierte das Schriftlateinische noch Jahrhunderte in den Ländern Westeuropas. Als Amtssprache der Kirche, als Bildungssprache des aufstrebenden Bürgertums und der Aristokratie sowie als Sprache der Wissenschaft konnte es noch lange seine traditionsreichen Monopole behaupten.

Als Johannes Gutenberg um 1455 den Druck mit beweglichen Lettern einführte, war sein Hauptanliegen nicht, den Bildungsstand breiter Bevölkerungsschichten durch die Verbreitung von Druckwerken anzuheben (Kapr 1986). Vielmehr ging es ihm darum, die Bibel in lateinischer Sprache den Christen Europas nahezubringen. In der Tat förderte der Buchdruck anfangs die Verbreitung des Lateinischen. Noch bis ins 17. Jahrhundert war das Lateinische die meistverwendete Sprache in der Buchproduktion. Das Bildungsideal der Protestanten, den Inhalt der Bibel in volkssprachlichen

Übersetzungen zugänglich zu machen, beschleunigte den Buchdruck erst danach.

Es gibt keine Sprache in Europa, die nicht auf die eine oder andere Weise strukturell vom Lateinischen berührt worden wäre. Der lateinische Einfluß auf die Sprachen Westeuropas war stärker und tiefgreifender als auf die im östlichen Teil des Kontinents. Manche Sprachen haben lediglich Lehnwörter aus dem Lateinischen übernommen (z. B. die nordischen Sprachen). Häufig aber sind auch Elemente der lateinischen Wortbildung übernommen und produktiv geworden (z. B. Baskisch, Kymrisch, Deutsch). Über das Lateinische sind auch viele Elemente des Griechischen vermittelt, die als indirekte Entlehnungen die Strukturen unseres Kulturwortschatzes prägen (Munske/Kirkness 1996).

Der Kulturwortschatz in den Sprachen Westeuropas ist durch Hunderte von lateinischen Entlehnungen und deren Ableitungen angereichert worden. Dies gilt auch für die romanischen Sprachen, in deren Wortschatz bildungssprachliche Elemente neben solchen sprechlateinischer Provenienz zu finden sind. Im Wort *nation* ‹Nation› < latein. *natio/nationem* ist die Lautung des lateinischen Stammwortes erhalten. Dies deutet auf einen Ausdruck der Bildungssprache. Im Fall des volkssprachlich entwickelten *raison* ‹Vernunft› < latein. *ratio/rationem* ist dagegen die ursprüngliche Lautung [tj] volkstümlich zu [s] fortentwickelt.

In Sprachen wie dem Englischen ist sogar der Wortschatz der Alltagssprache von lateinischen (und/oder griechischen) Kulturwörtern gesättigt (z. B. volkstümliche Ausdrücke wie *stomach* ‹Magen›, *conscience* ‹Gewissen›, *to attend* ‹sich kümmern um›). Die Zahl der Kulturwörter erhöht sich um ein Vielfaches, wenn auch die Latinismen der fachwissenschaftlichen Disziplinen mit berücksichtigt werden (Hughes 2000: 362 ff.).

Ohne das enorme Potential lateinisch-römischer Kulturiertheit, die in den Sprachen Westeuropas seit Jahrhunderten verankert ist, kann man sich das Kulturschaffen von uns Europäern heutzutage nicht vorstellen. Das lateinisch-römische Bildungsgut ist weit verzweigt und dominiert in vielfältigen Transformationen unser kulturelles Gedächtnis bis in die Moderne. Ein exemplarischer Bereich mit Breitenwirkung ist das Rechtswesen Kontinentaleuropas, das auf das Fundament des römischen Rechts aufbaut. Dies ist auch der Grund, warum die Rechtsterminologie der Sprachen Westeuropas

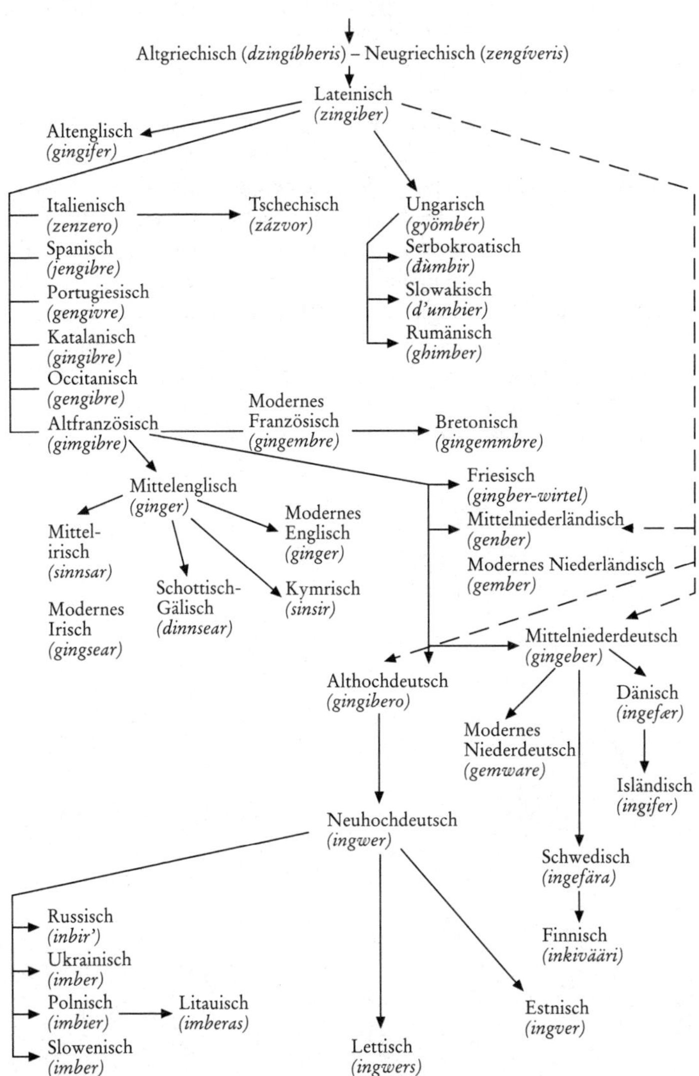


*Ein Beispiel für die Verbreitung und Verzweigung eines Kulturworts: ‹Ingwer› in den Sprachen Europas (nach Haarmann 1993: 140)*

bis heute lateinisch geprägt ist (Benke et al. 1997). Es ist offensichtlich, daß unsere europäische Zivilisation ohne das lateinische Kulturerbe nicht funktionsfähig wäre.

In Gestalt seines Schriftsystems ist lateinisches Kulturgut weltweit verbreitet worden (siehe Kapitel 8). Seine globale Geltung verdankt das lateinische Alphabet dem Sachverhalt, daß diese Schriftart als Instrument der Kulturpolitik der Kolonialmächte in alle Teile der Welt transferiert worden ist. Sprachen Afrikas wie Swahili, Hausa oder Wolof werden ebenso mit lateinischen Buchstaben geschrieben wie Vietnamesisch, Tagalog oder Aserbaidschanisch in Asien, Quechua, Navaho oder Irokesisch in Amerika, Maori, Tahitianisch oder Fidschi in Ozeanien. Und über das globale Medium des Englischen dominiert die Lateinschrift auch die digitale Schriftlichkeit der heutigen Zeit.

# 7.

# Andere moderne Sprachfamilien

**(ab ca. 6000 v. Chr.)**

Die formativen Prozesse anderer Sprachfamilien als der indoeuropäischen erstreckten sich über unterschiedlich große Zeiträume, und die für diese Makrogruppierungen rekonstruierten Grundsprachen existierten unterschiedlich lange, bevor sich in Abspaltungsprozessen die jüngeren Einzelsprachen herausbildeten. Von den hier beschriebenen Sprachfamilien sind die uralische und die afroasiatische mindestens so alt wie die indoeuropäische Makrogruppierung, andere wie die altaische oder austronesische sind wesentlich jünger. Allgemein ist zu beobachten, daß die Ausbildung der Sprachfamilien in der Alten Welt längere Zeiträume in Anspruch genommen hat als die in der Neuen Welt.

## Die uralische Sprachverwandtschaft

Die Antwort auf die häufig diskutierte Frage, ob die «Urheimat» der Uralier geographisch enger begrenzt war (wie in der traditionellen Forschung vertreten) oder sich weiter ausdehnte (wie neuerliche Stellungnahmen betonen), erfordert genau genommen keine Festlegung im Sinn eines Entweder – Oder. Vielmehr spiegeln sich hier unterschiedliche Annahmen dazu, in welche Periode der Beginn der Entwicklung einer proto-uralischen Grundsprache fällt. Letztlich lassen sich die Urheimathypothesen korrelieren, indem jeweils der zeitliche Rahmen, auf den sie sich beziehen, berücksichtigt wird (Janhunen 2001).

Das Kernland uralischer Populationen lag im Gebiet zwischen den Flüssen Vjatka und Kama, beides Nebenflüsse der Wolga. Hier konzentrierte sich im 7. Jahrtausend v. Chr. die Hauptmasse der uralischen Bevölkerung. Das Verbreitungsgebiet uralischer Jäger und Sammler dehnte sich aber noch weiter aus und erstreckte sich bis an die Küsten des Schwarzen Meeres im Süden und bis an die Ostseeküste in Norddeutschland. Einige Forscher nehmen an, daß dieses Areal einer hypothetischen uralischen Urheimat – in seiner weiten geographischen Ausdehnung weitaus dünner besiedelt als das Kernland – schon um 8500 v. Chr. von Uraliern bevölkert war und später von den migrierenden Indoeuropäern nach und nach okkupiert wurde (Mallory 2001: 356 f.).

Die Kontakte mit den Indoeuropäern gehen auf sehr alte Zeiten zurück, mindestens auf das 6. Jahrtausend v. Chr. Uralier wie Indoeuropäer sind die Nachkommen der Bevölkerung, die bald nach dem Ende der letzten Eiszeit westlich des Uralgebirges heimisch wurde. In dem Areal, das im Norden von den Proto-Uraliern, im Süden von den Proto-Indoeuropäern bewohnt war, zeigt die materielle Kultur eine klare Kontinuität seit dem Mesolithikum. Die kulturelle Entwicklung in Osteuropa ist demnach nicht von außen beeinflußt worden. Im Gebiet der Uralier herrschte im Neolithikum die Agidel-Kultur vor. Die Samara-Kultur (ca. 6000–5000 v. Chr.) dominierte bei den Indoeuropäern zu der Zeit, als sich deren Kontakte zu den uralischen Nachbarn verstärkten.

Für die älteste Periode ist eine Kultur- und Sprachsymbiose zwischen Uraliern und Indoeuropäern anzunehmen. Dies bedeutet nicht, daß von einer gemeinsamen Grundsprache für beide Populationen auszugehen ist. Die Zugehörigkeit des Uralischen und Indoeuropäischen zur nostratischen Urfamilie ist rein hypothetisch (siehe Kapitel 5). Genauere Verwandtschaftsverhältnisse können für die zeitliche Tiefe des Nostratischen nicht erschlossen werden. Es ist möglich, daß sich das Uralische aus dem nostratischen Kontinuum vor dem Indoeuropäischen ausgegliedert hat, so daß das Eigenprofil des Proto-Uralischen durch die zeitlich spätere Symbiose mit dem Proto-Indoeuropäischen lediglich modifiziert wurde. Jedenfalls hat bisher niemand einen ernsthaften Versuch unternommen, eine gemeinsame Grundsprache für das Uralische und Indoeuropäische zu erschließen.

Sprachhistorische Spuren für eine uralisch-indoeuropäische Symbiose in alter Zeit sind in bestimmten lexikalischen Parallelismen im Wortschatz der Sprachen beider Familien zu erkennen, und es bestehen auffallende Ähnlichkeiten im System der Pronomen.

Proto-Uralier und Proto-Indoeuropäer müssen während einer längeren Periode intensive nachbarschaftliche Beziehungen unter-

**Lexikalische und grammatische Konvergenzen des Proto-Uralischen und Proto-Indoeuropäischen**
(nach Haarmann 2003a: 63)

| *Indoeuropäisch/Indo-Iranisch | Uralisch/Finnisch-Ugrisch (Finnisch) | Ungarisch | Deutsch |
|---|---|---|---|
| **wedh-* | **wetä-* | *vezet* | führt |
| **wegh-* | **wiγge-* | *visz* | trägt |
| **doγw- < *dō* **toγe-* | **toke-* (finnisch *tuo)* | *hoz* | bringt |
| **mozge-* | **mośke-* **muśke* | *mos* | wäscht |
| **dh3k-* | **teke-* | *te-sz* | macht |
| **nōmn̥-* | **nime* | *név* | Name |
| **wed-* | **wite,* **wete* | *víz* | Wasser |
| **kot-* | **kota* | *ház* | Haus |
| **śńew-,* **sen-,* **son-* | **sōne,* **si̯ne-,* **senę-* | *ín* | Sehne (Körperteil) |

| Personalpronomen | *Proto-Uralisch | *Proto-Indoeuropäisch |
|---|---|---|
| Singular | | |
| 1. Pers. | **-me* | **me-* |
| 2. Pers. | **-te* | **tu-* |
| 3. Pers. | **-se* | **se* (Reflexivpronomen) |
| Plural | | |
| 1. Pers. | **-met* | **mes/*nes-* |
| 2. Pers. | **-tet* | **yu-* |
| 3. Pers. | **-set (?)* | keine rekonstruierte Protoform |

halten haben, in der sich die erwähnten lexikalischen und grammatischen Konvergenzen ausbildeten. Die sprachlich-kulturelle Symbiose begann sich aufzulösen, als sich die Lebensbedingungen der Proto-Indoeuropäer änderten, die im 7. Jahrtausend v. Chr. den Übergang von der archaischen Jäger- und Sammlergesellschaft zum Viehnomadismus in der südrussischen Steppe vollzogen. Die Uralier blieben dagegen weiterhin Jäger und Sammler, erst seit dem 5. Jahrtausend v. Chr. gewöhnten sie sich allmählich an den Ackerbau. Aufgrund ihrer zahlenmäßigen Dominanz haben die indoeuropäischen Populationen die uralischen Völker nach und nach in Richtung Norden und Nordosten abgedrängt. In diesem langwierigen Prozeß haben die uralischen Sprachen viel Lehngut aus dem Indoeuropäischen übernommen. Andererseits haben sich uralische Substratelemente in indoeuropäischen Sprachen erhalten (Künnap 1998).

Die jahrhundertelangen Kontakte von Indoeuropäern und Uraliern spiegeln sich in den Namen verschiedener uralischer Völker. Die Eigenbezeichnung der Mari (Tscheremissen) geht auf einen protoarischen Wortstamm **márya-* ‹Mann, Sterblicher› zurück. Dies ist auch die Wurzel für den Namen des untergegangenen Volks der Merier, die der gotische Historiker Jordanes um 550 n. Chr. als Merens erwähnt. Der Name der Mordwinen und ihres Siedlungsgebiets (griech. Mordía, altruss. Mordva) geht ebenfalls auf eine proto-arische Form zurück, und zwar **márta-* ‹Mann›. Die Ungarn, Chanten und Mansen werden unter dem Sammelnamen «Ugrier» gruppiert. In der altrussischen Nestorchronik ist von den *Jugra* die Rede. Für diese Namensform läßt sich ein proto-arisches Wort rekonstruieren, und zwar **ugrá-* mit der Bedeutung ‹mächtig, vornehm, hervorragend›.

Auch im Wortschatz einiger uralischer Sprachen haben sich Spuren der alten Kontakte zu Indoeuropäern erhalten. Beispielsweise leitet sich das finnische Wort *orja* ‹Sklave› vom Namen der Arier ab (altindo-ar. **orya*). Dieses Wort ist auch ins Saamische entlehnt worden. Die Motivation für die Übernahme ist wohl mit der Gefangennahme von feindlichen Kämpfern verbunden. Die Grundbedeutung von **orya* wäre demnach ‹kriegsgefangener Arier, der versklavt wird›.

Die weitere uralische Sprachverwandtschaft schließt auch das Jukagirische mit ein, das zum Kreis der alten einheimischen Sprachen Nordsibiriens gehört (siehe Kapitel 4 zu den paläoasiatischen Sprachen und unten, zur Problematik der hypothetischen Erschließung von Grundsprachen). Gemeinsamkeiten zwischen dieser und uralischen Sprachen finden sich im Wortschatz und im grammatischen Bau. Die Kontakte zwischen den Uraliern im Westen und den Jukagiren im Osten sind sehr früh unterbrochen worden, wohl schon um 6000 v. Chr. Möglicherweise dehnt sich der Kreis der Sprachen, die mit dem Uralischen verwandt sind, noch weiter nach Osten aus. Es werden ebenfalls alte Beziehungen zu anderen sibirischen Sprachen (z. B. zum Eskimo) vermutet.

### *Die proto-uralische Grundsprache und einzelne strukturelle Entwicklungen*

Das Lautsystem, das für das Proto-Uralische rekonstruiert worden ist, zeichnet sich durch Vokalreichtum – es wurden insgesamt acht Qualitäten unterschieden – und durch einen reduzierten Bestand an Konsonanten (nicht mehr als 17 Laute) aus. Eine Besonderheit des Uralischen ist die Vokalharmonie. Dieses Organisationsprinzip der Laute in Wortstrukturen beruht darauf, daß in den Silben von Einzelwörtern jeweils Vokale einer bestimmten Kategorie auftreten (d. h. entweder nur helle Vokale oder nur dunkle Vokale). Das Prinzip der Vokalharmonie ist bis in die meisten modernen Sprachen dieser Sprachfamilie wirksam.

Im Finnischen beispielsweise ist die Distribution der Vokale in den Wortsilben systemhaft entsprechend den Prinzipien der Vokalharmonie. Es gibt Wörter mit ausschließlich dunklen Vokalen wie *joulu* ‹Weihnachten›, *nuha* ‹Schnupfen› oder *ruoho* ‹Schilf› oder mit ausschließlich hellen Vokalen wie *köyhä* ‹arm›, *käydä* ‹gehen› oder *välttää* ‹vermeiden›. Die hellen Vokale *e, i* und Diphthonge mit solchen Elementen (*ei* und *ie*) sind neutral, d. h. sie können sowohl mit hellen als auch dunklen Vokalen auftreten; z. B. *joki* ‹Fluß›, *reipas* ‹aufgeweckt› oder *hieno* ‹fein›.

In der grammatischen Organisationsstruktur der uralischen Sprachen ist der Synthetismus Ausdruck eines grundsätzlichen Transformationsprozesses vom isolierenden zum agglutinierenden Typ. Morphologische Rekonstruktionen legen die Hypothese nahe, wonach die Architektur der vor-uralischen Sprachstufe von Sprachtechniken des isolierenden Typs dominiert war (Korhonen 1980: 102 f.). Das Proto-Uralische dagegen zeigt klar das Zusammenwirken agglutinierender Sprachtechniken (Hajdú/Domokos 1987: 213 ff.). In vielen Fällen kann man die Komposition von Wortstämmen und agglutiniertem Morphem als Kontraktion zweier selbständiger Formen rekonstruieren; z. B.

finn. *menen* ‹ich gehe›, norwegisch-saam. *mânâm* ‹dass.› < protouralisch **mene-m*, zusammengesetzt aus **mene-* /Verbstamm/ + **mi* ‹ich›.

Seit dem 5. Jahrtausend v. Chr. hat sich die Wirkung agglutinierender Sprachtechniken in den uralischen Sprachen fortschreitend verstärkt. Extremer Ausdruck dieser Tendenz sind die Akkumulationen von Kasusformen im Paradigma der Nominalflexion. Während für die uralische Grundsprache acht Kasus (einschließlich des formal nicht markierten Nominativs) rekonstruiert werden, unterscheiden das Finnische und Estnische jeweils 15 synthetisch gebildete Kasus. Im Ungarischen sind es sogar 27, ein Rekord im europäischen Kontext.

Die Strukturen der uralischen Sprachen haben teilweise tiefgreifende Einflüsse von seiten indoeuropäischer Sprachen erfahren, mit denen sie länger im Kontakt standen. Solche Verhältnisse waren im 1. vorchristlichen Jahrtausend gegeben, als sich im Rahmen der Kontakte indoeuropäischer (germanischer) und finnisch-ugrischer Sprachen im Ostseeraum die Kategorie des Stufenwechsels ausbildete, die charakteristisch für alle ostseefinnischen Sprachen ist (Haarmann 2003e: 880 f.).

Die Lautveränderungen des Stufenwechsels produzieren ähnliche Alternationen der Silbenstrukturen und Wortstämme, wie sie aus den germanischen und baltischen Sprachen bekannt sind. Im Deutschen beispielsweise tritt der Wechsel von *h* und *g* der Stammsilbe in den Verbformen *ziehen – zog – gezogen* auf; der Wechsel von *d* und *t* variiert das Paradigma der Stammformen des Verbs *schneiden – schnitt – geschnitten*.

Der Stufenwechsel (finn. *astevaihtelu*) schließt Lautveränderungen des Wortstammes ein, die vom typologischen Standpunkt nur in Sprachen mit flektierenden Sprachtechniken vorkommen. Der englische Terminus *consonant gradation* ist diesbezüglich prägnanter als die Bezeichnungen des Phänomens im Deutschen und Finnischen, die eher den Gesamtmechanismus des regelhaften Lautwechsels charakterisieren. Der regelhafte Lautwechsel des Wortstamms steht in Abhängigkeit zur Struktur der Stammsilbe. Es werden zwei Stufen unterschieden:

- starke Stufe, die mit einer offenen (d. h. vokalisch auslautenden) Endsilbe korreliert
- schwache Stufe, die mit einer geschlossenen (d. h. konsonantisch auslautenden) Endsilbe korreliert.

Bei den Lautveränderungen im Stufenwechsel des Finnischen handelt es sich um folgende:

- quantitativer Wechsel: Langkonsonant vs. einfacher Konsonant; z. B. pp : p; (starke Stufe *piippu* ‹Pfeife/Nom.Sg.› vs. schwache Stufe *piipun* ‹Pfeife/Gen.Sg.›)
- qualitativer Wechsel: einfacher Konsonant vs. Nullstufe; z. B. k : Ø (starke Stufe *reki* ‹Schlitten/Nom.Sg.› vs. schwache Stufe *reen* ‹Schlitten/Gen.Sg.›).

Somit haben sich über die Sprachkontakte im Ostseeraum Techniken des flektierenden Sprachtyps in den Strukturen des Finnischen (und der anderen ostseefinnischen Sprachen) etabliert. Wenn wir davon ausgehen, daß die lineare Bewegung der typologischen Drift vom Stadium des agglutinierenden Typs zum flektierenden Typ gerichtet ist, kann man vom Stufenwechsel sagen, daß dieser Kontakteinfluß die Dynamik der Drift in einigen uralischen Sprachen beschleunigt hat.

*Die Eigenentwicklung des Ungarischen* Im Rahmen der Ausgliederung der uralischen Sprachen ist der Entwicklungsgang des Ungarischen ein ganz besonderer. Seit seiner Trennung von den anderen Sprachen des ugrischen Zweiges (Mansisch/Wogulisch, Chantisch/Ostjakisch) der uralischen Familie im 5. Jahrhundert n. Chr. ist das Ungarische eigene Wege gegangen. Seit eineinhalb Jahrtausenden hat sich diese Sprache im wesentlichen unabhängig von den anderen verwandten Sprachen entwickelt. Die Ungarn sind in zwei Migrationsschüben, in einer ersten, schwächeren Welle im 7. Jahrhundert und in einer stärkeren Welle im 9. Jahrhundert, nach Mitteleuropa vorgedrungen, wo sie sich in der Pannonischen Tiefebene und im Karpatenbogen niederließen. Im Jahre 896 erfolgt die legendäre Landnahme der acht Stämme.

Beeindruckend ist die Resistenz, mit der das Ungarische seinen uralischen sprachlichen Charakter bewahrt hat (Kiss 2003). Wenn auch im Ungarischen die aus der uralischen Grundsprache ererbten agglutinierenden Techniken dominieren, läßt sich der Einfluß indoeuropäischer Kontaktsprachen in der Form nachweisen, «daß der flektierende Typus [...] festen Fuß gefaßt hat» (Skalička 1968: 5). Ein Indiz für die Transformationen der noch im proto-ungarischen Stadium rein agglutinierenden Sprache sind die sogenannten «Subdeklinationen» des Neuungarischen, gleichsam eine typologische Vorstufe nominaler Flexionsklassen (z.B. Variation der Pluralbildung: ungar. *ház* ‹Haus› : *házak* ‹Häuser› im Unterschied zu *rab* ‹Gefangener› : *rabok* ‹Gefangene›; Variation der Kasusbildung: ungar. *kehely* ‹Kelch› : Akk.Sg. *kelyhet* im Unterschied zu *majom* ‹Affe› : Akk.Sg. *majmot*).

Indoeuropäische Sprachen haben seit Jahrhunderten intensiv auf das Ungarische eingewirkt und nicht nur dessen Sprachbau verändert, sondern insbesondere dessen Wortschatz überformt. Lateinisch, das lange Zeit als Bildungs-, Literatur- und Amtssprache in Ungarn verbreitet war, und Deutsch, über das auch Lehnwörter aus dem Französischen vermittelt wurden, sind die Hauptquellen des historischen ungarischen Kulturwortschatzes (Kobilarov-Götze 1972).

## *Die Ausgliederung der uralischen Einzelsprachen*

Die proto-uralische Grundsprache, die möglicherweise bereits um 7500 v. Chr. voll ausgebildet war, hat sich im Zeitraum zwischen ca. 6000 und ca. 4000 v. Chr. aufgelöst. Spätestens im 4. Jahrtausend v. Chr. erfolgte die Trennung zwischen den beiden Hauptzweigen des Uralischen, des Finnisch-Ugrischen und des Samojedischen. Der Komplex des Finnisch-Ugrischen begann sich spätestens ab 3000 v. Chr. in regionale Gruppierungen auszugliedern (finnisch-permisch, finnisch-wolgaisch, ostseefinnisch, ugrisch), während das Samojedische lange Zeit kohärent blieb. Erst um die Zeitenwende gliederte sich auch das Samojedische aus.

Diejenigen Völker, die finnisch-ugrische Sprachen sprechen (Finnen, Esten, Ungarn, Mordwinen u. a.), leben fast ausschließlich in Europa. Nur zwei finnisch-ugrische Kleinvölker, die Chanten und Mansen, leben in Westsibirien. Die Samojeden (Nenzen, Selkupen,

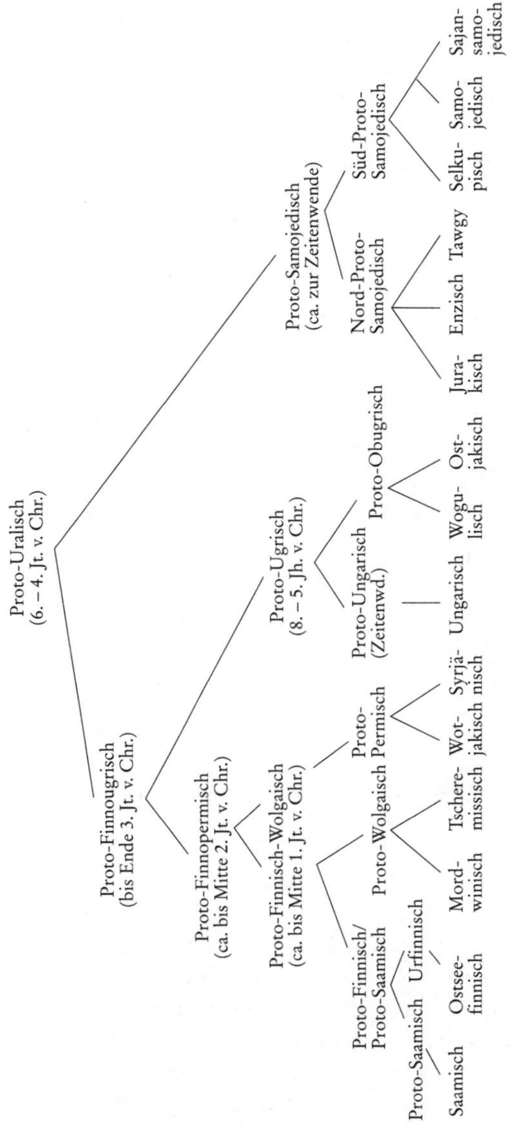


*Die Ausgliederung regionaler Sprachzweige des Uralischen (nach Hajdú/Domokos 1987: 311)*

Nganasanen u. a.) besiedeln in der Hauptsache das nordwestliche und südliche Sibirien. Zu den untergegangenen uralischen Sprachen, die namentlich bekannt sind, gehören das finnisch-ugrische Merische und Muromische sowie das samojedische Kamassische.

**Die heutigen uralischen Sprachen**

Finnisch-ugrische Sprachen:

- Finnisch-Permisch: Komi (Syrjänisch), Permjakisch, Udmurtisch (Wotjakisch)
- Finnisch-Wolgaisch: Mari (Tscheremissisch), Mokscha-Mordwinisch, Erza-Mordwinisch
- Ostseefinnisch: Finnisch, Karelisch, Ischorisch, Wepsisch, Wotisch, Estnisch, Liwisch
- Saamisch: Westliches Saamisch (Südsaamisch, Ume-Saamisch, Pite-Saamisch, Lule-Saamisch, Norwegisch-Saamisch); Östliches Saamisch (Inari-Saamisch, Skolt-Saamisch, Kola-Saamisch)
- Ugrisch: Ungarisch, Mansisch (Wogulisch), Ostjakisch (Chantisch)

Samojedische Sprachen:

- Nördlich: Nenzisch (Jurakisch), Enzisch, Nganasanisch (Tawgy-Samojedisch)
- Südlich: Selkupisch

## *Exkurs: Ostseefinnen und Balten im 2. Jahrtausend v. Chr.*

Anhand der Jahrtausende währenden Kontakte zwischen Indoeuropäern und Uraliern (insbesondere Finno-Ugriern) lassen sich einige wichtige humanökologische Langzeitwirkungen darstellen. Im Verlauf der Indoeuropäisierung des östlichen Europa zogen sich die finno-ugrischen Populationen immer weiter nach Norden und Nordosten zurück. Allerdings leben Finno-Ugrier bis heute im Gebiet der uralischen Urheimat, so die Mordwinen in den Flußtälern der Wolga und Kama (Carpelan et al. 2001). Im Baltikum entfalteten sich die Kontakte unter ganz spezifischen Bedingungen. Um 2000 v. Chr. hatte sich der Ackerbau mit indoeuropäischen Migranten bis ins nördliche Polen und in angrenzende Gebiete (Südlitauen) verbreitet. Dort stießen die Ackerbauern auf finnisch-ugrische Bevölkerungsgruppen, deren Wirtschaftsform das Jagen und das Sammeln von Nahrung war.

Vom westlichen Baltikum aus dehnte sich die Zone mit agrarischer Wirtschaftsform allmählich nach Nordosten aus. Das Besondere daran war, daß die indoeuropäischen Ackerbauern nicht weiterwanderten, sondern daß sich die finno-ugrischen Jäger und Sammler unter dem Einfluß der südlichen Ackerbauern akkulturierten, seßhaft wurden und selbst anfingen, Getreide anzubauen. Der Motor für diesen Wechsel zur agrarischen Lebensweise waren die regen Handelsbeziehungen, die sich zwischen den Ackerbauern des Südens und den Wildbeutern des Nordens entwickelten (Zvelebil 1996). Die Leute aus dem Norden hatten Bernstein, Honig und andere Waldprodukte (Beeren, Heilkräuter) anzubieten. Von den Leuten aus dem Süden tauschten sie Agrarprodukte ein (Milch, Käse, Brot, Fleisch aus der Viehhaltung).

Die Kontakte der Wildbeuter mit der agrarischen Bevölkerung waren durch ein Prestigegefälle gekennzeichnet. Moderne anthropologische und ethnographische Forschungen über das Verhältnis zwischen Wildbeutern und Ackerbauern vermitteln die Einsicht, daß Ackerbauern mehr Sozialprestige genossen. Auch im Baltikum ist mit einem Prestigegefälle zu rechnen, als dessen Konsequenz mehr und mehr Frauen der Wildbeuter im Zuge des Brautkaufs in den Süden wechselten, wo die Seßhaftigkeit soziale Stabilität und das Nahrungsangebot eine gesicherte Existenz versprachen. Zwischen der eigentlichen Agrarzone und den Jagdrevieren der Leute im Norden entstanden Mischsiedlungen mit Angehörigen aus beiden Zonen. Die Kinder aus den gemischt-ethnischen Familien mit dem Vater aus dem Süden und der Mutter aus dem Norden wuchsen in einem bikulturellen und zweisprachigen Milieu auf, wo die Sprache des Vaters, die mit höherem Prestige, die der Mutter vorrangig beeinflußte.

In ihrer Langzeitwirkung haben sich diese Sprachkontakte in einem tiefgreifenden Einfluß des Indoeuropäischen baltischer Prägung auf die lokalen Varianten des Ostseefinnischen manifestiert (Haarmann 2003b: 98 ff.). Hunderte von Lehnwörtern baltischer Herkunft sind bis heute im Finnischen, Estnischen und Karelischen bewahrt. Aus den Bedingungen des zweisprachigen Milieus in der Übergangszone mit ihrer Mischbevölkerung erklärt sich auch der Bestand zahlreicher Entlehnungen in existenziellen Lebenssphären:

– Verwandtschaftsbeziehungen:
fi. *lapsi* ‹Kind›, *tyttö* ‹Mädchen›, *nainen* ‹Frau›, *veli* ‹Bruder›, *sisar* ‹Schwester›, *tytär* ‹Tochter›, *lanko* ‹Bruder der Ehefrau bzw. des Ehemanns›, *nuode* ‹Ehemann der Schwester›, *häät* ‹Hochzeit›, *morsian* ‹Braut›, *sulhanen* ‹Bräutigam›

– Sozialkontakte:
*heimo* ‹Stamm; Verwandtschaft (scherzhaft); Dorfgemeinschaft (scherzhaft)›, *talkoo* (häufig in Verbindung mit *työ* ‹Arbeit›, *talkootyö*) ‹freiwillige Arbeit im Dienst des Gemeinwohls›, *talkoot* ‹freiwillige Arbeit beim Ernteeinsatz (ältere Bedeutung)›, *kiittää* ‹danken›; ursprüngl. ‹Danksagen (in einer religiösen Zeremonie)›

– Intimsphäre (Körperteile und -funktionen):
fi. *kaula* ‹Nacken›, *leuka* ‹Kiefer›, *hammas* ‹Zahn›, *ranne* ‹Handgelenk›, *karva* ‹Körperhaar›, *napa* ‹Bauchnabel›, *reisi* ‹Schenkel›, *koipi* ‹oberer Teil des Beins (von Tieren)›, *perna* ‹Milz›, *hiki* ‹Schweiß›, *hilse* ‹Schuppe (Stück trockene Haut)›, *virtsa* ‹Urin›.

Für die Wildbeuter des Nordens gab es nur zwei Möglichkeiten, auf den Druck des Sozialprestiges ihrer südlichen Nachbarn zu reagieren: sich diesem Druck zu entziehen und weiter in den Norden abzuwandern; oder den Druck durch Anpassung zu neutralisieren. Im Laufe der Zeit wählten die meisten der Leute aus dem Norden die letztere Alternative und gewöhnten sich an die Lebensweisen der Leute aus dem Süden. In der Folge dieses Anpassungsprozesses erlebten die Menschen in der Kontaktzone eine Ära kultureller Konvergenz und ihre Sprachen eine Periode der Angleichung ihres grammatischen Baus. Die konkreten Spuren sind in den strukturellen Konvergenzen zu erkennen, die dem baltischen Sprachbund sein Profil gegeben haben. Der hohe Grad an Synthetismus, der sich in der Erhaltung der Flexion der Substantive im Litauischen, Lettischen und im Estnischen manifestiert, ist eine der Eigenschaften dieses Sprachbundes (Stolz 1991).

Der Prozeß der Akkulturation der Wildbeuter aus dem Norden an die Welt der Ackerbauern des Südens, der Ausbildung kultureller Konvergenzen im zweisprachigen Milieu und des sukzessiven Transfers sprachlicher Elemente aus dem Süden in den Norden zog sich über einen langen Zeitraum hin. Die Angleichungstendenzen setzten um 1800 v. Chr. im westlichen Baltikum ein und überdauern die Zeitspanne der sprachlichen Ausgliederung des ostseefinnischen Kontinuums von ca. 1500 bis ca. 1000 v. Chr. Die baltisch-ostseefinnischen Sprachkontakte wirkten über einen Zeitraum von mehr als 1000 Jahren und wurden dann von den Kontakten der Ostseefinnen mit germanischen Stämmen abgelöst.

## Die afroasiatische Sprachfamilie und ihre Ausgliederungen

### *Urheimat und frühe Migrationsbewegungen*

Das ursprüngliche Verbreitungsareal afroasiatischer Populationen und damit das Gebiet, wo sich eine postulierte afroasiatische Grundsprache (Proto-Afroasiatisch) ausgebildet hat, ist in einer Region gesucht worden, die Nubien (südliches Ägypten) und den Norden des Sudan einschließt (Blench 1993: 136f). Die westlichen Nachbarn dieser frühen Populationen wären demnach Bevölkerungsgruppen mit proto-nilo-saharanischer Sprache gewesen (s. u.). Als Zeitraum für die formative Periode der afroasiatischen Grundsprache wird ca. 9000–8000 v. Chr. angenommen. Nach dieser Zeit hat sich die Grundsprache aufgelöst und in regionale Sprachzweige (s. u.) aufgespalten.

Diese bildeten sich im Verlauf von Migrationen aus, die Sprecher afroasiatischer Sprachvarianten nach Nordwesten (Berber), Westen (Tschad-Völker), Süden (Omoten), Osten (Kuschiten) und Norden (Altägypter, Semiten) brachten. Das im Nordosten des Sudan und in Eritrea verbreitete Bedawi (Beja) wird von entfernten Nachkommen solcher afroasiatischer Bevölkerungsgruppen gesprochen, die im Gebiet der Urheimat verblieben und nicht abgewandert sind. Die Sprachzweige des Semitischen und Kuschitischen haben sich als erste abgespalten, und deren Sprachen haben sich entwicklungsmäßig auch am meisten voneinander entfernt.

Die Migrationen, die die sprachlichen Ausgliederungsprozesse beschleunigten, erfolgten zeitlich früher als die Ausbreitung der Technologie des Pflanzenanbaus, deren Kenntnis aus dem Nahen Osten nach Nordafrika gelangte. Genau genommen war die Bewegung von Bevölkerungsgruppen aus der östlichen Sahelzone in Richtung Norden bis in den Nahen Osten der Drift der Verbreitung der

Ackerbautechnologie diametral entgegengerichtet. Die afroasiatischen Sprachen sind also nicht von Ackerbauern in die verschiedenen Regionen Afrikas und Asiens verbreitet worden, sondern von Menschen, die diese Wirtschaftsform erst später angenommen haben, als sie in ihrer neuen Heimat seßhaft wurden (siehe Kapitel 8).

Die Semiten übernahmen das Wissen des Pflanzenanbaus von der einheimischen Bevölkerung im Nahen Osten. Deren Sprachen sind nicht mit dem Semitischen verwandt. Das ist daran zu erkennen, daß es zu denjenigen Elementen der Terminologie des Ackerbaus, die aus der Sprache der Einheimischen ins Akkadische, Hebräische und andere semitische Sprachen übernommen wurden, keine Äquivalente in anderen Sprachzweigen des Afroasiatischen gibt. Diese Ausdrücke sind also keine Erbwörter, sie gehören nicht zum lexikalischen Bestand der Grundsprache. Eine Auswahl der Lehnwörter im Bereich des Ackerbaus (nach Murtonen 1989) mag den Prozeß der Akkulturation und sprachlichen Assimilation der seßhaft werdenden Semiten illustrieren:

– Entlehnte Bezeichnungen für Nutzpflanzen:

Weinrebe (z. B. syrisch *gupn*), Weizen (z. B. ugaritisch *x7t*), Linse (z. B. arabisch *&adas(at)*), Bohne (z. B. phönizisch *p'l*), Gurke (z. B. phönizisch/punisch *kisson*), Olive (z. B. phönizisch *zyt*), Feige (z. B. akkadisch *titt*)

– Entlehnte Bezeichnungen für Gerätschaften im Zusammenhang mit dem Pflanzenanbau:

Sichel (z. B. akkadisch *niggall*), Mahlstein (z. B. ugaritisch *rxm*), flaschenförmiger Behälter zum Aufbewahren von Speiseöl (z. B. aramäisch *qanqann*)

Anm.: & bezeichnet hier einen besonderen r-Laut, 7 einen emphatischen Knacklaut

Neuerlich ist die Hypothese aufgestellt worden, der Nahe Osten sei die afroasiatische Urheimat gewesen. Demnach wären die Nachkommen der frühesten Ackerbauern, der Natufier, die um 11 500 v. Chr. als erste mit dem Anbau von Wildgräsern experimentierten, aus ihrer Urheimat in Richtung Süden, nach Afrika, abgewandert, hätten die Kenntnis des Ackerbaus ebenso verbreitet wie ihre Sprachen und wären bis nach Ostafrika (Kuschiten) gelangt

(Militarev 2002). Zu diesem Szenario passen aber verschiedene Sachverhalte nicht. Zum einen ist der Ackerbau im Niltal nicht früher als für das 5. Jahrtausend v. Chr. bezeugt. Wenn die Vorfahren der Altägypter zu einem frühen Zeitpunkt aus dem Nahen Osten eingewandert wären und die Technologie des Bodenbaus in Ägypten eingeführt hätten, müßte es viel ältere Spuren für den Anbau von Nutzpflanzen geben. Außerdem fänden in dem Fall die oben erwähnten Entlehnungen keine sinnvolle Erklärung.

## *Verwandtschaftsbeziehungen innerhalb der afroasiatischen Sprachen*

Von allen afroasiatischen Sprachen sind die semitischen Sprachen und das Altägyptische diejenigen, die am besten erforscht sind. Die Verwandtschaft der semitischen Sprachen untereinander ist schon im 17. Jahrhundert von Hiob Ludolf erkannt worden. A.L. Schlözer gab 1781 dieser Sprachengruppe den Namen «Sprachen des Sem» (nach Shem in der Genesis 10,21-31; 11,10-26). Der Name «Afroasiatic» stammt von Greenberg (1963b), der als erster den verwandtschaftlichen Zusammenhang dieser Makrogruppierung mit ihren fünf Hauptzweigen herausstellte.

**Die Gruppierungen der afroasiatischen Sprachen**

Semitische Sprachen:
- Ostsemitisch: Akkadisch (untergegangen)
- Westsemitisch: Aramäisch, Arabisch, Hebräisch, Ivrit, Phönizisch (untergegangen), Ugaritisch (untergegangen), Eblaitisch (untergegangen)
- Südsemitisch: Äthiopisch (Ge'ez, Tigré, Tigrinya, Amharisch, Argobba, östl. Gurage, Harari, u. a.); Südarabisch (untergegangene Sprachen: Sabäisch, Minäisch u. a.; moderne Sprachen: Harsusi, Jibbali, Mahri u. a.)
- Ägyptisch: Altägyptisch (untergegangen), Koptisch

Berber-Sprachen:
- Östlich: Awjilah, Sawknah, Guantschisch (untergegangen)
- Nördlich: Taschelheit, Tamazight, Kabylisch, Jerba, Sened, Mzab, Tarifit, Tit u. a.
- Tamaschiqt: Hoggar Tamahaq, Timbuktu Tamasheq

Kuschitische Sprachen:
- Zentralkuschitisch: Awngi, Bilin u. a.
- Östlich: Dihina, Gaba, Gorose, Tsamai, Oromo, Saho-Afar, Somali, Elmolo, Yaaku u. a.
- Nördlich: Beja
- Südlich: Aasáx, Burunge, Iraqw u. a.

Omotische Sprachen:
- Nördlich: Dizi, Nao, Sheko, Chara, Oyda, Wolaytta, Male, Dache, Dorze, Gamo, Amuru, Kafa, Wambera, Ganza u. a.
- Südlich: Aari, Dime, Hamer-Banna, Karo

Tschad-Sprachen:
- Westlicher Zweig: Gruppe A: Hwandara, Hausa, Angas, Chip, Kulere, Sha u. a.; Gruppe B: Bade, Jimbin, Barawa, Dass, Polci, Zangwal u. a.
- Biu-Mandara-Zweig: Gruppe A: Ga'anda, Hwana, Glavda, Chuvok, Sukur, Ziziliveken u. a.; Gruppe B: Buduma, Logone, Musgu u. a.; Gruppe C: Gidar
- Östlicher Zweig: Gruppe A: Gadang, Mod, Tumak, Kwang u. a.; Gruppe B: Birgit, Mawa, Mogum, Mukulu, Sokoro u. a.
- Masa-Zweig: Marba, Masa, Mesme, Musey, Zime-Lame, Zumaya

In der älteren Forschung ist von hamitisch-semitischen Sprachen die Rede, wobei Hamitisch das Altägyptische und das rezente Koptische umfaßte. In den 1950er Jahren wurden die berberischen und kuschitischen Sprachen hinzugefügt. Die Tschad-Sprachen sind ein Zusatz von Greenberg. Mit 192 Sprachen ist dieser Zweig der sprachenreichste des Afroasiatischen. Die Tschad-Sprachen haben sich historisch spät ausgegliedert und stehen den Berber-Sprachen verwandtschaftlich am nächsten.

Der Disput über die omotischen Sprachen betrifft eigentlich nicht die mögliche Zuordnung einer weiteren, bis dahin nicht als afroasiatisch erkannten Gruppierung, sondern das Problem der Trennung der kuschitischen Sprachen in zwei Gruppen, kuschitisch und omotisch. Einige grammatische Strukturmerkmale und lexikalische Besonderheiten scheinen auch gegen eine Zuordnung der omotischen Sprachen zur afroasiatischen Familie zu sprechen und für ihre Affiliation als Untergruppe der Niger-Kongo-Sprachen (siehe Hayward 2000: 85 f. zur Forschungsgeschichte).

Der semitische Sprachzweig dehnt sich weit im westlichen Asien aus. Die nördlichste Vertretung semitischer Sprachen finden wir im Neuassyrischen (Aissor), dem letzten lebenden Ableger des Aramäischen (Hoberman 1992: 98). Aissor ist in kleineren Gruppen christlicher und jüdischer Minderheiten verbreitet, die in der Kaukasusregion, im Nordosten der Türkei, im Westen Syriens, im nördlichen Irak und im Nordwesten des Iran leben. Eine andere semitische Sprache, das Hebräische, ist mit der jüdischen Diaspora als Sakralsprache in viele Länder der Welt transferiert worden. Der Zustrom von Migranten aus arabischen Ländern hat auch zahlreiche Varianten des gesprochenen Arabisch wie auch die Sakralsprache des Islam nach Europa verpflanzt.

Einige der afroasiatischen Sprachen gehören zum Kreis der ältesten Schriftsprachen der Welt. Dies sind das Altägyptische, das seit ca. 3300 v. Chr. schriftlich bezeugt ist, das Akkadische mit seinen jüngeren regionalen Formen, dem Babylonischen und Assyrischen, und das Eblaitische. Die ältesten Dokumente in akkadischer und eblaitischer Sprache stammen aus der Zeit um 2500 v. Chr. Von den afroasiatischen Sprachen hat sich das Arabische am weitesten in Afrika und im westlichen Asien verbreitet. Es gehört zum Kreis der modernen Weltsprachen und wird von mehr als 200 Mio. Menschen (als Primär-, Zweit- oder Verkehrssprache) gesprochen (siehe Kapitel 10).

Das Kulturschaffen, das in afroasiatischen Sprachen seine Ausdrucksform fand, hat den Völkern der Alten Welt nachhaltige Impulse vermittelt. Einige der ältesten Zivilisationen – die altägyptische und die akkadische (babylonische, assyrische) – haben sich im Milieu afroasiatischer Sprachgemeinschaften entwickelt. Alle drei Hauptrichtungen des Monotheismus (Judentum, Christentum, Islam) entstanden im Nahen Osten. Vier der afroasiatischen Sprachen haben sich zu Sakralsprachen mit langer Kontinuität entwickelt: Hebräisch, Koptisch, Arabisch und Ge'ez, die heilige Sprache der äthiopischen Christen. Vielleicht die bedeutendste Institution des Kulturschaffens semitischer Völker ist die Alphabetschrift, die vor allem über phönizische und aramäische Vermittlung in die Alte Welt ausstrahlte und sich im Zeitalter des Kolonialismus auch in der Neuen Welt verbreitete (siehe Kapitel 8 zum Transfer der Schrifttechnologie).

## Die Niger-Kongo-Familie

Nach der Anzahl ihrer Einzelsprachen (insgesamt 1436) ist die Niger-Kongo-Familie die größte Makrogruppierung Afrikas und auch der ganzen Welt (s. Kap. 5 zur Verteilung der Sprachfamilien). Auch geographisch nimmt sie den größten Raum auf dem afrikanischen Kontinent ein. Ihre verwandtschaftlichen Zusammenhänge sind seit dem frühen 20. Jahrhundert bekannt. Diedrich Westermann hat 1911 zunächst die genealogischen Beziehungen zwischen den Sprachen in Westafrika aufgezeigt. Als gemeinsame Benennung dieses Sprachenkomplexes wählte er «Sudansprachen». 1927 wies er auch die Verwandtschaft der Bantu-Sprachen mit den Sudansprachen nach.

Westermanns Postulat einer Makrogruppierung der Sprachen West-, Zentral- und Südafrikas wurde von Greenberg (1963b) im wesentlichen bestätigt; er nannte die Großfamilie «Niger-Kordofanian». Bisher ist es nicht gelungen, auf der Basis eines Massenvergleichs der zahlreichen Niger-Kongo-Sprachen die Rekonstruktion einer Grundsprache (Proto-Niger-Kongo) für diese Makrogruppierung zu erreichen. Die Vermutung, eine solche Grundsprache könnte sich um 8000 v. Chr. ausgebildet haben (Blench 1993: 137), kann derzeit nicht durch lexikostatistische Analysen gestützt werden. Die Ausgliederung der Niger-Kongo-Familie ist äußerst komplex, mit vielerlei Abspaltungen in primären, sekundären und weiteren Schritten. Die Zusammenstellung der regionalen Sprachenkomplexe folgt ihrer chronologischen Beziehung (relative Chronologie) von den älteren bis zu den jüngeren Entwicklungsstadien, wobei keine konkreten Angaben über absolute Zeitperioden gemacht werden können (siehe allerdings Kapitel 8 zur Periodisierung der Spaltungsprozesse der Bantu-Sprachen)

### Chronologische Reihung der Niger-Kongo-Sprachen

- Kordofanisch: Kadugli (zentral-östlich, westlich); eigentliches Kordofanisch (Heiban, Katla, Rashad, Talodi)
- Mande: Östlich (Bobo Fing u. a.); westlich (nordwestlich, südwestlich); Sambla-Samogho; Soninke-Bozo
- Atlantisch: Bijago (Bidyogo); nördlich (Bak, Cangin, östliches Senegal-Guinea, Mbulungisch-Nalu, Senegambisch); südlich (Limba, Mansoanka, Mel)

- Ijoid: Defaka, Ijo (zentral, östlich)
- Dogon
- Kru: Aizi; östlich (Bakwe, Bété, Dida, Kwadia); westlich (Bassa, Grebo, Klao, Wee); Kuwaa; Siamou
- Kwa: Left Bank (Avatime-Nyangbo, Gbe, Kebu-Animere, Kposo-Ahlo-Bowili); Nyo (Agneby, Attié, Avikam-Aladian, Ga-Adangme-Krobo, Potou-Tano, Esuma); Cenka
- Benue-Kongo: Bantoid (nördlich: Dakoid, Fam, Mambiloid, Tiba; südlich/Broad Bantu: Beboid, Ekoid, Jarawan, Mamfe/Nyang, Narrow Bantu, Tivoid, Wide Grassfields); Cross River; Defoid; Edoid; Idomoid (Idoma-Etulo); Igboid; Kainji (östlich, westlich); Nupoid (Niger-Kaduna); Platoid; Ukaan-Akpes
- Gur: zentral (nördlich-zentral, südlich-zentral); Senufo (Karaboro, Kpalaga, Nafaanra, Senari, Suppire-Mamara, Tagwana-Djimini, Tyeliri, Kulere, Tiéfo); Moru
- Adamawa-Ubangi: Adamawa (Fali, Gueve, Kam, La'bi, Leko-Nimbari, Mbum-Day, Waja-Jen); Ubangi (Banda-Ngbandi-Sere, Gbaya, Zande)

Viele Niger-Kongo-Sprachen sind sogenannte Klassensprachen. Deren grammatische Strukturen sind dadurch gekennzeichnet, daß die Substantive mittels Präfixen (seltener Suffixen) in ein System von Klassen eingeteilt werden, deren Unterscheidung häufig auf die Beschaffenheit oder die Qualitäten von Dingen Bezug nehmen (siehe Kapitel 4). Außerhalb der Makrogruppierung der Niger-Kongo-Sprachen gibt es in Afrika keine Klassensprachen (Dimmendaal 2001: 377).

## Die Sahelzone und die nilo-saharanischen Sprachen

In Nordafrika fand der Übergang zu einer seßhaften Lebensweise und zu einer nahrungsproduzierenden Wirtschaftsform zuerst im Niltal statt. Zwischen 6000 und 5000 v. Chr. gelangte die Kenntnis der Kultivation von Weizen und Gerste aus dem Nahen Osten nach Ägypten (Wetterstrom 1993). Bemerkenswerterweise finden sich die ältesten Spuren für Pflanzenanbau nicht im Niltal selbst, sondern in der Fayyum-Senke in der westlichen Wüste. Längere Zeit beschränkte sich der Ackerbau auf die Nilregion, verbreitete sich aber dann im 2. Jahrtausend v. Chr. rasch nach Süden. Bereits um

4000 v. Chr. wurden im Gebiet südlich der Sahara verschiedene Sorten von Wildgräsern kultiviert, darunter als wichtigste Guinea-Korn und Hirse. Zum sog. Savannen-Komplex gehörten auch der Anbau von Erbsen und Flaschenkürbis. Yams wurde seit ungefähr 1700 v. Chr. im Küstengebiet Guineas angebaut (Muzzolini 1993).

Die Domestizierung von Vieh geht auf die Zeit um 5000 v. Chr. zurück. Rinderzucht, Schaf- und Ziegenhaltung gelangten als Wirtschaftsformen aus dem Vorderen Orient nach Ägypten. Noch bis etwa 4000 v. Chr. fiel auf die weite, heute wüste Landschaft Nordafrikas soviel Regen, daß sich dort eine fruchtbare Savanne ausdehnte. Dort ist der Viehnomadismus wahrscheinlich eine lokale Entwicklung (Cavalli-Sforza et al. 1994: 161). Allgemein wird angenommen, daß sich die Viehhaltung in engem Zusammenhang mit dem Ackerbau entwickelt hat. Beide Wirtschaftsformen setzen Seßhaftigkeit derjenigen voraus, die Vieh halten und Nutzpflanzen anbauen. Insofern wird die Viehhaltung als Teil des sogenannten «Agrarpakets» gesehen, dessen technologisches Wissen und Anwendung sich seit dem Neolithikum verbreitet haben. In solchen Gegenden, wo der Anbau von Nutzpflanzen wegen ungünstiger Witterungsverhältnisse nur spärliche Ernteergebnisse bringt, wird die Viehhaltung als Wirtschaftsform stärker betrieben. Wenn das Nahrungsangebot für das Vieh auf den Weiden zu karg ist, sind die Menschen gezwungen, ihre seßhafte Lebensweise aufzugeben und mit den Herden herumzuziehen. Auf diese Weise wird die Entstehung des Viehnomadismus aus den Bedingungen des «Agrarpakets» erklärt. Die Bedingungen eines lokalen Übergangs vom Wildbeuterstadium zum Viehnomadismus in Nordafrika – d. h. ohne die Einflüsse einer agrarischen Lebensweise – sind insofern eine Ausnahmeerscheinung (ähnlich wie im Fall des frühen Viehnomadismus bei den Indoeuropäern; siehe dazu Kapitel 6).

Um 3500 v. Chr. erscheint das Rind in den Felsbildern der zentralen Sahara. Diese Felsbilder der Tassili-Berge (im Süden Algeriens) enthalten viele Bildmotive von Langhornrindern und den Menschen der Hirtenbevölkerung (Anati 2002: 182 ff.). Die Periode, als die Kultur der Viehnomaden das Alltagsleben dominierte, wird «Rinder-Neolithikum» genannt.

Die Sahara trocknete allmählich aus. Dies war eine Folge der Richtungsänderung der Regen bringenden Monsunwinde. Die Viehnomaden zogen deshalb gegen Ende des 2. Jahrtausends v. Chr.

mit ihren Herden auf der Suche nach Weideland immer weiter in den Süden. Bereits vor 1500 v. Chr. ist Viehhaltung in Westafrika südlich der Sahara bezeugt. Anstelle des Rinds wurde das Pferd als Zugtier von Wagen eingeführt. Herodot erwähnte im 5. Jahrhundert v. Chr. die *Garamantes,* die mit pferdebespannten zwei- und vierrädrigen Wagen die Handelsrouten Nordafrikas befuhren. Damals war die zentrale Sahara bereits unbewohnt. Nur wenige hundert Jahre später gelangte das Kamel zu den Bewohnern der Sahara-Oasen.

Den Prozeß der Südwanderung der Bevölkerung aus der nordafrikanischen Savanne hat man sich wohl nicht als organisierte Migration vorzustellen, sondern eher als demographische Drift über viele Generationen hinweg. Die Spuren dieser allmählichen Entvölkerung Nordafrikas sind bis heute in der Kulturlandschaft der Sahelzone zu erkennen. In diesem breiten Gürtel, der sich am Südrand der Sahara quer durch den Kontinent von Westen nach Osten erstreckt, sind die modernen Sprachen in großer Dichte zusammengedrängt. Diese Konzentration erklärt sich aus der sukzessiven Südverschiebung von Sprachen aus dem Norden seit dem 2. Jahrtausend v. Chr. in die Sahelzone.

Die Sahelzone als exponiertes Übergangsgebiet zwischen dem Wüstenraum des Nordens und den schwarzafrikanischen Populationen des Südens wird aufgrund ihrer kulturell-sprachlichen Zersplitterung als afrikanische Bruchzone (African fragmentation belt) bezeichnet. Die meisten Sprachen dieser Bruchzone gehören zur nilo-saharanischen Sprachfamilie (Bender 2000). Geographisch sind sie im Norden von afroasiatischen Sprachen, im Süden von Niger-Kongo-Sprachen umgeben. In der älteren Afrikanistik wurden die Sprachen der Sahelzone in 22 Gruppen klassifiziert (Tucker/Bryan 1956), was deutlich die Zersplitterung dieser Sprachlandschaft widerspiegelt.

Die nilo-saharanische Makrogruppierung ist mit insgesamt 194 Einzelsprachen die drittgrößte in Afrika, nach den Niger-Kongo-Sprachen und den afroasiatischen Sprachen. Die meisten Einzelsprachen (insgesamt 96) zählt der Zweig der ostsudanischen Sprachen. Die Sprachen mit den meisten Sprechern gehören zum nilotischen Zweig. Die sprecherreichsten Sprachen sind Luo (3,2 Mio.) in Kenia, Dinka (1,3 Mio.) im Sudan, Teso (1 Mio.) in Uganda und Maasai (0,9 Mio.) in Tansania und Kenia. Die genannten Sprachen sind moderne Vertreter des vorerst letzten Stadiums von Abspaltungsprozessen, in denen sich der ostsudanische Sprachzweig (siehe Ostsudanisch Abb. S. 263) ausgegliedert hat.

Songay wird in verschiedenen Varianten von rund 0,65 Mio. Menschen in Mali gesprochen, Gumuz von rund 0,16 Mio. in Äthiopien und im Sudan, Kunama von rund 0,14 Mio. in Eritrea, For (Fur) von rund einer halben Million im Sudan und im Tschad. Die meisten nilo-saharanischen Sprachen werden von nur jeweils wenigen tausend Sprechern gesprochen, wie das Nara (63000) in Eritrea, das Kwama (15 000) in Äthiopien oder das Acholi (27 000) im Sudan.

Bis in die 1950er Jahre sah man in der deutschen Afrikanistik keine Möglichkeiten, die Verwandtschaft aller Zweige der nilo-saharanischen Sprachen mit historisch-vergleichenden Methoden nachzuweisen. Damals war die Forschung über konvergente typologische Eigenschaften, die sich im Bau benachbarter Sprachen ausbilden können, noch nicht so weit entwickelt, als daß solche Erkenntnisse für sprachhistorische Rekonstruktionen verfügbar gewesen wären. Der historische, typologische und kontaktlinguistisch Zusammenhang der Gesamtheit der nilo-saharanischen Sprachen ist erstmals von Greenberg (1963b) aufgezeigt worden.

Aufgrund der Vielfalt der Kriterien, nach denen sich der sprachliche Zusammenhang beschreiben läßt, hielten es die Afrikanisten aber lange Zeit für unmöglich, eine nilo-saharanische Grundsprache zu rekonstruieren. Noch in den 1970er Jahren ging man davon aus, daß die nilo-saharanischen Sprachen lediglich in lockeren verwandtschaftlichen Beziehungen zueinander stehen. «Die damit begründete ‹Nilo-Saharan family› ... ist als Tendenz zu werten, gewisse lexikalische und nichtlexikalische Elemente mit beschränkter Verbreitung innerhalb der Region als an- und ausbaufähig zu interpretieren ... und so in der Suche nach Zusammenhängen eine richtungsweisende Hypothese aufzubauen» (Köhler 1975: 251).

Auch wenn derzeit archäologische Anhaltspunkte fehlen, um das Postulat einer nilo-saharanischen Grundsprache zu stützen, stehen seit den 1990er Jahren Ansätze dafür zur Diskussion (Ehret 1993). Die ältesten Elemente des Wortschatzes dieser hypothetischen Urform aller nilo-saharanischen Sprachen sind Ausdrücke, die sich auf die Viehhaltung beziehen, z. B. **phe:r* ‹Herde; Vieh›, **yokw* ‹eine Herde halten, Vieh halten›, **ndow* ‹melken›, **ay* ‹Ziege›, **wer* ‹Schaf›, **a:yr* ‹Kuh›, **owing* ‹Bulle›, **yagw* ‹Kalb›. Ebenfalls vertre-

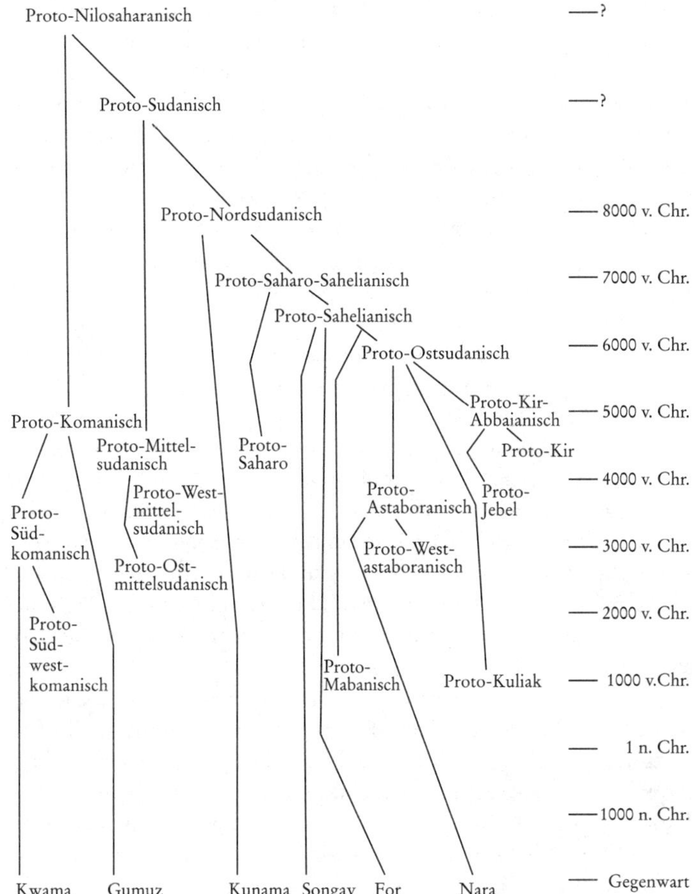


*Die Ausgliederung der Sprachzweige des Nilo-Saharanischen (nach Ehret 1993: 117)*

ten ist die Basisterminologie des Ackerbaus und der Nahrungswirtschaft; z. B. **p'ad* ‹kultivieren›, **thayph* ‹roden; ein Feld für die Aussaat säubern›, **t'um* ‹säen; pflanzen›, **ngak* ‹(Getreidekörner) mahlen›.

Das ursprüngliche Verbreitungsgebiet von Populationen, die eine Frühform des Nilo-Saharanischen gesprochen haben, lag wahrscheinlich zwischen dem Hochland des Tibesti und dem mittleren Nil. Von dort aus verbreitete sich die nilo-saharanische Bevölkerung zunächst nach Westen in die damals noch fruchtbare Region der Sahara und später unter dem Druck der klimatischen Verschlechterung weiter nach Süden. Die zeitliche Tiefe, die für die Verzweigung des Nilo-Saharanischen anzunehmen ist, bleibt bis heute problematisch. Die strukturellen Differenzen zwischen einigen der modernen Sprachen sind erheblich, so daß man von einer sehr langen Zeitspanne für den Ausgliederungsprozeß ausgehen muß.

## Die sino-tibetischen Sprachen und ihre Verbreitung in Ostasien

Die Familie der sino-tibetischen Sprachen gehört zu den sprecherreichen Makrogruppierungen allein deshalb, weil das Chinesische mit seiner enormen Sprecherzahl von mehr als 1,2 Milliarden entscheidend ins Gewicht fällt. Das Hauptverbreitungsgebiet der sinotibetischen Sprachen ist das östliche und südöstliche Asien, ein Gebiet, das viel ausgedehnter ist als das historische Verbreitungsgebiet der indoeuropäischen Sprachen oder die rezente Ausdehnung afroasiatischer Sprachen.

Die traditionelle Benennung der Sprachfamilie erweckt den Eindruck einer Zweigliederung, so als stünde das Chinesische als Einzelsprache dem tibeto-birmanischen (bzw. tibeto-burmesischen) Zweig mit seinen zahlreichen Untergliederungen gegenüber (DeLancey 1992; LaPolla 2001: 226). Tatsächlich gliedert sich das Chinesische selbst in zahlreiche regionale Varianten aus, die teilweise so weitgehend ausdifferenziert sind, daß manche Forscher von mehreren chinesischen Sprachen sprechen. Demnach wäre das Chinesische selbst ein eigener Komplex mit mehreren Sprachen.

### Die sino-tibetische Makrogruppierung

Chinesisch:
- Mandarin
- Wu
- Yue (Kantonesisch)

Tibeto-Birmanisch:
- Barisch (Kachinisch, Konyak-Bodo-Garo, Kuki-Naga)
- Bodisch

- Jinyu
- Xiang
- Min Nan
- Hakka
- Gan
- Min Bei u. a.

- Burmesisch-Lolo (Burmesisch/Birmanisch, Lolo)
- Karen (Pho, Sgaw-Bghai)
- Nungisch
- Qiang

Die genealogischen Beziehungen zwischen den Sprachen des tibeto-birmanischen Zweigs sind bereits Anfang des 19. Jahrhunderts erkannt worden. Julius Heinrich Klaproth (1823) wies auf Ähnlichkeiten im Sprachbau des Birmanischen und des Tibetischen hin. Auch die Gemeinsamkeiten zwischen dem Chinesischen und dem Tibetischen wurden von Klaproth erstmals angesprochen. Der Zusammenhang der tibeto-birmanischen Sprachen war bereits im 19. Jahrhundert unumstritten, die Nebenordnung des Chinesischen zum tibeto-birmanischen als Sprachzweige einer sino-tibetischen Sprachfamilie stammt erst aus dem 20. Jahrhundert. Problematisch ist bis heute, ob auch die Tai-Sprachen zu dieser Familie gehören – dies ist der Standort der chinesischen Sprachwissenschaft – oder ob die Tai-Sprachen (mit dem Thailändischen als Hauptvertreter) eine eigene Sprachfamilie repräsentieren (Matisoff 2001: 297 ff.).

Die Ethnogenese der Chinesen reicht mindestens bis ins 5. Jahrtausend v. Chr. zurück. Die Bewohner der in der Nähe von Xian entdeckten neolithischen Siedlung Banpo aus der Zeit um 4700 v. Chr. trugen sinide anthropologische Merkmale. Aus der ethnischen Fusion regionaler sinider Bevölkerungsgruppen in Nordchina entstand die historische Ethnie der (Han-)Chinesen. Im Zuge der Verbreitung des Pflanzenanbaus und der Viehhaltung verschob sich das Siedlungsgebiet der Chinesen allmählich nach Süden. Die ältesten Hinweise auf Reisanbau im Flußtal des Yangtze gehen auf die Zeit zwischen 5800 und 4800 v. Chr. zurück (Harris 2002: 33 f.). Für den gleichen Zeitraum ist der Anbau von Hirse und die Haltung von Schweinen und Hühnern am Mittellauf des Huangho bezeugt.

Bereits in den ältesten Quellen der chinesischen Historiographie wurde zwischen «echten» Chinesen (*huaxia* ‹Han-Leute›) und Nicht-Chinesen unterschieden. Nicht-Chinesen galten allgemein als Barbaren, da sie nach ihrer Kulturentwicklung nicht den Standards der chinesischen höfischen Kultur mit ihrer Schrifttradition entsprachen. Bezeichnenderweise bleibt die ethnische Identität der Shang-Leute mit ihrer bronzezeitlichen Kultur im Dunkeln. Nach ihnen ist die Periode der Shang-Dynastie benannt worden, die China zwischen ca. 1600 und 1027 v. Chr. regierte. Die Zhou-Leute, deren Elite die Regentschaft zwischen 1027 und 221 v. Chr. übernahm, gehörten einer anderen ethnischen Gruppe an.

Der Bevölkerungsdruck der Chinesen veranlaßte zahlreiche kleinere Völkerschaften in Südchina, ihrerseits nach Süden abzuwandern (LaPolla 2001: 228 ff.). In diesem Prozeß sind die zahlreichen Sprachen des tibeto-birmanischen Zweigs bis nach Südostasien transferiert worden (siehe Karte S. 142). Einige von diesen haben eine lange Tradition als Kultursprachen. Das Tibetische wird seit dem 7. Jahrhundert n. Chr. geschrieben, und über diese Sprache ist u. a. viel buddhistisches Ideengut an andere Völker (Mongolen, Chinesen, Turkvölker Zentralasiens) vermittelt worden. Das Birmanische wird seit dem 11. Jahrhundert als Schriftsprache verwendet. Einige der Völker mit tibeto-birmanischen Sprachen haben auch schon früh Reiche aufgebaut und Zentren für ihr Kulturschaffen gegründet. Dies gilt für die Tibeter (7. Jahrhundert) ebenso wie für die mysteriösen Pyu, deren Reichsbildung auf dem Territorium des modernen Myanmar auf das 5. Jahrhundert zurückgeht.

Die Tradition des Chinesischen als Schriftsprache reicht viel weiter zurück, mehr als drei Jahrtausende. Seit ca. 1200 v. Chr. ist das Chinesische verschriftet. Die ältesten Texte sind Orakelinschriften auf Schildkrötenpanzern und auf den Schulterblätterknochen von Hirschen. Während der Han-Periode (206 v. Chr. – 220 n. Chr.) wurde der Zeichenbestand systematisiert. Damals entstand das klassische System der Schriftzeichen (*hanzi* ‹Han-Zeichen› genannt). Die chinesische Schrift ist nicht nur auf das Chinesische beschränkt geblieben. Als Instrument der chinesischen Kulturpolitik in den historischen Kolonien sind auch andere Sprachen mit chinesischen Schriftzeichen geschrieben worden:

- das Vietnamesische, das erst zu Beginn des 20. Jahrhunderts einen systematischen Umschwung zur Lateinschrift erlebte
- das Koreanische, das vom 7. bis 15. Jahrhundert ausschließlich in chinesischer Schrift geschrieben wurde (und anschließend in einer einheimischen Alphabetschrift, Onmun bzw. Hangul);
- das Japanische, für dessen Schreibung bis heute 1945 chinesische Zeichen und zwei einheimische Syllabare mit jeweils 48 (von chinesischen Basiszeichen abgeleiteten) Zeichen verwendet werden

- zahlreiche Minderheitensprachen (z. B. Yi) in Südchina, die ebenfalls mit Hilfe chinesischer Zeichen (bzw. deren Ableitungen) geschrieben werden

## Die austronesische Sprachfamilie: Von Madagaskar bis zur Osterinsel

Als Urheimat der Austronesier wird das Küstengebiet Südchinas angenommen, von wo sie um 4000 v. Chr. nach Taiwan und weiter nach Süden migrierten. Die dortige Bevölkerung ist wahrscheinlich dem Druck chinesischer Ackerbauern gewichen. Die Austronesier nahmen die Kenntnis des Ackerbaus mit auf ihre Wanderungen in die Inselwelt Südasiens und führten dort die Kultivation von Nutzpflanzen ein. Aus dem gemeinsamen kulturellen Kontinuum der Austronesier gliederten sich nach 3000 v. Chr. die Regionalkulturen der Malaien aus.

Der verwandtschaftliche Zusammenhang des Malaiischen mit dem Polynesischen ist erstmals von Lorenzo Hervás y Panduro im 18. Jahrhundert aufgezeigt worden. Die Grundlagen für einen systematischen historischen Sprachenvergleich sind aber erst im 20. Jahrhundert ausgearbeitet worden, und zwar von Otto Dempwolff (1934-38).

Die austronesische Sprachfamilie ist nach der Zahl ihrer Sprachen (insgesamt 1236) die zweitgrößte Makrogruppierung der Welt (nach den Niger-Kongo-Sprachen). Im Hinblick auf ihre geographische Ausdehnung rangiert sie ebenfalls an zweiter Stelle (nach den indoeuropäischen Sprachen mit ihrer weltweiten Verbreitung; siehe Kapitel 6). Das Verbreitungsgebiet austronesischer Sprachen reicht von Madagaskar im Westen bis zur Osterinsel im Osten des Pazifik, von Taiwan im Norden bis nach Neuseeland im Süden. Auf Neuguinea sind austronesische Sprachen nur im Norden und Osten der Insel verbreitet. Die allermeisten austronesischen Sprachen (und zwar 1213) gehören zum malaio-polynesischen Zweig. Der Zweig der Formosa-Sprachen umfaßt nur 23 Einzelsprachen (Adelaar et al. 2004).

### Die austronesische Makrogruppierung

Malaio-polynesische Sprachgruppen:

- Malaiisch: Achinesisch, Cham, Maduresisch, Iban, Jakun, Indonesisch, Ambonesisch, Javanisch, Balinesisch, Bukit Malay, Peranakan, Semendo u. a.
- Westlich: Borneo, Chamorro, zentrale Philippinen, nördliche Philippinen, Palauisch, Sama-Bajaw, südliches Mindanao, südiche Philippinen, Sulawesi/Celebes, Sundisch, Yapesisch (die meisten hier aufgeführten Namen weisen auf Untergruppen mit zahlreichen Einzelsprachen)
- Zentral: Bima-Sumba, zentrale Molukken, südöstliche Molukken, Timor-Flores, Waima'a (jede dieser Untergruppen mit zahlreichen Einzelsprachen)
- Östlich: South Halmahera-West New Guinea, Ozeanisch (s. S. 92 ff.)

Formosa-Sprachgruppen (mit Verbreitung auf Taiwan):

- Atayalisch (Taroko, Tayal)
- Paiwanisch (Amis, Babuza, Kulun, Taokas u. a.)
- Rukai
- Tsouisch

## Die altaische Sprachverwandtschaft

Philipp Johann von Strahlenberg hat in seinem Werk «Das Nord- und Östliche Theil von Europa und Asia ...» (1730) erstmals Vermutungen über verwandtschaftliche Beziehungen zwischen den altaischen Sprachen geäußert. Lange Zeit war von «skythischen» oder «tartarischen» Sprachen die Rede, bis sich um die Mitte des 19. Jahrhunderts die Benennung «altaisch» einbürgerte. Die Makrogruppierung der altaischen Sprachen hat ihren Namen nach der Region (Altai-Gebirge), wo die Urheimat vermutet wird, in der sich eine altaische Grundsprache ausgebildet habe. Heutzutage erstreckt sich das Verbreitungsgebiet altaischer Sprachen über weite Teile Eurasiens, von der Wolgaregion (Tatarstan) und den türkischen Sprachinseln in Südosteuropa bis in den Fernen Osten, in die Mandschurei. In Vorderasien, Zentralasien, Südsibirien und in Teilen Nordchinas werden ebenfalls altaische Sprachen gesprochen.

Man gliedert die altaische Sprachfamilie in drei Hauptzweige, in die mongolischen Sprachen, die tungusischen Sprachen (bzw. mandschurisch-tungusischen in der Terminologie der russischen Sprachwissenschaft) und in die Turksprachen. Die Zuordnung des Koreanischen, das von einigen Forschern ebenfalls zum Kreis der altaischen Sprachen gerechnet wird, ist bislang umstritten. Noch spekulativer sind Versuche, das Japanische, das traditionell als isolierte Sprache gilt, mit dem Altaischen in Verbindung zu bringen (Miller 1996).

**Altaische Sprachen**

Mongolische Sprachen:
- Östlich: Dagur, Monguor, Oirat-Khalkha, Burjatisch, Kalmükisch u. a.
- Westlich: Mogholi

Tungusische Sprachen:
- Nördlich: Evenkisch, Evenisch, Negidalisch
- Südlich: Jurchen (ausgestorben), Manchu, Xibo, Nanaiisch (Gold), Ulchisch, Orokisch, Udehisch, Orochisch

Turksprachen (s. u., Im Fokus)
- Tschuwaschisch
- Östliche Turksprachen
- Nördliche Turksprachen
- Südliche Turksprachen

Die altaische Sprachfamilie ist ein historisches Konstrukt, ob es sie tatsächlich gegeben hat, ist nicht gesichert. Die Ähnlichkeiten im Bau der altaischen Sprachen müssen nicht notwendigerweise auf eine alte historische Verwandtschaft deuten, sondern können das Ergebnis langfristiger Kultur- und Sprachkontakte sein. Auffällige areale Ähnlichkeiten sind im Wortschatz zu beobachten. Es gibt zahlreiche Parallelismen zwischen jeweils zwei der Sprachzweige, aber nur eine sehr begrenzte Anzahl von Ausdrücken mit gemeinaltaischer Verbreitung. Lexikalische Parallelen bestehen zwischen türkischen und mongolischen Sprachen (unter Ausschluß des Tungusischen) oder zwischen mongolischen und tungusischen Sprachen (unter Ausschluß des Türkischen). Dagegen gibt es keine nennenswerten Ähnlichkeiten im Wortschatz türkischer und tungusischer Sprachen. Diese Konstellationen von Konvergenzen und Divergenzen lassen auf die zentrale Bedeutung schließen, die regionale Kontakte für die Ausbildung gemeinsamer Charakteristika in den altaischen Sprachen gespielt haben.

Weit verbreitet ist Vokalharmonie (siehe Erläuterungen zu diesem Phänomen in uralischen Sprachen, Kapitel 7). Im Türkischen und Mongolischen wird die Gruppe der vorderen Vokale (z. B. *ä*, *ö*, *ü*) von den hinteren Vokalen (z. B. *a*, *o*, *u*) unterschieden, im Tungusischen dagegen die der höheren (hellen) von den niederen (dunklen) Vokalen. Die grammatischen Strukturen altaischer Sprachen sind überwiegend solche des agglutinierenden Typs (siehe Kapitel 1). Die Wortfolge im Satz ist im allgemeinen die mit dem Verb in Endposition, SOV (Haarmann 2004a: 18).

Schrifttum in altaischen Sprachen ist bereits seit dem frühen Mittelalter entstanden. Die ältesten Texte (um 700 n. Chr.) sind die Felsinschriften in den Flußtälern des Orchon und des Jenisej, die in einer besonderen Schriftart, den sogenannten sibirischen Runen aufgezeichnet wurden. Einige der altaischen Sprachen sind Kultursprachen mit langer Tradition. Dazu gehören das Uighurische (Texte seit dem 8. Jahrhundert), Türkei-Türkische (seit dem 13. Jahrhundert schriftlich überliefert), das Mongolische (Schrifttum seit dem 13. Jahrhundert) u. a. Einen besonderen historischen Status besaß das Mandschurische, das heute nur noch von etwa 70 Personen gesprochen wird. Zwischen 1644 und 1911 regierten Mandschu-Herrscher das «Reich der Mitte» (Qing-Dynastie), und damals fungierte das Mandschurische neben dem Chinesischen als Amtssprache in ganz China.

### *Im Fokus: Die Migrationen der Turkvölker und die Ausgliederung der Turksprachen*

Die Turksprachen sind geographisch weit verstreut. Dies ist eine Folge der weiträumigen Migrationen, in deren Verlauf sich türkischsprachige Populationen aus dem südsibirischen Raum über weite Teile des westlichen Asien und des östlichen Europa verbreitet haben. Die Migrationen der Turkvölker begannen mit der Westbewegung lokaler Stammesgruppen der Hunnen im 1. Jahrhundert n. Chr., ein isolierter Vorgang, der zunächst andere Turkvölker nur wenig berührte. Bald darauf scheinen sich die Proto-Bulgaren und

Onoguren in Bewegung gesetzt zu haben. Die massiven Wanderungen der Turkvölker erfolgten aber erst im 8. Jahrhundert und gipfelten in der Landnahme Anatoliens durch die Seldschuken im 11. Jahrhundert n. Chr.

Die meisten Turksprachen sind in die Regionen, wo sie heute gesprochen werden, nicht von anderswo transferiert worden, sondern haben sich nach der Ankunft der Migranten vor Ort ausgebildet. Die Entwicklungsgeschichte der Turksprachen ist somit in ihren Anfängen die ethnische Geschichte der Turkvölker. Vor den großen Wanderungen hat nur eine türkische Sprachform Eigenprofil gewonnen, und dies ist die Sprache der Türken Südsibiriens, in der die ältesten Texte (Orchon-Inschriften) aufgezeichnet wurden (s. u.).

Seit dem 3. Jahrhundert v. Chr. waren die Hunnen, deren Ursprungsgebiet in der nördlichen Mongolei lag, den Chinesen bekannt. In den chinesischen Quellen werden bestimmte lokale Clans der Hunnen als Hun-Nuo benannt, andere den Dun-Hu (‹östliche Barbaren›) zugeordnet. Die Machthaber Chinas hatten seit dem Niedergang der westlichen Zhou-Dynastie im Jahre 771 v. Chr. die Bewegungen der nördlichen «Barbaren» mit besonderer Aufmerksamkeit verfolgt. Der Herrscher der Quin-Dynastie (221–206 v. Chr.) hatte mit dem Bau der Großen Mauer begonnen, als Bollwerk gegen die Nomaden des Nordens. Dieses monumentale Projekt, das größte jemals in Asien errichtete Verteidigungswerk, wurde von den Regenten der Han-Dynastie (206 v. Chr. – 220 n. Chr.) weitergeführt.

Die Hunnen waren also nicht die ersten und auch nicht die letzten Barbaren, die mit dem Reich der Mitte in kriegerische Auseinandersetzungen gerieten. Das Schicksal der hunnischen Teilreiche, die sich in den Jahrhunderten vor und nach der Zeitenwende an der Peripherie Chinas konstituierten, war wechselhaft. Den Chinesen gelang es, die hunnischen Stammesgruppen politisch gegeneinander auszuspielen und auf diese Weise deren militärische Stoßkraft zu schwächen. Das Südreich der Hunnen löste sich unter dem Druck der chinesischen Vormacht auf. Das Nordreich wurde im 2. Jahrhundert n. Chr. von den rivalisierenden Sjän-bi überrannt. Für die machtlose hunnische Bevölkerung blieb als einzige Alternative, dem politischen Druck Chinas auszuweichen, sich dem Zugriff dieser Großmacht durch Abwanderung zu entziehen.

Damit begann die lange Periode der Westbewegung der Hunnen, der mit ihnen abwandernden altaischen Bevölkerungsgruppen und anderer, von den Hunnen dislozierter Populationen (Menges 1995: 18 f.). Der erste hunnische Clan, der nach Europa vordrang, waren die Xionitai, die im Jahre 359 im nördlichen Vorland des Kaukasus auftauchen. Als *Unnoi* in byzantinischen Quellen benannte Stammesverbände bewegen sich seit 375 aus der Region des Azovschen Meeres nach Westen, setzen sich in den folgenden Jahrzehnten in Südungarn und Transsylvanien fest und bedrohen seit Ende des 4. Jahrhunderts die Grenzen beider römischer Staaten.

Die Migration der Hunnen brachte zwar eine Turksprache nach Mittelasien, nach Europa und später auch nach Indien, deren Präsenz war aber nicht von Dauer. Von hunnischer Kultur und Sprache haben sich keine Spuren erhalten. Wohl aber hat die hunnische Restbevölkerung, die sich in den Schutz des Reichs der Wolgabulgaren begab, ihren genetischen «Fingerabdruck» hinterlassen, und zwar im Genprofil der Tschuwaschen in der Region der mittleren Wolga.

Die hunnischen Migrationen waren zwar nicht der Motor für die Verbreitung der Turksprachen, wohl aber waren sie Vorreiter für eine gleichgerichtete Bewegung, die immer weitere türkische Stammesverbände nach Zentralasien, Westasien und nach Osteuropa brachte. Die unmittelbar auf die Hunnen folgenden Stammesgruppen verloren wie diese früher oder später ihre kulturelle und sprachliche Identität, wie die Protobulgaren, die gegen Ende des 7. Jahrhunderts die Donau überquerten und als Donaubulgaren rund 150 Jahre lang die politische Elite südslavischer Stämme stellten. Diese übernahmen von den Türken deren prestigereichen Namen und nannten sich fortan Bulgaren.

Das Gleiche gilt für die Onoguren, die im 5. Jahrhundert erstmals in byzantinischen Quellen auftauchen, und die aus der südrussischen Steppe nach Westen zogen. Die Ungarn (Magyaren) hatten sich zunächst der Führung der Onoguren unterstellt, sich aber später aus deren elitärer Kontrolle gelöst. Die Ungarn gründeten nach ihrer Landnahme Ende des 9. Jahrhunderts ein eigenes Reich, zu einer Zeit, als die Onoguren nicht mehr erwähnt werden.

Im 8. Jahrhundert erstarkte das Reich der Kök-Türk (‹Blaue Türken›) zum wichtigsten Machtfaktor nördlich der Großen Mauer. Ihr Ruhm, nämlich die Abschüttelung des chinesischen Jochs, ist in der Stele von Kül-Tegin aus dem Jahre 732 verherrlicht worden. Der Text dieser Stele gehört zum Kreis der alttürkischen Orchon-Inschriften, der ältesten schriftlichen Überlieferung der Turkvölker. Die politische Macht wechselte zu den Uighuren weiter im Süden, die 762 ein eigenes Reich gründeten, den einzigen Staat, in dem der Manichäismus als Staatsreligion anerkannt war. Das politische Gleichgewicht blieb instabil. Das Reich der Uighuren brach unter dem Druck der Kirgisen und Tibeter zusammen. Dieser Zusammenbruch löste eine Fluchtbewegung aus, mit der viele Uighuren aus Südsibirien nach Zentralasien, ins östliche Turkestan, abwanderten.

Seit jener Zeit war das Durchzugsgebiet der Seidenstraße mit ihrem Netz von Handelsrouten, über die das westliche China mit dem westlichen Asien und Europa verbunden war, in ständigem Wandel begriffen. Dies betraf die Wanderbewegungen von Bevölkerungsgruppen der verschiedensten ethnischen Zugehörigkeit, den Wechsel von Kultursprachen und Wandlungen in den politischen Kräfteverhältnissen. Im Laufe der Zeit stellten türkische Stammesgruppen in Zentralasien die Bevölkerungsmehrheit. Dementsprechend verstärkte sich auch der Einfluß des Türkischen, das sich regional ausgliederte. In Anatolien herrschten türkische Stammesverbände zunächst nur als soziale und politische Elite. Im Genprofil der heutigen Bevölkerung der Türkei spiegeln sich die interethnischen Beziehungen zwischen der türkischen Elite und der einheimischen Bevölkerung während des Mittelalters. Das Türkische (Osmanisch-Türkische) hat sich aber im Lauf der Jahrhunderte als Kultur- und Alltagssprache auch bei vielen Nichttürken durchgesetzt.

Turksprachen sind als Elemente in der Sprachenwelt Europas seit langem heimisch. Während von den Sprachen der frühesten türkischen Gruppen, die nach Europa migrierten, d. h. vom Hunnischen, Onogurischen, Donaubulgarischen und Wolgabulgarischen, nur wenige Lehnwörter erhalten geblieben sind (z. B. russ. *kniga* ‹Buch› < wolgabulg.), haben sich andere wie das Tatarische, Baschkirische, Tschuwaschische und zahlreiche kleinere Turksprachen im Vorland des Kaukasus (Kumükisch, Balkarisch, Nogaisch u. a.) fest etabliert und sind seit vielen Generationen tradiert worden. Die westlichsten Turksprachengemeinschaften sind das Gagausische in Moldawien und in der Ukraine sowie das Karaimische in Litauen und Polen. Die meisten Turksprachen Europas – wozu die modernen (s. u.) sowie die untergegangenen (Chasarisch, Wolgabulgarisch, Donaubulgarisch) gehören – sind hier entstanden und nicht importiert worden.

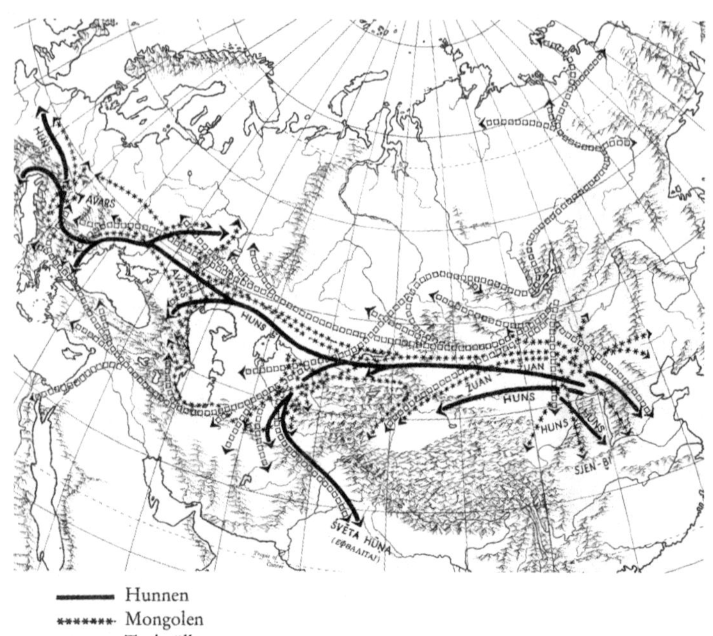


*Migrationen und militärische Operationen in Eurasien in prähistorischer und historischer Zeit (nach Menges 1995, Kartenbeilage)*

Die letzte Migration türkischer Bevölkerungsgruppen war die der Jakuten. Von allen Turkvölkern sind die Jakuten als einzige nicht den südlichen oder westlichen Routen gefolgt, sondern sind nach Nordosten gewandert, ins Tal der Lena. Ihre Wanderbewegung setzte im 12. Jahrhundert ein, zu einer Zeit, als die Clane der Mongolen ihren Einflußbereich ausdehnten. Als Viehnomaden streiften die Jakuten über dieselben Weidegründe wie die Mongolen und standen im Kontakt mit diesen. Im 13. Jahrhundert war der militärische Druck der Mongolen unter Dschingis Khan überall im südlichen Sibirien spürbar. Die Verstärkung von deren politischer Vorherrschaft ist als Hauptgrund für die massenweise Abwanderung der Jakuten anzusehen (Menges 1995: 51 f.).

Infolge dieser über 1000 Jahre währenden Migrationen sind Turksprachen heute über zwei Kontinente verteilt, die meisten in Asien und ein Teil in Europa. In Asien leben auch die meisten Sprecher türkischer Sprachen. Die Untergliederung der Turksprachen in Gruppen näherer Verwandtschaft folgt überwiegend geographischen Kriterien. Das Tschuwaschische weicht im Hinblick auf seine historische Sonderentwicklung deutlich von allen anderen Turksprachen ab. Es wird daher als Einzelsprache allen anderen Turksprachen gegenübergestellt:

**Die Gruppierungen der heutigen Turksprachen**

Tschuwaschisch

Östliche Turksprachen:
- Uighurisch
- Usbekisch

Nördliche Turksprachen:
- Altaiisch
- Chakassisch
- Schorisch
- Tofalarisch
- Tuvinisch
- Jakutisch

Südliche Turksprachen:
- Aserbaidschanisch
- Krimtatarisch
- Türkei-Türkisch (einschließlich der türkischen Dialekte in der Balkanregion)
- Gagausisch
- Turkmenisch

Westliche Turksprachen:
- Karaimisch
- Karatschai-Balkarisch
- Kumükisch
- Baschkirisch
- Tatarisch (Wolgatatarisch, westsibirisches und Baraba-Tatarisch)
- Karakalpakisch

- Kasachisch
- Kirgisisch
- Nogaisch

Hinsichtlich Sprecherzahlen, Verbreitung und Status zeigen die heutigen Turksprachen folgendes Profil:

Turksprachen in Asien:

- Türkei-Türkisch (74 Mio. Sprecher; davon rund 67 Mio. in der Türkei und ca. 8 Mio. als Minderheiten in Staaten des Nahen Ostens, Europas und in Übersee; Staatssprache der Türkei; als Schriftsprache seit dem 13. Jahrhundert verwendet)
- Usbekisch (18,4 Mio.; Staatssprache Usbekistans; schriftliche Überlieferung seit dem 15. Jahrhundert)
- Kasachisch (8 Mio.; Staatssprache Kasachstans; Schriftsprache seit dem 19. Jahrhundert)
- Uighurisch (7,6 Mio.; Region Xinjiang Uygur Zizhiqu im Nordwesten Chinas; Schrifttradition seit dem 8. Jahrhundert; die uighurische Schrift – von der soghdischen abgeleitet – wurde im 13. Jahrhundert für das Mongolische adaptiert und war im Mittelalter eine der weit verbreiteten Schriften Asiens; Uighurisch wurde zwischenzeitlich in arabischer, lateinischer und kyrillischer Schrift geschrieben, seit 1987 wieder mit dem arabischen Alphabet)
- Aserbaidschanisch (7,3 Mio.; Staatssprache Aserbaidschans; seit dem 13. Jahrhundert als Schriftsprache verwendet; die längste Zeit wurde Aserbeidschanisch mit dem arabischen Alphabet geschrieben, seit 1991 in Lateinschrift)
- Turkmenisch (5,4 Mio.; Staatssprache Turkmeniens; Schriftsprache seit dem 19. Jahrhundert)
- Kirgisisch (2,6 Mio.; Staatssprache Kirgistans; geschrieben seit den 1920er Jahren)
- Jakutisch (0,456 Mio.; regionale Amtssprache – neben dem Russischen – in der Republik Sacha/Jakutien in der Russischen Föderation; geschrieben seit den 1920er Jahren)
- Karakalpakisch (0,43 Mio.; Siedlungsgebiet südlich des Aral-Sees, beiderseits des Amu-Dar'ja in Usbekistan; geschrieben seit den 1920er Jahren)
- Tuvinisch (0,24 Mio.; Republik Tuva in Südsibirien/Rußland; geschrieben seit den 1930er Jahren)
- Altaiisch (65500; Altai-Region in Südsibirien/Rußland; geschrieben seit Ende der 1930er Jahre)

- Chakassisch (52000; Republik Chakassien, Südsibirien/Rußland; geschrieben seit den 1920er Jahren)
- Schorisch (6200; Südsibirien/Rußland; geschrieben seit den 1920er Jahren)
- Tofalarisch (370; Gebiet Irkutsk in Zentralsibirien/Rußland; geschrieben seit 1988)

Turksprachen in Europa:

- Tatarisch (7 Mio.; regionale Amtssprache in der Republik Tatarstan an der mittleren Wolga/Rußland; Schriftsprache seit dem 15. Jahrhundert);
- Tschuwaschisch (1,8 Mio.; regionale Amtssprache in der Republik Tschuwaschien/Rußland; geschrieben seit dem 19. Jahrhundert)
- Baschkirisch (1,3 Mio.; regionale Amtssprache in der Republik Baschkortostan/Rußland; geschrieben seit den 1920er Jahren)
- Kumükisch (0,46 Mio.; verbreitet in Dagestan, Tschetschenien und in Nordossetien/Rußland; geschrieben seit Ende der 1920er Jahre)
- Karatschai-Balkarisch (0,302 Mio.; verbreitet im nördlichen Kaukasus/Rußland; geschrieben seit den 1920er Jahren)
- Gagausisch (0,3 Mio.; regionale Amtssprache in der Autonomen Region Gagausien im Süden Moldovas/Moldawiens und im Südwesten der Ukraine; geschrieben seit den 1950er Jahren)
- Krimtatarisch (0,25 Mio.; regionale Amtssprache in der Autonomen Region Krim im Süden der Ukraine; in den 1990er Jahren Rückwanderung vieler Krimtataren aus dem Gebiet Fergana/im Osten Usbekistans, wohin sie 1944 kollektiv deportiert worden waren)
- Nogaisch (90000; verbreitet im nördlichen Kaukasus, Region Krasnodar/Rußland; geschrieben seit den 1920er Jahren)
- Karaimisch (300; verbreitet im Westen der Ukraine, in Litauen und in Ostpolen; seit dem 14. Jahrhundert geschrieben in hebräischer Schrift; die Karaimen/Karäer sind jüdischen Glaubens)

## Die großen Sprachfamilien Amerikas

Die erste umfassende Klassifizierung der Sprachen des amerikanischen Doppelkontinents nach ihrer genealogischen Verwandtschaft wurde von J. W. Powell (1891) unternommen. In seiner Übersicht der Sprachfamilien sind 58 Makrogruppierungen aufgeführt. E. Sapir (1929) reduzierte die Zahl auf insgesamt 6 Superfamilien. Die amerikanistische Forschung danach zeigte eine Tendenz, eher mehr als weniger Sprachfamilien anzunehmen. Revolutionär ist der Ansatz von J. H. Greenberg (1987), der lediglich 3 Makrogruppierungen postuliert, und zwar im Einklang mit der chronologischen Abfolge der drei Migrationsschübe nach Amerika (siehe Kapitel 3). Diese Gliederung, in der die Masse der Sprachen Amerikas einer einzigen Superfamilie angehören (Amerind-Sprachen), ist bis heute umstritten.

Genauer betrachtet, geht es in der Debatte über die Klassifizierung um die Abstraktionsebene, auf die die Rekonstruktion von Grundsprachen projiziert wird. Greenbergs Ebene ist nach Ansicht vieler Forscher zu abstrakt, weil der genealogische Zusammenhang der Amerind-Sprachen nicht mit den Methoden der historisch-vergleichenden Sprachwissenschaft bis zur hypothetischen Grundsprache der frühen Altamerikaner aufgezeigt werden kann. Was sich aber rekonstruieren läßt, sind spätere regionale Konzentrationen sprachlicher Gruppierungen, die letztlich sämtlich dem Postulat einer Amerind-Superfamilie zugeordnet werden können. Insofern unterscheiden sich die Forschungsansätze zu den Klassifikationen im Hinblick auf ihren Pragmatismus.

Die Forschungen zur Ausgliederung der Sprachfamilien Amerikas haben zwei wesentliche Erkenntnisse über die chronologische Entwicklung erbracht:

1. Die formativen Perioden für die Ausbildung der Sprachfamilien Amerikas liegen zeitlich deutlich später als die Erstbesiedlung der verschiedenen Regionen. Die ältesten Daten sind für den Norden ermittelt worden, die für die Sprachen im Süden sind durchweg jünger (Bellwood 2000: 129 f., Mallory 2001: 349 f.).
2. Der generelle Eindruck, der auch unter Einbeziehung kleinerer (d. h. weniger sprachenreicher) Gruppierungen bewahrt bleibt, ist der, daß die Sprachfamilien Amerikas jünger als maximal 6000 Jahre sind. Dieser zeitliche Horizont entspricht in etwa dem der Ausbildung des Austronesischen, des Dravidischen und anderer Sprachfamilien jüngeren Alters in der Alten Welt. In der Neuen Welt gibt es keine Sprachverwandtschaftsverhältnisse, die so alt wären wie etwa die der afroasiatischen, indoeuropäischen oder uralischen Sprachen (s. o. sowie Kapitel 6).

Nach dem Alter ihrer formativen Periode lassen sich die amerikanischen Sprachfamilien mit ihren rund 1010 lebenden Einzelsprachen und Hunderten, inzwischen ausgestorbenen Idiomen (siehe Kapitel 10 zum Sprachensterben) folgendermaßen gruppieren:

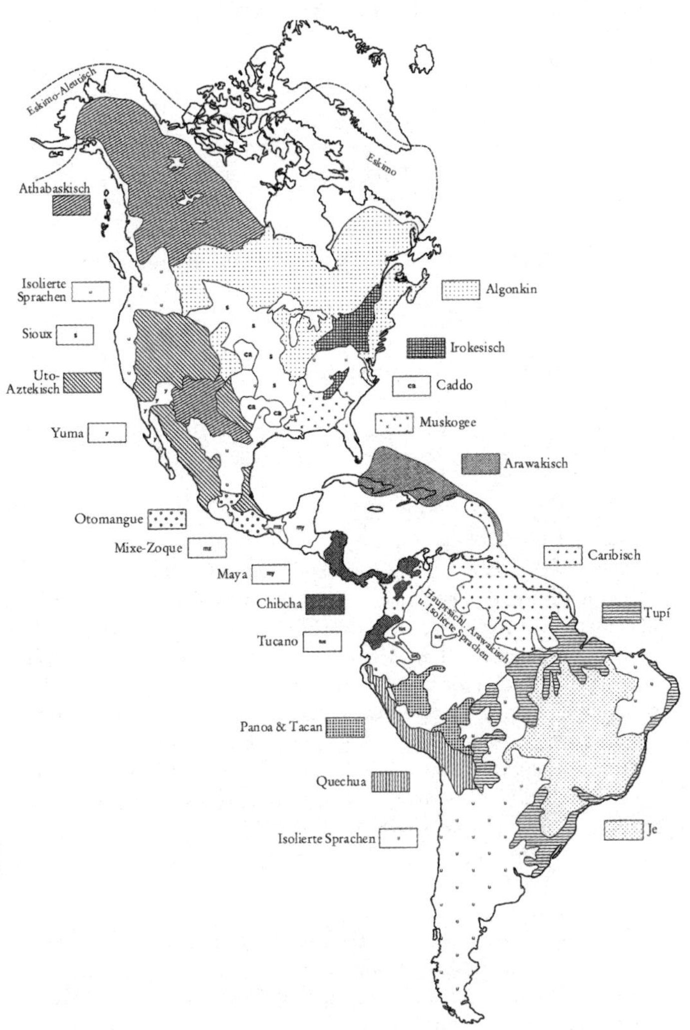


*Die Sprachfamilien Amerikas (nach Bellwood 2002: 20)*

**ca. 4000 v. Chr.**

– Algonkin (31 Einzelsprachen)

Das historische Verbreitungsgebiet liegt im Nordosten des nordamerikanischen Kontinents. Die Algonkin-Sprachen sind Konstituenten einer algischen Superfamilie, zu der außerdem zwei Sprachen im Nordwesten Kaliforniens (und zwar Wiyot und Yurok) gerechnet werden.

Interne Gliederung: Östlich: Micmac, Abenaki, Powhatan u. a.; – Zentral: Cree, Ojibwa, Menominee u. a.; – Sprachen der Plains: Blackfoot, Arapaho, Cheyenne u. a.

– Oto-Mangue (173)

Diese Sprachen sind in Mittelamerika, vorwiegend in Mexiko, verbreitet.

Interne Gliederung: Amuzgo, Chiapanec-Mangue, Chinantekisch, Mixtekisch, Otopame, Popoloca, Zapotekisch.

**ca. 3300 v. Chr.**

– Uto-Aztekisch (60)

Sprachen dieser Familie sind vom Südwesten der USA bis nach El Salvador verbreitet. Die namengebende Sprache der uto-aztekischen Makrogruppierung ist das klassische Aztekisch, die Kultursprache der präkolumbischen Azteken. Moderne Varianten des Nahuatl werden von mehr als 1 Mio. Mexikanern gesprochen. Das ursprünglich historisch zusammenhängende Verbreitungsgebiet ist in drei geographisch voneinander getrennte Zonen aufgespalten.

Interne Gliederung: Shoshone-Sprachen (Südwesten der USA), Sonora-Sprachen (südl. Arizona, nordwestl. Mexiko), Nahuatl (Aztekisch) in Zentralmexiko, Guatemala und El Salvador.

**ca. 3000 v. Chr.**

– Chibcha (22)

Chibcha-Sprachen sind im südlichen Teil Mittelamerikas und im Norden des südamerikanischen Kontinents verbreitet.

Interne Gliederung: Aruak, eigentliches Chibcha, Guaymí, Kuna, Rama, Talamanca u. a.

**ca. 2750 v. Chr.**

– Tupí (70)

Dies ist die größte Makrogruppierung der Sprachen Südamerikas. Die meisten Tupí-Sprachen sind im brasilianischen Tiefland und in Paraguay verbreitet. Der Superfamilie der Tupí-Sprachen werden nach

Rodrigues (1986) insgesamt acht regionalen Sprachfamilien zugeordnet:
Guaraní (das klassische Guaraní fungierte im 17. und 18. Jahrhundert in den von Jesuiten in Paraguay eingerichteten Missionsniederlassungen, den *reducciones*, als Verkehrssprache.) – Guarayu, Sirionó, Jorá – Tupinambá, Nheengatú, Cocama-Cocamilla, Omagua – Tapirapé, Avá, Assuriní do Tocantins, Parakanã, Guajajára, Tembé – Kayabí, Assuriní do Xingú, Arawete – Parintintín, Tupí-Kawaib, Apiaká – Kamayurá – Tukunyape, Wayampi, Emerillon, Amanayé, Anambé, Guajá, Urubú-Kaapor

**ca. 2600 v. Chr.**
– Panoa (29)
Die Panoa-Sprachen sind im Quellgebiet des Amazonas (Peru, nordöstliches Bolivien und angrenzende Regionen Brasiliens) verbreitet.

**ca. 2500 v. Chr.**
– Quechua (49) und Aymará
Der einheimische Name *quechua* (bzw. *quichua* in Ecuador und Argentinien) bezog sich ursprünglich auf die fruchtbaren Hochtäler der Anden und ihre Bewohner. Ein anderer, auch von den heutigen Sprechern selbst benutzter Name ist *runa simi* ‹Sprache der Menschen (Anden-Indianer)›. Während der spanischen Kolonialzeit wurde das Quechua auch *lengua general (del ynga)* ‹allgemein verbreitete Sprache/Gemeinsprache (der Inca)› genannt; daher stammen die Namenformen *inga* und *ingano* in Kolumbien.
Zu den zahlenmäßig bedeutenden Regionalsprachen gehören das südbolivianische Quechua (ca. 3,6 Mio.), das Quechua der Region von Cuzco/Peru (1,5 Mio.), das Quechua von Ayacucho/Peru (1 Mio.) und das Quechua von Chimborazo/Ecuador (1 Mio.). Die meisten Quechua-Sprachen haben bedeutend weniger Sprecher, häufig nur wenige tausend; z. B. Dschungel-Inga/Kolumbien (8000), Amazonas-Quechua/Peru (5000), Hochland-Inga/Venezuela (4000).

– Tucano (26)
Tucano-Sprachen sind im südlichen Kolumbien und in angrenzenden Gebieten Ecuadors, Perus und Brasiliens verbreitet.
Interne Gliederung: Zentral: Cubeo – Östlich: Bara, Desano, Macuna, Tatuyo u. a. – Westlich: Coreguaje, Secoya, Tama, Orejón u. a.

**ca. 2350 v. Chr.:**

– Arawakisch (74)

Sprachen dieser Makrogruppierung sind in weiten Gebieten Mittel- und Südamerikas verbreitet. Zu den für die arawakische Grundsprache rekonstruierten Ausdrücken gehört auch der Wortstamm **maka* mit der Bedeutung ‹Hängematte›, davon > span. *hamaca* > engl. *hammock* usw. (bezeugt seit 1657; Aikhenvald 2001: 170 ff.).

Interne Gliederung: Zentral: Mehinácu, Waurá, Yawalapití u. a.; – Östlich: Palikúr – Nördlich: Guajiro, Island Carib, Taino, Resígaro, Yucuna u. a. – Südlich: Baure, Guana, Asháninca u. a. – Westlich: Amuesha, Chamicuro

**ca. 2200 v. Chr.**

– Maya (68)

Die modernen Maya-Sprachen sind im südlichen Mexiko, in Guatemala, Belize und im Nordwesten von Honduras verbreitet. Zu den untergegangenen präkolumbischen Sprachen dieser Familie gehören Chol und das klassische Quiché, die als Schriftsprachen in den Kulturzentren der Maya in der vorkolonialen Ära verwendet wurden.

Interne Gliederung: Chol-Tzeltal: Chol, Chortí, Tzeltala, Tzotzil u. a. – Huastekisch – Kanjobal-Chuj: Chuj, Acatec, Kanjobal u. a. – Quiche-Mam: Aguacatec, Ixil, Mam, Cakchiquel, Sipacapense u. a. – Yukatekisch: Itzá, Mopán u. a.

**ca. 2000 v. Chr.**

– Irokesisch (9)

Irokesisch ist die Sammelbezeichnung für eine Gruppe verwandter Sprachen, die im Nordosten der USA verbreitet waren (bzw. sind). Von den Völkern, die irokesische Sprachen gesprochen haben (bzw. noch sprechen) sind die Mohikaner, Huronen, Cherokesen und Seneca wegen ihrer Erwähnung in der Unterhaltungsliteratur (J.F. Cooper, K. May u. a.) bekannt geworden. Die Irokesen sind in die Geschichte der USA eingegangen, weil sie als einzige Altamerikaner ein staatsähnliches Gebilde aufgebaut hatten, die Konföderation der fünf Nationen.

Interne Gliederung: Nördlich: Mohikanisch, Oneida, Onondaga, Cayuga, Seneca u. a. – Südlich: Cherokesisch

**ca. 1500 v. Chr.**

– Athabaskisch (39)

Sprachen dieser Gruppierung sind über ein weites Gebiet von Alaska bis in den Südwesten der USA verbreitet. Athabaskische Sprachen ge-

hören heute zu den sprecherreichsten der nordamerikanischen Indianersprachen. Die meisten Sprecher hat das Navaho (0,15 Mio.).
Interne Gliederung: Nördlich: Ahtna, Carrier, Han, Kolchan, Sekani, Tsetsaut u. a. – Sprachen der Pazifikküste: Coquille, Applegate, Chilula, Nongati, Wailaki u. a. – Südlich: Apache, Navaho

– Sioux (17)
Sioux-Sprachen waren ursprünglich über weite Teile des zentralen Tieflands Nordamerikas verbreitet, von Kanada bis zum Mississippi, von den Appalachen bis zu den Rocky Mountains. Die sprecherreichste Sioux-Sprache ist das Dakota (ca. 19 000).
Interne Gliederung: Südöstlich: Ofo, Biloxi, Tutelo; sämtlich untergegangen – Sprachen im Flußtal des Mississippi: Dhegiha, Chiwere, Winnebago, Dakota u. a. – Sprachen im Flußtal des Missouri: Hidatsa, Crow

– Mixe-Zoque (16)
Sprachen dieser Makrogruppierung werden vorwiegend im mexikanischen Bundesstaat Oaxaca und in angrenzenden Regionen gesprochen. Die bekannteste unter ihnen ist das ausgestorbene Olmekisch. Dessen Sprecher, die Olmeken (*Olmeca* ‹Leute aus dem Kautschukland›), begründeten die älteste der präkolumbischen Hochkulturen in Mittelamerika (siehe Kapitel 3).
Interne Gliederung: Mixe: Coatlán, Juquila, Quetzaltepec u. a. – Zoque: Copainalá, Chimalapa, Popoluca u. a.

# 8.

# Sprachen und Technologien

(ab ca. 5000 v. Chr.)

Die Geschichte der Sprachen ist auch die Geschichte der von Menschen geschaffenen Technologien, mit denen zusammen oder über die sich Sprachen verbreitet haben. Die Informationen über mögliche sprachliche Drifts im Zusammenhang mit der Ausbreitung bestimmter Techniken der Steinwerkzeugherstellung während des Paläolithikums und Mesolithikums, d. h. während der Alten und Mittleren Steinzeit, sind zu spärlich, als daß sich irgendwelche signifikanten Trends ausmachen ließen.

Ganz anders ist die Situation im Zusammenhang mit dem Übergang vom Wildbeutertum zur Nahrungsproduktion. Die sog. «Neolithische Revolution» brachte nicht nur eine seßhafte Lebensweise, Ackerbau und Viehhaltung hervor, es entstanden auch zahlreiche Technologien der Bodenbebauung und der Nahrungswirtschaft. Die Gesamtheit dieser technologischen Innovationen wird von Archäologen das «Agrarpaket» (agrarian package) genannt. Die Entwicklung der agrarischen Gesellschaften führte in einigen Regionen der Welt zur Entstehung der frühen Zivilisationen. Während der Entfaltung von Hochkulturen kamen weitere Technologien ins Spiel, die ebenfalls einen Anteil an der Verbreitung von Sprachen gehabt haben: die Metallverarbeitung und die Schrift.

## Die Ausbreitung des Ackerbaus – Synchrone und unabhängige Drifts

Von allen Technologien, die als mögliche Faktoren für die Verbreitung von Sprachen erforscht worden sind, ist die Bodenbearbeitung (in Form von Hortikultur und Ackerbau) die meistdiskutierte. Ist das «Agrarpaket» von Migranten aus einem Kerngebiet in andere Regionen transferiert worden, wobei damit automatisch auch deren Sprachen wanderten? Oder beruht die Verbreitung des Ackerbaus auf der Akkulturation lokaler Jägerpopulationen? In diesem Fall verbreitete sich zwar die Kenntnis des Ackerbaus, die lokalen Sprachen blieben aber weiterhin ortsgebunden. Die Ausbreitung der Technologien des Bodenbaus war somit von Prozessen sprachlicher Drifts abgekoppelt.

Genauer betrachtet, ist die Problematik viel komplexer und findet keine befriedigende Klärung im Sinn eines simplen Entweder – Oder. Die Korrelation von Daten der Humangenetik zum genetischen Profil migrierender Populationen, von Daten der Archäologie zur Feststellung der Ausbreitung agrarischer Siedlungen und von Daten zur Verbreitung von genetisch verwandten Sprachen stößt auf methodische Schwierigkeiten. Analysen des genetischen Fingerabdrucks von Populationen vermitteln ein verläßliches Bild über Zusammenhänge, die unter Umständen Zehntausende von Jahren zurückreichen. Archäologische Funde sind zwar aus weit zurückliegenden Zeitepochen verfügbar, sind aber in manchen Regionen aufgrund mangelnder Grabungsaktivität lückenhaft und erlauben kein Gesamtbild. Außerdem ist die Erstellung einer Chronologie auf der Basis kalibrierter C-14-Daten abhängig vom Erhaltungszustand organischen Materials und dieser wiederum von den jeweiligen klimatischen Bedingungen.

Das Korrelieren sprachbezogener Informationen mit Daten der anderen Fachdisziplinen ist eingeschränkt, denn sprachhistorische Analysen reichen maximal ca. 10 000 Jahre zurück (siehe Kapitel 5). Insofern bleibt die Identifizierung der Sprachen von Populationen, die vor dieser Zeit migriert sind, spekulativ. Die Migrationen von Ackerbau treibenden Bevölkerungsgruppen fallen allerdings in eine Epoche, die mit sprachhistorischen Rekonstruktionen teilweise gerade noch erreicht werden kann.

Die Ursprünge der Kultivation von Nutzpflanzen sind im Nahen Osten, im Gebiet des sog. «fruchtbaren Halbmonds» zu suchen: von Palästina über Syrien und Mesopotamien bis ins iranische Hochland, mit Ausdehnungen nach Anatolien hinein. Die ältesten Hinweise auf den Anbau von Getreide und Hülsenfrüchten stammen aus Abu Hureyra in Syrien und werden auf 11 400 v. Chr. datiert (Harris 2002). Als Erklärung für den Übergang vom Wildbeutertum zur Nahrungsproduktion wird die Verknappung von Nahrungsressourcen angeführt. Nachdem die Region des Nahen Ostens durch den Klimasturz während der Periode der Jüngeren Dryas (ca. 13 000 – ca. 11 500 v. Chr.) austrocknete und viele Landstriche verödeten, war das Angebot an Samen von Wildgräsern – eine der Hauptquellen der Wildbeuternahrung – zunehmend eingeschränkt. Dies motivierte die lokalen Wildbeuter, mit dem Anbau und der Veredelung solcher Wildgräser zu experimentieren.

Von seinem Entstehungsgebiet im Nahen Osten verbreitete sich der Ackerbau, zunächst langsam und in unregelmäßigen Schüben, nach Anatolien hinein und ins nördliche Mesopotamien. Im Süden Anatoliens entstand um 7200 v. Chr. die erste stadtähnliche Siedlung von Ackerbauern, die bis um 6200 v. Chr. bewohnt war, Çatalhöyük (Çatal Hüyük). Die Technologie des Bodenbaus gelangte um 7000 v. Chr. nach Europa, und zwar von Kleinasien aus. Die älteste agrarische Siedlung ist die von Knossos auf Kreta, die ebenfalls in jene Zeit datiert wird. Auch in der westlichen Küstenregion des Schwarzen Meeres (Bulgarien, Rumänien) ist mit alten Siedlungen zu rechnen, die allerdings nach dem Bruch der Landbrücke am Bosporus und dem Zustrom von Salzwasser aus dem Mittelmeer um 6700 v. Chr. überflutet wurden.

In einigen Regionen breitete sich die Kultivation von Nutzpflanzen mit migrierenden Ackerbauern aus. In diesem Fall wanderten auch deren Sprachen mit und etablierten sich mit ihren Sprechern in den neuen Siedlungsgebieten. Die Sprachen der ortsansässigen Bevölkerungen wurden überlagert oder verdrängt. Die sprachliche Landschaft wandelte sich in dem Umfang, wie sich der Ackerbau irgendwo ausbreitete. Eindeutige Fälle einer solchen kombinierten synchronen Drift gibt es in der Kulturgeschichte wenige. Dennoch hat sich die Diskussion über die Rolle dieser Technologie für die Sprachenverbreitung derzeit zum Modetrend ausgewachsen (Diamond/Bellwood 2003). Folgende Beispiele gelten aber als gesichert.

– Eine kombinierte Drift von Ackerbautechnologie und Sprachen war die Bewegung chinesischer Populationen aus den Tälern des Yangtze und des Gelben Flusses in den Süden Chinas seit dem 7. Jahrtausend v. Chr. (siehe Kapitel 7). Diese Migrationen lösten einen Bevölkerungsdruck aus, der für die Abwanderung von tibeto-burmesischen und Tai-Völkern nach Südostasien verantwortlich war (Chappell 2001: 335 ff.). Auch die um 4000 v. Chr. einsetzenden Migrationen der Austronesier, die von Südchina ihren Ausgang nahmen, sind als Reaktionen auf den chinesischen Siedlungsdruck zu verstehen. Dadurch veränderten sich langfristig die sprachlichen Landschaften Südchinas und Südostasiens.

- Die Besiedlung der Inselwelt Ozeaniens ist ebenfalls illustrativ für eine kombinierte Ausbreitung von Ackerbau und Sprachen (siehe Kapitel 3).
- Die Migrationen dravidischer Völker aus der iranischen Hochebene und aus Afghanistan im ausgehenden 4. Jahrtausend v. Chr. brachten die Technologie des Pflanzenanbaus und die Sprachen der einwandernden Ackerbauern nach Nordwestindien. Im Tal des Indus und seiner Nebenflüsse entstanden die städtischen Zentren (Mohenjo-Daro, Harappa u. a.) der ältesten Hochkultur Südasiens, der Indus-Zivilisation.

Der Ackerbau konnte sich auch als kollektive Wissenstechnologie ausbreiten, ohne daß es zu Migrationen kam, z. B. im Zusammenhang mit Handelskontakten. In diesem Fall übernahmen die nichtagrarischen Bevölkerungsgruppen, die mit Ackerbauern in Kontakt traten, deren Wirtschaftsform und akkulturierten sich. Aber die Konstellation der einheimischen Sprachen veränderte sich nicht grundlegend. Allerdings wandelten sich deren lexikalische Strukturen durch die Eingliederung neuer Terminologien.

Die Migrationen der Indoeuropäer, die ihre Sprachen über den größten Teil Europas verbreiteten, setzten erst zu einer Zeit ein, als der Ackerbau in diesem Kontinent bereits verbreitet war (siehe Kapitel 6). Bei den betreffenden Drifts handelt es sich also um verschiedene Prozesse, die nicht synchron abliefen.

In Ägypten und Äthiopien verlief die Entwicklung umgekehrt. In diese Regionen war eine demographische Drift (d. h. Immigration von Bevölkerungsgruppen aus der Urheimat afroasiatischer Bevölkerungsgruppen; siehe Kapitel 7) gerichtet, die einige Zeit vor der Verbreitung des Ackerbaus erfolgte. Frühe Varianten afroasiatischer Sprachen wurden demnach im Nordosten Afrikas bereits gesprochen, bevor deren Sprecher sich akkulturierten und selbst Pflanzen kultivierten. Dennoch muß der Zusammenhang regionaler Populationen mit afroasiatischen Sprachvarianten bis in die Zeit der Verbreitung des Ackerbaus bewahrt worden sein, denn die entsprechende Terminologie gehört zu den ältesten Schichten des Wortschatzes, die rekonstruiert werden können (Militarev 2002: 136 ff.).

Auch im amerikanischen Doppelkontinent waren die Ausbreitung des Ackerbaus als Akkulturationsbewegung und die Sprachenverbreitung zwei getrennte – und teilweise gegeneinander gerichtete – Drifts. Dies gilt für die Ausbreitung agrarischer Lebensweisen von Mittelamerika in den Südwesten der USA (3. Jahrtausend v. Chr.) und in den Osten des nordamerikanischen Kontinents (2. Jahrtausend v. Chr.), die unabhängig von der Sprachenverbreitung in jenen Regionen erfolgte (siehe Kapitel 7). Dies trifft ebenfalls auf die Erweiterung des Anbaugebiets von Nutzpflanzen von Mittel- nach Südamerika zu. Die große Südbewegung der uto-aztekischen und anderer Populationen im 3. Jahrtausend v. Chr., die die Sprachenlandschaft Mittelamerikas entscheidend veränderte, war eine Drift, die genau in die entgegengesetzte Richtung zielte, aus der der Ackerbau sich verbreitete (siehe Kapitel 3).

## Die Ausbreitung der Eisenverarbeitung

Metall bewirkte zu den Zeiten, als es in den verschiedenen Regionen der Welt in Gebrauch kam, eine echte Revolution in der Werkzeugindustrie. Die aus Metall gefertigten Werkzeuge waren effektiver (schärfer, feiner, präziser) als die früher verwendeten und haltbarer als Knochen oder Holz. Die Anfänge der Metallverwendung im 6. Jahrtausend v. Chr. waren eher bescheiden. Die ältesten Werkzeuge aus Metall (Angelhaken, Pfeilspitzen) waren aus Kupfer gefertigt. Schmelztechniken wurden erst viel später entwickelt. In einer Region der Welt, in Afrika, kann man deutlich erkennen, daß die Verbreitung der Metalltechnologie aufs Engste gekoppelt sein konnte an die Ausbreitung anderer Technologien (z. B. Ackerbau) und an die Verbreitung von Sprachen. Die weitreichendsten Migrationen von Populationen und die weiträumigsten Ausgliederungsprozesse afrikanischer Sprachen stehen in direktem Zusammenhang mit der Ausbreitung der Eisenverarbeitung.

### *Kombinierte Drifts in Schwarzafrika*

Daß der größte Teil Afrikas südlich der Sahara von nigriden Populationen bevölkert ist, geht auf Migrationsbewegungen zahlenmäßig starker Bevölkerungsgruppen zurück, die im 2. Jahrtausend v. Chr. ihren Ausgang nahmen. Noch um 1500 v. Chr. lag das Zentrum der schwarzafrikanischen Bevölkerung im Westen, in einer Region, die Teile des heutigen Nigeria und Kamerun einschloß. Von dort gingen Migrationen aus, die Schwarzafrikaner (und zwar Bantu-Völker) nach Südosten und Süden führten. Für die Zeit um ca. 1000 v. Chr. sind Siedlungsspuren der Bantu in Zentralafrika nachzuweisen. Aus einer Gegend, die den Süden der Demokratischen Republik Kongo und den nördlichen Teil von Sambia umfaßt, gingen weitere Migrationen aus, in einem Hauptstrom direkt nach Süden bis ins Gebiet des heutigen Uganda, von dort dann nach Südwesten, nach Südosten und weiter bis tief in den Süden. Die frühesten Kontakte zwischen Bantu-Gruppen und Khoisaniden gehen auf das 3. Jahrhundert n. Chr. zurück. Möglicherweise ist bereits für jene Zeit mit der Vermittlung des Viehnomadismus als Wirtschaftsform von den Bantu an die Khoi zu rechnen.

Es sind immer wieder neue Versuche unternommen worden, die Triebkräfte für diese weiträumigen und langzeitlichen Migrationen aufzudecken. Am wahrscheinlichsten ist die Annahme, wonach die Ausbreitung der schwarzafrikanischen Bevölkerung im Zusammenhang mit der Verbreitung der Eisenverarbeitung und der Schmiedekunst steht. Die anfänglich von der Urheimat aus südwärts gerichtete Migration im Zeitraum zwischen 1500 und 1000 v. Chr. erfolgte vor der Einführung des Eisens. Die späteren Wanderungen (ab dem 5. Jahrhundert v. Chr.) verliefen aber zeitgleich mit der Verbreitung eisenverarbeitender Technologien (Kense/Okoro 1993).

Von den Metallen hat Eisen seit langem eine besondere Rolle bei den Schwarzafrikanern gespielt, im Gegensatz zum selten vorkommenden Kupfer, das die Kulturentwicklung in Afrika – außer in Ägypten – nicht wesentlich beeinflußt hat. Eisenerze gibt es in zahlreichen Gebieten und können dort im Tagebau gewonnen werden. Die Anfänge der Eisenverarbeitung sind um 1500 v. Chr. in Westasien, und zwar bei den Assyrern, zu suchen.

Die Kenntnis dieser Technologie gelangte erst spät nach Ägypten, und zwar mit den Assyrern im 7. Jahrhundert v. Chr. Das älteste Zentrum der Eisenverarbeitung in Nordafrika war Meroe in Nubien, wo seit dem 6. Jahrhundert v. Chr. eine Eisenschmelze in Betrieb war. Im 5. Jahrhundert v. Chr. wurde Eisen erstmals in der Sahelzone bearbeitet. Das älteste Zentrum der Eisenzeit dort war Nok, nördlich des Zusammenflusses von Niger und Benue gelegen. Von hier aus verbreitete sich die Schmiedekunst nach Osten (bis Urewe am Victoria-See) und weit nach Süden. Außer der Viehhaltung übernahmen die Khoi auch das Know-how der Eisenverarbeitung von den nach Süden vordringenden Bantu.

### *Genealogische Beziehungen der Bantu-Sprachen*

Die Diskussion über die Verwandtschaft der Bantu-Sprachen wurde um die Mitte des 19. Jahrhunderts von W. H. I. Bleek (1856, 1858) eröffnet. Von ihm stammt die Benennung der zahlreichen Sprachen, die zwischen dem westlichen und südöstlichen Teil Afrikas verbreitet sind, als «Bantu-Sprachen». *Ba-ntu* ist die Pluralform von *mtu* ‹Mensch, Person›. Die Annahme einer gemeinsamen Grundsprache als Ausgangsbasis für alle modernen Bantu-Sprachen wurde erstmals von Harry Johnston (1886) geäußert. Um die Rekonstruktion dieses Proto-Bantu bemühte sich Carl Meinhof (1899, 1910), der dieses Konstrukt «Ursprache» nannte.

In der Forschungsgeschichte der vergangenen hundert Jahre dominierten anfangs linguistische Ansätze. Seit den 1970er Jahren ist mit der Beteiligung anderer Fachdisziplinen und dem Gewicht ihrer Erkenntnisse für die Ursprünge und das Herkunftsgebiet der Bantu-Populationen ein Wechsel in der Orientierung eingetreten, von der «Sprachwissenschaft mit Archäologie» zur «Archäologie mit Sprachwissenschaft» (Eggert 2005: 308 ff.). Zusätzlich sind auch andere Disziplinen an der Erforschung der Bantu-Kulturen beteiligt, wie die Anthropologie und die Ethnologie.

Joseph H. Greenberg (1955) stellte die Bantu-Sprachen in einen weiteren genealogischen Zusammenhang und postulierte die Verwandtschaft der Bantu-Sprachen mit den West-Sudan-Sprachen in einer Makrogruppierung, die von ihm als Familie der «Niger-Kongo-Sprachen» bezeichnet wurde (siehe S. 258 f.). Malcolm Guthrie (1959) klassifizierte die Bantu-Sprachen nach Arealen ihrer sukzessiven Ausbreitung. Die meisten Ansätze, die Verwandtschaft der Bantu-Sprachen untereinander nachzuweisen, basieren auf der Methode lexikostatistischer Vergleiche. Zugrunde gelegt wird dabei die sogenannte «Swadesh-Liste», Kernbegriffe und deren Benennungen, die von Morris Swadesh (1951, 1955) als Basiswortschatz deklariert wurden. Diese Liste existiert in einer häufig angewandten Version mit 100 Basiswörtern und in einer 200 Wörter umfassenden Aufstellung. Die Zone mit den höchsten Prozentwerten lexikalischer Gemeinsamkeiten (*cognates*) in Westafrika sah Guthrie als Urheimat (*homeland*) der Bantu an. Die bislang umfassendste lexikostatistische Untersuchung ist das Projekt von Bastin et al. (1999), das sich zwar nur auf eine Liste von 92 Basiswörtern stützt, dafür aber bedeutend mehr Einzelsprachen berücksichtigt als frühere Analysen.

George Peter Murdock (1959) ergänzte Greenbergs linguistische Erkenntnisse durch Hypothesen über die sozioökonomischen und kulturellen Verhältnisse der Bantu-Bevölkerung. Hierzu gehörten Aussagen zur Bedeutung der Entwicklung des Ackerbaus in den Tropen und Subtropen. Merrick Posnansky (1961) war der erste Forscher, der archäologische Funde mit der Ausbreitungshypothese in Bezug setzte. Roland Oliver (1966) postulierte ein Expansionsmodell der Bantu-Sprachen in vier Stadien. Der Vorteil von Olivers Studie ist dessen interdisziplinärer Ansatz. Oliver hob die Verbindung der Kultur der Bantu-Völker mit der Eisenverarbeitung hervor. Diese kulturell-technologische Korrelation wird in der Forschung weithin akzeptiert.

In den vergangenen Jahrzehnten haben sich die Bantuisten um die Klärung elementarer Probleme bemüht, mit denen die Forschung in diesem Bereich schon seit Generationen zu tun hat: die geographische Präzisierung des Ursprungsgebiets der Bantu-Migrationen, die endgültige Darstellung der Wanderbewegungen selbst sowie eine Abgrenzung der eigentlichen Bantu-Sprachen (narrow Bantu) von den als Semi-Bantu (semi-Bantu bzw. Bantoid) klassifizierten Sprachen.

Das Ursprungsgebiet der Bantu-Expansion ist nördlich und südlich der tropischen Regenwaldzone Westafrikas gesucht worden. Zwar wird eine Abfolge der Migrationen in verschiedenen Stadien weitgehend anerkannt, die Lokalisierung der Zentren der sukzessiven Wanderbewegungen ist aber umstritten. Beispielsweise ist das Expansionsmodell von Heine et al. (1977) kleinräumiger als das von Phillipson (1976, 1977) vorgeschlagene.

Es sind auch Zweifel am Gesamtkonzept der Migrationshypothese geäußert worden. Ehret (1998: 293 ff.) hebt die Ausbreitung des Ackerbaus in den Süden und Osten Afrikas als Leitmotiv hervor – dies würde der oben dargestellten kombinierten Drift entsprechen – und sieht im Zusammenhang der Bantu-Sprachen eine graduelle Erweiterung eines Sprachareals, ohne daß von einer Bevölkerungsexpansion die Rede sein könne. Danach hätten sich die Bantu-Sprachen vorwiegend durch die allmähliche Assimilation von nicht-agrarischen Nicht-Bantu-Populationen an die prestigemäßig höher stehenden Ackerbauern verbreitet.

Wenn man von radikalen Positionen absieht, besteht weitgehende Einigkeit darüber, daß Migrationen von Bantu-Populationen über einen längeren Zeitraum (von ca. 1500 v. Chr. bis ca. 400 n. Chr.) schubweise stattgefunden haben, und daß sich über diese ökonomisch, technologisch und soziopolitisch motivierte Expansion die Bantu-Kulturen und -Sprachen von Westafrika aus in den Osten und Süden des Kontinents ausgebreitet haben.

Die Klassifizierung der Bantu-Sprachen in durch Buchstaben gekennzeichnete Gruppierungen folgt den Migrationsrouten in chronologischer Reihung. Diejenigen Sprachen, deren Verbreitungsgebiet der Urheimat der Bantu geographisch benachbart ist, gehören zur Gruppe A. Je nach dem, welche Migrationsetappen die übrigen Sprachen mit ihrer geographischen Distanz repräsentieren, werden sie näher oder entfernter vom Ausgangspunkt plaziert. Xhosa in Südafrika ist die südlichste der Bantu-Sprachen. Die Klassifizierung der insgesamt 489 Bantu-Sprachen entsprechend ihrer genealogischen Distanz vom Areal der Urheimat nigrider Populationen sieht folgende Gruppierungen vor:

- Bantu A: Lundu-Balong, Duala, Basa u. a. (Kamerun)
- Bantu B: Myene, Kele, Tsogo u. a. (Gabun), Mbete und Teke (Kongo/Brazzaville) u. a.
- Bantu C: Ngundi (Zentralafrikanische Republik), Bangi-Ntomba, Ngombe, Kuba u. a. (Demokratische Republik Kongo), u. a.
- Bantu D: Mbole-Ena, Bira-Huku (Demokratische Republik Kongo), Lega-Kalanga, Konjo u. a. (Uganda), Ruanda-Rundi (Ruanda, Burundi) u. a.
- Bantu E: Masaba-Luhya, Kikuyu u. a. (Kenia), Haya-Jita, Chaga u. a. (Tansania) u. a.
- Bantu F: Tongwe, Sukuma-Nyamwezi u. a. (Tansania) u. a.
- Bantu G: Gogo, Shambala, Pogoro u. a. (Tansania), Swahili (Kenia, Tansania, Botswana u. a.)
- Bantu H: Kikongo, Kimbundu, Kiyaka u. a. (Angola), Kimbala (Demokratische Republik Kongo) u. a.
- Bantu K: Lozi, Subiya u. a. (Sambia), Luyana (Namibia) u. a.

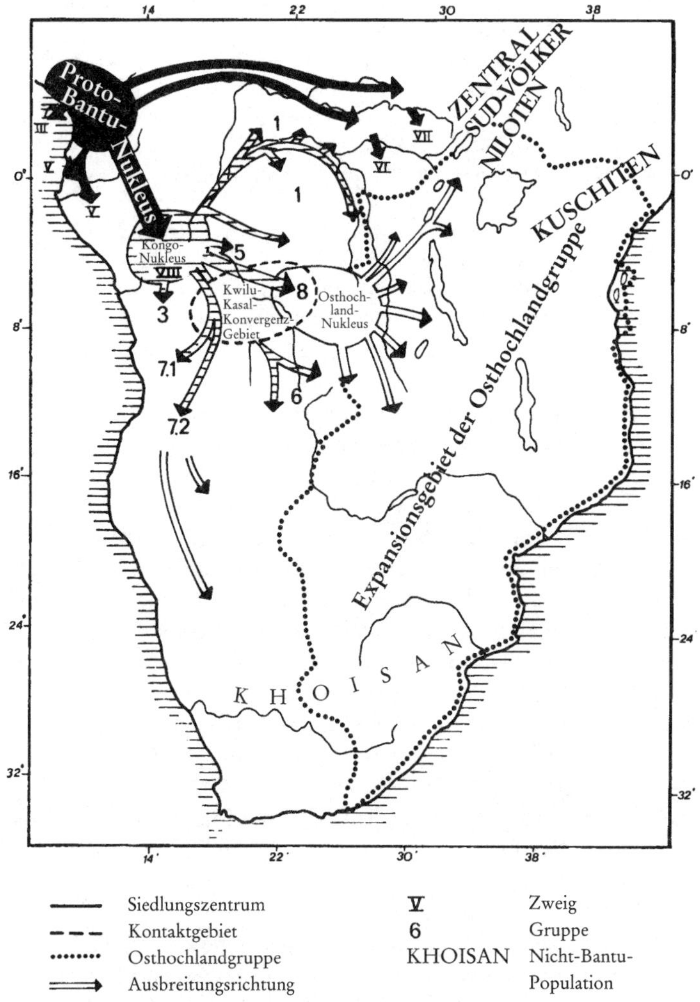


*Die Verbreitung der Bantusprachen (nach Heine et al. 1981: 494)*

- Bantu L: Pende, Luba, Kaonde u. a. (Demokratische Republik Kongo), Lunda, Nkoya (Sambia) u. a.
- Bantu M: Nyika-Safwa, Konde (Tansania), Bemba, Bisa-Lamba u. a. (Sambia) u. a.
- Bantu N: Manda, Tumbuka, Nyanja (Malawi), Senga-Sena (Sambia, Mosambik) u. a.
- Bantu P: Matumbi, Yao (Tansania), Makua (Malawi, Mosambik) u. a.
- Bantu R: Umbundu (Angola), Ndonga, Herero (Namibia), Yeye (Botswana) u. a.
- Bantu S: Shona, Venda (Simbabwe), Nguni (Südafrika, Malawi), Tswa-Ronga, Chopi (Mosambik), u. a.

### *Die Anfänge der Metallverarbeitung und die Entstehung der ältesten Terminologie in Südosteuropa*

In anderen Regionen der Welt ist nicht zu beobachten, daß die Verbreitung bestimmter Sprachen an die Technologiedrift der Metallverarbeitung gekoppelt wäre wie in Afrika. In Europa und Anatolien war Kupfer das erste Metall, das bearbeitet und verwendet wurde. Die Entwicklung zeigt ein zeitliches Gefälle von der Art, daß die ältesten Geräte aus Kupfer in Südosteuropa um die Mitte des 6. Jahrtausends v. Chr. auftauchen, in Anatolien einige Zeit später. Der älteste Goldschatz der Welt stammt aus dem Gräberfeld bei Varna und wird auf die Zeit um 4500 – 4400 v. Chr. datiert (Biegel 1986). Damals gab es in Anatolien oder Mesopotamien nichts Vergleichbares. Bestimmte Schmelztechniken sind in Europa früher entwickelt und angewendet worden als in Westasien (Haarmann 2002d: 563 f.).

Die Metallverarbeitung gehörte zu den innovativen Technologien, die von der einheimischen, vorindoeuropäischen Bevölkerung in Südosteuropa entwickelt wurden. Einige Kernelemente der alten vor-indoeuropäischen Terminologie der Metallverarbeitung haben sich erhalten und wurden von den Griechen in ihren Wortschatz integriert. Hierzu gehören unter anderem folgende Ausdrücke: *khalkos* ‹Kupfer›, ein Ausdruck, der mit der Bezeichnung *khalke/kalkhe* ‹Purpurschnecke› assoziiert ist; er lebt als Substratwort im Altgriechischen weiter und evoziert also bedeutungsmäßig die rötliche Farbe des Metalls; *kassiteros* ‹Zinn›; *metallon* ‹Metall›; *kaminos* ‹Brennofen›; *kibdos* ‹Metallschlacke›.

Über die Vermittlung des Griechischen als Kultursprache sind etliche dieser Grundelemente in den Wortschatz unserer modernen Sprachen gewandert und von diesen wiederum (z. B. vom Englischen, Französischen und Spanischen) in viele andere Regionen der Welt transferiert worden. Einige Ausdrücke sind volkstümlich wie dt. *Metall* oder *Kamin*, andere sind auf Spezialterminologien beschränkt wie beispielsweise dt. *Chalkolithikum*, womit in der Archäologie die auf das Neolithikum folgende Periode der «Kupfer-Stein-Zeit» bezeichnet wird.

Früher nahm man an, daß zuerst in den alten Kulturen des Kaukasus Metall verwendet und mit Bearbeitungstechniken experimentiert worden wäre. Auch das plötzliche Auftreten von Gold im 5. Jahrtausend v. Chr. in der Region von Varna ist mit dem Kaukasus als möglichem Ausstrahlungsgebiet in Verbindung gebracht worden. Die archäologische Fundlage reicht aber für eine sehr alte Dokumentation nicht aus. Die frühesten Hinweise auf Metalltechnologie im Kaukasus datieren ins 4. Jahrtausend v. Chr. Sehr wahrscheinlich hat sich aber diese Technologie von dort aus nach Westasien verbreitet, allerdings ohne daß Menschen in größerer Zahl aus dem Gebiet des Kaukasus abgewandert sind.

## Die Rolle von Kulturkontakten für die Verbreitung von Schriftsystemen

Gesellschaften mit Schriftgebrauch kennen etwas, was in schriftlosen Kulturen unbekannt ist: die Verbreitung ihrer Sprachen weit über die Grenzen der eigenen Sprachgemeinschaft hinaus, eben wegen einer Eigenschaft, die eigentlich sekundär ist, ihrer Schriftlichkeit. Das Sumerische hätte sich kaum im Alten Orient verbreitet, wenn es allein um den praktischen Nutzen als Kommunikationsmedium gegangen wäre. Die sumerische Zivilisation hatte eine Technologie anzubieten, die zum Kulturexportschlager wurde: die um 2700 v. Chr. erfundene Keilschrift.

Das Sumerische wurde schon Jahrhunderte früher geschrieben, aber in einer Schriftart (altsumerische Piktographie), die nicht über die sumerische Gesellschaft ausstrahlte. Erst die Revolution der

Keilschrift brachte den Durchbruch. Das Sumerische und seine Schrift wurden von den Nachbarn der Sumerer als Kulturgüter angenommen und die sumerische Keilschrift für die eigene Sprache adaptiert. Die Schrifttechnologie genoß dabei mehr Prestige als das Sumerische selbst, denn die Keilschrift wurde auch von Völkern verwendet, die das Sumerische gar nicht als Bildungssprache pflegten, z. B. von Hurritern, Urartäern, Persern (Holenstein 2004: 70 ff.).

### *Die Ausbreitung von Religionen – Schrift als sakrales Symbol*

Ähnlich wie die kombinierte Verbreitung von Metallverarbeitung und Sprachen ist auch die Ausbreitung von Religionen in Kombination mit Sakralsprachen und sakralen Schriftarten eine Art synchrone Drift. Dabei sind Schrift und Sprache als Kulturexporte nicht selten eingehüllt in die Aura einer gewissen Heiligkeit. Die Geschichte der Verbreitung des Devanagari und anderer südindischer Alphabete in den Kulturen Südostasiens sowie die Vitalität, mit der das Sanskrit und das Pali bis heute als Bildungssprachen Geltung besitzen, ist getragen von spirituellem Glanz, der die buddhistischen Lokalkulturen auch in der Moderne überstrahlt und den «heiligen» Sprachen einen breiten, prestigeträchtigen Raum bietet (Ostler 2005: 195 ff.).

Ähnlich weit ausgefächert ist die Sakralität des Arabischen und der arabischen Schrift in den islamischen Gesellschaften. In den arabischsprachigen Ländern hat sich eine komplexe Diglossie ausgebildet, mit einer jeweils regionalen Variante des Arabischen als Alltagssprache und dem klassischen Arabisch als heiliger Sprache des Koran. In Marokko interagieren auf diese Weise das Maghrebinische mit der sakralsprachlichen Variante des Arabischen, in Syrien ist es das mesopotamische Arabisch im Kontakt mit der Sakralsprache.

Die Schrift als sakrales Symbol des Islam reicht weit über den engeren Kreis der arabischen Regionalkulturen hinaus. Bis heute werden das Farsi im Iran, das Pashto in Pakistan, das Urdu in Indien und andere nicht-arabische Sprachen mit arabischen Buchstaben geschrieben. Als historischer Kulturexport gelangte das arabische Alphabet selbst in Kulturzonen und Sprachgemeinschaften, die heutzutage weit außerhalb der modernen Grenzen seines Gebrauchs liegen. Die meisten Turksprachen werden zwar heute mit lateinischen Buchstaben geschrieben, aber noch bis in die 1920er Jahre dominierte die arabische Schrift. Damit schrieb man jahrhundertelang das Türkei-Türkische ebenso wie das Tatarische in Europa, das Usbekische in Zentralasien oder das Uighurische in China. Auf der Pyrenäenhalbinsel erlebten arabische Sprache und Schrift ein rund fünfhundert Jahre währendes goldenes Zeitalter. Es gab Zeiten, da entstanden mit arabischen Buchstaben geschriebene Texte sogar für Sprachen wie Spanisch, Portugiesisch oder Serbisch, deren Sprecher Christen waren. Daß auch das Bosnische zeitweise in arabischer Schrift geschrieben wurde, ist nicht verwunderlich. Die Bosniaken sind die einzige einheimische islamische Gemeinschaft in der Balkanregion.

**Die Verbreitung des arabischen Alphabets**

Sprachen, die bis heute in arabischem Alphabet geschrieben werden:

- Arabische Hochsprache (moderner Schriftstandard)
- Farsi/Neupersisch (seit dem 12. Jahrhundert)
- Pashto (seit dem 16. Jahrhundert)
- Urdu (seit dem 13. Jahrhundert)

Sprachen, die eine Zeitlang mit arabischen Buchstaben geschrieben wurden und einen Schriftwechsel zu anderen Schriften erlebt haben:

- Türkei-Türkisch (Osmanisch-Türkisch seit dem 13. Jahrhundert; seit 1928 in Lateinschrift)
- Tatarisch (seit dem 15. Jahrhundert bis 1927; 1928–1938 Lateinschrift; seit 1939 Kyrillica)
- Baschkirisch (1920–1928; 1929–1939 Lateinschrift; seit 1940 Kyrillica)
- Aserbaidschanisch (seit dem 13. Jahrhundert; 1929–1939 Lateinschrift; 1939–1991 Kyrillica; seither erneut in Lateinschrift)
- Usbekisch (seit dem 15. Jahrhundert; 1927–1939 Lateinschrift; seit 1939 Kyrillica)
- Kasachisch (seit dem 19. Jahrhundert; 1930–1940 Lateinschrift; seit 1940 Kyrillica)
- Turkmenisch (seit dem 19. Jahrhundert; 1928–1940 Lateinschrift; seit 1940 Kyrillica)
- Uighurisch (seit dem 11. Jahrhundert; China: 1965–1987 Lateinschrift

und chinesische Schrift, seit 1987 erneut arabische Schrift; Rußland: arabisch bis 1930; 1930–1946 Lateinschrift, seither Kyrillica)
- Tadschikisch (seit dem 15. Jahrhundert; seit 1940 Kyrillica)
- Tschetschenisch (zwischen 1920 und 1928 arabische Schrift; 1928–1939 Lateinschrift; seit 1939 Kyrillica)

Sprachen, die zur Aufzeichnung islamisch-religiöser Literatur mit arabischer Schrift geschrieben wurden bzw. werden:

- Klassisch-Arabisch (seit dem 7. Jahrhundert)
- Swahili (seit dem 12. Jahrhundert; seit den 1930er Jahren die Lateinschrift für säkulare Zwecke)
- Malaiisch (seit dem 14. Jahrhundert; seit dem 19. Jahrhundert die Lateinschrift)
- Hausa (seit dem 18. Jahrhundert; seit Anfang des 20. Jahrhunderts die Lateinschrift)
- Albanisch (im 18. und 19. Jahrhundert; überwiegend Lateinschrift seit dem 16. Jahrhundert)

Sprachen, die alternativ in arabischer Schrift geschrieben wurden, für religiöse und/oder weltliche Zwecke (z. B. Aljamiado-Literatur):

- Spanisch (im 15. Jahrhundert)
- Portugiesisch (im 15. Jahrhundert)
- Weißrussisch (vom 16. bis ins 19. Jahrhundert; von den in Weißrußland lebenden Tataren)
- Serbisch/Bosnisch (im 17. und 18. Jahrhundert, von den slavischen Muslimen in Bosnien, heute Kyrillica und Lateinschrift)

Untergegangene Sprachen, die im arabischen Alphabet geschrieben wurden:

- Tschagataisch (Turksprache; vom 15. bis 19. Jahrhundert)
- Wolgabulgarisch (Turksprache; vom 13. bis 14. Jahrhundert)

### *Voralphabetische Schriften und ihre Ableger*

Schriften, die ausstrahlen, die für immer weitere Sprachen adaptiert werden und sich auf diese Weise verbreiten, nennt man Originalschriften. Alle alten Originalschriften der Welt und deren Ableger sind der voralphabetischen Periode der Schriftentwicklung zuzurechnen. Es handelt sich dabei um Manifestationen zweier Schreibprinzipien:

1) logographische Schreibweisen, wobei ein Schriftzeichen jeweils einem Begriff oder einer Idee (= Wortbedeutung) entspricht. Die phonetische Schreibweise ist hier eine Zusatzkomponente. Beispiele: die altchinesische Logographie, die altsumerische, die olmekische Piktographie (Schreibung mit bildhaften Zeichen);
2) phonographische Systeme, wobei ein Schriftzeichen jeweils einem Laut (Silbe, einzelner Laut wie Vokal oder Konsonant) entspricht. Die logographische Schreibweise ist hier eine Zusatzkomponente. Beispiele: die altägyptische Segmentalschrift, die syllabische Keilschrift, die Syllabare von Linear A und B). Von den voralphabetischen Schriften ist allein das Kyprisch-Syllabische rein phonetisch ohne die Verwendung von Logogrammen.

Von den nicht-alphabetischen Originalschriften hat sich allein die chinesische erhalten. Die ursprünglich rein logographische Schreibweise der altchinesischen Orakelknocheninschriften (Shang-Periode des 12. Jahrhunderts v. Chr.) wurde im Lauf der Zeit durch phonographische Zusätze ergänzt (Rebus-Schreibung). Chinesische Schriftzeichen sowie deren Ableitungen werden von Chinesen und Japanern bis heute verwendet, früher auch von Vietnamesen. In Südkorea werden bestimmte chinesische Ganzwortzeichen neben dem gängigen Hangul-Alphabet verwendet.

Alle anderen Schriftarten sind außer Gebrauch gekommen; die meisten wurden von Alphabetschriften früher oder später verdrängt. Die Originalschriften und ihre lokalen Adaptionen sind an ein zivilisatorisches Milieu gebunden, wo das Kulturschaffen ähnlichen Traditionen verpflichtet ist. Mit anderen Worten: die jeweilige Quelle, aus der sich die Entwicklung der Originalschriften und ihrer Ableger in einem bestimmten Kulturkreis speist, ist ein Kontaktmilieu, in dem Trends kultureller und auch häufig sprachlicher Konvergenz vorherrschen. In den alten (d. h. voralphabetischen) Schriftkulturkreisen lassen sich die folgenden Beziehungen von Originalschriften und Schriftablegern aufzeigen:

## Schriftableger in der Alten Welt

| *Kulturkreis* | *Basisschrift* | *Schriftableger und -fortentwicklungen* |
|---|---|---|
| Der alteuropäisch-altägäische Schriftkulturkreis | Alteuropäische Schrift | Linear A (kretisch) |
| | Linear A | Kypro-Minoisch (I und II)<br>Levanto-Minoisch<br>Linear B (mykenisch-griechisch)<br>Kyprisch-Syllabisch |
| Der altmesopotamische Schriftkulturkreis | Altsumerische Piktographie | Sumerische Keilschrift |
| | Sumerische Keilschrift | Akkadische Keilschrift<br>Elamische Keilschrift<br>Hurritische Keilschrift<br>Hethitische Keilschrift<br>Urartäische Keilschrift<br>Ugaritische Keilschrift<br>Persische Keilschrift |
| Der altägyptische Schriftkulturkreis | Ägyptisch-Hieroglyphisch | Meroitisch (hieroglyphisch, kursiv)<br>Hieratisch<br>Demotisch |
| Der Kulturkreis der alten Indus-Schrift | Indus-Schrift | Schrift von Dilmun (?) im Persischen Golf |
| Der chinesische Schriftkulturkreis | Chinesische Logographie | Hanmun (in Korea; historisch)<br>Ido (in Korea; historisch)<br>Man'yogana (in Japan; historisch) |

| | | |
|---|---|---|
| | | Kanji<br>Hiragana (von chinesischen abgeleitete Zeichen)<br>Katakana (von chinesischen abgeleitete Zeichen)<br>Chu Nom ‹Schrift des Südens› (in Vietnam; historisch)<br>Schrift der Yi (Lolo) in Südchina<br>Lokalschriften der Yao, Hsi-hsia (Tanguten), K'i-tan, Ju-chen (Niu-chih) |
| Isolierte Originalschriften der Alten Welt ohne Ableger | Proto-elamische Schrift | – |
| | Altelamische Strichschrift | – |
| | Kretische Hieroglyphen (zwei Varianten) | – |
| | anatolische Hieroglyphen | – |

**Schriftableger in der Neuen Welt**

| *Kulturkreis* | *Basisschrift* | *Schriftableger und -fortentwicklungen* |
|---|---|---|
| Der altamerikanische (präkolumbische) Schriftkulturkreis | Olmekisch | Maya<br>Zapotekisch |
| | Zapotekisch | Toltekisch<br>Aztekisch<br>Mixtekisch |

Das Prinzip einer alphabetischen Schreibweise, in der ein Schriftzeichen mit einem Buchstabenwert verknüpft ist, repräsentiert die jüngste und gleichzeitig die schreibtechnisch am meisten spezialisierte Entwicklungsstufe der Schriftgeschichte. Das Alphabet ist nicht als konsequente Fortentwicklung früherer Schreibprinzipien zu verstehen, sondern es ist eine schrifttechnologische Innovation, die auf einem kulturellen «Nebenschauplatz» entstanden ist, und zwar im Nahen Osten.

Diese Kulturlandschaft war spätestens seit dem 4. Jahrtausend v. Chr. eine Kontaktregion, wo sich mesopotamische und ägyptische, später auch ägäische Einflüsse kreuzten. Die ältesten Überlieferungen von Alphabetschriften finden wir an den Peripherien dieser Kontaktzone, im Süden (Sinai) und im Norden (Syrien). Die älteste Version einer Alphabetschrift ist die proto-sinaitische Schrift, deren früheste Inschriften aus dem 17. Jahrhundert v. Chr. stammen. Das älteste Alphabet im Norden ist die Schrift von Ugarit, die im 13. und 12. Jahrhundert v. Chr. in Gebrauch war.

In beiden Zeichenrepertoires ist ein Organisationsprinzip zu erkennen, das erst in der modernen Schriftforschung klar erkannt worden ist, das sog. Steinbruch-Prinzip (Haarmann 1994). Aus dem Zeichenbestand älterer Schriften werden Einzelzeichen selektiert und in ein neues System integriert. Die Zeichen der ugaritischen Schrift sind solche aus der Keilschrift, die der proto-sinaitischen stammen überwiegend aus dem Inventar der ägyptischen Segmentalschrift, und zwar aus dem Bestand der Ein-Laut-Zeichen. Das Steinbruch-Prinzip kommt außerdem darin zum Ausdruck, daß in vielen Alphabetvarianten Elemente aus verschiedenen Quellen kombiniert sind. Die Zeichen der sinaitischen und später der phönizischen Schrift weisen nicht nur auf ägyptische, sondern teilweise auch auf ägäische Herkunft.

Das Steinbruch-Prinzip wirkt auch im Entstehungsprozeß jüngerer Alphabetschriften. In der Organisation des Zeichenrepertoires der Alphabetschriften in den Mittelmeerkulturen kreuzen sich zwei elementare Traditionen, die phönizische und die ältere ägäische, die in die Periode der Alphabetschöpfungen nachwirkt. In den Zeichenrepertoires der griechischen, karischen, numidischen und iberischen Schriftvarianten sieht man die engen Beziehungen zur phönizischen Quelle ebenso wie das fragmentarische Überleben ägäischer Schriftzeichen, so der Zusatzzeichen im griechischen Alphabet, verschiedener Silbenzeichen des Iberischen u. ä. (Haarmann 1997c).

Alphabetschriften sind wegen ihrer technologischen Effektivität auch kulturell sehr erfolgreich gewesen und haben sich in der ganzen Welt verbreitet. Von den Schriftsystemen, die heutzutage in Gebrauch sind, ist die Alphabetschrift mit ihren Varianten die am meisten verwendete. Der Ausgliederungsprozeß historischer und rezenter Alphabetschriften sowie ihre Adaption für Sprachen der verschiedensten genealogischen Affiliationen und mit den unterschiedlichsten Lautsystemen ist kompliziert.

### *Die globale Geltung der Lateinschrift*

Von allen Alphabetschriften ist die Lateinschrift die erfolgreichste, und zwar nach den verschiedensten Kriterien:

- nach der Anzahl der davon abgeleiteten lokalen Schriftvarianten (z. B. schwedisch, türkisch, vietnamesisch);
- nach der Anzahl der damit geschriebenen Einzelsprachen (z. B. Spanisch, Inuit-Eskimo, Hausa);
- nach ihrer globalen Verbreitung in Ländern aller Kontinente;
- nach der Anzahl der Weltsprachen, die damit geschrieben werden (z. B. Englisch, Französisch, Spanisch);
- nach der Anzahl der potentiellen Benutzer, d. h. derer, die eine in lateinischem Alphabet geschriebene Sprache verwenden;
- nach der Popularität, die die Lateinschrift in modernen Sprachplanungsprojekten genießt (z. B. bei der Verschriftung afrikanischer und südamerikanischer Sprachen, bei der Revitalisierung des lateinischen Alphabets zur Schreibung nichtrussischer Sprachen im modernen Rußland und in dessen modernen Anrainerstaaten, in Moldawien, Aserbaidschan usw.);
- nach der Masse an Informationen, die in Sprachen mit Lateinschrift verfügbar sind;
- nach der Dominanz der Lateinschrift in Funktionsbereichen der digitalen Schriftlichkeit (z. B. im Internet).

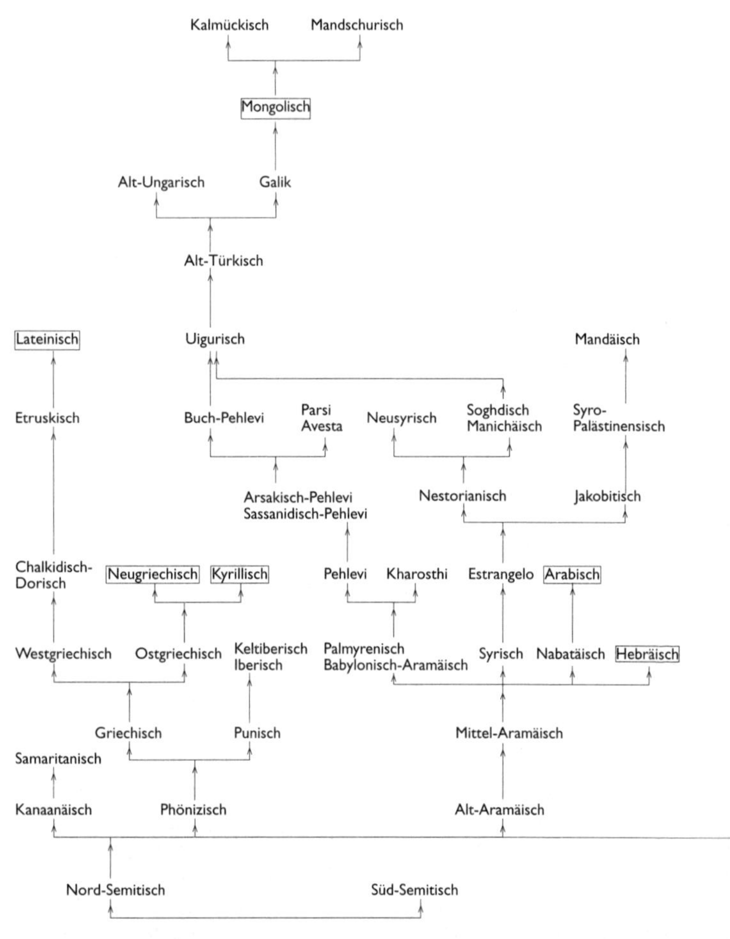


*Die wichtigsten Stationen der Alphabetentwicklung im Vorderen Orient, Europa und Südasien. Die eingerahmten Schriften sind bis heute in Gebrauch.*

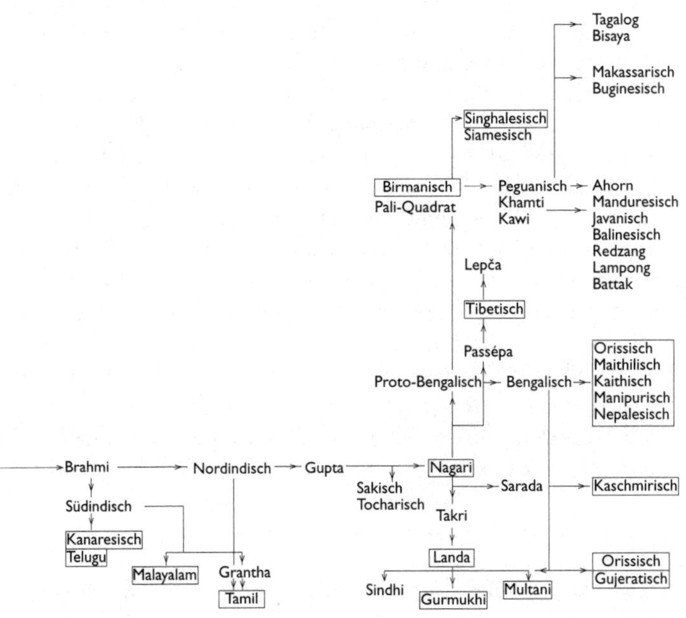
Tagalog
Bisaya
Makassarisch
Buginesisch
Singhalesisch
Siamesisch
Birmanisch
Pali-Quadrat
Peguanisch
Khamti
Kawi
Ahorn
Manduresisch
Javanisch
Balinesisch
Redzang
Lampong
Battak
Lepča
Tibetisch
Passépa
Proto-Bengalisch
Bengalisch
Orissisch
Maithilisch
Kaithisch
Manipurisch
Nepalesisch
Brahmi
Nordindisch
Gupta
Nagari
Sakisch
Tocharisch
Sarada
Kaschmirisch
Südindisch
Kanaresisch
Telugu
Malayalam
Grantha
Tamil
Takri
Landa
Sindhi
Gurmukhi
Multani
Orissisch
Gujeratisch

Zusätzlich zu den oben genannten Kriterien gibt es noch einen kulturpolitischen Aspekt, der besonders geeignet ist, die Globalität der Lateinschrift im 20. Jahrhundert zu unterstreichen. Diese Schriftart ist heute (also von historischen Verhältnissen abgesehen) a-national, an-ethnisch, an-ideologisch und in seinen religiösen Assoziationen nicht von vornherein festgelegt. Dies bedeutet, daß die Lateinschrift zur Schreibung der verschiedensten Nationalsprachen verwendet wird (z. B. Sprachen in den westlichen Industriestaaten versus Sprachen in der sogenannten Dritten Welt), bei Völkern unterschiedlicher Herkunft in Gebrauch ist (z. B. bei Deutschen ebenso wie bei Ungarn oder Tahitianern) und in Gesellschaften mit den gegensätzlichsten Weltanschauungen verbreitet ist (z. B. westeuropäische Demokratien versus sowjetische Satellitenstaaten Osteuropas während der Epoche des «Kalten Krieges»).

Als im Jahre 1928 der Wechsel von der arabischen zur lateinischen Schrift zur Schreibung des Türkischen in der Türkei von Kemal Atatürk durchgesetzt wurde, stand das lateinische Alphabet symbolisch für «Modernisierung», und diese Modernisierung war faktisch gleichbedeutend mit Säkularisierung – auch der Schrift. In diesem Prozeß schied also das arabische Alphabet als altes Sakralsymbol aus. Der Umstand, daß dieses Modernitätssymbol, das die junge türkische Republik mit ihrer muslimischen Bevölkerung den Staaten Westeuropas entwicklungsmäßig näher bringen sollte, zur damaligen Zeit noch in historisch tradierten, am Christentum orientierten Assoziationen stand, wurde nicht als Störfaktor empfunden. Genauer gesagt regte sich damals einiger Unmut in Kreisen der konservativen Muslime. Seine erfolgreiche Durchführung verdankt der Schriftwechsel für das Türkische tatsächlich allein Atatürks diktatorischer Bestimmtheit (Macfie 1994: 141).

Einen ähnlichen Prozeß der Säkularisierung erlebte die Schrift in der Sprachplanung der jungen Sowjetunion, insbesondere, was die Tradition derjenigen Sprachen anbelangte, die im arabischen Alphabet geschrieben wurden (z. B. Tatarisch). Für Lenin war die Verschriftung der nichtrussischen Sprachen der neu gegründeten Sowjetunion auf der Basis der Lateinschrift gleichbedeutend mit «der Revolution im Osten». Der Charakter der Lateinschrift als Bindeglied mit dem «bürgerlichen» Ausland war für Lenin und seine Nationalitätenpolitik kein Stolperstein. Stalin allerdings hat in der Lateinschrift einen Faktor der Absonderung der nichtrussischen Schriftkulturen gegenüber der Leitfunktion des kyrillisch geschriebenen Russisch gesehen. Seine zentralistische Politik zeitigte ihre Wirkungen auch in der Sprachplanung.

Gegen Ende der 1920er Jahre wurden alle lokalen Schriftsysteme auf lateinischer Basis auf die Kyrillica umgestellt (Isaev 1979: 236 ff.). Erst in der post-sowjetischen Ära haben viele Sprachgemeinschaften ihre Schriftkultur erneut auf die Lateinschrift umgestellt: in Rußland (z. B. Kalmükisch, Burjatisch) ebenso wie in den jungen unabhängigen Staaten an dessen Peripherie, in den ehemaligen nichtrussischen Sowjetrepubliken (z. B. Moldau-Rumänisch, Aserbaidschanisch).

Eine besondere Flexibilität und Vitalität hat die Lateinschrift im ideologischen Kreuzfeuer der jüngsten Geschichte Vietnams gezeigt. Traditionell war das lateinische Alphabet (Quoc Ngu) das Schriftsystem der vietnamesischen Christen, während die Buddhisten und Taoisten das für das Vietnamesische adaptierte System chinesischer Schriftzeichen (Nom) verwendeten (DeFrancis 1977: 223 ff.). Gegen Ende der französischen Kolonialzeit hatte sich die lateinische Graphie durchgesetzt, die 1945 anläßlich der nominellen Unabhängigkeit des Landes als allgemeingültig zur Schreibung des Vietnamesischen proklamiert wurde.

Trotz einer Verstärkung der antikolonialen Stimmung während des Indochina-Krieges in den 1950er Jahren und des Vietnam-Krieges in den 1960er und 1970er Jahren wurde die Lateinschrift auch nach der Wiedervereinigung Vietnams im Jahre 1975 beibehalten, und trotz einer linksradikalen Ideologisierung der Innen- und Außenpolitik ist die Tradition der Schreibung des Vietnamesischen mit dem System Quoc Ngu nie unterbrochen worden.

Angesichts der Popularität und Vitalität der Lateinschrift, der es gelungen ist, sich in den unterschiedlichsten Kulturmilieus zu etablieren, verwundert es nicht, daß keine andere Alphabetvariante so viele verschiedene Schreibstile hervorgebracht hat wie diese. Seit der Antike haben sich kontinuierlich immer neue Stile entwickelt, die jeweils die ästhetischen Trends ihrer Zeit reflektieren. Obwohl sich das lateinische Alphabet nicht direkt aus der griechischen Schrift ableitet, sondern über das Etruskische vermittelt worden ist (Haarmann 1992: 294 f.), haben die griechischen Schreibstile die des Lateinischen unmittelbar beeinflußt.

Zwar hat sich im lateinischen Kulturkreis eine der arabischen vergleichbare Kalligraphie nicht entwickelt, die Kunst der Visualisierung von Initialen hat aber hohes kalligraphisches Niveau erreicht. Einige der ästhetisch beeindruckendsten Beispiele der europäischen Kulturgeschichte stammen aus dem mittelalterlichen Irland, wo der keltisch-heidnische Tierstil eine Symbiose mit der christlichen Schreibkunst eingegangen ist (Haarmann 1997b: 797 ff.).

# 9.

# Nachzügler der Neuzeit: Pidgins und Kreolsprachen

Die Forschungen zu sprachlichen Fusionsprozessen in prähistorischer Zeit sind – wie unten dargestellt werden wird – ein Ableger der Kreolistik, der Erforschung rezenter Kreolsprachen. Lange Zeit standen Pidgins und Kreolsprachen aber im Ruf, «verderbte» oder «korrumpierte» Versionen europäischer Kultursprachen zu sein. Sie waren die Verstoßenen der Sprachwissenschaft. Kaum jemand nahm Notiz von ihnen. Dann kam eine Zeit, da behandelte man sie immerhin wie Waisenkinder, die irgendwo abgestellt wurden. Man wußte, daß es sie gab, aber diejenigen, die sich mit ihnen beschäftigten, waren kauzige Sonderlinge, die einer Marotte nachgingen. Dann irgendwann begannen die Sprachwissenschaftler, sich für dieses «Kuriosum» zu interessieren. Es sollte lange dauern, bis sich die Linguistik ernsthaft dem systematischen Studium kreolisierter Sprachvarianten widmete (siehe Muysken/Smith 1995: 7 ff. zur Forschungsgeschichte).

Heute sind Kreolsprachen von besonderem Interesse für Sprachkontaktforscher wie Ethnolinguisten, aber auch für Identitätsforscher. Abgesehen davon, daß die vielen Dutzend Kreolsprachen und Pidgins mit ihren mehr als 100 Millionen Sprechern (Arends et al. 1995: 374) im Kreis der Sprachen der Welt keine Marginalie sind, haben einige auch den Status von Amtssprachen erlangt. Beispiele dafür sind das Französisch-Kreolisch auf Haiti oder das Tok Pisin (Talk Pidgin) in Papua-Neuguinea.

## Kontaktlinguistische Bedingungen und Strukturmerkmale

Die Herkunft des Ausdrucks «Pidgin» ist bis heute ungeklärt. Es gibt die verschiedensten Erklärungsversuche. Pidgin könnte a) mit dem Namen eines Indianerstamms, Pidian genannt, in Südamerika zusammenhängen; b) eine lautliche Verzerrung von engl. *business* oder portugies. *ocupação* (‹Beschäftigung›) in der Aussprache von Chinesen sein; c) von hebr. *pidjom* ‹Tauschhandel› abgeleitet sein; d) in Beziehung zu portugies. *pequeno* ‹klein› stehen, wobei die Simplifizierung grammatischer Strukturen die Assoziation mit Baby Talk nahelegt; oder aber e) in Verbindung mit dem fast identisch lautenden engl. *pigeon* ‹Taube› gebracht werden. Nach ihren Entstehungsbedingungen gibt es vier Grundtypen von Pidgins:

- maritime Pidgins: als weltweites Verständigungsmittel zwischen Seeleuten
- Handelspidgins: in Nordamerika verwendet für die Kommunikation von Walfängern mit Einheimischen in den Anlegehäfen und von Europäern, die Handel mit den Indianern trieben
- Pidgins für die Allgemeinverständigung zwischen Missionaren und Einheimischen in Afrika und Amerika, zwischen Armeeoffizieren und lokalen Verhandlungspartnern
- Arbeitspidgins: in der Kommunikation zwischen Plantagenbesitzern und ihren Arbeitern und zwischen den Besitzerfamilien und ihrem Hauspersonal (Baker 1997).

Pidgins unterscheiden sich von Kreolsprachen nicht durch eine andersartige Struktur oder durch andersartige sprachliche Fusionsprozesse, sondern durch funktionale Kriterien. Ein Pidgin ist in der Regel nur als Zweitsprache in Gebrauch, wird also von Menschen mit verschiedenen Muttersprachen als gemeinsames Kommunikationsmedium verwendet. Von einer Kreolsprache ist dann die Rede, wenn diese als Muttersprache erworben und gesprochen wird. Pidginisierung ist somit die Voraussetzung für jegliche (entwicklungsmäßig sekundäre) Kreolisierung einer sprachlichen Situation.

Ursprünglich nahm der Ausdruck engl. *creole* Bezug auf anthropologische (ethnische) Merkmale und wurde verwendet, wenn man von den in Amerika geborenen, reinrassigen Nachkommen von Einwanderern aus Europa sprach. Später hat man auch Einwanderer aus Afrika als Kreolen bezeichnet. Ein bestimmtes sprachliches Merkmal dieser Bevölkerungsgruppen gab schließlich den Ausschlag für die Benennung von Kreolsprachen: die Muttersprachen derjenigen reinrassigen Kreolen, die mit dem Generationenwechsel nicht mehr die Sprache ihrer Eltern, sondern ein lokales Pidgin als Muttersprache erwarben.

Auch Kreolsprachen werden im Hinblick auf ihre Entstehung unterschieden, und zwar in drei Grundtypen:

- Plantagenkreolisch: Die zweite oder dritte Generation der Plantagenarbeiter, die als Sklaven aus Afrika nach Amerika gebracht worden oder von China nach Hawaii gekommen waren, erwarb ein lokales Pidgin als Muttersprache
- Festungskreolisch: gesprochen vom einheimischen Personal in den von Europäern an der Westküste Afrikas eingerichteten befestigten Handelsstützpunkten
- «maroon creole»: verwendet von entlaufenen Plantagenarbeitern, die in isolierten Gemeinschaften abseits der von Europäern besiedelten Gegenden lebten wie in Jamaica oder Surinam (Bickerton 1988).

Das Phänomen der Kreolisierung ist nicht beschränkt auf den Kontakt europäischer mit außereuropäischen Sprachen, es kommt auch in den Kontakten nichteuropäischer Sprachen untereinander zum Tragen. Voraussetzung für jeden Fusionsprozeß, unabhängig von der Herkunft der beteiligten Sprachen, sind intensive Sozialkontakte und massive sprachliche Wechselwirkungen in einem multilingualen Umfeld (Chaudenson 2001: 153 ff.). Typisch für die Kreolisierung ist der Aspekt des unkontrollierten Lernens einer Sprache, so daß die Fähigkeit, sie zu sprechen, unvollkommen und lückenhaft bleibt und dieser defizitäre Sprachgebrauch verfremdend auf Muttersprachler dieser Sprache wirkt. Der Fusionsprozeß geht mit einer strukturellen Simplifizierung einher.

Seit mehr als hundert Jahren besteht in der Forschung Einigkeit darüber, daß das allgemeinste Kennzeichen von Pidgins und kreolisierten Sprachvarianten deren Tendenz zur Vereinfachung von Strukturen der jeweiligen Basissprache ist. Im Lautsystem werden Konsonantencluster aufgelöst, in der Grammatik Flexionsendungen, die Kennzeichnung von Genus und Numerus aufgegeben (z. B. im Pidgin-Französisch von Vietnam; Reinecke 1971). Die Vereinfachung der lexikalischen Strukturen läuft darauf hinaus, daß ein unter Umständen nur wenige hundert Wörter umfassender Basiswortschatz aufrechterhalten wird. Bei der sprachlichen Konstruktion der Begriffswelt werden viele Termini durch Umschreibung gebildet, so daß durch die Kombination bekannter Ausdrücke eine neue Bezeichnung entsteht; z. B. Hiri Motu *kuku ania gauna* ‹Pfeife› (wörtl. ‹Rauch-essen-Ding›) oder *lahi gabua gauna* ‹Streichholz› (wörtl. ‹Feuer-brennen-Ding›).

Die Tendenz zur strukturellen Simplifizierung ist aber nicht das einzige Organisationsprinzip, das Pidgins und Kreolsprachen kennzeichnet. In Pidgins treten auch grammatische und syntaktische Phänomene auf, die man nicht aus einer Vereinfachung basissprachlicher Strukturen erklären kann. Hier haben wir es mit Eigenheiten lokaler Muttersprachen zu tun, die sich gegenüber basissprachlichen Strukturelementen durchgesetzt haben. Ein Beispiel hierfür ist die Verwendung des Personalpronomens der 3. Person Plural (*dem*) im Englisch-Kreolischen von Jamaika, das dem Substantiv nachgestellt wird und den Plural anzeigt (z. B. *de man dem* ‹die Männer›). Diese syntaktische Eigenart ist vermutlich ein Substrateinfluß des Ewe oder Twi (Holm 1988: 193).

Pidgins werden seit der Zeit ihrer Entstehung als Zweitsprachen mit verkehrssprachlichen Funktionen gesprochen. In Kamerun beispielsweise sprechen rund zwei Mio. Menschen Kamerun-Pidgin (Wes Cos) als Lingua franca, d. h. etwa die Hälfte der Bevölkerung in der Westküstenregion.

Ein Pidgin kann aber seinen Status verändern und auch zur Muttersprache werden. Das Tok Pisin, ein englisches Pidgin, das ursprünglich ausschließlich in gesprochener Form zur Kommunikation zwischen Weißen und Einheimischen in Papua-Neuguinea diente, ist zur Staatssprache des Landes avanciert. Heute verwenden nicht nur rund zwei Mio. Papuaner mit den verschiedensten Muttersprachen Tok Pisin als Lingua franca, hauptsächlich im nördlichen Landesteil, Tok Pisin wird auch als Schriftsprache gebraucht. Als Amtssprache und als Handelssprache, in sowohl gesprochener als auch geschriebener Form, ist Tok Pisin die am häufigsten verwendete Sprache Papua-Neuguineas (Romaine 1991). Es gibt auch etwa 50000 Muttersprachler des Tok Pisin. In dieser Funktion ist es bei Papuanern verbreitet, die im multilingualen urbanen Milieu leben. Ein und dieselbe Sprache kann also in Abhängigkeit von den ökologischen Bedingungen des Kontaktmilieus die Funktionen eines Pidgin (Nicht-Muttersprache in der Verwendung als Lingua franca) oder die einer Kreolsprache (für die verschiedensten kommunikativen Zwecke gebrauchte Muttersprache) übernehmen.

Ähnlich wie das Tok Pisin haben auch andere Sprachen einen ambivalenten Status, so das Nigeria-Pidgin, eine Variante des Englischen. Als Pidgin dient es Nigerianern mit verschiedener Muttersprache als Verkehrssprache, ebenso als Kommunikationsmittel zwischen Europäern und Afrikanern. Als Muttersprache repräsentiert es eine kreolisierte Variante des Englischen, und als solche gewinnt das Nigerianisch-Kreolische immer mehr an Bedeutung. Es wird als Literatursprache ebenso wie als Sprache der Massenmedien verwendet.

### *Der Import von Kolonialsprachen*

Die kulturökologischen Bedingungen für die Entstehung von Pidgins wurden in vielen Regionen der Welt durch den (unfreiwilligen) Import europäischer Sprachen geschaffen. Die meisten Kreolsprachen haben sich auf der Basis der historisch bedeutendsten Kolonialsprachen entwickelt, des Englischen, Französischen, Portugiesischen, Spanischen und Niederländischen. Allein der Umstand, daß Kreolsprachen existieren, ist ein Zeichen für die Resistenz lokaler Muttersprachen, mit denen die Kolonialsprachen in Kontakt traten. Die einheimische Bevölkerung in Übersee hat sich nicht widerstandslos assimiliert, sondern sie hat den Strukturen der importierten Fremdsprache einen lokalsprachlichen Stempel aufgedrückt. Das Produkt ist jeweils eine Sprachvariante, die sich von ihrer Basis (einer Kolonialsprache) abkoppelt und aufgrund der Transformationen, die die Kolonialsprache «im Munde von Nicht-Europäern» (d. h. in der dynamischen Anpassung an lokale Sprechgewohnheiten) durchmacht, ein Eigenprofil erlangt. Auf diese Weise sind im südlichen Nigeria das Nigeria-Pidgin, in Australien das Kriol, auf den Seychellen das Seselwa, in Sri Lanka das Indo-Portugiesische, in Kolumbien das Palenquero, in Puerto Rico Negerhollands usw. entstanden.

Bis heute hat sich ein hartnäckiges Vorurteil über die Pidgins gehalten, nämlich die Annahme, diese seien erst im Zeitalter des Kolonialismus entstanden. Es trifft zwar zu, daß sich die meisten Pidgins und Kreolsprachen erst seit dem 16. Jahrhundert ausgebildet haben, die Geschichte dieser Sprachformen ist aber viel älter. Es gibt eine ganze Reihe von Pidgins und Kreolsprachen mit gänzlich außereuropäischer Basis (s. u.), und bei einigen von ihnen reichen die Ursprünge viel weiter in der Zeit zurück als die Anfänge des kolonialen

Zeitalters. Das älteste bekannte Pidgin, das heute noch verwendet wird, ist eine pidginisierte Variante des Malaiischen, die in den Hafenstädten der Malakka-Straße und an den Küsten der Malaiischen Halbinsel seit vielen Jahrhunderten als Kontaktsprache indischer und chinesischer Händler in Gebrauch ist, die Geschäfte mit den Malaien machen.

Noch bevor die europäischen Kolonialsprachen in ihren späteren Zielgebieten auftraten und sich Pidgins auf ihrer Basis entwickelten, war im Mittelmeerraum ein europäisches Pidgin in Gebrauch, die sogenannte Lingua franca (wörtl. ‹Frankensprache›). Diese Bezeichnung entstand im 14. Jahrhundert. Die Kreuzfahrer, die seit dem 11. Jahrhundert in wiederholten Kampagnen die militärische Auseinandersetzung mit den Muslimen im Nahen Osten suchten, wurden von den Byzantinern und Arabern als Franken bezeichnet, dies wohl, weil die meisten Kreuzfahrer aus Frankreich kamen. Die Lingua franca des Mittelmeers war ein Pidgin auf der Basis norditalienischer Dialekte (Minervini 1996), und diese Sprachform wurde noch bis weit ins 19. Jahrhundert in Algier gebraucht. Der Name dieses Pidgins wurde in den Wortschatz der europäischen Kultursprachen aufgenommen und bezeichnet allgemein eine überregionale Verkehrssprache. «Lingua franca» wird heutzutage vermutlich am häufigsten mit entsprechender Bedeutung im Englischen verwendet.

Als während der Kolonialzeit die Großgrundbesitzer und deren Aufseher auf den Plantagen mit den einheimischen Arbeitskräften kommunizieren mußten, taten sie dies in der jeweils lokal dominierenden Kolonialsprache. Die Arbeiter waren darauf angewiesen, sich elementare Kenntnisse der Kolonialsprache für diesen Zweck anzueignen. Da der Spracherwerb im wesentlichen unkontrolliert erfolgte, d. h. ohne die durch ein allgemeines Schulwesen garantierte normative Kontrolle in der Fremdsprachenausbildung, wurden die Strukturen der Kolonialsprachen im Prozeß ihrer Pidginisierung drastisch transformiert, und dieser Wandel betraf die Lautung und den grammatischen Bau ebenso wie das Lexikon, das nicht nur zahlreiche Entlehnungen aus den einheimischen Muttersprachen adaptierte, sondern dessen Strukturen auch durch Lehnprägungen der verschiedensten Art verändert wurden.

Die Entstehung von Pidgins in den ehemaligen Kolonialgebieten ist abgeschlossen. Allerdings kann man auch heute noch (oder wieder verstärkt) Prozesse von Pidginisierung beobachten. Der unkontrollierte Erwerb deutscher Fremdsprachenkenntnisse bei türkischen Arbeitsimmigranten der ersten Generation in der Bundesrepublik ist geeignet, Prozesse der Pidginisierung einer Sprache zu veranschaulichen (Stutterheim 1986).

Das Pidgin-Deutsch jener Immigranten («Gastarbeiterdeutsch»), die die Sprache ihres Gastlandes in der Alltagsinteraktion mit Deutschen lernten, ist auf diese Generation beschränkt, deren Vertreter heute überwiegend im Rentenalter sind. Von den Angehörigen der zweiten Generation, die entweder in Deutschland geboren sind oder als Jugendliche immigrierten und eine deutsche Schulausbildung absolviert haben, sprechen die meisten Deutsch fließend als Zweitsprache, zwar mit Interferenzen ihrer türkischen Muttersprache, allerdings ohne die typischen Eigenheiten einer Pidginisierung.

Heutzutage leben in jeder Großstadt Westeuropas zahlreiche «Neueuropäer», die ihre frühere Heimat in anderen Teilen der Welt aus den verschiedensten Gründen verlassen haben und bemüht sind, sich in Europa eine neue Existenz aufzubauen. Viele lernen die jeweilige Landessprache ihrer neuen Heimat unkontrolliert, d.h. nicht in regulären Sprachkursen, und es stellen sich die für Pidginisierungsprozesse bekannten Phänomene unvollständigen Spracherwerbs ein (Extra/Yagmur 2004). In vielen Fällen ist unsicher, ob die Kinder aus Familien, in denen moderne Pidgins gesprochen werden (Pariser Pidgin von Nigerianern, Berliner Pidgin von Ghanesen, römisches Pidgin von Marokkanern, Helsinki-Pidgin von Somali), den gleichen Kommunikationsstandard erreichen, den sich gleichaltrige Einheimische über ihre Schulausbildung in der Landessprache aufbauen. In wieweit die modernen urbanen Pidgins ein kommunikatives Intermezzo bleiben oder langlebiger sind, hängt in entscheidendem Maß vom Integrationswillen der Folgegeneration der Neueuropäer, aber auch von bildungspolitisch-gesetzlichen Regulierungen der «Leitkultur» ab.

## Pidgins und Kreolsprachen im weltweiten Überblick

Pidgins und Kreolsprachen haben sich in allen Kontinenten entwickelt. In bestimmten Regionen ist eine Konzentration von Sprachen beider Kategorien zu beobachten: in der Karibik und im nördlichen Teil Südamerikas, im westlichen und im östlichen Afrika, in Südostasien, Papua-Neuguinea und im nördlichen Australien.

Im Laufe der vergangenen Jahrhunderte sind über 170 Pidgins und Kreolsprachen entstanden (Hancock 1981), von denen viele inzwischen untergegangen sind, wie die historische Lingua franca (s. o.). Am bekanntesten und am besten untersucht sind die Kreolsprachen auf der Basis einer der europäischen Exportsprachen in der Welt. Bei Berücksichtigung der im 20. Jahrhundert verwendeten Pidgins und Kreolsprachen entfallen auf die europäischen Ableger 55, und zwar in folgender Verteilung: Englisch: 26, Französisch: 12, Portugiesisch: 11, Niederländisch: 3, Spanisch: 2, Deutsch: 1.

Es gibt auch eine Reihe von Kreolsprachen, an deren Ausbildung europäische Sprachen keinen Anteil haben. Dies gilt für Kreolsprachen auf der Basis des Arabischen (z. B. Sudanesisch-Kreolisch), des Swahili (z. B. Cutchi-Swahili in Kenya), des Kongo (z. B. Kituba in Kongo/Zaire), des Xhosa (Fanagalo in Südafrika) und des Ngbandi (Sango in Zaire) in Afrika, für solche auf der Basis des Malaiischen (z. B. Betawi in Jakarta), des Motu (Hiri Motu in Papua-Neuguinea) und des Assamesischen (Naga-Pidgin in Indien) in Asien, für solche auf der Basis von Indianersprachen wie Chinook, Cree oder Muskogee in Nordamerika (USA, Kanada).

Die Kategorisierung des Oorlans in Südafrika als Kreolsprache auf europäischer oder auf afrikanischer Basis ist eine Definitionsfrage. Definiert man Afrikaans als eine Basissprache mit germanischer Affiliation, dann ist Oorlans eine Kreolsprache auf europäischer Basis. Geht man aber – wie noch in den 1970er Jahren – davon aus, daß Afrikaans selbst eine kreolisierte Variante des Niederländischen ist, dann ist Oorlans das Ergebnis einer sekundären Pidginisierung und eines sekundären Kreolisierungsprozesses.

Von den Pidgins und Kreolsprachen auf der Basis europäischer Sprachen sind viele für die innerstaatlich- interethnische Kommuni-

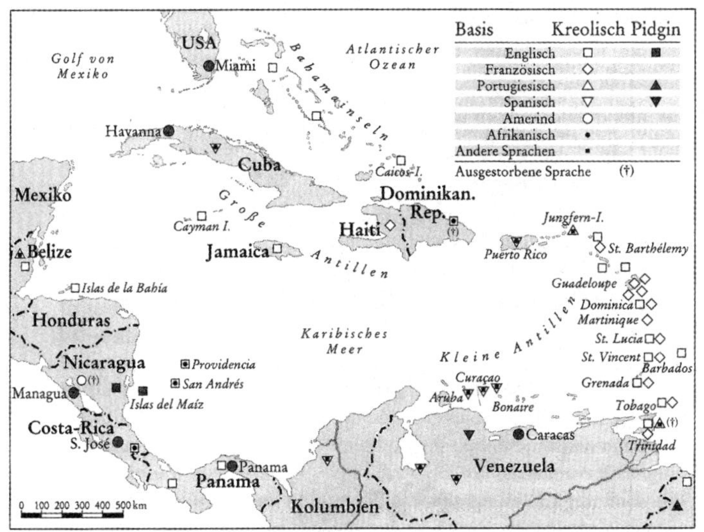


*Die Konzentration von Kreolsprachen in der Karibik (nach Perrot 1981: 630 und Haarmann 2001b: 276)*

kation unverzichtbar. Zwar könnte man sich etwa für ein Land wie Papua-Neuguinea das Englische oder für Haiti das Französische als Staatssprache vorstellen. Aber das Tok Pisin in Papua-Neuguinea oder das Französisch-Kreolische in Haiti haben trotz ihrer begrenzten Geltung gegenüber den Weltsprachen den Vorteil, daß sie den Bewohnern der betreffenden Staaten das Gefühl unverwechselbarer ethnischer Intimität vermitteln, so wie das Schwyzertütsch den germanophonen Schweizern oder das Letzeburgische den Luxemburgern. Identitätsförderndes Lokalkolorit ist heutzutage mehr denn je gefragt, was den Status von Pidgins und Kreolsprachen in allen Teilen der Welt stärkt.

Die folgende Zusammenstellung zeigt alle heute erfaßten Pidgins und Kreolsprachen der Welt, gegliedert nach ihren Basissprachen, mit Angabe ihrer Namen und Verbreitungsgebiete (nach Haarmann 2001a: 228-231):

**Sprachen Europas als Basis**

Englisch

- Afro-Seminolisch (USA: Texas und Oklahoma; Mexiko; unterscheidet sich vom Englisch-Kreolisch der Sea Islands; selbständige Entwicklung seit etwa 1760)
- Aukaans (Djuka, Njuka; Surinam; Französisch-Guiana)
- Englisch-Kreolisch der Bahamas
- Englisch-Kreolisch von Belize (Kriol)
- Bislama (Bichelamar; Vanuatu; Neukaledonien: Noumea)
- Kamerun-Pidgin (Wes Cos; Kamerun: Südwest- und Nordwestprovinz)
- Chinesisches Pidgin-Englisch (Nauru)
- Englisch-Kreolisch von Guyana (Creolese, Guyanese; Guyana: Georgetown und Küstenregion)
- Englisch-Kreolisch von Hawaii (Hawaii Pidgin English, Da Kine, Polynesisch-Englisch)
- Krio (Creole; Sierra Leone, Senegal, Guinea, Äquatorial-Guinea, Gambia)
- Kriol (Roper-Bamyili-Kreolisch; Australien: Northern Territory, Western Australia)
- Englisch-Kreolisch der Kleinen Antillen (Grenada, Tobago, Britisch-Westindien)
- Liberia-Pidgin
- Matawari (Matoewari, Matawai; Surinam)
- Neo-Nyunga (Noonga, Noogar; Australia: Southwest Australia)
- Nigeria-Pidgin (südliches Nigeria)
- Pijin (Englisch-Kreolisch der Salomonen; Salomonen)
- Pitcairn-Englisch (Pitcairn-Norfolk; einige Sprecher der zweiten Generation leben in Australien und Neuseeland)
- Rupununi (Englisch-Kreolisch von Guyana)
- Englisch-Kreolisch von Samaná (Dominikanische Republik: Bucht von Samaná)
- Saramaccan (Englisch-Kreolisch in Surinam)
- Englisch-Kreolisch der Sea Islands (Gullah, Geechee; USA: Inseln vor der Küste von Georgia)
- Sranan (Englisch-Kreolisch in Surinam, Sranan Tongo, Taki-Taki; Surinam, Niederlande, Niederländische Antillen)
- Tok Pisin (Pisin, Neo-Melanesisch, Pidgin-Englisch von Neuguinea; Papua-Neuguinea)
- Torres Strait-Pidgin (Australien: Queensland, Torres Strait Islands)
- westkaribisches Englisch-Kreolisch (Jamaika, westliche Antillen, Kolumbien: Inseln San Andrés und Providencia)

Französisch

- Französisch-Guianesisch (Patois, Patwa; Französisch-Guiana)
- Französisch-Kreolisch von Haiti (Haiti, Dominikanische Republik)
- Caldoche (Kaldosh; Neukaledonien: Ploum, Mont-Dore, Saint-Louis nahe Noumea)
- Karipúna-Kreolisch (Crioulo; Brasilien: Amapá, nahe der Grenze zu Französisch-Guiana)
- Französisch-Kreolisch der Kleinen Antillen (Patwa, Kweyol; Guadeloupe, Martinique, St. Lucia, Dominica, Frankreich)
- Französisch-Kreolisch von Louisiana (USA: Louisiana, östliches Texas, Kalifornien: Sacramento)
- Morisyen (Kreole; Mauritius)
- Französisch-Kreolisch von Réunion (Réunion)
- Französisch-Kreolisch von San Miguel (Panama)
- Seselwa (Französisch-Kreolisch der Seychellen; Seychellen: Tromelin, Aglega; Britisches Territorium im Indischen Ozean: Chagos-Archipel)
- Tay Boi (annamitisches Französisch, vietnamesisches Pidgin-Französisch; verwendet zwischen 1862 und 1954; Vietnam)
- Französisch-Kreolisch von Trinidad (Trinidadien; Trinidad: nördl. Bergland, Küstenregion; Tobago)

Portugiesisch

- Cafundo-Kreolisch (Portugiesisch-Kreolisch von Cafundo; Brasilien: Cafundo, 220 km von Sao Paulo; Geheimsprache)
- Crioulo (Portugiesisch-Kreolisch von Westafrika; Guinea-Bissau: Bijagos-Inseln, Senegal: Ziguinchor; Kapverden; Gambia)
- Crioulo von Sao Tomé (Portugiesisch-Kreolisch von Sao Tomé; Sao Tomé e Príncipe)
- Fa D'ambu (Portugiesisch-Kreolisch von Äquatorial-Guinea, Pagalu; Äquatorial-Guinea: Annobon)
- Indo-Portugiesisch (Portugiesisch-Kreolisch von Sri Lanka; Sri Lanka: Distrikt von Batticaloa; ausgestorben in Indien: Goa)
- Korlai-Kreolisch (Indien: nahe Bombay)
- Macanesisch (Portugiesisch-Kreolisch in Macao; nicht mehr verwendet in Macao; rund 4000 Sprecher in Hong Kong; außerdem in den USA)
- Malakkisch (Papia Kristang, Portugiesisch-Kreolisch entlang der Meerenge von Malakka; Malaysia, Festland)
- Papiamentu (Papiamento, Papiam, Curaçoleño, Curassese; Niederländische Antillen, Niederlande, Puerto Rico, US-Jungferninseln)

- Ternatenyo (Portugiesisch-Kreolisch der Molukken; ausgestorben; Indonesien: nördliche Maluku/Molukken, Insel Ternate westlich von Halmahera)
- Timor-Pidgin (ausgestorben; Indonesien: Nusa Tenggara, Insel Timor)

Niederländisch
- Niederländisch-Kreolisch von Berbice (Guyana: Flußtal des Berbice)
- Negerhollands (USA: Jungferninseln, Puerto Rico)
- Niederländisch-Kreolisch von Skepi (Guyana: Flußtal des Essequibo)

Spanisch
- Chavacano (Zamboangueño; Philippinen: Mindanao, Zamboanga; Cavite, Ternate und Ermita nahe Manila; Malaysia: Sabah)
- Palenquero (Palenque, Lengua; Kolumbien: südöstl. von Cartagena)

Deutsch
- Unserdeutsch (Rabaul-Kreolisch; Papua-Neuguinea: West New Britain; Australien: südöstliches Queensland; entstanden im Milieu von Mischehen zwischen Papuanern und Deutschen [Vunapope] während der deutschen Kolonialzeit)

Russisch
- Russenorsk (Sprache der norwegischen Händler, die auf der Kolahalbinsel vom Ende des 18. Jahrhunderts bis 1917 ihre Niederlassungen unterhielten und mit den Russen Handel trieben. Nach der Oktoberrevolution von 1917 wurden die Norweger von Murmansk repatriiert, und das Russenorsk kam außer Gebrauch)

### Sprachen Afrikas als Basis

Swahili
- Cutchi-Swahili (asiatisches Swahili; Kenia, von Südasiaten verwendetes Swahili-Kreolisch)
- Kisettla (Settla, Swahili-Pidgin; Sambia)

Arabisch
- Sudanesisch-Kreolisch (Juba-Arabisch, Arabisch von Bahr el Ghazal; südlicher Sudan: Equatoria, Bahr el Ghazal; Regionen am oberen Nil)
- Kinubi (Nubi, Arabisch-Kreolisch, seit etwa 1900 verschieden von Sudanesisch-Kreolisch; Kenya: Nairobi, Kibera; Uganda: West Nile District)

Kongo
- Kituba (Kikongo Ya Leta, Kileta; Zaire: Bas-Zaire, südliches Bandundu)
- Munukutuba (Monokutuba; südlicher Kongo: westlich von Brazzaville, bis Mayoko)

Xhosa
- Fanagalo (lokale Benennungen: Fanakalo, Fanekolo, Chilapalapa, Kitchen Kaffir, Mine Kaffir, Piki, Isipiki, Lololo, Isilololo; Südafrika, Sambia)

Ngbandi
- Sango (Sangho; 0,2 Mio. PSpr/4,9 Mio. ZSpr; Zentralafrikanische Republik, Zaire, Tschad, Kamerun)

Afrikaans
- Oorlans (Afrikaans-Kreolisch in Südafrika)

**Sprachen Asiens als Basis**

Malaiisch
- Betawi (Malaiisch-Kreolisch von Jakarta; Indonesien: Java, Jakarta)
- Malaiisch-Kreolisch von Sri Lanka (Melayu Bahasa; Sri Lanka: Haussprache im städtischen Milieu)

Motu
- Hiri Motu (Police Motu, Pidgin Motu, Hiri; Papua-Neuguinea: Central Province, Gegend von Port Moresby, Oro, Central, Gulf, Milne Bay; westliche Provinzen)

Assamesisch
- Naga-Pidgin (Nagamesisch, Nagassamesisch, Kachari-Bengali; Indien: Nagaland, Dimapur)

**Sprachen Amerikas als Basis**

Chinook
- Chinook Wawa (Chinook-Jargon, Chinook-Pidgin; Kanada: British Columbia; Nordwestliche USA)

Cree
- Mitchif (Französisch-Cree; USA: North Dakota; Kanada)

Muskogee
- Mobilian (Mobilian-Jargon; USA: südlicher Mittelwesten)

## Kreolsprachen als entwicklungsgeschichtliches Modell?

Inzwischen sind Kreolsprachen zu den Favoriten der verschiedensten Disziplinen geworden, denn mit ihnen beschäftigen sich nicht nur Sprachsoziologen, Kontaktlinguisten, Semiotiker oder Anthropologen, sondern insbesondere die Forscher, die sich dem Studium der Evolution von Kultur und Sprache widmen. Immer mehr Sprachwissenschaftler studieren Pidgins (Mühlhäusler 1996b) und Kreolsprachen (Valdman 1996), weil viele in deren Entwicklung und Strukturen ein Modell für die Übergänge von der Protosprache früherer Hominiden-Spezies zur komplexen Sprache des Homo sapiens zu erkennen glauben. Es lohnt sich bei all dem Rummel, der in der Sprachwissenschaft heutzutage um die Kreolsprachen gemacht wird, genauer hinzuschauen und herauszufinden, ob deren Verhältnisse tatsächlich so modellhaft sind, wie vielfach angenommen.

Prozesse sprachlicher und kultureller Kreolisierung sind sicherlich schon lange vor der Entstehung der heute bekannten Pidgins und Kreolsprachen abgelaufen. Insbesondere solche Sprachen, deren Ursprünge ungeklärt sind, haben die Forscher herausgefordert, mögliche Fusionen noch älterer Sprachformen aufzuspüren. Solche Sprachen gibt es in allen Teilen der Welt, wie das Baskische in Europa, das Meroitische in Afrika, das Burushaski oder das Japanische in Asien, das Olmekische oder Taraskische in Mittelamerika. Auf diese und andere Sprachen haben die Kontaktlinguisten ihr Augenmerk gelenkt, und man bemüht sich verstärkt, Erklärungen für die Entstehung bestimmter moderner Einzelsprachen aus prähistorischen Fusionsprozessen zu finden. Besonders intensiv konzentrieren sich solche Forschungen auf Sprachen, für die bislang keine gesicherte genetische Verwandtschaft mit anderen Sprachen ermittelt werden konnte.

Dabei konzentriert sich das Interesse nicht nur auf traditionell als Fusionsprodukte bekannte Sprachen wie das Baskische, sondern auch beispielsweise auf das Japanische, das daraufhin untersucht worden ist, ob nicht prähistorische Sprachkontakte und Kreolisierungsprozesse für dessen Entstehung und Eigenprofil verantwortlich sind (Maher 1996). Diese Vermutung wird unter anderem durch archäologische und humangenetische Erkenntnisse über die ehemalige Verbreitung der Ainu nahegelegt, von denen man heute weiß, daß sie bis weit in den Süden gesiedelt und den größten Teil der Hauptinsel Honshu bewohnt haben. Reste der Ainu-Bevölkerung findet man heute im Südteil Sachalins auf russischer Seite und im nördlichen Küstengebiet von Hokkaido, der nördlichsten Insel des japanischen Archipels (Alpatov 1997). Heute leben nur noch rund 40 Personen, die Ainu entweder aktiv sprechen oder verstehen können (Kirikae 1997).

Die Fusionsprozesse, die zur Ausbildung des Japanischen führten, sind relativ alt. Sie reichen mindestens 2000 Jahre zurück. Während die Ainu im nördlichen Teil Japans ihre Eigenständigkeit lange bewahren konnten und sich erst in diesem Jahrhundert an die japanische Kultur und Sprache assimiliert haben, gingen sie in Mitteljapan mit anderen prähistorischen Völkern eine Fusion ein, die letztlich zur Ausbildung eines neuen Volkes mit einer eigenen Sprache führte: der Japaner und des Japanischen. Die Identität der anderen an der Fusion beteiligten Populationen ist – mit Ausnahme der Ainu – nicht bekannt. Die Annahme, daß die Fusion der sich zum Japanischen transformierenden älteren Sprachformen einer Kreolisierung (im Sinn einer Simplifizierung ursprünglich komplexerer Sprachstrukturen) entspricht, ist bislang rein hypothetisch.

Der anfängliche Enthusiasmus über die Erkenntnisse der Kreolistik in der Forschung zur Sprachevolution ist geschwunden, denn inzwischen ist klar, daß sich der Prozeß der Vereinfachung von Pidgins nicht einfach umkehren läßt für Annahmen über die Evolutionsphasen von einer hypothetischen Protosprache zum Stadium der komplexen Sprache. Pidgins haben ihre eigene komplexe Infrastruktur, vielleicht aber machen deren Baupläne nur einen chaotischeren Eindruck als die nicht-pidginisierter Sprachformen. Eine schlichte Umkehrung des Vereinfachungsprozesses erscheint zu schematisch. Daher steht die moderne Kreolistik wie auch die Sprachursprungsforschung derartigen Deutungsversuchen skeptisch gegenüber (Mufwene 2001: 192 ff.).

Kreolsprachen haben eine eigene Entwicklungsbahn, bei der die Rolle des einzelnen Sprechers für die Entstehung neuer Sprechgewohnheiten sicher wichtiger ist als im Fall solcher Sprachen, die seit Generationen fest etabliert sind in stabilen Sprachgemeinschaften. Im Milieu von Nicht-Pidgins und Nicht-Kreolsprachen stehen individuelle Variationen im Sprachgebrauch des Kindes im Spracherwerbsprozeß unter dem Druck des Normverhaltens (der Eltern, der Schule usw.), das ein entscheidender Steuermechanismus für die Tradierung «eingeübter» Sprechgewohnheiten ist.

# 10.

# Gegenwart und Zukunft der Sprachen

Zu keiner Zeit waren die Sprachen der Welt, die lebenden und die untergegangenen, besser erforscht und dokumentiert als heute. Wir verfügen über grammatische Literatur zu Hunderten von Sprachen, und es gibt auch Kompendien, in denen eine größere Zahl von Einzelsprachen nach strukturtypischen und sprachökologischen Gesichtspunkten beschrieben werden (Asher/Simpson 1994, Haarmann 2001a, Haspelmath et al. 2005 mit bibliographischen Hinweisen). Gleichzeitig hat es nie zuvor in der Geschichte so weitreichende und durchgreifende Veränderungen in den Kontaktverhältnissen von Völkern und ihren Sprachen gegeben, und nie zuvor waren globale Migrationsbewegungen so umfassend wie heutzutage (Chaliand/Rageau 1998: 56 f., 174 f.). Weder die Auswanderung nach Amerika im 19. und frühen 20. Jahrhundert noch die Kolonisation Sibiriens durch russische Siedler hat eine Größenordnung erreicht, die mit den Migrationen des späten 20. Jahrhunderts aus den Entwicklungsländern in die postindustriellen Länder der nördlichen Hemisphäre vergleichbar wäre. Millionen von Immigranten aus Afrika und Asien sind in Westeuropa heimisch geworden. In den USA sind heute die Latinos (d. h. die Einwanderer aus Lateinamerika) nach der weißen Bevölkerung und vor den Afroamerikanern mit knapp 40 Mio. die zweitgrößte ethnische Gruppierung des Landes.

## Globale und territoriale Disproportionen in der Verteilung von Sprachen

Die Verteilung der Sprachen in den Regionen der Welt ist außerordentlich ungleichgewichtig. Man findet weite Gebiete mit nur wenigen Sprachgemeinschaften, etwa den Norden Sibiriens, wo auf Tausenden von Quadratkilometern nur rund zwei Dutzend Kleinvölker leben; deren Muttersprachen sind jeweils lokal begrenzt, und das Russische fungiert als überregionale Zweitsprache. Und es gibt extrem verdichtete Sprachlandschaften wie die südliche Himalaya-Region in Südostasien, den Indischen Subkontinent oder Neuguinea.

Hier findet man mit ca. 1100 Sprachen die größte Konzentration lebender Einzelsprachen weltweit. Davon wird die Mehrzahl (mehr als 850) auf dem Territorium Papua-Neuguineas gesprochen. Im Westteil der Insel, der als Provinz Irian Jaya territorial zu Indonesien gehört, beläuft sich die Zahl der Regionalsprachen auf 247. Unter Einschluß des südostasiatischen Inselarchipels, d. h. der Inseln Indonesiens und Malaysias, erweitert sich das Spektrum der Sprachen auf rund 1500. Bezogen auf die globale Sprachenvielfalt (über 6400) macht deren Anteil also fast ein Viertel aus. Auf das restliche Asien verteilen sich weitere 1800 Sprachen, so daß in dieser Großregion (Asien + Neuguinea) etwas mehr als die Hälfte aller Sprachen der Welt zu finden sind.

Vergleicht man die Zahl der Sprachen nach ihre Verteilung auf die Kontinente, so zeigt sich folgende Rangfolge: Asien (ohne Neuguinea), Afrika, Amerika, Australien, Europa. Europa ist also die Großregion der Welt mit der vergleichsweise geringsten Zahl an regionalen Sprachen (143).

**Die Sprachen der Welt und ihre Verteilung auf die Großregionen**
(berechnet nach den verfügbaren Sprachklassifikationen: Haarmann 2001a, c, 2002a, Grimes 2005)

| *Geographische Großregion* | *Gesamtzahl (100 %) der Sprachen* | *Anzahl (Anteil) der Mio-Sprachen* | *Anzahl (Anteil) der kleineren Sprachen* | *Anzahl (Anteil) der Zwergsprachen* |
|---|---|---|---|---|
| Welt insgesamt | 6417 | 273 (4,2 %) | 4162(64,8 %) | 1982 (30,8 %) |
| Asien | 1906 | 126 (6,6 %) | 1549 (81,3 %) | 231 (12,1 %) |
| Afrika | 1821 | 92 (5,1 %) | 1607 (88,2 %) | 122 (6,7 %) |
| Pazifik | 1268 | 1 (0,1 %) | 507 (40,0 %) | 775 (61,1 %) |
| Amerika | 1013 | 10 (0,9 %) | 428 (42,2 %) | 575 (56,7 %) |
| Australien* | 266 | | 11 (4,2 %) | 255 (95,8 %) |
| Europa | 143 | 48 (33,6 %) | 72 (50,4 %) | 23 (16,0 %) |

*) Englisch ist eine Millionensprache in Australien, hat aber in dieser Übersicht keinen Eintrag in der betreffenden Rubrik. Jede Sprache wird nur einmal gezählt, unabhängig von ihrer Verbreitung in der Welt. Englisch wird hier als Sprache Europas gezählt.

Sprachenkategorien:
- Mio-Sprachen: Sprachen, die von 1 Mio. oder mehr Menschen gesprochen werden (z. B. Englisch, Katalanisch, Estnisch)
- Kleinere Sprachen: Sprachen, die von mehr als 1000, aber weniger als 1 Mio. Menschen gesprochen werden (z. B. Baskisch, Kymrisch, Udmurtisch)
- Zwergsprachen: Sprachen, deren Sprecherzahl zwischen 1 und 1000 liegt (z. B. Ainu, Liwisch, Sengseng)

Die Sprachenvielfalt der Welt zeigt nicht nur in geographischer Hinsicht extreme Disproportionen, sondern auch im Hinblick auf die Verteilung einzelner Sprachen in den Staaten der Welt. Zwar hat sich die Zahl der Staaten mit der Auflösung alter Vielvölkerstaaten und der historischen Kolonialimperien im 20. Jahrhundert – insbesondere der österreichisch-ungarischen Doppelmonarchie, der osmanischen, britischen und französischen Weltreiche sowie der Sowjetunion mit ihren inneren Kolonien – beträchtlich erweitert. Trotzdem ist die Gesamtzahl aller Staaten im Vergleich zur Zahl der Sprachen gering. Selbst wenn man Außengebiete einzelner Länder mit administrativem Sonderstatus (z. B. Grönland, das lediglich außenpolitisch durch Dänemark vertreten wird, oder Französisch-Polynesien) gesondert aufführt, beläuft sich die Zahl der politisch-administrativen Territorien auf nicht mehr als 200, auf die sich die über 6400 Sprachen verteilen.

## Sprachkontakte als anthropologische Konstante

In der langen Geschichte menschlicher Kulturentwicklung sind Sprachkontakte eine Konstante. Die Entwicklungsdynamik der archaischen Zivilisationen der Alten und Neuen Welt war vielerorts abhängig von der Qualität lokaler und interregionaler Sprachkontakte. Dies gilt für Mesopotamien ebenso wie für die Indus-Kultur, für den Prozeß der Indoeuropäisierung Europas ebenso wie für die

**Maximale Proportionen der Sprachenverteilung**

| Die bevölkerungsreichsten Staaten Europas | Die sprachenreichsten Staaten Europas | Die sprecherreichsten Sprachen Europas |
|---|---|---|
| Rußland (147,7 Mio.)<br>Deutschland (81,9 Mio.)<br>Großbritannien (58,8 Mio.)<br>Frankreich (58,4 Mio.)<br>Italien (57,4 Mio.)<br>Ukraine (50,7 Mio.)<br>Spanien (39,3 Mio.)<br>Polen (38,6 Mio.)<br>Rumänien (22,6 Mio.)<br>Griechenland (10,5 Mio.) | Rußland (123)<br>Italien (33)<br>Frankreich (27)<br>Deutschland (22)<br>Spanien (16)<br>Großbritannien (15)<br>Rumänien (14)<br>Bulgarien (12)<br>Schweden (11)<br>Finnland (11)<br>Polen (10)<br>Jugoslawien (10) | Russisch (136 Mio.)<br>Deutsch (91,5 Mio.)<br>Französisch (58,1 Mio.)<br>Englisch (56,4 Mio.)<br>Italienisch (55,4 Mio.)<br>Ukrainisch (43,2 Mio.)<br>Polnisch (38,2 Mio.)<br>Spanisch (28,6 Mio.)<br>Rumänisch (23,7 Mio.)<br>Niederländisch (20,2 Mio.) |

| Die bevölkerungsreichsten Staaten Afrikas | Die sprachenreichsten Staaten Afrikas | Die sprecherreichsten Sprachen Afrikas |
|---|---|---|
| Nigeria (114,5 Mio.)<br>Ägypten (59,2 Mio.)<br>Äthiopien (58,2 Mio.)<br>Kongo (demokratische Republik, ehemals Zaire; 45,2 Mio.)<br>Südafrika (37,6 Mio.)<br>Tansania (30,4 Mio.)<br>Algerien (28,7 Mio.)<br>Kenia (27,3 Mio.)<br>Sudan (27,2 Mio.)<br>Kamerun (13,6 Mio.) | Nigeria (427)<br>Kamerun (286)<br>Kongo (demokratische Republik; 221)<br>Sudan (142)<br>Tansania (132)<br>Tschad (128)<br>Äthiopien (117)<br>Ghana (72)<br>Burkina Faso (71)<br>Kenia (61) | Ägyptisch-Arabisch (40,6 Mio.)<br>Hausa (38 Mio. / 22 Mio. PSpr + 16 Mio. ZSpr)<br>Swahili (35 Mio. / 5 Mio. PSpr + 30 Mio. ZSpr)<br>Amharisch (23 Mio. / 19 Mio. PSpr + 4 Mio. ZSpr)<br>Algerisch-Arabisch (20,4 Mio.)<br>Marokkanisch-Arabisch (18,8 Mio.)<br>Afrikaans (10,4 Mio. / 6,4 Mio. PSpr + 4 Mio. ZSpr)<br>Zulu (9,1 Mio.)<br>Tunesisch-Arabisch (9 Mio.) |

**in den Großregionen der Welt (nach Haarmann 2002a)**

| Die bevölkerungsreichsten Staaten Amerikas | Die sprachenreichsten Staaten Amerikas | Die sprecherreichsten Sprachen Amerikas |
|---|---|---|
| USA (265,3 Mio.)<br>Brasilien (161,4 Mio.)<br>Mexiko (93,2 Mio.)<br>Kolumbien (37,5 Mio.)<br>Argentinien (35,2 Mio.)<br>Kanada (29,9 Mio.)<br>Peru (24,3 Mio.)<br>Venezuela (22,3 Mio.)<br>Chile (14,4 Mio.)<br>Ecuador (11,7 Mio.) | Mexiko (295)<br>Brasilien (236)<br>USA (224)<br>Peru (108)<br>Kolumbien (98)<br>Kanada (79)<br>Guatemala (53)<br>Bolivien (45)<br>Venezuela (42)<br>Argentinien (27) | Spanisch (344,3 Mio.)<br>Englisch (240,6 Mio.)<br>Portugiesisch (153,3 Mio.)<br>Quechua (alle regionalen Varianten; 9,1 Mio.)<br>Französisch (8,73 Mio.)<br>Französisch-Kreolisch (alle regionalen Varianten; 7,46 Mio.)<br>Englisch-Kreolisch (alle regionalen Varianten; 4,8 Mio.)<br>Guaraní (4,65 Mio.)<br>Deutsch (3,12 Mio.)<br>Aymará (2,2 Mio.) |

| Die bevölkerungsreichsten Staaten Asiens | Die sprachenreichsten Staaten Asiens | Die sprecherreichsten Sprachen Asiens |
|---|---|---|
| China (VR) (1221,7 Mio.)<br>Indien (945,1 Mio.)<br>Indonesien (197 Mio.)<br>Pakistan (133,5 Mio.)<br>Japan (125,7 Mio.)<br>Vietnam (75,3 Mio.)<br>Philippinen (71,8 Mio.)<br>Iran (62,5 Mio.)<br>Thailand (60 Mio.)<br>China (Taiwan) (21,4 Mio.) | Indonesien (701)<br>Indien (418)<br>China (VR) (206)<br>Philippinen (171)<br>Malaysia (140)<br>Vietnam (87)<br>Thailand (76)<br>Iran (69)<br>Pakistan (66)<br>Usbekistan (65) | Chinesisch (alle regionalen Varianten; 1150 Mio.)<br>Hindi (418 Mio. / 182 Mio. PSpr + 236 Mio. ZSpr)<br>Bengalisch (196 Mio. / 189 Mio. PSpr + 7 Mio. ZSpr)<br>Indonesisch (162 Mio. / 21 PSpr + 141 Mio. ZSpr)<br>Japanisch (125 Mio.)<br>Telugu (73 Mio.)<br>Tamilisch (69 Mio. / 62 Mio. PSpr + 7 Mio. ZSpr)<br>Vietnamesisch (66,4 Mio.)<br>Urdu (54 Mio.)<br>westl. Panjabi (45 Mio.) |

| Die bevölkerungsreichsten Staaten Ozeaniens | Die sprachenreichsten Staaten Ozeaniens | Die sprecherreichsten Sprachen Ozeaniens |
|---|---|---|
| Australien (18,3 Mio.)<br>Papua-Neuginea (4,4 Mio.)<br>Neuseeland (3,6 Mio.)<br>Fidschi (0,8 Mio.)<br>Vanuatu (0,173 Mio.) | Papua-Neuginea (826)<br>Australien (266)<br>Vanuatu (110)<br>Neukaledonien (Frankreich, Territoire d'outre-mer; 40)<br>Mikronesien (17) | Englisch (21,4 Mio.)<br>Tok Pisin (2,05 Mio. / 50000 PSpr + 2 Mio. ZSpr)<br>Samoanisch (0,36 Mio.)<br>Fidschianisch (0,35 Mio.)<br>Tahitianisch (0,125 Mio.) |

präkolumbische Zivilisation Mesoamerikas. Seit den Zeiten der Antike gibt es keine Kultur mehr, deren Entwicklung nicht deutlich durch Kontakte mit Nachbarkulturen – und damit auch mit deren Sprachen – beeinflußt worden wäre. Seit Beginn der Neuzeit, d. h. seit dem 16. Jahrhundert, sind Sprachkontakte eine allgemeine Erscheinung der Kulturgeschichte (Thomason 2001). Sie manifestieren sich in allen Lebensbereichen, von der höchsten offiziellen Ebene sprachpolitischer Beziehungen über lexikalische Modernisierungsprozesse im mehrsprachigen Milieu oder symbolische Funktionen von Fremdsprachen in der kommerziellen Werbung bis hin zur Szene der populären Kultur.

Sprachkontakte können nach ihrer Wichtigkeit für die Entwicklung von Einzelsprachen auf einem gedachten Kontinuum von Intensitätsgraden gemessen werden. Dessen Grenzmarkierungen lassen sich anhand von zwei Extremfällen unserer Zeit veranschaulichen:

1. Modeentlehnungen von Kulturwörtern in der Literatursprache: Einer der Extremfälle spezialisierter Sprachkontakte ist ein kulturorientierter Modetrend, der seit den 1990er Jahren aktuell ist: die Adaption deutscher Kulturwörter in der englischsprachigen – insbesondere in der US-amerikanischen – akademischen Literatur, z. B. *zeitgeist, leitmotiv, gestalt, realpolitik*. Diesen Trend kann man vielleicht als Signalgebung des angelsächsischen intellektuellen Establishments verstehen, europäische Zivilisiertheit zu demonstrieren. Etliche der deutschen Termini, denen man heute in englischen Texten begegnet, sind schon früher entlehnt worden, sie wurden aber zwischenzeitlich kaum verwendet, und ihr Gebrauch erlebt derzeitig eine Art Renais-

sance. Ein Sprachkontakt, der von einem Modetrend abhängig ist, kann begrenzt sein auf eine bestimmte Sprachvariante, ja sogar auf eine bestimmte Stilebene. Da ein Trend kurzfristig und unabwägbar abebben kann, ist diese Art von Sprachkontakt also extrem instabil.

2. Die Überformung moderner Sprachstrukturen durch das Englische: Zur Veranschaulichung des anderen Extrems sei auf die Dominanz des Englischen als Kontaktsprache hingewiesen (Crystal 1997). Englisch ist heutzutage unbestritten die Weltsprache mit der weitesten Ausstrahlung, und seine Kapazität, lokale Sprachen in allen Teilen der Welt zu beeinflussen, hat vielerorts den Charakter einer globalen Zwangsjacke sprachlicher Modernisierung angenommen. Größere wie kleinere Sprachen erleben die Überflutung ihrer lexikalischen Strukturen durch Anglizismen in verschiedenen Stadien lautlicher Adaption. Die Einwirkung des Englischen betrifft potentiell sämtliche sozialen Sprachvarianten: den spezialisiertesten Slang (z. B. im Slang russischer Jugendlicher: *sajz* ‹Größe, z. B. Hemdgröße› < engl. *size*), die allgemeine Umgangssprache (z. B. finn. *fiilis* ‹Gefühl› < engl. *feeling*), die Schriftsprache (z. B. dt. *Layout*, *Slogan*) und die gesamte Palette der Fachsprachen. Das lokalsprachlich-englische «Kauderwelsch» in den Bereichen der modernen elektronischen Datenverarbeitung ist jedem bekannt, der mit einem Schreibcomputer umgeht (Sittek 1997).

Ein Sprachkontakt ist nicht einfach ein Kontakt zwischen Zeichensystemen, sondern immer auch ein Kontakt zwischen Kulturen, denn mit Sprache gestaltet der Mensch sein kulturelles Umfeld (Arutjunov 1989). Sprachkontakt ist andererseits nicht notwendigerweise gebunden an die Face-to-face-Interaktion von Sprechern der im Kontakt stehenden Sprachen. Häufig stehen Sprachen über mediale Kanäle im Kontakt wie beispielsweise im Fall des Transfers sprachlicher Einflüsse in der Welt der Mode oder in der Computerbranche. Sprachkontakt ist ein generischer Begriff, der sich in einer Vielfalt von konkreten Situationen zeigt. Wie die Sprache selbst ist auch der Sprachkontakt ein komplexes Phänomen, das eine Infrastruktur mit irgendeiner Form von hierarchischer Ordnung aufweist.

Die Infrastruktur des komplexen Phänomens «Sprachkontakt» ist als eine Art Vernetzung von Wirkungsfaktoren mit zahlreichen

Polaritäten aufzufassen, in deren Spannungsfeld Sprachen im Kontakt miteinander stehen: Solche Variablen sind intralinguistische (z. B. die kommunikative Kompetenz der beteiligten Sprecher) und extralinguistische (z. B. der sprachpolitische Status einer am Kontakt beteiligten Minoritätssprache), individuelle (z. B. geschlechts- oder altersgruppenspezifische) und kollektive (z. B. Charakteristika des beteiligten sprachlichen Mediums als umgangs-, schrift- oder fachsprachlicher Variante), konkret-strukturelle (z. B. phonetische Adaption von Entlehnungen) und abstrakt-begriffliche (z. B. kulturelle Stereotypen, die sich mit den am Kontakt beteiligten Sprachen und deren Sprechern assoziieren) usw.

Um zu verstehen, welche Einzelphänomene im Prozeß des Sprachkontaktes in welcher Weise interferieren, muß man betrachten, was in den Kontakt eingebracht wird (Haarmann 1991: 149 ff., Thomason 2003: 690 ff.). Grundvoraussetzung eines Interaktionsprozesses ist das Funktionieren der kommunikativen Kompetenz der Sprecher bzw. Sprachbenutzer. Diese beinhaltet nicht nur die Sprachfähigkeit als solche, sondern auch die damit korrelierende Fähigkeit zu nonverbalem Handeln. Eine weitere elementare Konstituente der Interaktion ist das Wissen über die Welt (d. h. Inhalte sozialen, kulturellen und umweltbezogenen Wissens), das jeder Sprecher in die Interaktion einbringt. Hierzu gehört auch das Bewußtsein über die Rollen, die das Individuum, seine Sprache und seine Kultur in der Gesellschaft übernehmen.

Dieses Wissen wird in der Interaktion für bestimmte Handlungsziele eingesetzt, und zwar entsprechend variiert nach den jeweils spezifischen, oben dargestellten Eigenheiten der kommunizierenden Individuen wie Alter, Geschlecht, Sozialstatus usw. Das je nach Interessenlage selektierte Wissen wird über das sprachliche Medium in die Kontaktsituation eingebracht. Die kommunikative Kompetenz würde ohne die Komponente des Wissensrepertoires, mit der sie gleichsam symbiotisch verknüpft ist, wie eine Regelapparatur ohne Kontextbezug funktionieren.

Wertungsinhalte, die gefühlsmäßige Disposition sowie im besonderen kommunikative Intentionen sind als Variablen für die Funktionsfähigkeit der kommunikativen Kompetenz ebenfalls elementar. Eine sinnvolle Interaktion, bei der das verbale Handeln in nonverbale Handlungsstrategien eingebettet ist, kommt erst durch das Zusammenspiel all der genannten Faktoren zustande.

Was die kommunikative Kompetenz bilingualer Sprecher betrifft, so sind dessen Sprachfähigkeiten in der Regel nicht symmetrisch ausbalanciert. Eine der beiden Sprachen ist im allgemeinen stärker als die andere. So zeigt sich im Sprachkontakt, daß die beteiligten Sprachen in nicht äquivalenten Funktionen zum Einsatz kommen. Allein schon die Rollenverteilung von «gebender» versus «nehmender» Sprache bedingt eine unterschiedliche Nutzung von Kompetenzstrategien.

Beobachtungen zur Überlappung sprachlicher Kodes im sog. Code-switching (Heller/Pfaff 1996) sowie zum Wandel von Sprachtechniken in Prozessen von Pidginisierung und Kreolisierung legen die Annahme nahe, daß die kommunikative Kompetenz eine komplexe Apparatur ist, in die Regelsätze einer, zweier oder mehrerer Sprachen eingespeist werden. Dies bedeutet, daß sich der Komplex der Verhaltensregeln in der kommunikativen Kompetenz eines mehrsprachigen Individuums in mehrere Muster ausgliedert. In der mehrsprachigen Kommunikation oder in Sprachkontaktsituationen werden einzelsprachliche Regelsätze entweder in Form separater Kodes abgerufen, oder sie können – in Abhängigkeit von bestimmten kommunikativen Intentionen des handelnden Individuums auch in Wechselwirkung miteinander treten.

Aus einer solchen Funktionsweise heraus läßt sich auch leicht die Adaption von Entlehnungen erklären, d.h. die Übernahme von Elementen aus einem Sprachsystem in ein anderes. Zudem wird verständlich, daß bei der Überlappung sprachlicher Kodes praktisch alle Ausdrucksmittel (z.B. Wortbildungsmuster oder lexikalische Elemente) und alle Sprachtechniken (z.B. Regeln zur Konstituierung grammatischer Paradigmen, syntaktische Strategien) austauschbar sind (Campbell 1993, Curnow 2001). Beispiele für die Auswirkungen massiver Kontakte auf sprachliche Strukturen aller Ebenen sind das von slavischen Sprachen und dem Hebräischen beeinflußte Jiddische (Weinreich 1980), das vom Jakutischen überformte Evenkisch (Romanova et al. 1975) oder das Mexicano, das vom Spanischen beeinflußte moderne Nahuatl (Hill/Hill 1986); (siehe Kapitel 3). Das Mexicano ist ein Beispiel für Fusionsprozesse, in denen zwei grammatische Systeme ineinander greifen, deren Regelsätze symbiotisch operieren.

Die potentielle Austauschbarkeit eines jeden beliebigen Elements und jeder beliebigen Sprachtechnik kann man im individuellen

Code-switching in den verschiedensten Sprechsituationen in mehrsprachiger Umgebung beobachten. Individuelles Code-switching entwickelt unter Umständen kollektive Breitenwirkung (Sarhimaa 1999). Dies ist der Fall in einigen sogenannten «ethnic styles» des Englischen, beispielsweise im Hindish (Hindi + English) in Indien oder im Spanglish (Spanish + English). Spanglish, als urbaner Soziolekt im Südwesten der USA entstanden, wird von den Latinos, den Immigranten aus Lateinamerika, gesprochen.

In der Regel unterscheiden sich die am Sprachkontakt beteiligten Kommunikationsmedien im Hinblick auf zahlreiche Kriterien, sei es der sprachpolitische Status, die Gebrauchshäufigkeit oder die Kapazitäten als Schriftsprache. Auch unterscheiden sich die Sprachen in der Regel bezüglich ihres Prestiges. In einem mehrsprachigen Kontaktmilieu ist zumeist eine der beteiligten Sprachen diejenige mit dem größeren Prestige (Edwards 1996). Typische Konfigurationen von Sprachkontakten mit Prestigegefälle sind die in fast allen Staaten der Welt zu beobachtenden Beziehungen zwischen einer Mehrheitssprache (gesprochen von der Mehrheit der Landesbevölkerung, mit amtlichem Status) und einer oder mehreren Minderheitensprachen (häufig ohne amtlichen Status). Je größer das soziokulturelle Gefälle zwischen Sprachen ist, desto stärker übt die dominante Sprache einen assimilatorischen Druck auf andere Medien aus.

Auch die «Initialzündung» für Pidginisierungsprozesse nimmt vom Prestigegefälle zwischen Sprachen im Kontakt ihren Ausgang (siehe Kapitel 9). Die Basissprache, eine Sprache mit interregionaler Breitenwirkung, ist diejenige mit dem größeren Prestige, und die Strukturen dieses Kommunikationsmediums dominieren – ungeachtet ihrer Transformationen – im Endprodukt, einem Pidgin. Die indominante lokale Sprache wird aufgegeben, hinterläßt allerdings ihre Spuren in solchen Sprachtechniken, die die dominante Sprache verändern.

Der Extremfall ist der Kontakt zwischen einer Sprache, die sämtliche sozialen Funktionen wahrnimmt, sämtliche potentiellen Ausbauphasen durchlaufen hat und aufgrund ihrer Verwendung in der Informationsgesellschaft sämtliche Bedürfnisse globaler Kommunikation erfüllt, und einer anderen schriftlosen Sprache, die weder im Ausbildungswesen noch in amtlicher Funktion verwendet wird, die also nur in gesprochener Form existiert (siehe Haarmann 1984,

2001c: 53 ff. zu diesem Typ von Sprachkontakt). Solchermaßen geprägt sind die Kontakte des dominanten Russisch zu den zahlreichen indominanten Sprachen Rußlands (z. B. Ischorisch und Wotisch im Ostseeraum, Selkupisch, Nganasanisch und Evenisch in Sibirien, Agulisch, Darginisch und Rutulisch in der Kaukasusregion).

## Sprachliche Dynamik im modernen Europa

### *Demographische und sprachliche Verhältnisse*

Nach seiner geographischen Ausdehnung ist Europa der kleinste der Kontinente, allerdings bevölkerungsreicher als Australien oder Afrika. Der Anteil der Bewohner Europas an der Weltbevölkerung macht nur knapp 12 % aus. Nach Hochrechnungen wird der Anteil bis zum Jahr 2030 auf 8,3 % schrumpfen (Lutz et al. 1994: 407).

In Europa finden wir die vergleichsweise geringste Anzahl an einheimischen Sprachen (143). Dies sind lediglich 2,2 % aller Sprachen der Welt. Es gibt zahlreiche Staaten außerhalb Europas, deren Sprachenzahl weitaus größer ist als die Zahl aller Sprachen Europas zusammen genommen. Beispiele hierfür sind Brasilien (236), die USA (224) oder China (Kontinentalchina) mit 206 Sprachen, von noch sprachenreicheren Ländern wie Indien, Indonesien oder Papua-Neuguinea ganz zu schweigen.

Andererseits bietet die Sprachenwelt Europas einige Superlative, die wir nirgendwo sonst auf der Welt finden: Über 30 % der europäischen Sprachen gehören zur Gruppe der Millionen-Sprachen. In anderen Kontinenten ist deren Anteil weit geringer (z. B. 6,6 % in Asien oder 5,1 % in Afrika). Und von keinem anderen Kontinent der Erde aus haben sich so viele Weltsprachen verbreitet, d. h. Sprachen mit globalen kommunikativen Funktionen. Das Ergebnis des Sprachenexports seit dem 15. Jahrhundert ist eine erhebliche Zunahme der Sprecherzahlen außerhalb Europas. Heutzutage lebt die Mehrheit der Sprecher von Sprachen wie dem Englischen, Spanischen, Portugiesischen und Französischen in außereuropäischen Regionen. Dabei sind die Proportionen der Sprechergruppen in Europa im Verhältnis zu denen in anderen Kontinenten von Sprache zu Sprache sehr unterschiedlich.

**Europäische Weltsprachen:
Sprecherzahlen in Europa und außerhalb Europas**

| *Sprache* | *Sprecherzahl insgesamt (Primär- + Zweitsprachler)* | *Sprecher in Europa (Anteil in %)* | *Sprecher außerhalb Europas (Anteil in %)* |
|---|---|---|---|
| Portugiesisch | 182 Mio. | 9,8 Mio. (5,4 %) | 172,2 Mio. (94,6 %) |
| Englisch | 573 Mio. | 61,3 Mio. (10,7 %) | 511,7 Mio. (89,3 %) |
| Spanisch | 352 Mio. | 39,4 Mio. (11,2 %) | 312,6 Mio. (88,8 %) |
| Französisch | 131 Mio. | 62,4 Mio. (47,6 %) | 68,6 Mio. (52,4 %) |
| Russisch | 242 Mio. | 172,8 Mio. (71,4 %) | 69,2 Mio. (28,6 %) |
| Deutsch | 101 Mio. | 96,9 Mio. (96,0 %) | 4,1 Mio. (4,0 %) |

Das Spektrum der Sprachen Europas ist vielfältig, vor allem was ihre genealogischen Beziehungen betrifft, und in einigen Regionen sieht die vielsprachige Landschaft wie ein bunter Flickenteppich aus (Haarmann 1993). In West- und Mitteleuropa sind indoeuropäische Sprachen verbreitet, und zwar germanische, romanische, keltische und westslavische (siehe Kapitel 6). Einzige Ausnahme in Westeuropa ist das Baskische, das mit keiner anderen, bekannten Sprache verwandt ist. In Mitteleuropa steht das Ungarische, eine finnisch-ugrische Sprache, isoliert, umgeben von indoeuropäischen Sprachen. In Südost- und Osteuropa ist die genealogische Differenzierung der Sprachen komplexer als im Westen. Außer slavischen Sprachen (ost- und südslavisch) sind im östlichen Europa finnisch-ugrische Sprachen verbreitet.

Zum finnisch-ugrischen Sprachzweig gehören bekannte Sprachen wie das Finnische, Estnische und Saamische (Lappische), außerdem zahlreiche kleinere Sprachen im europäischen Teil Rußlands (Karelisch, Udmurtisch/Wotjakisch, Mari/Tscheremissisch, Mordwinisch, Komi-Sprachen wie Syrjänisch und Permjakisch, u. a.). Vom samojedischen Sprachzweig der uralischen Sprachfamilie ist in Europa das Nenzische (Jurakische) im äußersten Nordosten des Kontinents, und zwar westlich des Ural vertreten. Die uralischen Sprachen gehören wie die indoeuropäischen Sprachen auch zu den autochthonen Sprachen Europas (siehe Kapitel 7).

Erst seit dem frühen Mittelalter sind auch Turksprachen in Europa heimisch geworden. Die Turksprachen sind ein Sprachzweig der altaischen Sprachfamilie, wozu außerdem die mongolischen und tungusischen Sprachen gehören (siehe Kapitel 7). Moderne Turksprachen sind in einem breiten Gürtel von Südosteuropa (rumelische Dialekte des Balkantürkischen, Türkei-Türkisch, Gagausisch) bis in die Wolgaregion (Tatarisch, Baschkirisch, Tschuwaschisch) und ins Vorland des Kaukasus (Kumükisch, Nogaisch, Kabardino-Balkarisch u. a.) verbreitet. Die einzige mongolische Sprache auf europäischem Boden ist das Kalmükische (europäisches Oiratisch) an der Nordwestküste des Kaspischen Meeres.

An der Peripherie Europas schließt der Kaukasus den Kontinent wie ein geographischer Riegel von Asien ab. Im Licht der Kulturgeschichte fungierte der Kaukasus mit seinen 37 autochthonen Sprachen häufig als Drehscheibe für kulturelle Impulse. Über die Kulturkontakte mit dem Vorderen Orient gelangten das Christentum und das Judentum (und damit auch das Hebräische) in die Kaukasus-Region. Die jüdischen Enklaven in Georgien gehören zu den ältesten Siedlungen der Juden in Osteuropa.

### *Mehrsprachigkeit*

Aussagen über die Sprachenvielfalt in Europa beleuchten die geographische Verteilung der Sprachen und ihre Verwandtschaftsverhältnisse, damit ist aber noch nichts darüber gesagt, in welcher Beziehung welche Sprachen zu welchen Sprechergruppen stehen. Dies leistet ein Blick auf die Mehrsprachigkeit in Europa, also die Kombination einzelner Sprachen in ihrer Verwendung durch Mitglieder verschiedener Sprachgemeinschaften.

Anders als in Indien mit seinen mehr als 410 Sprachen und komplexen Kontaktverhältnissen von Sprachen und Kulturen, wo die große Mehrheit der Bevölkerung mehrsprachig ist (Choudhry 2001), sind die meisten Europäer einsprachig, sind also nur in einer einzigen

Sprache sozialisiert worden und sprechen andere Sprachen lediglich als Fremdsprachen (z. B. einsprachige Deutsche, Italiener, Franzosen, Russen usw.). Nur ein kleiner Teil der europäischen Bevölkerung erlernt zwei oder mehrere Sprachen im Vorschulalter, und zwar nur in einzelstaatlichen Territorien in bestimmten Kontaktregionen. Dies trifft immerhin auf rund 42 Millionen Menschen in Gesamteuropa zu.

Plurilinguismus ist seit langem charakteristisch für die Gebiete mit sprachlichen bzw. ethnischen Minderheiten:

- in Westeuropa: die peripheren Regionen Spaniens (Katalonien, Galicien, Baskenland), Frankreichs (Bretagne, Provence, Elsaß), Italiens (Südtirol, Friaul, Sardinien) oder Großbritanniens (Wales, schottisches Hochland und Hebrideninseln)
- im Norden Europas: die Regionen mit saamischer Bevölkerung im Norden Norwegens, Schwedens, Finnlands und Rußlands)
- in den Staaten Südost- und Ostmitteleuropas mit alten Grenzlandschaften wie Schlesien, Teschengebiet, Kärnten, Vojvodina, Banat, Zips, Bukovina, Siebenbürgen, Istrien u. a.
- in den neuen souveränen Anrainerstaaten des modernen Rußland mit ihren russischen Minderheiten (Ukraine, Estland, Lettland, Litauen, Moldova u. a.)
- in Rußland selbst mit seinen mehr als 120 nichtrussischen Sprachen (Nordosten des europäischen Teils, Gebiet der mittleren Wolga mit russischer, finnisch-ugrischer und türkischer Bevölkerung, Kaukasus, Nord- und Ostsibirien)

Zwar haben Assimilationsprozesse im Westen und Osten Europas die Entfaltungsbedingungen der Mehrsprachigkeit seit längerem eingeschränkt, das Ausmaß an Mehrsprachigkeit und die Anzahl plurilingualer Sprecher haben aber in einigen Regionen mit gefährdeten Minderheitensprachen in neuerer Zeit zugenommen. Dafür gibt es verschiedene Gründe:

- Die seit den 1970er Jahren verstärkt geführte öffentliche Diskussion über Menschenrechte hat ein Bewußtsein auch für die Rechtslage sprachlicher Minderheiten geschärft. Eine Folge dieser Entwicklung war die zunehmende Aufmerksamkeit, die von staatlicher Seite den Regionalsprachen und -kulturen gewidmet wurde und sich in der Gesetzgebung, insbesondere der EU-Mitgliedstaaten, niedergeschlagen hat. Beispielsweise ist das Saami-

sche in der finnischen Provinz Lappi (Lappland) seit 1991 als regionale Amtssprache neben dem Finnischen anerkannt. In Rußland sind verschiedene nicht-russische Sprachen als Amtssprachen in den zweisprachigen Republiken innerhalb der Russischen Föderation aufgewertet worden (z. B. Tatarisch in Tatarstan, Kalmükisch in Kalmükien, Komi-Syrjänisch in der Komi-Republik).
- Auch auf internationaler Ebene zeigt die Verabschiedung der «European Charter for Regional or Minority Languages» 1992 durch den Europarat (in Kraft getreten 1998) das wachsende Bewußtsein für den Eigenwert der Regionalsprachen und der Mehrsprachigkeit als Kommunikationsform (Extra/Gorter 2001a).
- Die Aufmerksamkeit, die den Regionalsprachen seit einiger Zeit zuteil wird, hat Folgen auch für die Identitätsfindung und das Selbstbild der Sprecher solcher Sprachen gehabt. Heute begegnet man in allen Regionen Europas einem verstärkten Sprach- und Kulturbewußtsein auf Seiten der Minderheiten, was in zahlreichen Projekten zum Schutz gefährdeter Sprachen zum Ausdruck kommt. Selbst für zahlenmäßig kleine Sprachgemeinschaften mit nur wenigen tausend Sprechern werden lokale Schriftsprachen geschaffen (z. B. für das Aranesische und Asturische in Spanien).

Zu keiner Zeit hat es in Europa so viele verschiedene Sprachen gegeben wie heute, dies vor allem durch den Zuzug von immer mehr Menschen aus anderen Teilen der Welt, die in Europa eine neue Heimat gefunden haben. Das Spektrum der einheimischen Sprachen (d. h. Sprachen der «Alteuropäer») hat sich seit den 1960er Jahren sukzessive um die Sprachen außereuropäischer Immigranten (d. h. Sprachen der «Neueuropäer») erweitert. Hierzu gehören Dutzende von afrikanischen, asiatischen und amerikanischen Sprachen wie beispielsweise Arabisch und Kabylisch (berberische Sprache aus Nordalgerien) in Frankreich, Bengali und Panjabi in Großbritannien, Farsi und Pashto in Deutschland, Papiamentu (Portugiesisch-Kreolisch) und Ambonesisch (Malaiisch) in den Niederlanden, Somali und Urdu in Finnland usw.

Die Sprachen der vielen Millionen von Immigranten stehen im Kontakt mit den einheimischen Sprachen Europas. Neue Muster von Zweisprachigkeit sind im Entstehen begriffen, und in den Großstädten bilden sich urbane Pidgins heraus. Die Sprachenvielfalt und die Bedingungen mehrsprachiger Kommunikation in unserem Kontinent potenzieren sich (Extra/Gorter 2001b).

Viele stellen heutzutage die Frage, ob die multikulturelle Gesellschaft sich nicht gerade wegen ihres Multikulturalismus in einer permanenten Krisensituation befindet. Auch wird gefragt, ob Europa nicht seine eigentlich europäische Identität verloren hat (Tibi 1998). Die Europäer haben im Lauf ihrer Geschichte gezeigt, daß sie sich flexibel auf Wandlungen einstellen können. So wird es auch gelingen, sinnvoll mit alten und neuen Formen von Multikulturalität und Plurilinguismus umzugehen.

## Trends und Prognosen

Die Geschichte der Sprachen dieser Welt bewegt sich zwischen zwei extremen Polen, zwischen deren Entstehung und deren Ableben. Die Sprachgemeinschaften der Welt sind ständigen Fluktuationen unterworfen, und dies hat mit ihrem unterschiedlichen Wachstum zu tun. Soweit Trends auszumachen sind, die sich bereits heutzutage deutlich abzeichnen, können allgemeine und einige spezielle Aussagen über Wachstums- und Schrumpfungsprozesse unserer Sprachen gemacht werden.

Die einen Gemeinschaften wachsen durch die Zunahme ihrer Sprecherzahlen (z. B. Chinesisch, Farsi, Swahili), die anderen schrumpfen, weil sich die Zahl der Sprecher durch Assimilationsverlust an dominante Sprachen verringert (z. B. Schottisch-Gälisch in Schottland, Sorbisch in Deutschland, Mordwinisch in Rußland). In vielen Staaten wird sich auf absehbare Zeit die Zahl der Sprachen erhöhen (z. B. in Westeuropa als Folge der Zunahme von Immigration aus Gebieten außerhalb Europas), in anderen Ländern dagegen durch den Verlust von Minderheitensprachen verringern (z. B. in Australien, Brasilien oder in den USA).

### *Wachstum der «Großen»*

Vor einem halben Jahrhundert gab es nur wenige Sprachen, die von mehr als 100 Millionen Menschen gesprochen wurden. Heute sind es zwölf. Mehr als drei Viertel der Weltbevölkerung (76,5 %) sprechen eine dieser großen Sprachen, entweder als Primär- oder als Zweitsprache. Dazu gehören alle sechs Weltsprachen, also Englisch,

Spanisch, Russisch, Portugiesisch, Französisch, Deutsch. Die anderen sechs sind ohne globale Geltung, aber ihre Sprecher (2,32 Milliarden) machen zusammen fast 40 % der Weltbevölkerung aus; alle sechs sind ursprünglich in Asien beheimatet: Chinesisch, Hindi, Arabisch, Bengalisch, Indonesisch, Japanisch.

**Sprachen mit mehr als 100 Millionen Sprechern und das Verhältnis von Primärsprachlern (PSpr) versus Zweitsprachlern (ZSpr)**

| *Sprache* | *Sprecherzahl* | *Primärsprachler (Anteil in %)* | *Zweitsprachler (Anteil in %)* |
|---|---|---|---|
| Chinesisch | 1210 Mio. | 1139 Mio. (94,1 %) | 71 Mio. (5,9%) |
| Englisch | 573 Mio. | 337,4 Mio. (58,9%) | 235,6 Mio. (41,1 %) |
| Hindi | 418 Mio. | 182 Mio. (43,5 %) | 236 Mio. (56,5 %) |
| Spanisch | 352 Mio. | 266 Mio. (75,6 %) | 86 Mio. (24,4 %) |
| Russisch | 242 Mio. | 170 Mio. (70,2 %) | 72 Mio. (29,8 %) |
| Arabisch | 209 Mio. | 202 Mio. (96,6 %) | 7 Mio. (3,4 %) |
| Bengalisch | 196 Mio. | 189 Mio. (96,4 %) | 7 Mio. (3,6 %) |
| Portugiesisch | 182 Mio. | 170 Mio. (93,4 %) | 12 Mio. (6,6 %) |
| Indonesisch | 162 Mio. | 21 Mio. (12,9%) | 141 Mio. (87,1 %) |
| Französisch | 131 Mio. | 76 Mio. (58,0 %) | 55 Mio. (42,0 %) |
| Japanisch | 126 Mio. | 125 Mio. (99,2 %) | 1 Mio. (0,8 %) |
| Deutsch | 101 Mio. | 96,5 Mio. (95,6 %) | 4,5 Mio. (4,4 %) |

Alle Weltsprachen erfüllen bestimmte Kriterien, die ihren Status und ihre kommunikativen Funktionen betreffen. Was eine Weltsprache von anderen Großsprachen dieser Kategorie unterscheidet, läßt sich wie folgt umschreiben (Haarmann 2001b: 91 ff.):

**Moderne Weltsprachen**

- haben mehr als jeweils 100 Mio. Sprecher;
- sind nicht nur als Muttersprachen (Primärsprachen) verbreitet, sondern werden auch als Zweitsprachen und als Sprachen mit speziellen Funktionen von Menschen mit anderen Muttersprachen gesprochen (z. B. ein Kenianer mit Swahili als Primärsprache und Englisch als Zweitsprache);
- haben Sprachgemeinschaften mit multiethnischer Zusammensetzung (z. B. Englisch als Bildungssprache im Vielvölkerstaat Indien);
- haben jeweils in einer Vielzahl von Staaten amtlichen Status (z. B.

Französisch als Amtssprache in Frankreich, Belgien, Kamerun, Mali, Madagaskar usw.);
- werden als Handelssprachen verwendet (in Wirtschaft und Marketing);
- besitzen amtlichen Status in internationalen Organisationen (z. B. in der UNO, ASEAN, WHO u. a.);
- sind im Fremdsprachenunterricht der verschiedensten Länder integriert;
- werden als Sprachen wissenschaftlicher Disziplinen verwendet;
- besitzen praktische Funktionen für den Aufbau der Kommunikationssysteme in der Informationsgesellschaft;
- besitzen globales Prestige als Modernitätsikonen.

Insgesamt 273 Sprachen der Welt gehören zur Kategorie der Millionen-Sprachen. Die Sprecher aller dieser Sprachen zusammen machen mehr als 90 % der Weltbevölkerung aus. Asien ist der Kontinent mit den meisten Millionen-Sprachen, deren Zahl sich dort auf 126 beläuft. Dies sind 46,1 % aller Sprachen der Welt mit mindestens 1 Million Sprechern. In Asien findet sich auch diejenige Sprache der Welt mit der mit Abstand größten Sprecherzahl, das Chinesische. Zählt man die Sprecher aller chinesischen Sprachvarianten zusammen, so beläuft sich ihre Zahl auf nicht weniger als 1,21 Milliarden. Dies sind rund 21 % der Weltbevölkerung. Trotz seiner numerischen Stärke erfüllt das Chinesische nur wenige weltsprachliche Funktionen, ganz im Gegensatz zum Englischen mit seiner globalen Ausstrahlung, dessen Gesamtsprecherzahl (Primär- und Zweitsprachler) kaum die Hälfte der chinesischen ausmacht.

Nicht nur die Anzahl der Millionen-Sprachen nimmt zu, auch ihre Sprecherzahlen zeigen eine kontinuierliche Wachstumskurve. Die Zuwachsraten bei den Weltsprachen erhöhen sich vor allem wegen deren Zweitsprachenattraktion. Die Anteile für Zweitsprachler sind insbesondere beim Englischen, Spanischen und Französischen hoch. Im Kreis der 100-Millionen-Sprachen fällt das Indonesische auf, das trotz seiner großen Sprecherzahl keine Weltsprache ist. Die meisten Sprecher des Indonesischen sind Angehörige der zahlreichen Völker Indonesiens, die ihre regionale Muttersprache als Primärsprache und das Indonesische als Zweitsprache sprechen. Zum Wachstum der «großen» Sprachen lassen sich einige deutliche Trends erkennen und dementsprechende Prognosen wagen:

- Einerseits bedingt durch den Druck des Bevölkerungswachstums in Indien und andererseits durch die immer stärkere Assimilation kleinerer Sprachgemeinschaften wird der Zuwachs der Sprachgemeinschaft des Hindi (mit dem Status als Primär- und Zweitsprache) höchstwahrscheinlich in weniger als zwei Jahrzehnten den des Englischen überflügelt haben. Hindi wird dann hinter dem Chinesischen an zweiter Stelle rangieren, das Englische erst an dritter Stelle in der Welt.
- Beim zu erwartenden schnellen Zuwachs der Bevölkerung in Schwarzafrika und im südlichen Asien werden die Millionen-Sprachen die «Gewinner» sein. Da die Mitglieder in kleineren Sprachgemeinschaften mit Minderheitenstatus auf überregionale, dominante Kontaktsprachen angewiesen sind, üben diese einen starken Anpassungssdruck auf die Regionalsprachen aus. Das Wachstum der «großen» Sprachen erfolgt somit auf Kosten einer zunehmenden Auflösung vieler kleiner Sprachgemeinschaften, bedingt durch Assimilation ihrer Sprecher an die dominante Sprache. Das bedeutet, daß sich die demographischen Wachstumsraten höchst disproportioniert im Sprachenwachstum spiegeln.
- In Afrika werden Sprachen wie Hausa (38 Mio.), Swahili (35 Mio.), Kikuyu (5,4 Mio.), Xhosa (6,8 Mio.) oder Zulu (8,8 Mio.) den größten Zuwachs zu verzeichnen haben. Außerdem werden zahlreiche Sprachen, die heute noch von weniger als einer Million Menschen gesprochen werden, in die Kategorie der Millionen-Sprachen aufrücken. Beispiele von Sprachen, auf die diese Entwicklung voraussichtlich zutrifft, sind das Makhuwa-Shirima und Chopi in Mosambik, das Gbagyi und Igala in Nigeria, das Fulfulde (Sokoto) in Niger, das Dogon in Mali und Burkina Faso, das Gen-Gbe in Togo und Benin, das Macina in Mali, Ghana und in der Elfenbeinküste, das Ngbaka in der Demokratischen Republik Kongo (ehemals Zaire) und das Serere-Sine in Senegal.
- Im südlichen Asien werden es Hindi (418 Mio.), Pashto (21 Mio.), Farsi (65 Mio.) und Indonesisch (162 Mio.) sein, deren Sprecherzahlen überdurchschnittlich zunehmen werden. Auch in dieser Region ist damit zu rechnen, daß sich der Kreis der Millionen-Sprachen erhöht. Zu den Millionen-Sprachen von morgen werden aller Wahrscheinlichkeit das Aimaq im östlichen Iran und

einige Sprachen Indiens gehören, wie das Mina in den Bundesstaaten Madhya Pradesh und Rajasthan, das Manipuri (Meithei) in Manipur oder das Ho in Bihar und Orissa.

- Die Zuwachs-Gewinner in Amerika werden in erster Linie das Spanische und Portugiesische, dann auch das Englische, Varianten des Quechua und Maya-Sprachen wie Quiché und Yucateco sein.
- In Europa wird die Entwicklung verhältnismäßig stabil bleiben. Der Kreis der Millionen-Sprachen wird sich kaum erweitern, andererseits wird sich auch die Zahl der Zwergsprachen kaum verringern. Allein im Fall des Liwischen und Wotischen ist ein Absinken der Sprecherzahlen gegen Null zu erwarten. Während das mäßige Wachstum der Bevölkerung in Europa dazu führt, daß deren Anteil an der Weltbevölkerung in der Zukunft ständig abnimmt, wird sich der Anteil der Sprecherzahlen der großen europäischen Sprachen nicht im gleichen Ausmaß verändern. Im Gegenteil: Die europäischen Weltsprachen Englisch, Spanisch, Französisch und Portugiesisch werden einen erheblichen Zuwachs an Sprechern in den Ländern der sog. Dritten Welt zu verzeichnen haben. Die Sprecherzahlen des Russischen und Deutschen, von Sprachen also, die überwiegend in der nördlichen Hemisphäre verbreitet sind, werden dagegen nur wenig anwachsen, möglicherweise stagnieren.

### *Untergang der «Kleinen»?*

Die Masse der Sprachen gehört zur Kategorie der kleineren Sprachen, die jeweils von weniger als einer Million, aber mehr als 1000 Menschen gesprochen werden. Hierzu sind Sprachen wie das Baskische, Isländische, Färingische oder Kymrische in Europa, Maasai, Okobo oder Simba in Afrika, Dzongkha, Iban oder Tuvinisch und Burjatisch in Asien, Inuktitut (kanadisches Eskimo), Navaho oder Mapudungun in Amerika, Kriol (Kreolisch-Englisch), Pitjantjatjara und Warlpiri in Australien, Fidschi, Maori oder Tahitianisch in Ozeanien zu rechnen. Die meisten dieser Sprachen sind Minderheitensprachen in Staaten mit anderssprachiger Mehrheitsbevölkerung. Einige allerdings besitzen auch amtlichen Status wie das Isländische in Island, das Dzongkha in Bhutan oder das Tahitianische, das neben dem Französischen als Amtssprache der Gesellschaftsinseln (in Französisch-Polynesien) fungiert.

Das Wachstum der kleineren Sprachgemeinschaften ist unterschiedlich und zeigt keinen generellen Trend. Ob Sprecherzahlen zunehmen oder abnehmen, hängt stark von den ökologischen Existenzbedingungen in den Staaten der Welt mit ihren recht unterschiedlichen Schutzbestimmungen für Minderheitensprachen ab. Es gibt Sprachen wie das Baskische oder das in Wales verbreitete Kymrische, deren Ableben schon vor hundert Jahren prophezeit wurde, und die noch heute von jeweils mehr als einer halben Million Menschen gesprochen werden. Aber selbst wenn kleine Sprachen in der Regel resistenter sind als allgemein angenommen wird, so kann dies nicht über den gravierenden Tatbestand der Gefährdung vieler kleinerer Sprachen hinwegtäuschen.

*Zwergsprachen und aussterbende Sprachen* Die Kategorie der Zwergsprachen verdient ihre Bezeichnung, wenn man bedenkt, daß die Sprecherzahl sämtlicher Zwergsprachen der Welt (fast 2000) zusammengenommen nicht einmal eine halbe Million ausmacht. Hunderte dieser Sprachen sind eigentlich keine Kommunikationsmedien im landläufigen Sinn mehr. Wenn nur noch einzelne Sprecher in der Lage sind, eine Sprache zu sprechen, kommt über diese Sprache kaum Kommunikation ohne die Hilfe einer Zweitsprache zustande. Selbst wenn es noch ein paar mehr Menschen gibt, die die Sprache verstehen können, aber sie nicht aktiv benutzen, sind die Möglichkeiten sprachlicher Interaktion stark eingeschränkt.

Zwergsprachen verändern sich unter dem situationellen Druck einer dominanten Sprache auch strukturell. Starker funktionaler Druck kann zu einer massiven Überformung der Strukturen der indominanten Sprache ausufern und im Extremfall zur Auflösung traditioneller Strukturmuster führen. «In ihrem Spätstadium teilen sterbende Sprachen mit der Kindersprache, mit Pidgins und Verkehrssprachen die Eigenschaft unvollständigen strukturellen Ausbaus, und zwar im Vergleich zu vollentwickelten Formen derselben Sprache» (Dorian 1992: 135 f.).

Es gibt eine Anzahl von Sprachen in der Welt, für die das Endstadium ihrer Existenz klar beobachtet werden kann. Dies gilt für das Alngith in Australien (Queensland), das Serrano in den USA (südliches Kalifornien), das Xetá in Brasilien (Paraná), das Ixcatec in Mexiko (Oaxaca), das Yawuru (Western Australia) u. a.

Bei den Sprachen, die nur noch von einem Menschen gesprochen werden, handelt es sich definitorisch nicht mehr um reale Kommunikationsmedien, denn der letzte Sprecher kann sich nur noch mit den Geistern seiner Ahnen verständigen. Man könnte solche Sprachen Traumsprachen nennen. Weltweit gibt es mehr als 100 Sprachen, die kaum die Minimalbedingungen von Kommunikationsmedien erfüllen. Die meisten von ihnen sind in Australien und Brasilien verbreitet.

Im dynamischen Rhythmus des Sprachwechsels nähern sich immer mehr Kleinsprachen den Minimalgrenzen ihrer Existenz. Mit dem Ableben des letzten Sprechers ist das betreffende Kommunikationsmedium ausgestorben. Eine Sprache, die heute noch in die Liste der existierenden Zwergsprachen aufgenommen wird, gehört vielleicht morgen schon zur Kategorie der ausgestorbenen Sprachen.

**Ausgestorbene Sprachen:**
(soweit bekannt, mit Angabe des Todesjahrs des letzten Sprechers; Haarmann 2002b: 188)

1940er Jahre
- Alsea (seit 1942 ausgestorben; USA, Oregon)
- Chitimacha (seit 1940 ausgestorben; USA, südl. Louisiana)
- Pentlatch (seit 1940 ausgestorben; Kanada, British Columbia)

1950er Jahre
- Kaniet (seit 1950 ausgestorben; Papua-Neuguinea, Manus-Provinz);
- Omurano (seit 1958 ausgestorben; Peru);

1960er Jahre
- Chumash (seit 1965 ausgestorben; USA, südl. Kalifornien);
- Jorá (seit 1963 ausgestorben; Bolivien);

1970er Jahre
- Jugisch (seit 1975 ausgestorben; Rußland, Region Krasnojarsk);
- Homa (seit 1975 ausgestorben; Sudan, Umgebung von Mopoi und Tambura);
- Manx-Gälisch (seit 1974 ausgestorben; Großbritannien, Isle of Man);

- Moksela (seit 1974 ausgestorben; Indonesien, Insel Buru);
- Shuaditisch/Jüdisch-Provenzalisch (seit 1977 ausgestorben; Frankreich);
- Tillamook (seit 1970 ausgestorben; USA, nordwestl. Oregon);
- Yamana (seit 1978 ausgestorben; südl. Chile, Argentinien);

1980er Jahre
- Atsugewi (seit 1988 ausgestorben; USA, nordöstl. Kalifornien)
- Kamassisch (seit 1989 ausgestorben; Rußland, Sajan-Berge in Westsibirien)
- Kungarakany (seit 1989 ausgestorben; Australien);
- Kusanda (seit den 1980er Jahren ausgestorben; Nepal);
- Liliali (seit 1989 ausgestorben; Indonesien, Insel Buru);
- Nooksack (seit 1988 ausgestorben; USA, nördl. Washington);
- Twana (seit 1980 ausgestorben; USA, Washington);
- Yavitero (seit 1984 ausgestorben; Venezuela).

1990er Jahre
- Ubychisch (seit 1992 ausgestorben; Türkei, nahe Istanbul)
- Mlahsö (seit 1998 ausgestorben; Syrien, Provinz Diyarbakir)

Beispiele für Unabwägbarkeiten und unvorhersehbare Wendungen gibt es viele. Ein Extremfall ist die Entwicklung des von rund 2000 Menschen gesprochenen Rapa Nui, der Sprache, die ihren Namen von der Insel hat, wo ihre Sprecher leben (Haarmann 2001c: 59 f.). Rapa Nui (‹großes Felsplateau›) ist der einheimische Name für die Osterinsel, die heutzutage knapp 3000 Einwohner zählt. Es gibt Schätzungen, wonach auf der Insel zur Zeit der wirtschaftlichen Blüte bis zu 10 000 Menschen lebten. Die Kriege der Clans um die Vorherrschaft über Nahrungsressourcen und politischen Einfluß hatten die Inselbevölkerung bereits vor der Ankunft der Europäer im 18. Jahrhundert dezimiert. Im Jahre 1862 wurden rund 4500 Insulaner gezählt (Esen-Baur/Walter 1989: 161 f. zur Bevölkerungsentwicklung). Die Zahl der Insulaner nahm weiter ab, und es sah alles danach aus, daß das Rapa Nui gegen Ende des 19. Jahrhunderts aussterben würde.

Dennoch ist die Bevölkerungszahl der Einheimischen auf der Insel kontinuierlich angewachsen, und damit auch die Zahl der Sprecher des Rapa Nui. Die progressive Entwicklung ist erstaunlich, bedenkt man, daß die alte Kulturtradition (die soziale Hierarchie in den Clans, die Kenntnis der alten Riten, die Schriftkundigkeit, d. h. die Fähigkeit, die Texte der Rongorongo-Tafeln zu lesen) längst verloren gegangen ist (Lee 1990: 44 ff.). Die Kultur der Rapa Nui wie auch ihre Sprache hat sich den Gegebenheiten einer sich wandelnden Welt angepaßt, ohne in diesem Prozeß unterzugehen.

*Sprachgefährdung und Sprachensterben* Eine typische Erscheinung in den kleineren und kleinsten existenzgefährdeten Sprachgemeinschaften sind bestimmte, altersgebundene Assimilationsprozesse. Während die Vertreter der Eltern- und Großelterngeneration noch ihre Muttersprache bewahren, sind die Kinder bereits in einer dominanten Kontaktsprache sozialisiert worden. Mit dem Generationswechsel geht also die muttersprachliche Kompetenz verloren, die Sprachgemeinschaft überaltert, und die Regionalsprache stirbt mit ihren letzten Sprechern (Brenzinger 2007).

Einem weit verbreiteten Stereotyp zufolge sind für den Gefährdungszustand solcher Sprachen der Globalisierungsprozeß und das Englische verantwortlich zu machen. Tatsächlich aber sind die meisten gefährdeten Sprachen außerhalb der englischsprachigen Länder verbreitet und vielfach dort zu finden, wo das Englische entweder gar nicht direkt einwirkt oder keine praktische Geltung besitzt.

Vor allem die Stellungnahmen einiger Forscher aus dem englischen Sprachraum haben wegen ihres alarmierenden Tenors Aufsehen erregt (z. B. Krauss 1992 und sein Katastrophenszenario). Gemeinsam ist solchen Aussagen über die desolate Lage von Minderheitensprachen, daß hier die Verhältnisse in Nordamerika und im Südpazifik als Maßstab genommen werden und von da aus global extrapoliert wird. In der Tat sind die USA und Australien die größten Sprachenfriedhöfe unserer Zeit. Zu den gefährdeten Sprachen in beiden Ländern gehören insgesamt mehr als 300. Die Extrapolationen steigern sich zu geradezu apokalyptischen Voraussagen über ein Massensterben von Sprachen. Für dieses Jahrhundert wird ein Rückgang um 90 % prognostiziert. Demnach wäre die Sprachenvielfalt unserer Welt unter dem angeblichen Druck des Englischen in heilloser Auflösung begriffen.

Jenseits aller emotional überfrachteten Diskussionen ist aber auf zwei fundamentale Einsichten hinzuweisen, die viele besorgte Beobachter unserer sprachlichen und kulturellen Umwelt überraschen dürften:

1) Das Sprachensterben verläuft weltweit gar nicht so rasant, wie es in extremen Visionen dramatisiert wird, und es sind gar nicht so viele Sprachen gefährdet, wie man bisher vermutet hat. Ökologische Bedingungen einer Gefährdung treffen auf etwa 40 % der Sprachen zu, wobei dies nicht bedeutet, daß alle diejenigen Kommunikationsmedien, die dieser Kategorie zuzurechnen sind, zwangsläufig aussterben werden. Es gibt zahlreiche kleine und kleinste Sprachgemeinschaften, deren Kontakte zu dominanten Sprachen nicht unausweichlich in Richtung auf den Sprachentod weisen, sondern deren Vertreter eine erstaunliche Resistenz gegenüber Assimilationsprozessen demonstrieren. Beispiele dafür findet man in Hunderten von Sprachgemeinschaften, darunter das oben erwähnte Rapa Nui auf der Osterinsel sowie zahlreiche Zwergsprachen in den Bergtälern Papua-Neuguineas oder im Nordosten Thailands.
2) Verantwortlich für das Sprachensterben in der Welt sind zahlreiche dominante Sprachen, die auf kleinere Sprachgemeinschaften einen assimilatorischen Druck ausüben. Dazu gehören unter anderem das Russische, Chinesische, Portugiesische (in Brasilien), das Spanische (insbesondere in Lateinamerika) und andere Sprachen. Zwar spielt auch das Englische diese Rolle, etwa in den USA oder in Australien. Aber es ist weder hauptsächlich für die globale Sprachengefährdung noch allein für den Assimilationsdruck verantwortlich, unter dem viele lokale Sprachen stehen. Insofern kommt es einer irrationalen Verteufelung gleich, will man die Globalisierung und das Englische pauschal als zerstörerische Wirkungskräfte für den Trend des Sprachentods brandmarken.

Dennoch sollte das Problem des Sprachensterbens nicht marginalisiert werden (Haarmann 2002e). Mit jeder Sprache, die ausstirbt, geht auch eine komplette Terminologie unter, in der ein bestimmtes lokales Wissenspotential über unsere Welt seine Ausdrucksform findet. Wenn wir uns bewußt sind, daß wir auf das Wissen der vielen Kleinvölker der Welt angewiesen sind, um unsere Balance mit unserer gefährdeten natürlichen Umwelt zu finden, dann können wir es uns nicht leisten, die Sprachen traditionaler Kulturen zu verlieren. Wir, die wir so gern auf unsere Menschenrechte pochen, sind aufgefordert, die Erhaltung der Sprachenvielfalt der Welt als Menschenpflicht ernst zu nehmen (Haarmann 2006, Harrison 2007).

Wenn man über die Zukunft der Sprachen nachdenkt, geht es nicht allein um das Wachstum oder das Sterben von Einzelsprachen, sondern auch um die funktionale Vielfalt unserer Kommunikationsmedien. In diesem Bereich zeichnen sich derzeit dramatische Wandlungen ab, die praktisch alle Sprachen der Welt in der einen oder anderen Weise berühren. Wir stehen in einem gesellschaftlichen Umbruchprozeß, der weitreichende Konsequenzen für unseren Sprachgebrauch hat. Dieser Umbruch ist gekennzeichnet durch den Entwicklungstrend hin zur Network Society.

Dieser Begriff geht auf den Guru des sog. Informationszeitalters, Manuel Castells (1996-98), zurück. Der Ausdruck «Network Society» ist wertneutral und daher dem einseitig prestigebefrachteten Begriff «Wissensgesellschaft» vorzuziehen. Wissensgesellschaft suggeriert, daß wir im Zeitalter eines beständigen Wissenszuwachses lebten. Tatsache ist, daß wir in einer Flut unzusammenhängender Informationen fast ersticken. Wir leben in einer Ära des «digitalen Deliriums» (Kroker 1997). Nur wenigen gelingt es, die Informationsflut souverän zu meistern, sinnvolle Zusammenhänge zwischen Daten herzustellen, Ideengebäude zu strukturieren und solides Wissen aufzubauen. Der unkontrollierte Zuwachs an Informationen unterschiedlichen Gewichts und Werts erschwert dabei auch die Aufgabe, die Rolle der Weltsprachen, insbesondere des Englischen, und deren Modernitätsimage als integralen Bestandteil unserer globalen Zeitströmung verständlich zu machen.

Der sprachliche Schlüssel für den Zugang zur Network Society liegt zweifellos in der Kapazität zu Produktion und Rezeption digitaler Informationen. Entscheidend für den Anschluß an die moderne gesellschaftliche Entwicklung ist immer weniger die traditionelle Schriftlichkeit (sog. primäre Literalität), sondern die Präsenz in der digitalisierten Schriftlichkeit (sog. sekundäre Literalität) (Gilster 1997). Dies gilt derzeit für fast 600 Sprachen auf der Welt mit Internet-Präsenz. Andere Sprachen, die diese Hürde nicht gemeistert haben, bleiben von der modernen Entwicklung ausgeschlossen.

Um an der digitalen Kommunikation teilzunehmen, sind Sprecher solcher Sprachen abhängig von einer dominanten Landessprache und vom Englischen. Sprachen ohne Internet-Präsenz laufen aber deshalb nicht unbedingt Gefahr, vom Modernisierungsdruck des Englischen erdrückt zu werden. Dort wo kleinere Regionalsprachen von einer dominanten Kontaktsprache abhängig sind, ist dies die Sprache der jeweiligen Mehrheitsbevölkerung. Im Fall des Sorbischen ist dies das Deutsche, bei den Liwen das Lettische, bei den Sprechern des Quechua in Peru das Spanische.

Das Verhältnis des Englischen zu den Nationalsprachen wird von vielen als konfliktbeladen bewertet, und die Einstellungen zum Englischen sind häufig von unterschwellig wirkenden, sentimentalen Stimmungen bestimmt. Für eine konfliktfreie, selbstbewußte Akzeptanz der Tatsache, daß das Englische immer und überal präsent ist, finden wir keinen Rückhalt in unserem kulturellen Gedächtnis, denn die Rasanz der sprachlichen Globalisierung ist zu neu, als daß sich dieses Phänomen mit historischen Erfahrungen verknüpfen ließe (Ho et al. 2003).

Was die ökologischen Bedingungen kleinerer Sprachgemeinschaften betrifft, so gilt auch hier: Das Englische ist nicht pauschal hauptverantwortlich für den Gefährdungszustand von Sprachen. Natürlich bieten die Konfliktsituationen des Schottisch-Gälischen und des Irischen anschauliche Beispiele für den assimilatorischen Druck der Weltsprache. Die Sprecherzahlen des Schottisch-Gälischen sind seit Jahren rückläufig, und von der jüngeren Generation wird es kaum noch gesprochen. Das Irische als Muttersprache ist gefährdet, allerdings besitzen rund eine Mio. Iren Zweitsprachenkenntnisse ihrer Nationalsprache, das Irische ist also insgesamt nicht vom Aussterben bedroht. Es darf aber nicht vergessen werden, daß sich der situationelle Druck des Englischen auf die beiden keltischen Sprachgemeinschaften seit Jahrhunderten geltend macht, er wirkte also schon zu Zeiten, als das Englische noch gar keine Weltsprache war.

Der Gefährdungszustand von Kleinsprachen ist dem Assimilationspotential zahlreicher regional dominierender Sprachen zuzuschreiben. Das Karelische, Kildin-Saamische, Komi-Permjakische und das Mari stehen unter dem Druck des Russischen, für den Rückgang des Karaimischen sind das Ukrainische und Polnische verantwortlich. Das Ladinische schwächt sich im Kontakt mit dem Italienischen ab. Ungünstige Bedingungen für eine Entfaltung der Regionalsprachen finden wir in Griechenland, wo sich die aromunische Sprachgemeinschaft zunehmend auflöst. An allen diesen Prozessen einer fortschreitenden Assimilation und Akkulturation kleiner Gemeinschaften an dominante Sprachen und Kulturen in Kontinentaleuropa hat das Englische keinen Anteil, trotz seiner funktionalen Verflechtung mit den Landessprachen im wissenschaftlichen Bereich und in der Domäne der digitalen Literalität.

Insofern ist die Globalisierung über das Medium des Englischen im wesentlichen ein Prozeß, der unabhängig vom Prozeß des Sprachensterbens abläuft. Wir leben inmitten eines sprachökologischen Szenarios mit zwei Haupttrends. Die über das Englische kanalisierte sprachliche Globalisierung ist einer dieser Trends, die Auflösung kleinerer Sprachgemeinschaften unter dem Druck dominanter Sprachen ist der andere. Diese Trends sind als zwei komplementäre Prozesse mit Eigendynamik zu verstehen, die im wesentlichen funktional getrennt voneinander ablaufen. Die Anerkennung der Rolle des Englischen als Globalisierungsmotor steht also nicht in Opposition zu Forderungen nach dem Schutz von Regionalsprachen und nach der soziokulturellen Absicherung kleinerer Sprachgemeinschaften.

Die Präsenz des Englischen und die Intensität seiner weltweiten Ausstrahlung hängen im wesentlichen von der Art und Weise des Entwicklungsprozesses ab, den die lokalen Gesellschaften derzeit durchlaufen. Je fester sich Strukturen der Informationsgesellschaft mit ihrer digitalen Vernetzung von Kommunikationssystemen etablieren, desto stabiler und differenzierter ist die Rolle des Englischen in dem betreffenden Kulturmilieu.

Diejenigen Bereiche, in denen das Englische praktische Funktionen übernimmt, sind die Massenmedien, das breite Spektrum der wissenschaftlichen Disziplinen und spezialisierten Berufssparten sowie die digitale Schriftlichkeit. Die letzteren Funktionsbereiche sind besonders eng miteinander verzahnt. Die moderne Network Society baut hauptsächlich auf technologisch-naturwissenschaftlichem Wissen auf, weshalb die Natur- und Ingenieurwissenschaften schon seit Jahren vorrangig englisch-orientiert sind.

## *Die nationalsprachlich-englische Zweisprachigkeit in der digitalen Kommunikation*

Das «Informationszeitalter» hat uns einen neuen funktionalen Kommunikationstyp beschert: die nationalsprachlich-englische Zweisprachigkeit. Die nationalsprachliche Komponente tritt dabei in Gestalt der unterschiedlichsten Landessprachen auf, die in der digitalen Schriftlichkeit benutzt werden. Hierzu gehören die bekannten Sprachen der «großen» Kulturnationen wie Deutsch, Französisch, Spanisch, Italienisch, Russisch u. a., außerdem Nationalsprachen mit regional begrenzterem Geltungsbereich wie Katalanisch, Isländisch, Slovenisch, Finnisch, Farsi, Türkisch, Thailändisch, Swahili u. a.

Die Zweitsprachenkomponente dieses Kommunikationstyps ist jeweils stabil: das Englische. Da die nationale (d. h. primärsprachliche) Komponente variiert, tritt dieser Kommunikationstyp in immer neuen Konfigurationen auf. Entsprechend lokal-spezifisch geprägt sind die Sprachkontakte. In welcher Weise und wie intensiv die Strukturen der Nationalsprachen vom Englischen beeinflußt werden, hängt von vielerlei Faktoren ab: von der verwandtschaftlichen Nähe der beteiligten Sprachen, ihrer Strukturtypik, vom Potential der beeinflußten Sprache, Fremdeinflüsse zu adaptieren, usw.

Eine Besonderheit dieses kommunikativen Haupttyps der Network Society ist sein funktionaler Charakter. Es handelt sich hier nicht um Varianten von persönlicher, sondern von unpersönlicher Zweisprachigkeit. Sie bildet sich in bestimmten, funktional spezialisierten Bereichen heraus. Diese sind deutlich getrennt von anderen Bereichen wie der Alltagskommunikation oder dem Sprachgebrauch staatlicher Amtsgeschäfte, wo die Nationalsprache ohne Beteiligung oder Konkurrenz des Englischen funktioniert.

Die öffentliche und die wissenschaftliche Diskussion über dieses Phänomen hat zu einer Polarisierung geführt: Nach Meinung der einen gibt es zum Englischen mit seiner Dominanz in der globalen Interkommunikation keine Alternative. Nach Meinung der anderen ist es das Gebot der Stunde, die Übermacht des Englischen einzudämmen und anderen Sprachen mehr kommunikative Geltung zu verschaffen. Beide Positionen sind so extrem wie unzutreffend. Das Englische besitzt nicht die Monopolstellung, die viele auf den ersten

Blick zu erkennen glauben. Zudem ist es unrealistisch, einen fruchtlosen Wettbewerb zwischen dem Englischen und anderen Sprachen mit Weltgeltung anstrengen zu wollen.

Die Geltung des Englischen als globale Sprache ist nicht exklusiv. Einerseits nehmen andere Sprachen wie das Französische, Arabische, Chinesische, Russische oder Deutsche mehr als nur Nischenplätze ein (Haarmann 2005d). Andererseits führt der Zugang zur englischen Sprache bei der Mehrheit ihrer Sprecher über eine andere Primärsprache. Allein die Zahl derjenigen, für die Englisch ihre alltägliche Zweitsprache ist (z. B. für Frankokanadier, für Latinos in den USA, für Kenianer), beläuft sich auf 236 Mio. Bezogen auf die Gesamtzahl der Primär- und Zweitsprachler des Englischen sind dies 41 % (Haarmann 2001b: 95, 101 f.). Nach Minimalschätzungen besitzen insgesamt mindestens 1,5 Milliarden Menschen aktive englische Sprachkenntnisse. Im Vergleich dazu nimmt sich die Zahl der englischen Primärsprachler mit rund 337 Mio. gering aus.

Im Kommunikationspotential der weitaus meisten Sprecher, die das Englische als Zweitsprache oder Zusatzsprache erworben haben, fungiert also eine andere Sprache als Englisch für die verschiedensten Funktionen. Dies beweist, daß die globale Funktion des Englischen eigentlich nur ein dünner Firnis ist, unter dem sich jeweils lokale kommunikative Interaktionsfelder aufbauen. Auch die meisten Konsumenten digitaler Informationen in der Welt, die über das Englische vermittelt werden, verwenden eine andere Sprache als Englisch in ihrer Alltagskommunikation. Häufig ist auch das Berufsleben anderssprachig geprägt, und das Englische besetzt hier lediglich bestimmte professionale Nischenplätze, wie beispielsweise im Wissenschaftsbetrieb (Ammon 2001).

Außerhalb der engeren Gemeinschaft der englischen Primärsprachler ist die Kommunikation in der Alltags- und Berufswelt der Menschen geprägt durch funktionale Zweisprachigkeit. Eine nichtenglische Nationalsprache ist mit dem Englischen funktional vernetzt. Während im Alltag die Nationalsprache dominiert, ist die Kommunikation in der Berufswelt ebenso durch die Nationalsprache wie durch das Englische geprägt. In manchen Berufssparten dominiert das Englische auch. Ein Beispiel ist das Arbeitsmilieu des finnischen Elektronikkonzerns Nokia, der in den 1990er Jahren seinen rasanten Aufschwung erlebt hat (Häikiö 2001). In allen Filialen des

Konzerns in der Welt – und das heißt auch in Finnland – ist das Englische die alleinige Arbeitssprache.

Viele Varianten der modernen Zweisprachigkeit fungieren sowohl auf der Ebene der traditionellen als auch auf der der digitalen Schriftlichkeit (Hawisher/Selfe 2000). In Europa vertreten die meisten Nationalsprachenkomponenten diesen Kommunikationstyp. Dabei kann die Schriftlichkeit auf einer Schriftart basieren, d. h. der Lateinschrift der englischen Variante, oder aber auf dem Nebeneinander unterschiedlicher Schriften wie etwa kyrillisch-lateinisch, arabisch-lateinisch, indisch-lateinisch, chinesisch-lateinisch usw.

In plurilingualen Kontaktgebieten erweitert sich die digitale Zweisprachigkeit zu einem dreisprachigen Komplex: katalanisch-spanisch-englisch in Katalonien, tatarisch-russisch-englisch in Tatarstan, tahitianisch-französisch-englisch in Französisch-Polynesien u. a.

Daß die nationalsprachlich-englische Zweisprachigkeit in zahllosen landestypischen Varianten auftritt, macht diesen Kommunikationstyp zu einer Ikone der modernen Multikulturalität. Während das Englische als Zweitsprache funktional wie auch symbolisch den Globalisierungsprozeß repräsentiert (mit Funktionen internationaler Kommunikation in den wissenschaftlichen Disziplinen und im Marketing), weist die nationalsprachliche Komponente jeweils lokale Identität aus. In Zukunft werden wir mehr und mehr gehalten sein, unser Wissen über die Welt über diesen kommunikativen Kanal zu konstruieren. Die Bildungsstandards in unserer zweisprachigen, digital vernetzten Welt werden sich immer weiter von denen in der Welt der Schriftlosigkeit entfernen, so daß sich immer mehr Kontraste in der globalen Bildungsgeographie auftun werden (Meusburger 1998).

Über das Kriterium der Multikulturalität läßt sich die digitale Zweisprachigkeit auch mit dem Konstrukt einer europäischen Identität korrelieren. Die Idee eines kulturbewußten Europäertums wird seit Jahren als Gegengewicht gegen nationalistische Strömungen propagiert. Die ausschließliche und einseitige Orientierung an nationaler Sprache und Kultur – wie dies noch vor einem halben Jahrhundert üblich war – ist inzwischen veraltet, obwohl es immer noch lokal-nationalistische Tendenzen im Westen wie im Osten gibt. Europäische Identität wird von immer mehr Europäern, insbesondere von den Bürgern der Europäischen Union, als Bewußtsein der kulturellen Vielfalt unseres Kontinents verstanden. Im Kontext einer solchen, an die sprachlich-kulturelle Vielfalt gebundenen Identitätsfindung zeigt sich in der nationalsprachlich-englischen Zweisprachigkeit das Maß an Komplexität, das für unsere Orientierung in der Network Society unerläßlich ist.

# Bibliographie

Adams, D.Q. (1997). Proto-Indo-European, in: Mallory/Adams 1997: 458-470

Adams, D.Q./Mallory, J.P. (1997). Germanic languages, in: Mallory/Adams 1997: 218-223

Adams, J.N./Janse, M./Swain, S. (Hg.) (2002). Bilingualism in ancient society. Language contact and the written text. Oxford/New York

Adelaar, H./Himmelmann, A. und N.P. (Hg.) (2004). The Austronesian languages of Asia and Madagascar. London

Adelaar, W.F.H./Muysken, P.C. (2004). The languages of the Andes. Cambridge

Adelung, Friedrich von (1815). Catherinens der Großen Verdienste um die Vergleichende Sprachenkunde. St. Petersburg (Nachdruck mit Einleitung und bio-bibliographischem Register von H. Haarmann; Hamburg 1976)

Aertsen, H./Jeffers, R.J. (Hg.) (1993). Historical linguistics 1989. Papers from the 9th International Conference on Historical Linguistics, Rutgers University, 14-18. August 1989. Amsterdam

Aikhenvald, A.Y. (2001). Areal diffusion, genetic inheritance, and problems of subgrouping: A North Arawak case study, in: Aikhenvald/Dixon 2001: 167-194

– (2002). Language contact in Amazonia. Oxford

– (2012). The languages of the Amazon. Oxford

Aikhenvald, A.Y./Dixon, R.M.W. (Hg.) (2001). Areal diffusion and genetic inheritance. Problems in comparative linguistics. Oxford

Allen, J.P. (2013). The ancient Egyptian language. An historical study. Cambridge

Alpatov, V.M. (1997). Ajnskij jazyk, in: Volodin 1997: 126-138

Ammon, U. (1995). Die deutsche Sprache in Deutschland, Österreich und der Schweiz. Das Problem der nationalen Varietäten. Berlin/New York

– (Hg.) (2001). The dominance of English as a language of science. Berlin/New York

– (2015). Die Stellung der deutschen Sprache in der Welt. Berlin/München/Boston

Ammon, U./Haarmann, H. (Hg.) (2008). Lexikon der Sprachen Westeuropas. Klagenfurt

Ammon, U./Hellinger, M. (Hg.) (1991). Status change of languages. Berlin/New York

Anati, E. (2002). Höhlenmalerei. Düsseldorf

Anderson, E. F. (1993). Plants and people of the Golden Triangle. Ethnobotany of the hill tribes of northern Thailand. Bangkok
Andronov, M.S. (1978). Dravidijskie jazyki, in: Jazyki Azii i Afriki 1978: 317-434
Anthony, D.W. (2007). The horse, the wheel and language. How Bronze-age riders from the Eurasian steppes shaped the modern world. Princeton, New Jersey
Anttila, R. (1989). Historical and comparative linguistics. Amsterdam/Philadelphia
Arends, J./Muysken, P./Smith, N. (1995). Pidgins and creoles. An introduction. Amsterdam/Philadelphia
Arnheim, R. (1969). Visual thinking. Berkeley/Los Angeles/London
Arutiunov, S.A./Fitzhugh, W.W. (1988). Prehistory of Siberia and the Bering Sea, in: Fitzhugh/Crowell 1988: 117-129
Arutjunov, S.A. (1989). Narody i kul'tury. Razvitie i vzaimodejstvie. Moskau
Asher, R.E./Simpson, J.M.Y. (Hg.) (1994). The encyclopedia of language and linguistics, 10 Bde. Oxford/New York/Seoul/Tokyo
Atkinson, Q.D./Gray, R.D. (2006). How old is the Indo-European language family?, in: Forster/Renfrew 2006: 91-109
Auburger, L. (1993). Sprachvarianten und ihr Status in den Sprachsystemen. Hildesheim
– (1997). Der Status des Kroatischen als Einzelsprache und der Serbokroatismus: ein Lehrstück aus der kontaktlinguistischen Begriffsgeschichte, in: Moelleken/Weber 1997: 21-29
Auroux, Sylvain et al. (Hg.) (2000). History of the language sciences / Geschichte der Sprachwissenschaften / Histoire des sciences du langage. Berlin/New York
Baier, W.R./Zinko, C. (Hg.) (2005). Die Sprache ist die Seele eines Volkes – Die großen Sprachfamilien. Graz
Baker, P. (1997). Directionality in pidginization and creolization, in: Spears/Winford 1997: 91-109
Bakró-Nagy, M.Sz. (1979). Die Sprache des Bärenkultes im Obugrischen. Budapest
Baldi, P. (1987). Indo-European languages, in: Comrie 1987: 19-55
– (1994). Latin, in: Asher/Simpson 1994: 2051-2055
Bammesberger, A./Vennemann, T. (Hg.) (2003). Languages in prehistoric Europe. Heidelberg (2. Aufl. 2004)
Bardet, J.-P./Dupâquier, J. (Hg.) (1997). Histoire des populations de l'Europe, I: Des origines aux prémices de la révolution démographique. Paris
Bastin, Y./Coupez, A./Mann, M. (1999). Continuity and divergence in the Bantu languages: Perspectives from a lexicostatistic study. Tervuren

Bátori, I. (1980). Russen und Finnougrier. Kontakt der Völker und Kontakt der Sprachen. Wiesbaden
Baumann, H. (Hg.) (1975). Die Völker Afrikas und ihre traditionellen Kulturen, Teil 1: Allgemeiner Teil und südliches Afrika. Wiesbaden
Bec, P. (1971). Manuel pratique de philologie romane, Bd. 2. Paris
Beck, H. (Hg.) (1989). Germanische Rest- und Trümmersprachen. Berlin/New York
Becker, H. (1948). Der Sprachbund. Leipzig/Berlin
Bednarczuk, L. (1992). Konwergencje między językami baltosłowianskimi a ugrofinskimi w aspekcie strukturalnym i arealnym, in: Smoczyn'ski/Holvoet 1992: 99-120
Beekes, R.S.P. (1995). Comparative Indo-European linguistics. An introduction. Amsterdam/Philadelphia (2. Aufl. 2011)
Bekoff, M./Jamieson, D. (Hg.) (1996). Readings in animal cognition. Cambridge, Mass./London
Bell-Fialkoff, A. (Hg.) (2000). The role of migration in the history of the Eurasian steppe. London
Bellwood, P. (2000). The time depth of major language families: an archaeologist's perspective, in: Renfrew et al. 2000: 109-140
– (2002). Farmers, foragers, languages, genes: the genesis of agricultural societies, in: Bellwood/Renfrew 2002: 17-28
– (2013). First migrants: Ancient migration in global perspective. Chichester
Bellwood, P./Renfrew, C. (Hg.) (2002). Examining the farming/language dispersal hypothesis. Cambridge
Bender, L.M. (2000). Nilo-Saharan, in: Heine/Nurse 2000: 43-73
Bendor-Samuel, J./Hartell, R. (Hg.) (1989). The Niger-Congo languages. Lanham
Benke, N./Meissel, F.-S./Luggauer, K. 1997: Juristenlatein – Lateinische Fachausdrücke und Redewendungen der Juristensprache. Wien
Berlin, B./Kay, P. (1969). Basic color terms. Their universality and evolution. Berkeley
Bernard, J./Ruffié, J. (1976). Hématologie et culture: le peuplement de l'Europe de l'ouest, in: Ann. Ecole Sci. Prat. Hautes Etud. 4, 661-676
Besnier, N. (1992). Polynesian Languages, in: Bright 1992/3: 245-251
Bickerton, D. (1988). Creole languages and the bioprogram, in: Newmeyer 1988: 268-284
– (2002). Foraging versus social intelligence in the evolution of protolanguage, in: Wray 2002: 207-225
Biegel, G. (Hg.) (1986). Das erste Gold der Menschheit. Die älteste Zivilisation in Europa. Freiburg (2. Aufl.)
Biraben, J.-N. (1997). Les vicissitudes du peuplement préhistorique, in: Bardet/Dupâquier 1997: 46-69

Biville, F. (2002). The Graeco-Romans and Graeco-Latin: A terminological framework for cases of bilingualism, in: Adams et al. 2002: 77-102
Blackmore, S. (1999). The meme machine. Oxford/New York
Blagova, G.F. (1971). Analitičeskij sposob funkcional'noj transpozicii i glagol'nye slovosočetanija, in: Sevortjan 1971: 81-94
Blench, R. (1993). Recent developments in African language classification and their implications for prehistory, in: Shaw et al. 1993: 126-138
Bloom, P. (Hg.) (1993). Language acquisition – Core readings. New York/London
Bloomfield, L. (1933). Language. New York
Bokarev, E.A./Lomtatidze, K.V. (Hg.) (1967). Jazyki narodov SSSR, t. 4: Iberijsko-kavkazskie jazyki. Moskau
Bomhard, A.R. (2008). Reconstructing Proto-Nostratic. Comparative phonology, morphology, and vocabulary, 2 Bde. Leiden
Borst, A. (1957-63). Der Turmbau von Babel. Geschichte der Meinungen über Ursprung und Vielfalt der Sprachen und Völker, 4 Bde. Stuttgart
Bowern, C./Koch, H. (Hg.) (2004). Australian languages. Classification and the comparative method. Amsterdam/Philadelphia
Boyle, K./Renfrew, C./Levine, M. (Hg.) (2002). Ancient interactions: East and west in Eurasia. Cambridge
Bradley, R.S. (1999). Palaeoclimatology. Reconstructing climates of the quaternary. Amsterdam/Boston/Heidelberg (2. Aufl.)
Braitenberg, V./Hosp, I. (Hg.) (1994). Evolution. Entwicklung und Organisation in der Natur. Reinbek bei Hamburg
Bräuer, G. (1989). The evolution of modern humans: A comparison of the African and non-African evidence, in: Mellars/Stringer 1989: 123-154
Brenzinger, M. (Hg.) (2007). Language diversity endangered. Berlin
Bright, W. (Hg.) (1992). International encyclopedia of linguistics, 4 Bde. New York/Oxford
Brown, G. (1994). Introduction: the Carolingian Renaissance, in: McKitterick 1994: 1-51
Budja, M. (2001). The transition to farming in Southeast Europe: perspectives from pottery, in: Documenta Praehistorica 28, 27-47
Burenhult, G. (Hg.) (2004). Menschen der Urzeit. Die Frühgeschichte der Menschheit von den Anfängen bis zur Bronzezeit. Köln
Burgoon, J.K./Buller, D.B./Woodall, W.G. (1996). Nonverbal communication. The unspoken dialogue. New York/St. Louis/San Francisco (2. Aufl.)
Burton, P. (2002). Assessing Latin-Gothic interaction, in: Adams et al. 2002: 393-418
Butrimas, A. (Hg.) (2001). Baltic amber. Vilnius

Byrne, A./Hilbert, D.R. (Hg.) (1997). Readings on color, vol. 1: The philosophy of color, vol. 2: The science of color. Cambridge, Mass./London

Campbell, L. (1992). Meso-American languages, in: Bright 1992/2: 415-417

– (1993). On proposed universals of grammatical borrowing, in: Aertsen/Jeffers 1993: 91-109

– (2003). How to show languages are related: Methods for distant genetic relationship, in: Joseph/Janda 2003: 262-282

Campbell, L./Grondona, V. (Hg.) (2012). The indigenous languages of South America. Berlin

Carbonell, E./Vaquero, M. (Hg.) (1996). The last Neandertals, the first anatomically modern humans. Cultural change and human evolution: the crisis at 40 KA BP. Tarragona

Carpelan, C./Parpola, A. (2001). Emergence, contacts and dispersal of Proto-Indo-European, Proto-Uralic and Proto-Aryan in archaeological perspective, in: Carpelan et al. 2001: 55-150

Carpelan, C./Parpola, A./Koskikallio, P. (Hg.) (2001). Early contacts between Uralic and Indo-European: Linguistic and archaeological considerations. Helsinki

Carstairs-McCarthy, A. (1999). The origins of complex language. An inquiry into the evolutionary beginnings of sentences, syllables, and truth. Oxford/New York

Cashdan, E. (1989). Hunters and gatherers: Economic behavior in bands, in: Plattner 1989: 21-48

Castañeda, L.M. (Hg.) (1988). Atlas cultural de México. Lingûística. Mexico City

Castells, M. (1996-98). The information age: economy, society and culture, 3 Bde. Malden, Mass./Oxford

Cavalli-Sforza, L.L. (1996). The spread of agriculture and nomadic pastoralism: Insights from genetics, linguistics and archaeology, in: Harris 1996: 51-69

– (2000). Genes, peoples, and languages. New York

Cavalli-Sforza, L.L. und F. (1995). The great human diasporas. The history of diversity and evolution. Reading, Mass./New York

Cavalli-Sforza, L.L./Menozzi, P./ Piazza, A. (1994). The history and geography of human genes. Princeton, New Jersey

Cavalli-Sforza, L.L./Piazza, A. (1993). Human genomic diversity in Europe: A summary of recent research and prospects for the future, in: European Journal of Human Genetics 1, 3-18

Chaliand, G./Rageau, J.-P. (1998). Atlas du millénaire. La mort des empires 1900-2015. Paris

Chapman, J. (2002). Domesticating the exotic: The context of Cucuteni-Tri-

polye exchange with steppe and forest-steppe communities, in: Boyle et al. 2002: 75-91
Chappell, H. (2001). Language contact and areal diffusion in Sinitic languages, in: Aikhenvald/Dixon 2001: 328-357
Chaudenson, R. (2001). Creolization of language and culture. London/New York
Cheney, D.L./Seyfarth, R.M. (1994). Wie Affen die Welt sehen. Das Denken einer anderen Art. München/Wien
Choudhry, A. (2001). Linguistic minorities in India, in: Extra/Gorter 2001b: 391-406
Clark, G. (1989). World prehistory in new perspective. Cambridge/New York/Melbourne (3. Aufl.)
Clottes, J./Lewis-Williams, D. (1996). Les chamanes de la préhistoire. Paris
Coleman, R.G.G. (1992). Latin, in: Bright 1992/2: 313-320
Comrie, B. (Hg.) (1987). The major languages of Eastern Europe. London
Conroy, G.C. (1990). Primate evolution. New York/London
Coseriu, E. (1976). Das romanische Verbalsystem. Tübingen
– (1978). Hervás und das Substrat, in: Studii şi Cercetări Lingvistice 5, 523-530
Croft, W. (1990). Typology and universals. Cambridge/New York
Crystal, D. (1993). Die Cambridge Enzyklopädie der Sprache. Frankfurt/New York
– (1997). English as a global language. Cambridge/New York/Melbourne
Cunliffe, B. (1997). The ancient Celts. Oxford/New York
Curnow, T.J. (2001). What language features can be ‹borrowed›?, in: Aikhenvald/Dixon 2001: 412-436
Daniels, P.T./Bright, W. (Hg.) (1996). The world's writing systems. New York/Oxford
Davies, W.V. (Hg.) (2001). Colour and painting in ancient Egypt. London
Deacon, T. (1997). The symbolic species. The co-evolution of language and the human brain. London/New York
DeFrancis, J. (1977). Colonialism and language policy in Viet Nam. The Hague/Paris/New York
Delagnau, J.C. (1987). Grammaire élémentaire de la langue Thai. Bangkok
DeLancey, S. (1992). Sino-Tibetan languages, in: Bright 1992/3: 445-449
Denoon, D./Hudson, M./McCormack, G./Morris-Suzuki, T. (Hg.) (1996). Multicultural Japan – Palaeolithic to postmodern. Cambridge
Derbyshire, D. C./Pullum, G. K. (1986a). Introduction, in: Derbyshire/Pullum 1986b: 1-28
Derbyshire, D. C./Pullum, G. K. (Hg.) (1986b). Handbook of Amazonian languages, 2 Bde. Berlin/New York/Amsterdam

Dergachev, V. (2002). Two studies in defence of the migration concept, in: Boyle et al. 2002: 93-112
Deutscher, G. (2005). The unfolding of language. An evolutionary tour of mankind's greatest invention. New York
Devitt, M./Sterelny, K. (1999). Language and reality. An introduction to the philosophy of language. Oxford
Diamond, J./Bellwood, P. (2003). Farmers and their languages: The first expansions, in: Science 300, 597-603
Diffloth, G./Zide, N. (1992). Austro-Asiatic languages, in: Bright 1992/1: 137-142
Dimmendaal, G.J. (2001). Areal diffusion versus genetic inheritance: An African perspective, in: Aikhenvald/Dixon 2001: 358-392
Dixon, R.M.W. (1982a). Nominal classification, in: Dixon 1982b: 159-183
– (Hg.) (1982b). Where have all the adjectives gone? The Hague
– (1992). Australian languages, in: Bright 1992/1: 134-137
– (2001). The Australian linguistic area, in: Aikhenvald/Dixon 2001: 64-104
Dixon, R.M.W./Blake, B. (Hg.) (1979-91). Handbook of Australian languages, 4 Bde. Canberra/Amsterdam
Donald, M. (1991). Origins of the modern mind. Three stages in the evolution of culture and cognition. Cambridge, Mass./London
Dorian, N.C. (1992). Obsolescent languages, in: Bright 1992/3: 135-136
Draaisma, D. (1999). Die Metaphernmaschine. Eine Geschichte des Gedächtnisses. Darmstadt
Durbin, M. (1972). Basic terms – off color?, in: Semiotica 6, 257-278
Ebbinghaus, E. (1996). The Gothic alphabet, in: Daniels/Bright 1996: 290-293, 296
Echenique Elizondo, M.T. (1987). Historia lingüística vasco-románica. Madrid (2. Aufl.)
Edel'man, D.I. (1997). Burušaski jazyk, in: Volodin 1997: 204-220
Edwards, J. (1996). Language, prestige and stigma, in: Goebl et al. 1996: 703-708
Eenwyk, J.R. van (1997). Archetypes & strange attractors. The chaotic world of symbols. Toronto
Eggert, M.K.H. (2005). The Bantu problem and African archaeology, in: Stahl 2005: 301-326
Ehret, C. (1993). Nilo-Saharans and the Saharo-Sudanese Neolithic, in: Shaw et al. 1993: 104-125
– ( 1998). An African classical age. Eastern & southern Africa in world history 1000 B. C. to A. D. 400. Kampala/Kapstadt/Nairobi/Oxford
Eichenseer, C. (1989). Leben und Sterben des Lateins: Ansätze einer Neubelebung, in: Fodor/Hagège 1989: 189-219
Elbert, S.H./Pukui, M.K. (1979). Hawaiian grammar. Honolulu

Elizarenkova, T.Y./Toporov, V.N. (1976). The Pali language. Moskau
Embleton, S. (2000). Lexicostatistics/Glottochronology: from Swadesh to Sankoff to Starostin to future horizons, in: Renfrew et al. 2000: 143-165
Enfield, N.J. (2001). On genetic and areal linguistics in mainland South-East Asia: Parallel polyfunctionality of ‹acquire›, in: Aikhenvald/Dixon 2001: 255-290
English, L.J. (1991). Tagalog-English dictionary. Manila (6. Aufl.)
Esen-Baur, H.-M./Walter, C. (1989). Die Osterinsel heute, in: 1500 Jahre Kultur der Osterinsel. Schätze aus dem Land des Hotu Matua. Mainz, S. 160-166
Extra/Gorter (2001a). Comparative perspectives on regional and immigrant minority languages in multicultural Europe, in: Extra/Gorter 2001b: 1-41
Extra, G./Gorter, D. (Hg.) (2001b). The other languages of Europe. Clevedon/Buffalo/Toronto
Extra, G./Yagmur, K. (Hg.) (2004). Urban multilingualism in Europe. Immigrant minority languages at home and school. Clevedon
Fagan, B.M. (1995). Ancient North America. The archaeology of a continent. London (2. Aufl.)
Fitzhugh, W.W./Crowell, A. (Hg.) (1988). Crossroads of continents. Cultures of Siberia and Alaska. Washington/London
Fitzhugh, W.W./Ward, E.I. (Hg.) (2000). Vikings. The North Atlantic saga. Washington/London
Flon, C. (Hg.) (1991). Der große Bildatlas der Archäologie. München
Fodor, I./Hagège, C. (Hg.) (1989). Language reform/La réforme des langues/Sprachreform, Bd. IV. Hamburg
Foley, W.A. (1986). The Papuan languages of New Guinea. Cambridge
Forster, P./Renfrew, C. (Hg.) (2006). Phylogenetic methods and the prehistory of languages. Cambridge
Forster, P./Toth, A./Bandelt, H.-J. (1998). Evolutionary network analysis of word lists: Visualizing the relationships between Alpine Romance languages, in: Journal of Quantitative Linguistics 5, 174-187
Foster, M.L. (1990). Symbolic origins and transitions in the Palaeolithic, in: Mellars 1990: 517-539
Frajzyngier, Z. (2012). The Afroasiatic languages. Cambridge
Friedrichsen, G.W.S. (1926). The Gothic version of the Gospels: A study of its style and textual history. Oxford
Friedl, E. (1979). Colors and culture change in Southwest Iran, in: Language in Society 8, 51-68
Friesen, O. von et al. (Hg.) (1927). Codex argenteus Upsaliensis jussu senatus universitatis phototypice editus. Uppsala
Gabelentz, G. v.d. (1891). Die Sprachwissenschaft: Ihre Aufgaben, Metho-

den und bisherigen Ergebnisse. Leipzig (2. Aufl. 1901; Neudruck mit Kommentar von E. Coseriu: Tübingen 1969)
Gamble, C. (1986). The Palaeolithic settlement of Europe. Cambridge/New York
Gamkrelidze, T.V./Ivanov V.V. (1995). Indo-European and the Indo-Europeans. A reconstruction and historical analysis of a proto-language and a proto-culture, 2 Bde. Berlin/New York
Gardner, H. (2002). Intelligenzen. Die Vielfalt des menschlichen Geistes. Stuttgart
Gardt, A. (Hg.) (2000). Nation und Sprache. Die Diskussion ihres Verhältnisses in Geschichte und Gegenwart. Berlin/New York
Garry, J./Rubino, C. (Hg.) (2001). Facts about the world's languages: An encyclopedia of the world's major languages, past and present. New York/Dublin
Georg, S. (2004). Rezension: Marcantonio 2002, in: Indogermanische Forschungen 109, 147-160
Gilster, P. (1997). Digital literacy. New York/Weinheim/Toronto
Gimbutas, M. (1977). The first wave of Eurasian steppe pastoralists into Copper Age Europe, in: Journal of Indo-European Studies 5, 277-338
– (1980). The Kurgan wave migration (c. 3400–3200 B.C.) into Europe and the following transformation of culture, in: Journal of Near-Eastern Studies 8, 273-315
– (1991a). The civilization of the Goddess. The world of Old Europe (ed. by Joan Marler). San Francisco
– (1991b). Deities and symbols of Old Europe and their survival in the Indo-European era: A synopsis, in: Lamb/Mitchell 1991: 89-124
Gipper, H. (1955). Die Farbe als Sprachproblem, in: Sprachforum 1, 135-145
Gleitman, L.R./Liberman, M. (Hg.) (1995). An invitation to cognitive science, vol. 1: Language. Cambridge, Mass./London
Goebl, H./Nelde, P.H./Stary, Z./Wölck, W. (Hg.) (1996-97). Kontaktlinguistik/Contact Linguistics/Linguistique de contact, 2 Teilbände. Berlin/New York
González Muñoz, F. (1996). Latinidad mozárabe. Estudios sobre el latín de Álbaro de Córdoba. Córdoba
Gray, R.D./Atkinson, O.D. (2003). Language-tree divergence times support the Anatolian theory of Indo-European origin, in: Nature 426, 435–438
Greenberg, J.H. (1960). A quantitative approach to the morphological typology of languages. In: International Journal of American Linguistics 26, 178-194
– (1963a). Universals of language. Cambridge, Mass.
– (1963b). The languages of Africa. The Hague
– (1987). Language in the Americas. Stanford

– (2000-02). Indo-European and its closest relatives: The Eurasiatic language family, Bd. 1: Grammar, Bd. 2: Lexicon. Stanford

Gregory, R.L. (Hg.) (1987). The Oxford companion to The Mind. Oxford/New York

Griffin-Pierce, T. (1992). Earth is my mother, Sky is my father. Space, time and astronomy in Navajo sandpainting. Albuquerque

Grimes, B.F. (Hg.) (2005). Ethnologue, vol. I: Languages of the world. Dallas, Texas (15. Aufl.)

Grimes, J.E./Grimes, B.F. (1996). Ethnologue – Language family index. Dallas, Texas

Guadelli, A. (2004). Étude des incisions du plus ancien os gravé découvert dans la grotte Kozarnika (Bulgarie du Nord-Ouest). Une preuve de l'existence du symbolisme au Paléolithique Inférieur, in: Archaeologia Bulgarica 3: 1-7

Güldemann, T./Vossen, R. (2000). Khoisan, in: Heine/Nurse 2000: 99-122

Günther, H./Ludwig, O. (Hg.) (1994). Schrift und Schriftlichkeit. Ein interdisziplinäres Handbuch. Berlin/New York

Gusejnov, M.M. (1985). Drevnij paleolit Azerbajdžana (Kul'tura Kuručaj i etapy ee razvitija). 150–70 tysjač let nazad. Baku

Haarmann, H. (1976a). Grundzüge der Sprachtypologie. Stuttgart/Berlin

– (1976b). Aspekte der Arealtypologie. Die Problematik der europäischen Sprachbünde. Tübingen

– (1977). Prinzipielle Probleme des multilateralen Sprachvergleichs. Tübingen

– (1979). Der lateinische Einfluß in den Interferenzzonen am Rande der Romania. Vergleichende Studien zur Sprachkontaktforschung. Hamburg

– (1984). Elemente einer Soziologie der kleinen Sprachen Europas, Bd. 3: Aspekte der ingrisch-russischen Sprachkontakte. Hamburg

– (1989). Symbolic values of foreign language use. From the Japanese case to a general sociolinguistic perspective. Berlin/New York

– (1990a). Basic vocabulary and language contacts: The disillusions of glottochronology, in: Indogermanische Forschungen 95, 1-37

– (1990b). Language as a seismograph of acculturation: sociolinguistic parameters of language contacts in the Asian context, in: Journal of Asian Pacific Communication 1, 71-85

– (1991). Basic aspects of language in human relations. Toward a general theoretical framework. Berlin/New York

– (1992). Universalgeschichte der Schrift. Frankfurt/New York (2. Aufl.)

– (1993). Die Sprachenwelt Europas. Geschichte und Zukunft der Sprachnationen zwischen Atlantik und Ural. Frankfurt/New York

– (1994). Entstehung und Verbreitung von Alphabetschriften, in: Günther/Ludwig 1994: 329-347

– (1995a). Early civilization and literacy in Europe. An inquiry into cultural continuity in the Mediterranean world. Berlin/New York
– (1995b). Europeanness, European identity and the role of language. Giving profile to an anthropological infrastructure, in: Sociolinguistica 9, 1-55
– (1996a). Die Madonna und ihre griechischen Töchter. Rekonstruktion einer kulturhistorischen Genealogie. Hildesheim/Zürich/New York
– (1996b). Identität, in: Goebl et al. 1996: 218-233
– (1996c). Aspects of early Indo-European contacts with neighboring cultures, in: Indogermanische Forschungen 101, 1-14
– (1997a). The development of sign conceptions in the evolution of human cultures, in: Posner et al. 1997: 668-710
– (1997b). Zeichenkonzeptionen im keltischen Altertum, in: Posner et al. 1997: 763-802
– (1997c). Writing technology in the ancient Mediterranean and the Cyprian connection, in: Mediterranean Language Review 9, 43-73
– (1997d). Lorenzo Hervás y Panduro als Sprachkontaktforscher, in: Moelleken/Weber 1997: 203-213
– (1998). Basque ethnogenesis, acculturation, and the role of language contacts, in: Fontes Lingvae Vasconvm – Stvdia et docvmenta 77, 25-42
– (1999a). Das Wörterbuchprojekt Katharinas der Großen: Ein Paradebeispiel aufklärerischer Kulturpolitik in Rußland, in: European Journal for Semiotic Studies 11, 207-258
– (1999b). Eurolinguistik, europäische Kulturwissenschaft und Europaforschung, in: Reiter 1999: 11-39
– (2000a). Die großen Sprachensammlungen vom frühen 18. bis frühen 19. Jahrhundert, in: Auroux et al. 2000: 1081-1094
– (2000b). Nation und Sprache in Rußland, in: Gardt 2000: 747-824
– (2001a). Kleines Lexikon der Sprachen. Von Albanisch bis Zulu. München (2. Aufl. 2002)
– (2001b). Babylonische Welt. Geschichte und Zukunft der Sprachen. Frankfurt/New York
– (2001c). Die Kleinsprachen der Welt – Existenzbedrohung und Überlebenschancen. Eine umfassende Dokumentation. Frankfurt/Berlin/New York
– (2002a). Sprachenalmanach. Zahlen und Fakten zu allen Sprachen der Welt. Frankfurt/New York
– (2002b). Lexikon der untergegangenen Sprachen. München (2. Aufl. 2004)
– (2002c). Geschichte der Schrift. München (2. Aufl. 2004)
– (2002d). On the formation process of Old World civilizations and the catastrophe that triggered it, in: European Journal for Semiotic Studies 14, 519-593
– (2002e). Small languages in the information age: Strategies of survival, in: Sociolinguistica 16, 32-39

– (2002f). Die samischen Schriftsprachen, in: Okuka 2002: 701-707
– (2002g). Gotisch, in: Okuka 2002: 171-173
– (2003a). Geschichte der Sintflut. Auf den Spuren der frühen Zivilisationen. München (2. Aufl. 2005)
– (2003b). Language, economy and prestige in the context of Baltic-Fennic contacts, in: Studia Indogermanica Lodziensia 5, 87-102
– (2003c). Latein, in: Roelcke 2003: 325-358
– (2003d). Slovenisch, in: Roelcke 2003: 684-703
– (2003e). Finnish, in: Roelcke 2003: 866-904
– (2004a). Elementare Wortordnung in den Sprachen der Welt. Dokumentation und Analysen zur Entstehung von Wortfolgemustern. Hamburg
– (2004b). Evolution, language, and the construction of culture, in: Wuketits/Antweiler 2004: 77-119
– (2004c). Prozesse sprachlichen Strukturwandels im Spannungsfeld von Kontaktlinguistik und Sprachtypologie, in: Hinrichs 2004: 67-85
– (2005a). Lexikon der untergegangenen Völker. Von Akkader bis Zimbern. München
– (2005b). Breathing in the pace of the female guardian spirits – On the survival of traditional belief systems in Northern Eurasia (s. Haarmann/ Marler 2008)
– (2005c). The challenge of the abstract mind: symbols, signs and notational systems in European prehistory, in: Documenta Praehistorica 32, 221-232
– (2005d). Multiple foreign languages choices in response to varied economic needs, in: Sociolinguistica 19, 50-57
– (2006). Sprachenschutz und Kulturerhaltung als Menschenpflicht – Bausteine sprachsoziologischer Forschung im Informationszeitalter, in: Sociolinguistica 20, 57-69
– (2012). Indo-Europeanization – day one. Elite recruitment and the beginnings of language politics. Wiesbaden
– (2016). Auf den Spuren der Indoeuropäer. Von den neolithischen Steppennomaden bis zu den frühen Hochkulturen. München
Haarmann, H./Marler, J. (2008). Introducing the mythological crescent. Ancient beliefs and imagery connecting Eurasia with Anatolia. Wiesbaden
Habermehl, P. (1997). Petron, in: Schütze 1997: 519-522
Häikiö, M. (2001). Globalisaatio. Telekommunikaation maailmanvalloitus 1992–2000. Nokia OYJ:n historia, Bd. 3. Helsinki
Hajdú, P./Domokos, P. (1987). Die uralischen Sprachen und Literaturen. Hamburg
Hall, J.M. (2002). Hellenicity. Between ethnicity and culture. Chicago/ London
Hancock, I.F. (1981). Répertoire des langues pidgins et créoles, in: Perrot 1981: 631-647

Haraway, D. (1992). Primate visions. Gender, race, and nature in the world of modern science. London/New York

Harbert, W. (2007). The Germanic languages. Cambridge

Hargie, O.D.W. (Hg.) (1997). The handbook of communication skills. London/New York (2. Aufl.)

Harpending, H./Rogers, A. (2000). Genetic perspectives on human origins and differentiation, in: Annual Review of Genomics and Human Genetics 1, 361-385

Harpending, H.C./Stephen, T.S./Rogers, A.R./Stoneking, M. (1993). The genetic structure of ancient human populations, in: Current Anthropology 34, 481-496

Harris, A. et al. (Hg.) (1989-2004). The indigenous languages of the Caucasus, 4 Bde. Ann Arbor

Harris, D.R. (Hg.) (1996). The origins and spread of agriculture and pastoralism in Eurasia. London

Harris, D.R. (2002). The expansion capacity of early agricultural systems: a comparative perspective on the spread of agriculture, in: Bellwood/Renfrew 2002: 31-39

Harrison, G.A./Tanner, J.M./Pilbeam, D.R./Baker, P.T. (1988). Human biology. An introduction to human evolution, variation, growth, and adaptability. Oxford/New York (3. Aufl.)

Harrison, K.D. (2007). When languages die. The extinction of the world's languages and the erosion of human knowledge. Oxford

Haspelmath, M./König, E./Oesterreicher, W./Raible, W. (Hg.) (2001). Language typology and language universals/Sprachtypologie und sprachliche Universalien, 2 Bde. Berlin/New York

Haspelmath, M./M.S. Dryer/D. Gil/B. Comrie (Hg.) (2005). The world atlas of language structures. Oxford

Haspelmath, M./Sims, A.D. (2010). Understanding morphology. London (2. Aufl.)

Hasselblatt, C. (1999). Gibt es einen Ausweg aus dem finnougrischen Kasuschaos?, in: Hasselblatt/Jääsalmi-Krüger 1999: 171-179

Hasselblatt, C./Jääsalmi-Krüger, P. (Hg.) (1999). Europa et Sibiria. Beiträge zu Sprache und Kultur der kleineren finnougrischen, samojedischen und paläosibirischen Völker – Gedenkband für Wolfgang Veenker. Wiesbaden

Haudricourt, A.G. (1961). La langue vietnamienne, in: Europe 387/88, 59-63

Haugen, E. (1982). Scandinavian language structures. A comparative historical survey. Tübingen

Hawisher, G.E./Selfe, C.L. (Hg.) (2000). Global literacies and the worldwide web. London/New York

Hawkins, J.A. (1983). Word order universals. New York

Hayward, R.J. (2000). Afroasiatic, in: Heine/Nurse 2000: 74-98
Heather, P. (1996). The Goths. Oxford/Cambridge, Mass.
Heine, B./Nurse, D. (Hg.) (2000). African languages. An introduction. Cambridge/New York
– (Hg.) (2008). A linguistic geography of Africa. Cambridge
Heine, B./Schadeberg, T.C./Wolff, E. (Hg.) (1981). Die Sprachen Afrikas. Hamburg
Heine, B./Vossen, R. (1981). Sprachtypologie, in: Heine et al. 1981: 407-444
Heller, M./Pfaff, C.W. (1996). Code-switching, in: Goebl et al. 1996: 594-609
Hetzron, R. (Hg.) (1997). The Semitic languages. London/New York
Hewitt, B.G. (1998). Caucasian languages, in: Price 1998: 57-81
Hill, J.H./Hill, K.C. (1986). Speaking Mexicano – Dynamics of syncretic language in Central Mexico. Tucson
Hinrichs, U. (Hg.) (1997). Südslavische Sprachwissenschaft und Südosteuropa-Linguistik, in: Zeitschrift für Balkanologie 33, 9-25
– (1999). Balkanismen – Europäismen, in: Reiter 1999: 85-109
– (Hg.) (1999). Handbuch der Südosteuropa-Linguistik. Wiesbaden
– (Hg.) (2004). Die europäischen Sprachen auf dem Wege zum analytischen Sprachtyp. Wiesbaden
Hinrichs, U. et al. (Hg.) (2014). Handbuch Balkan. Wiesbaden
Ho, K.C./Kluver, R./Yang, K.C.C. (Hg.) (2003). Asia.com – Asia encounters the Internet. London/New York
Hoberman, R.D. (1992). Aramaic, in: Bright 1992/I: 98-102
Holenstein, E. (2004). Philosophie-Atlas. Orte und Wege des Denkens. Zürich (2. Aufl.)
Holm, J. (1988). Pidgins and creoles, vol. 1: Theory and structure. Cambridge/New York
Holst, J.H. (2005). Einführung in die eskimo-aleutischen Sprachen. Hamburg
Hoxie, F.E. (Hg.) (1996). Encyclopedia of North American Indians. Boston/New York
Hughes, G. (2000). A history of English words. Oxford/Malden, Mass.
Humboldt, W. v. (1827-29). Ueber die Verschiedenheiten des menschlichen Sprachbaues, in: Werke (hg. von A. Flitner und K. Giel), Bd. 3. Darmstadt 1963: 144-367
Hurford, J.R. (1987). Language and number: The emergence of a cognitive system. Oxford
Hutterer, C.J. (2002). Die germanischen Sprachen. Ihre Geschichte in Grundzügen. Wiesbaden (Nachdruck der 4. Aufl. von 1997)
Hymes, D. (Hg.) (1971). Pidginization and creolization of languages. Cambridge/New York
Iggesen, O.A. (2005). Number of cases, in: Haspelmath et al. 2005: 2002-205

Ikola, O. (Hg.) (1980). Congressus Quintus Internationalis Fenno-Ugristarum, Turku 20-27.VIII.1980). Turku
Ingold, T. (Hg.) (1994). Companion encyclopedia of anthropology. Humanity, culture and social life. London/New York
Irwin, G. (1992). The prehistoric exploration and colonisation of the Pacific. Cambridge/New York
Isaev, M.I. (1979). Jazykovoe stroitel'stvo v SSSR. Moskau
Itkonen, E. (1986-89). Inarilappisches Wörterbuch, 3 Bde. Helsinki
Jackendoff, R. (1997). The architecture of the language faculty. Cambridge, Mass.
– (2002). Foundations of language: brain, meaning, grammar, evolution. Oxford/New York
Jakobson, R. (1931a). K charakteristike evrazijskogo jazykovogo sojuza. Paris (Neudruck in: Jakobson 1971: 144-201)
– (1931b). Über die phonologischen Sprachbünde, in: Travaux 4, 234-240 (Neudruck in: Jakobson 1971: 137-143)
– (1971). Selected writings, Bd. 1: Phonological studies. The Hague/Paris (2. Aufl.)
Janhunen, J. (1996). Manchuria. An ethnic history. Helsinki
– (2001). Indo-Uralic and Ural-Altaic: On the diachronic implications of areal typology, in: Carpelan et al. 2001: 207-220
– (Hg.) (2003). The Mongolic languages. London/New York
Jobling, M.A./Tyler-Smith, C. (2003). The human Y chromosome: an evolutionary marker comes of age, in: Nature Reviews Genetics 4, 589-612
Johanson, D./Edgar, B. (1996). From Lucy to language. London
Jones, M.C./Esch, E. (Hg.) (2002). Language change. The interplay of internal, external and extra-linguistic factors. Berlin/New York
Jones, S. (1994). The language of the genes. Biology, history and the evolutionary future. London
Joseph, B.D./Janda, R.D. (Hg.) (2003). The handbook of historical linguistics. Malden, Mass./Oxford
Julku, K. (Hg.) (1997). Itämerensuomi – eurooppalainen maa. Oulu
Kaiser, M./Shevoroshkin, V. (1988). Nostratic, in: Annual Review of Anthropology 17, 309-329
Kapr, A. 1986: Johannes Gutenberg: Persönlichkeit und Leistung. Leipzig/Jena/Berlin
Kausen, E. (2012). Die indogermanischen Sprachen von der Vorgeschichte bis zur Gegenwart. Hamburg
– (2013). Die Sprachfamilien der Welt, 2 Bde. Hamburg
Kay, P./McDaniel, C. (1978). The linguistic significance of the meanings of basic color terms, in: Language 54, 610-646 (Neudruck in: Byrne/Hilbert 1997/2: 399-441)

Kaye, Alan S. (Hg.) (2007). Morphologies of Asia and Africa, 2 Bde. Winona Lake

Kense, F.J./Okoro, J.A. (1993). Changing perspectives on traditional iron production in west Africa, in: Shaw et al. 1993: 449-458

Kerner, M. 2000: Karl der Große. Entschleierung eines Mythos. Köln/Weimar/Wien

Kesselring, W. (1973). Die französische Sprache im Mittelalter – Von den Anfängen bis 1300. Tübingen

Kienast, B. (2001). Historische semitische Sprachwissenschaft. Wiesbaden

Kirikae, H. (1997). Social aspects of the Ainu linguistic decline, in: Shoji/Janhunen 1997: 161-174

Kiss, J. (2003). Ungarisch, in: Roelcke 2003: 905-918

Klaus, H. (1989). Beobachtungen zu den Modefarbenwörtern in der deutschen Gegenwartssprache, in: Zeitschrift für germanistische Linguistik 17, 22-57

Klimov, G.A. (1977). Tipologija jazykov aktivnogo stroja. Moskau

Kloss, H. (1969). Grundfragen der Ethnopolitik im 20. Jahrhundert. Wien

Knight, C./Studdert-Kennedy, M./Hurford, J. (Hg.) (2000). The evolutionary emergence of language: Social function and the origins of linguistic form. Cambridge/New York

Kobilarov-Götze, G. (1972). Die deutschen Lehnwörter der ungarischen Gemeinsprache. Wiesbaden

Koch, H./Nordlinger, R. (Hg.) (2014). The languages and linguistics of Australia. Berlin

Köhler, O. (1975). Geschichte und Probleme der Gliederung der Sprachen Afrikas. Von den Anfängen bis zur Gegenwart, in: Baumann 1975: 135-373

Koivulehto, J. (1991). Uralische Evidenz für die Laryngaltheorie. Wien

Kollwelter, S. (1993). Bilingual policies in Luxemburg, in: European Journal of Intercultural Studies 4, 41-47

König, E./Haspelmath, M. (1999). Der europäische Sprachbund, in: Reiter 1999: 111-127

Korhonen, M. (1969). Die Entwicklung der morphologischen Methode im Lappischen, in: Finnisch-ugrische Forschungen 37, 203-362

– (1980). Über die struktural-typologischen Strömungen (Drifts) in den uralischen Sprachen, in: Ikola 1980: 87-110

– (1981). Johdatus lapin kielen historiaan. Helsinki

– (1993). Kielen synty. Porvoo/Helsinki

Kosslyn, S.M./Osherson, D.N. (Hg.) (1995). An invitation to cognitive science, vol. 2: Visual cognition. Cambridge, Mass./London

Kozlowski, J.K. (1990). A multiaspectual approach to the origins of the Upper Palaeolithic in Europe, in: Mellars 1990: 419-437

Krauss, M. (1992). The world's languages in crisis, in: Language 68, 4-10
– (1997). The indigenous languages of the North. Osaka.
Krishnamurti, Bh. (2003). The Dravidian languages. Cambridge
Kroker, A. und M. (Hg.) (1997). Digital delirium. New York
Krupa, V. (1965). On quantification of typology, in: Linguistics 12, 31-36
Kuhrt, A. (1995). The ancient Near East c. 3000–330 BC, 2 Bde. London/New York
Künnap, A. (1998). Breakthrough in present-day Uralistics. Tartu
Kuper, A. (1994). The chosen primate. Human nature and cultural diversity. Cambridge, Mass./London
Ladefoged, P./Maddieson, I. (1996). The sounds of the world's languages. Oxford/Malden, Mass.
Lamb, S.M./Mitchell, E.D. (Hg.) (1991). Sprung from some common source. Investigations into the prehistory of languages. Stanford
Langosch, K. (1964). Die deutsche Literatur des lateinischen Mittelalters in ihrer geschichtlichen Entwicklung. Berlin
LaPolla, R.J. (2001). The role of migration and language contact in the development of the Sino-Tibetan language family, in: Aikhenvald/Dixon 2001: 225-254
Laurence, R. (1998). Territory, ethnonyms and geography. The construction of identity in Roman Italy, in: Laurence/Berry 2001: 95-110
Laurence, R./Berry, J. (Hg.) (1998). Cultural identity in the Roman Empire. London/New York
Lawlor, R. (1991). Voices of the first day. Rochester, Vermont
LeDoux, J. (1996). The emotional brain. The mysterious underpinnings of emotional life. New York
Lee, G. (1990). An uncommon guide to Easter Island. New York
Lehmann, B. (1998). ROT ist nicht «rot» ist nicht [rot]. Eine Bilanz und Neuinterpretation der linguistischen Relativitätstheorie. Tübingen
Lehmann, W.P. (1986). A Gothic etymological dictionary. Leiden
Lehtinen, T. (2007). Kielen vuosituhannet. Suomen kielen kehitys kantauralista varhaissuomeen. Helsinki
Leitner. G./Malcolm, I.G. (Hg.) (2007). The habitat of Australia's aboriginal languages. Berlin/New York
Lewin, R./Foley, R.A. (2004). Principles of human evolution. Oxford/Malden, Mass.
Lewis, M.P. et al. (Hg.) (2013). Ethnologue. Languages of the world. Dallas, Texas (http://www.ethnologue.com); (17. Aufl.)
Lewis-Williams, D. (2002). The mind in the cave: Consciousness and the origins of art. London/New York
Lewis-Williams, D./Pearce, D. (2005). Inside the Neolithic mind. London/New York

Lewy, E. (1942). Der Bau der europäischen Sprachen. Dublin
Lieberman, P. (1998). Eve spoke. Human language and human evolution. London/Basingstoke
– (2006). Toward an evolutionary biology of language. Cambridge, Mass./London
Lutz, W. (Hg.) (1994). The future population of the world. What can we assume today? London
Lutz, W./Prinz, C./Langgassner, J. (1994). The IIASA world population scenarios to 2030, in: Lutz 1994: 391-422
Lynch, J./Ross, M.D./Crowley, T. (Hg.) (2002). The Oceanic Languages. London
Macfie, A.L. (1994). Atatürk. London/New York
MacLaury, R.E. (1992). From brightness to hue, in: Current Anthropology 33, 137-186
MacMullen, R. (2000). Romanization in the time of Augustus. New Haven/London
Maher, J.C. (1996). North Kyushu Creole: a language-contact model for the origins of Japanese, in: Denoon et al. 1996: 31-45
Mallinson, G./Blake, B.J. (1981). Language typology: Cross-linguistic studies in syntax. Amsterdam
Mallory, J.P. (1989). In search of the Indo-Europeans. Language, archaeology and myth. London
– (2001). Uralics and Indo-Europeans: Problems of time and space, in: Carpelan et al. 2001: 345-366
Mallory, J.P./Adams, D.Q. (Hg.) (1997). Encyclopedia of Indo-European culture. London/Chicago
Marcantonio, A. (2002). The Uralic language family. Facts, myths and statistics. Oxford/Boston
Marchesini, S. (2009). Le lingue frammentarie dell'Italia antica. Manuale per lo studio delle lingue preromane. Mailand
Marean, C.W./Assefa, Z. (2005). The Middle and Upper Pleistocene African record for the biological and behavioral origins of modern humans, in: Stahl 2005: 93-129
Marshack, A. (1972). The roots of civilization. New York
– (1976). Some implications of the Palaeolithic symbolic evidence for the origins of language, in: Current Anthropology 17, 274-282
– (1990). Early hominid symbol and evolution of the human capacity, in: Mellars 1990: 457-498
Marttila, A. (2010). A cross-linguistic study of lexical iconicity and its manifestation in bird names. Helsinki
Masica, C.P. (1992a). Areal linguistics, in: Bright 1992/1: 108-112
– (1992b). South Asian languages, in: Bright 1992/4: 38-41

Matisoff, J.A. (2001). Genetic versus contact relationship: Prosodic diffusibility in South-East Asian languages, in: Aikhenvald/Dixon 2001: 291-327

McAlpin, D.W. (1981). Proto-Elamo-Dravidian: The evidence and its implications. Philadelphia

McKitterick, R. (Hg.) (1994). Carolingian culture: emulation and innovation. Cambridge/New York

Mecacci, L. (1988). Das einzigartige Gehirn. Über den Zusammenhang von Hirnstruktur und Individualität. Frankfurt/New York

Meier-Brügger, M. (2010). Indogermanische Sprachwissenschaft. Berlin/New York (9. Aufl.)

Mellars, P. (1998). Neanderthals, modern humans and the archaeological evidence for language, in: Memoirs of the California Academy of Sciences 24, 89-115.

Mellars, P. (Hg.) (1990). The emergence of modern humans. An archaeological perspective. Edinburgh

Mellars, P./Stringer, C. (Hg.) (1989). The human revolution: Behavioral and biological perspectives on the origins of modern humans. Edinburgh

Menges, K.H. (1995). The Turkic languages and peoples. An introduction to Turkic studies. Wiesbaden (2. Aufl.)

Menovščikov, G.A. (1962). Grammatika jazyka aziatskich eskimosov I: Fonetika, morfologija imennych častej reči. Moskau/Leningrad

Meusburger, P. (1998). Bildungsgeographie. Wissen und Ausbildung in der räumlichen Dimension. Heidelberg/Berlin

Militarev, A. (2000). Towards the chronology of Afrasian (Afroasiatic) and its daughter families, in: Renfrew et al. 2000: 267-310

– (2002). The prehistory of a dispersal: the Proto-Afrasian (Afroasiatic) farming lexicon, in: Bellwood/Renfrew 2002: 135-150

Miller, G.H./Magee, J.W./Jull, A.J.T. (1997). Low-latitude glacial cooling in the southern hemisphere from amino-acid racemization in emu eggshells, in: Nature 385, 241-244

Miller, R.A. (1996). Languages and history. Japanese, Korean, and Altaic. Oslo/Bangkok

Minervini, L. (1996). La lingua franca mediterranea, in: Medioevo Romanzo 20, 231-301

Mithen, S. (1996). The prehistory of the mind. London

Mithun, M. (1999). The languages of native North America. Cambridge/New York

Moelleken, W.W./Weber, P.J. (Hg.) (1997). Neue Forschungsarbeiten zur Kontaktlinguistik. Bonn

Morev, L.N./Moskalev, A.A./Yu Ya Plam (1972). Laoškij jazyk. Moskau

Morris, D. (1994). Bodytalk. A world guide to gestures. London

Morvan, M. (1996). Les origines linguistiques du basque. Bordeaux

Moseley, C. (Hg.) (2007). Encyclopedia of the world's endangered languages. London/New York

Moseley, C./Asher, R.E. (Hg.) (1994). Atlas of the world's languages. London/New York

Mühlhäusler, P. (1996a). Linguistic ecology: Language change and linguistic imperialism in the Pacific region. London

– (1996b). Pidginization, in: Goebl et al. 1996: 642-649

Müller, F. (Hg.) (2009). Kunst der Kelten 700 v. Chr. - 700 n. Chr. Stuttgart

Müller, K.E. (1987). Das magische Universum der Identität. Elementarformen sozialen Verhaltens – Ein ethnologischer Grundriß. Frankfurt/New York

Mufwene, S.S. (2001). The ecology of language evolution. Cambridge/New York

Munske, H.H./Kirkness, A. (Hg.) (1996). Eurolatein. Das griechische und lateinische Erbe in den europäischen Sprachen. Tübingen

Murtonen, A. (1989). Hebrew in its West Semitic setting. Part one: A comparative lexicon. Leiden/New York

Muysken, P./Smith, N. (1995). The study of pidgin and creole languages, in: Arends et al. 1995: 3-14

Muzzolini, A. (1993). The emergence of a food-producing economy in the Sahara, in: Shaw et al. 1993: 227-239

Myachina, E.N. (1981). The Swahili language. A descriptive grammar. London/Boston/Henley

Nettle, D. (1999). Linguistic diversity. Oxford/New York

Newmeyer, F.J. (Hg.) ( 1988). Linguistics: The Camebridge survey, vol. II. Camebridge

Nichols, J. (1992). Linguistic diversity in space and time. Chicago/London

– (1993). Ergativity and linguistic geography, in: Australian Journal of Linguistics 13, 39-89

– (2003). Diversity and stability in language, in: Joseph/Janda 2003: 283-310

Nichols, J./Peterson, D. (1996). The Amerind personal pronouns, in: Language 72, 336-371

Nikolaeva, I. (1988). Problema uralo-jukagirskich genetičeskich svjazej (Diss. kand. fil. nauk). Moskau

Nile, R./Clerk, C. (1996). Cultural atlas of Australia, New Zealand and the South Pacific. Abingdon (England)/New York

O'Connor, L./Muysken, P. (Hg.) (2014). The native languages of South America. Origins, development, typology. Cambridge

O'Donnell, J.J. (1998). Avatars of the word. From papyrus to cyberspace. Cambridge, Mass./London

Okuka, M. (Hg.) (2002). Lexikon der Sprachen des europäischen Ostens. Wieser Enzyklopädie des europäischen Ostens, Bd. 10. Klagenfurt

Ostler, N. (2005). Empires of the word. A language history of the world. New York
Pawley, A. et al. (Hg.) (2005). Papuan past. Cultural, linguistic and biological histories of Papuan-speaking peoples. Canberra
Peiros, I. (1998). Comparative linguistics in Southeast Asia. Canberra
– (2004). Geneticeskaja klassifikacija avstroaziatskich jazykov. Moskau
Peitgen, H.-O./Jürgens, H./Saupe, D. (1994). Chaos – Bausteine der Ordnung. Berlin/Heidelberg/Stuttgart
Peltzer, L. (1996). Grammaire descriptive du tahitien. Pape'ete (Tahiti)
Perrot, J. (Hg.) (1981). Les langues dans le monde ancien et moderne, deuxième partie: Pidgins et créoles. Paris
Petts, D. (1998). Landscape and cultural identity in Roman Britain, in: Laurence/Berry 1998: 79-94
Pinnow, H.-J. (1964). Die nordamerikanischen Indianersprachen. Ein Überblick über ihren Bau und ihre Besonderheiten. Wiesbaden
Plattner, S. (1989). Economic anthropology. Stanford
Popko, M. (2008). Völker und Sprachen Altanatoliens. Aus dem Polnischen von Cyril Brosch. Wiesbaden
Poruciuc, A. (2010). Prehistoric roots of Romanian and Southeast European traditions, Sebastopol, CA
Posner, R. (1996). The Romance languages. Cambridge/New York
Posner, R./Robering, K./Sebeok, T.A. (Hg.) (1997). Semiotik – Ein Handbuch zu den zeichentheoretischen Grundlagen von Natur und Kultur/Semiotics, Sebastopol, CA
Pospelov, E.M. (1999). Nazvanija podmoskovnych gorodov, sël i rek. Moskau
Premack, D. (1985). ‹Gavagai› or the future history of the language controversy, in: Cognition 19, 207-296
Price, G. (Hg.) (1998). Encyclopedia of the languages of Europe. Oxford/Malden, Mass.
Pullum, G.K. (1981). Languages with object before subject: A comment and a catalogue, in: Linguistics 19, 147-155
– (1991). The great Eskimo vocabulary hoax and other irreverent essays on the study of language. Chicago/London
Quirke, S. (2001). Colour vocabularies in ancient Egyptian, in: Davies 2001: 186-192
de Rachewiltz, I./Rybatzki, V. (2010). Introduction to Altaic philology: Turkic, Mongolian, Manchu. Leiden
Ramat, P. (1987). Linguistic typology. Berlin/New York/Amsterdam
Rebuschi, G. (2003). Basque, in: Roelcke 2003: 837-865
Rehder, P. (2006). Einführung in die slavischen Sprachen. Darmstadt (5. Aufl.)

Reinecke, J.E. (1971). Tay Böi: Notes on the Pidgin French spoken in Vietnam, in: Hymes 1971: 43-56
Reiner, E. (1992). Elamite, in: Bright 1992/1: 406-409
Reiter, N. (1994). Grundzüge der Balkanologie. Ein Schritt in die Eurolinguistik. Berlin
– (Hg.) (1999). Eurolinguistik – Ein Schritt in die Zukunft. Beiträge zum Symposion vom 24. bis 27. März 1997 im Jagdschloß Glienicke (bei Berlin). Wiesbaden
Renfrew, C. (1987). Archaeology & language. The puzzle of Indo-European origins. London
Renfrew, C./McMahon, A./Trask, L. (Hg.) (2000). Time depth in historical linguistics. Cambridge
Revzina, O.G. (1969). Struktura slovoobrazovatel'nych polej v slavjanskich jazykach. Moskau
Rex Lee Jim (1996). Navajo, in: Hoxie 1996: 422-425
Riley, M. (2003). Maori healing and herbal. New Zealand ethnobotanical sourcebook. Paraparaumu, New Zealand (3. Aufl.)
Ringe, D. (2006). From Proto-Indo-European to Proto-Germanic. Oxford
Rodrigues, A. D. (1986). Linguas brasileiras. São Paulo
Roelcke, T. (Hg.) (2003). Variationstypologie – Variation Typology. Ein sprachtypologisches Handbuch der europäischen Sprachen in Geschichte und Gegenwart – A typological handbook of European languages past and present. Berlin/New York
Rohr, R. (Hg.) (1987). Die Aromunen. Sprache – Geschichte – Geographie. Hamburg
Romaine, S. (1991). The status of Tok Pisin in Papua New Guinea: The colonial predicament, in: Ammon/Hellinger 1991: 229-252
Romanova, A.V./Myreeva, A.N./Baraškov, P.P. (1975). Vzaimovlijanie evenkijskogo i jakutskogo jazykov. Leningrad
Ruhlen, M. (1975). A guide to the languages of the world. Stanford
– (1987). A guide to the world's languages, vol. 1: Classification. Stanford
– (1994). On the origin of languages. Studies in linguistic taxonomy. Stanford
Russell, P. (1995). An introduction to the Celtic languages. Harlow, Essex/New York
Ryan, W.B.F./Major, C.O./Lericolais, G./Goldstein, S.L. (2003). Catastrophic flooding of the Black Sea, in: Annual Review of Earth and Planetary Sciences 31, 525-554
Sacher, R./Phan, N. (1985). Lehrbuch des Khmer. Leipzig
Sagart, L. (1999). The roots of Old Chinese. Amsterdam/Philadelphia
Sakel, J./Stolz, T. (2012). Amerindiana - Neue Perspektiven auf die indigenen Sprachen Amerikas. Berlin
Sammallahti, P. (1998). The Saami languages. An introduction. Karasjok

Sampson, G. (1997). Educating Eve: The ‹language instinct› debate. London
Sandberg, G. (1997). The red dyes – Cochineal, madder, and murex purple. A world tour of textile techniques. Asheville, NC
Santamaria, F.J. (1983). Diccionario de mejicanismos. Mexico City
Sarhimaa, A. (1999). Syntactic transfer, contact-induced change, and the evolution of bilingual mixed codes. Helsinki
Ščerbak, A.M. (1977). Očerki po sravnitel'noj morfologii tjurkskich jazykov. Leningrad
Schaller, H.W. (1975). Die Balkansprachen. Eine Einführung in die Balkanphilologie. Heidelberg
Schmidt, W. (Hg.) (1970). Geschichte der deutschen Sprache. Berlin
Schmitt, R. (2000). Die iranischen Sprachen in Geschichte und Gegenwart. Wiesbaden
Schütze, O. (Hg.) (1997). Metzler Lexikon antiker Autoren. Stuttgart/Weimar
Seefloth, U. (2000). Die Entstehung polypersonaler Paradigmen im Uralo-Sibirischen, in: Zentralasiatische Studien 30, 163-191
Sevortjan, E.V. (Hg.) (1971). Struktura i istorija tjurkskich jazykov. Moskau
Shaw, T./Sinclair, P./Andah, B./Okpoko, A. (Hg.) (1993). The archaeology of Africa. Food, metals and towns. London/New York
Shevoroshkin, V. (Hg.) (1991). Dene-Sino-Caucasian languages. Bochum
Shibatani, M. (1990). The languages of Japan. Cambridge
Shoji, H./Janhunen, J. (Hg.) (1997). Northern minority languages. Problems of survival. Osaka
Shopen, T. (Hg.) (2007). Language typology and syntactic description, 3 Bde. Cambridge
Sidrys, R.V. (2001). Roman imports among the West Balts: Commerce or «beads for the natives»?, in: Butrimas 2001: 157-169
Sidwell, P. (2009). Classifying the Austroasiatic languages: History and state of the art. München
Siewierska, A./Song, J.J. (Hg.) (1998). Case, typology and grammar. Amsterdam
Sittek, D. (1997). Das Internet-Lexikon. Begriffe, Abkürzungen, Slang – enträtselt und erläutert. München
Skalička, V. (1968). Zum Problem des Donausprachbundes, in: Ural-Altaische Jahrbücher 40, 3-9
Smith, E.E./Osherdon, D.N. (Hg.) (1995). An invitation to cognitive science, vol. 3: Thinking. Cambridge, Mass./London
Smoczyn'ski, W./Holvoet, A. (Hg.) (1992). Colloquium Pruthenicum Primum. Papers from the First International Conference on Old Prussian held in Warsaw, September 30th – October 1st, 1991. Warsaw

Solncev, V.M./Lekomcev, J.K./Mchitarjan, T.T./Glebova, M.I. (1960). V'etnamskij jazyk. Moskau
Song, J.J. (2001). Linguistic typology. Morphology and syntax. London/New York
Spears, A.K./Winford, D. (Hg.) ( 1997). The structure and status of pidgins and creoles. Amsterdam
Stahl, A.B. (Hg.) (2005). African anthropology. Malden, Mass./Oxford
Starostin, S. (2000). Comparative-historical linguistics and lexicostatistics, in: Renfrew et al. 2000: 223-259
Stearns, M. (1989). Das Krimgotische, in: Beck 1989: 175-194
Steever, S.B. (Hg.) (1998). The Dravidian languages. London/New York
Stolz, T. (1991). Sprachbund im Baltikum? Estnisch und Lettisch im Zentrum einer sprachlichen Konvergenzlandschaft. Bochum
Straus, L.G. (1996). Continuity or rupture; convergence or invasion; adaptation or catastrophe; mosaic or monolith: Views on the Middle to Upper Palaeolithic transition in Iberia, in: Carbonell/Vaquero 1996: 203-218
Streck, M.P. (Hg.) (2005). Sprachen des Alten Orients. Darmstadt
Stringer, C.B. (1990). The emergence of modern humans, in: Scientific American 263, 98-104
Strunk, K. (2003). ‹Vorgriechisch›/‹Pelasgisch›: Neue Erwägungen zu einer älteren Substrathypothese, in: Bammesberger/Vennemann 2003: 85-98
Stutterheim, C. v. (1986). Temporalität in der Zweitsprache. Eine Untersuchung zum Erwerb des Deutschen durch türkische Gastarbeiter. Berlin/New York
Stutz, E. (1966). Gotische Literaturdenkmäler. Stuttgart
Suárez, J.A. (1983). The Mesoamerican Indian languages. Cambridge
Suhonen, S. (Hg.) (1995). Itämerensuomalainen kulttuurialue – The Fenno-Baltic cultural area. Helsinki
Sykes, B. (2001). Die sieben Töchter Evas. Warum wir alle von sieben Frauen abstammen – Revolutionäre Erkenntnisse der Gen-Forschung. Bergisch Gladbach
Tagliavini, C. (1968). Storia della linguistica. Bologna (2. Aufl.)
Tamura, S. (2000). The Ainu language. Tokio
Taylor, A.R. (1978). Nonverbal communication in Aboriginal North America: The Plains sign language, in: Umiker-Sebeok/Sebeok 1978: 223-244
Thomason, S.G. (2001). Language contact: An introduction. Washington, DC
– (2003). Contact as a source of language change, in: Joseph/Janda 2003: 687-712
Thomsen, M.-L. (1984). The Sumerian language. An introduction to its history and grammatical structure. Kopenhagen
Thorne, A./Wolpoff, M. (1992). The multiregional evolution of modern humans, in: Scientific American 266, 76-83

Thun, H. (1997). Spanien, in: Goebl et al. 1997: 1270-1285
Thurgood, G./LaPolla, R.J. (Hg.) (2003). The Sino-Tibetan languages. London/New York
Tibi, B. (1998). Europa ohne Identität? Die Krise der multikulturellen Gesellschaft. München
Todd, L. (Hg.) (2001). What is world Englishes?, 2 Bde. London
Tomasello, M. (1999). The cultural origins of human cognition. Cambridge, Mass./London
– (2004). The human adaptation for culture, in: Wuketits/Antweiler 2004: 1-23
Tomlin, R.S. (1986). Basic word order: Functional principles. London
Tompa, J. (1972). Kleine ungarische Grammatik. Leipzig
Tovar, A./Larrucea de Tovar, C. (1984). Catálogo de las lenguas de América del Sur. Madrid
Tozzer, A.M. (1977). A Maya grammar. New York
Traill, A. (1994). A !Xóo dictionary. Köln
Trask, R.L. (1997). The history of Basque. London/New York
– (2000). The dictionary of historical and comparative linguistics. Edinburgh
Trinkaus, E./Shipman, P. (1994). The Neandertals. Of skeletons, scientists, and scandal. New York
Tropper, J. (2000). Ugaritische Grammatik. Münster
Tryon, D. et al. (Hg.) (1995). Comparative Austronesian dictionary. An introduction to Austronesian studies, 5 Bde. Berlin
Tucker, A.N./Bryan, M. A. (1956). The Non-Bantu languages of North-Eastern Africa. Oxford
Turner, C.G. (1988). Ancient peoples of the North Pacific Rim, in: Fitzhugh/Crowell 1988:111-116
Umiker-Sebeok, D.J./Sebeok, T.A. (Hg.) (1978). Aboriginal sign languages of the Americas and Australia, vol. 2. New York/London
Untermann, J. (2001). Die vorrömischen Sprachen der iberischen Halbinsel. Wiesbaden
Vainio, R. (1999). Latinitas and barbarisms according to the Roman grammarians. Attitudes towards language in the light of grammatical examples. Turku
Valdman, A. (1996). Créolisation, in: Goebl et al. 1996: 649-658
de Vaan, M. (2008). Etymological dictionary of Latin and the other Italic languages. Leiden
Vogel, P./Comrie, B. (Hg.) (2000). Approaches to the typology of word classes. Berlin/New York
Vogt, H. (1963). Dictionnaire de la langue oubykh avec introduction phonologique, index français-oubykh, textes oubykhs. Oslo
Volodin, A.P. (Hg.) (1997). Jazyki mira. Paleoaziatskie jazyki. Moskau

Wagner, H. (1959). Das Verbum in den Sprachen der britischen Inseln. Tübingen

Wegner, I. (2000). Hurritisch. Eine Einführung. Wiesbaden

Weinreich, M. (1980). History of the Yiddish language. Chicago/London

Wetterstrom, W. (1993). Foraging and farming in Egypt: the transition from hunting and gathering to horticulture in the Nile valley, in: Shaw et al. 1993: 165-226

Whittle, A. (1996). Europe in the Neolithic. The creation of new worlds. Cambridge/New York

Wilkes, J. (1992). The Illyrians. Oxford/Cambridge, Mass.

Winter, J.C. (1981). Die Khoisan-Familie, in: Heine/Schadeberg/Wolff 1981: 329-374

Wolfram, H. (2001). Die Goten. Von den Anfängen bis zur Mitte des sechsten Jahrhunderts – Entwurf einer historischen Ethnographie. München (4. Aufl.)

Woodard, R.D. (Hg.) (2004). The Cambridge encyclopedia of the world's ancient languages. Cambridge

Wray, A. (Hg.) (2002). The transition to language. Oxford/New York

Wuketits, F.M./Antweiler, C. (Hg.) (2004). Handbook of evolution, vol. 1: The evolution of human societies and cultures. Weinheim

Wurm, S.A. et al. (1996). Atlas of languages of intercultural communication in the Pacific, Asia and the Americas. Berlin/New York

Young, S.B. (1988). Beringia: An Ice Age view, in: Fitzhugh/Crowell 1988: 106-110

Zinko, C. (2005). Die indogermanischen Sprachen, in: Baier/Zinko 2005: 18-46

Zollinger, H. (2005). Farbe – Eine multidisziplinäre Betrachtung. Zürich

Zorc, R.D./Osman, M. (2002). Somali-English dictionary. New Delhi (5. Aufl.)

Zvelebil, M. (1996). The agricultural frontier and the transition to farming in the circum-Baltic region, in: Harris 1996: 323-345

– (2002). Demography and dispersal of early farming populations at the Mesolithic-Neolithic transition: Linguistic and genetic implications, in: Bellwood/Renfrew 2002: 379-394

## Register der Sprachen und Sprachfamilien